MÉMOIRES

DE

LA COUR D'ESPAGNE

PARIS. TYP. DE E. PLON, NOURRIT ET Cie, RUE GARANCIÈRE, 8.

MARQUIS DE VILLARS

MÉMOIRES
DE
LA COUR D'ESPAGNE
DE 1679 A 1681

PUBLIÉS ET ANNOTÉS PAR

M. A. MOREL-FATIO

et précédés d'une Introduction par

M. LE MARQUIS DE VOGÜÉ
de l'Institut

PARIS
LIBRAIRIE PLON
E. PLON, NOURRIT ET Cie, IMPRIMEURS-ÉDITEURS
Rue Garancière, 10

MDCCXCIII

PIERRE MARQUIS DE VILLARS

(ORONDATE)

INTRODUCTION

LE 12 novembre 1679, Arnauld de Pomponne, ministre des Affaires étrangères du roi Louis XIV, écrivait au marquis de Villars, ambassadeur de France à Madrid, ce qui suit :

Trouvez bon, je vous prie, que pour ma propre instruction, dont on peut avoir besoin dans les rencontres, je vous demande quelques heures de votre loisir. Je vous serai bien obligé, Monsieur, si vous vouliez bien faire faire un état de la cour où vous êtes, de ceux qui occupent les charges principales de la Maison du Roi Catholique et des deux Reines, de ceux qui composent les divers conseils et les charges de secrétaires d'État, des grands qui ont le plus de crédit dans la Cour et de ceux qui peuvent être en passe d'y en avoir, et enfin de ceux qui occupent les vice-royautés, tant de l'Europe que des Indes. Comme un plan de cette sorte demande quelque temps, et qu'il ne presse point, ce n'est, Monsieur (ainsi que je vous l'ai dit), que je vous demande d'y donner quelques heures que vous aurez moins occupées ; mais comme il est bon d'avoir le portrait de ce qu'il y a de principal en Espagne, il importe de l'avoir d'une aussi bonne main que la vôtre [1].

1. Archives des Affaires étrangères. Espagne, t. 64, f° 172.

INTRODUCTION.

Villars répondit, le 2 décembre suivant :

J'ai reçu la lettre que vous m'avez fait l'honneur de m'écrire le 12 novembre : je m'applique à faire une relation exacte de l'état de cette cour, du gouvernement présent, un détail de chaque conseil et des personnes les plus considérables par leurs qualités ou leur emploi [1].

Telle fut l'origine du travail que nous publions. Il ne fut jamais remis au destinataire. Quelques jours après l'avoir demandé, Pomponne quittait brusquement le ministère. On se rappelle la touchante lettre par laquelle Mme de Sévigné raconte à sa fille cette disgrâce subite, qui frappait ses meilleurs amis : on n'a pas oublié les termes émus qui, pendant plusieurs mois, reviennent sous sa plume en songeant à ce modeste et consciencieux fonctionnaire, réduit « à ne plus être que le plus honnête homme du monde » avec huit enfants et trente mille livres de rente de dettes contractées au service de l'État : elle décrit sa résignation, sa dignité dans le malheur, l'affliction des siens, les soins délicats de la charmante Mme de Vins, que la spirituelle mais bonne marquise se reprochait d'avoir surnommée un « joli fagot d'épines » dans les jours de bonheur et d'enjouement ; elle regrette l'absence de Mme de Villars, dont l'affection eût secondé la sienne auprès d'amis malheureux : Mme de Villars était à Madrid, auprès

---

1. Archives des Affaires étrangères. Espagne, 64, f° 208.

de son mari qu'elle assistait de son esprit délié et de sa profonde connaissance du monde : elle collaborait certainement, par l'habileté de ses investigations, à la rédaction des *Mémoires* que le ministre disgracié avait demandés à l'expérience de l'ambassadeur.

Croissy, rappelé de Munich pour prendre la difficile succession de Pomponne, aurait eu, plus que son prédécesseur, besoin de ces renseignements. Il ne paraît pas les avoir demandés. On ne trouve plus trace de ce travail, ni aucune mention de son envoi, dans la correspondance que Villars échangea avec son nouveau chef. Il est probable que Villars le garda pour lui : lorsqu'à son tour, enlevé à la diplomatie active par les nécessités changeantes de la politique, il eut des loisirs, il étendit son travail, ajouta à la note primitive des récits puisés dans ses souvenirs, ou empruntés à sa correspondance; l'*État de la cour d'Espagne en 1680* ainsi augmenté devint les *Mémoires de la cour d'Espagne* : l'étude statistique s'était transformée en un monument historique de haute valeur.

Peut-être ce travail d'ensemble fut-il demandé à Villars : il était assez d'usage que les ambassadeurs, au retour d'une mission importante, écrivissent un résumé des négociations qu'ils avaient conduites et comme un tableau de l'état des affaires au moment où ils en quittaient la direction. Cette *Relation* était de règle pour les ambassadeurs de France à Constantinople. Fut-elle imposée à Villars? C'est fort possible : toujours est-il que peu de temps après la mort de l'ambassadeur, une copie de son travail fut remise en guise d'instruction au marquis de Blécourt, lorsqu'il alla en 1700 remplacer à Madrid le marquis d'Harcourt. On ne crut pas pouvoir donner au nouvel envoyé un meilleur guide pour se diriger au milieu des compétitions, des intrigues, des difficultés de tout genre qui compliquaient le problème insoluble de la succession espagnole.

Cet ambassadeur, dont les informations étaient prisées si haut, n'était pourtant pas un diplomate de carrière. Jusqu'à quarante-cinq ans il avait suivi le métier des armes : transféré par un revirement de fortune des camps dans les chancelleries, il s'était trouvé pourvu des qualités de l'emploi : pas de grand vol, ni d'éclat de plume, mais de l'exactitude, de la mesure, de la pénétration, de la fermeté : secondé par une femme d'esprit et sachant son monde, il rendit des services peu connus, mais certains. Sa figure a été éclipsée par celle de son fils : il n'est guère connu aujourd'hui que par le surnom de roman que lui valut sa belle mine, et par quelques compliments de Saint-Simon. Il méritait mieux. On nous pardonnera de nous laisser arrêter quelques instants par lui. Il y a intérêt à suivre dans ses phases multiples une carrière laborieuse se déroulant, avec ses chances diverses, à travers les grands événements d'une époque troublée : il y a justice à mettre en lumière un des personnages de second plan qui, sans arriver à la renommée, ont consciencieusement et utilement travaillé à la gloire du grand règne[1].

Pierre de Villars était un petit gentilhomme du Lyonnais, aussi peu pourvu de biens que de parchemins. Sa noblesse ne datait que de deux générations. Son grand'père Claude l'avait conquise à l'armée, où l'avait poussé un de ses oncles entré dans l'Église et devenu archevêque de Vienne. Son père avait aussi porté l'épée : il était arrivé à être colonel d'infanterie; mais, chargé de famille, sans fortune, il végétait obscurément dans les environs de Condrieu. Pierre était l'aîné de dix enfants : sept filles et trois garçons : deux filles se marièrent comme elles purent; les cinq autres furent mises au couvent; le second des fils entra dans les ordres, fut pris par son oncle comme coadjuteur et lui succéda à l'archevêché de Vienne : le cadet se casa sur les galères de Malte. Quant à Pierre, il partit pour Paris, n'ayant que la cape et l'épée; mais l'épée était une solide rapière, que maniait avec dextérité un poignet d'acier.

On était alors en pleine Fronde, les occasions ne manquaient pas à un gentilhomme de haute mine et d'humeur batailleuse. Pierre de Villars se mit du côté des Princes et se fit bientôt une réputation de bravoure et de galan-

---

[1]. Quelques-unes des dépêches du marquis de Villars ont été publiées par Mignet dans son ouvrage sur la succession d'Espagne et les principaux traits de sa vie ont été racontés par M. A. de Courtois dans la très intéressante introduction qu'il a donnée en tête de son édition des *Lettres de Mme de Villars à Mme de Coulanges*. (Paris. Plon, 1868.)

terie. L'une était aussi prisée que l'autre dans un camp où commandaient à la fois le grand Condé et Mme de Chatillon : l'une le désigna au choix des gens de guerre, l'autre lui ouvrit l'accès des ruelles où se distribuaient les renommées et se nouaient les relations utiles : il entra dans la maison du duc de Nemours, « qui aimait à s'attacher des braves » (Saint-Simon), et fut accepté dans la coterie féminine qui devait gouverner l'esprit par Mmes de Sévigné et de Lafayette, la France par Mme de Maintenon. C'est chez la *divine* Mlle d'Outrelaise qu'il reçut le surnom d'*Orondate*, qui devait le suivre toute sa vie et le signaler à la curiosité bienveillante des femmes.

Orondate était le héros d'un roman de la Calprenède, un prince scythe que « sa haute taille, son port noble et fier, sa beauté singulière, le jeu souple de tous ses membres distinguaient des guerriers de son âge ». Villars n'avait pas les ridicules du barbare sentimental et chevaleresque qui disputait au grand Cyrus la faveur des précieuses, mais sa tournure extérieure répondait au type créé par l'émule de Mlle de Scudéry. « C'était l'homme de France le mieux fait et de la meilleure mine », écrit Saint-Simon, qui, malgré le dépit que lui cause l'élévation d'un homme de si petite noblesse, ne peut s'empêcher de rendre justice à son élégance, ainsi qu'à sa bravoure, à sa discrétion, à sa sagesse et à sa probité. Les portraits[1] que nous avons

1. Un portrait de Villars-Orondate, à l'huile, peint à mi-corps, se trouvait au château de Gourdan, chez son gendre,

de lui justifient cette appréciation : on ne peut rien voir de plus parfait, de plus régulier, de plus harmonieux : on dirait un dessin d'après l'antique, sans la fine moustache qui trahit le mousquetaire et dont un artifice de rasoir tempère l'allure provocante : au demeurant, beauté un peu banale, mais inspirant confiance et sympathie.

L'aventure où Villars reçut le surnom d'Orondate n'était rien moins que romanesque : moins libre que Saint-Simon, nous ne pouvons en reproduire les détails très prosaïques ; elle eut pourtant un dénouement qui tient du roman : le mariage d'Orondate avec la charmante Marie de Bellefonds, aussi pauvre que lui, mais mieux née et mieux apparentée : à défaut de biens, elle lui apportait de précieuses relations, de grandes ressources d'esprit et des trésors d'affection qui jusqu'à la fin de sa vie l'aidèrent et le soutinrent. Marie de Bellefonds était orpheline ; son mariage se fit à Moulins, sous les auspices de sa tante, la comtesse de Saint-Géran, dont le mari était alors gouverneur du Bourbonnais. Le contrat fut signé le 24 janvier 1651, au château de Moulins, en très bonne compagnie. La duchesse de Montmorency quitta un instant sa retraite de la Visitation pour apporter sa signature;

Louis-Jacques de Vogüé : il appartient maintenant au vicomte de Vogüé : une copie du temps se trouve chez l'auteur du présent travail : elle a servi à la gravure qui figure en tête du volume. Un dessin au lavis, qui paraît fait d'après le même tableau, se trouve à la Bibliothèque nationale, au cabinet des titres. (*Clairambault*, 1164, f° 159.)

la duchesse de Ventadour, sœur de M. de Saint-Géran, ajouta la sienne; M. et Mme de Saint-Géran firent plus : ils donnèrent aux jeunes époux une somme comptant de douze cents livres et leur consentirent une donation de quarante mille livres payable après leur mort, au cas de décès sans enfants : ces avantages étaient appréciables pour un jeune ménage qui ne mettait en commun que trente mille deux cents livres à prendre sur la succession très embarrassée de M. de Bellefonds, et la moitié du petit bien de Claude de Villars, surchargé d'hypothèques. L'amitié de Mme de Saint-Géran avait aussi son prix : on sait qu'elle fut fidèle et durable.

Rentrés à Paris, les jeunes époux furent bientôt séparés par la guerre civile. La fausse sortie de Mazarin et la délivrance de Condé avaient précipité les événements. L'armée des Princes se formait sur la Loire. Villars suivit le duc de Nemours à Orléans, en qualité de maréchal de camp : il combattit à Bléneau (7 avril 1652), puis au faubourg Saint-Antoine (2 juillet), et rentra à Paris sous la protection du canon de Mlle de Montpensier : il retrouvait sa jeune femme dans l'entourage de la vaillante princesse : elle était loin d'avoir son énergie virile : traînée par elle dans son carrosse, le jour de la « sédition de la paille », elle assista, mourant de peur, à ses efforts pour calmer l'émotion populaire; mais elle ne l'accompagna pas à l'Hôtel de ville : la grande Mademoiselle, prenant pitié de son émotion, la ramena à l'hôtel de Nemours avant d'aller, au péril de sa vie, délivrer le maréchal de L'Hopital et le prévôt des marchands.

Le calme rétabli dans les rues de la capitale, d'autres soucis venaient mettre à l'épreuve la tendresse de la jeune femme; le grave incident éclatait qui devait décider de la vie entière de son mari : la querelle des ducs de Nemours et de Beaufort. Le prince savoyard ne pouvait souffrir le roi des Halles : déjà, à Orléans, les deux beaux-frères avaient failli en venir aux mains ; réconciliés par Mlle de Montpensier, ils avaient combattu de bon cœur, côte à côte, à Bléneau et au faubourg Saint-Antoine. Nemours avait été blessé dans les deux rencontres, et Beaufort l'avait assisté avec amitié. Au conseil tenu au Luxembourg le 29 juillet, une misérable question de préséance[1] les mit de nouveau aux prises. Beaufort montra autant de douceur que Nemours d'aigreur. Le duc d'Orléans, Condé, Mademoiselle essayèrent en vain de s'interposer; tout fut inutile : quoique souffrant encore de ses blessures, Nemours exigea un combat immédiat. Selon l'absurde usage du temps, il prit quatre seconds et n'eut garde d'oublier Villars, son gentilhomme, « une des meilleures épées du temps, pour le courage et l'adresse » (Saint-Simon) ; il lui adjoignit le chevalier de La Chaise, MM. Campan et Luserches. Beaufort prit de son côté MM. de Bury, de Ris, Brillet et d'Héricourt. On se rendit au marché

---

1. « Dispute ordinaire dans ce royaume où rien n'est réglé. » (Mlle de Montpensier.)

aux Chevaux, derrière l'hôtel de Vendôme. Sur le terrain, Beaufort essaya encore un accommodement : « Quelle honte, dit-il, mon frère ! Oublions le passé, et soyons amis. — Coquin, répondit Nemours, il faut que je te tue ou que tu me tues. » Et, ce disant, il tira son pistolet, manqua et chargea l'épée haute. Beaufort riposta, et Nemours tomba la poitrine trouée de trois balles. Il nous semble que la mort du seul provocateur dût mettre fin au combat : le point d'honneur en décidait autrement; les seconds, aussi étrangers à la querelle que bons amis la veille, se ruèrent les uns sur les autres, et la lutte ne se termina que par le complet écrasement de la petite troupe de Beaufort : deux de ses tenants étaient morts, dont Héricourt, l'adversaire de Villars.

Ce beau coup d'épée, donné en si bonne compagnie, mettait le sceau à la réputation de Villars, mais l'obligeait à disparaître momentanément : la rentrée du Roi à Paris venait d'ailleurs disperser la brillante suite des Princes. Le ménage dut se séparer de nouveau. Villars se réfugia à Vienne, chez son oncle l'archevêque, Mme de Villars retourna à Moulins se mettre sous la protection de Mme de Saint-Géran ; elle s'établit dans une petite maison du faubourg de Paris, où elle mit au monde, le 8 mai 1653, celui qui devait être le maréchal de Villars. Elle alla ensuite rejoindre à Vienne son mari, que le rétablissement de la paix intérieure et le triomphe définitif de Mazarin laissaient dans un état fort précaire.

INTRODUCTION.

Cette retraite à Vienne, qui semblait mettre fin aux espérances de Villars, devint, par un heureux hasard, le point de départ de sa fortune.

La dernière semaine de l'année 1653, Armand de Bourbon, prince de Conti, frère du grand Condé, se présenta aux portes de la ville pour y demander l'hospitalité; il avait fait sa paix avec la Cour à Bordeaux, et après un petit séjour en Languedoc, il se rendait à Paris pour conclure, avec la nièce de Mazarin, le mariage secrètement négocié depuis quelque temps. Les consuls de la ville, le croyant encore en état de rébellion, lui refusèrent le logement : le prince dut se contenter d'une auberge de faubourg. Pierre de Villars vint l'y voir, lui fit sa cour, s'entremit heureusement auprès des autorités municipales, et dès l'abord lui plut. Le prince était alors dans toute la ferveur de sa conversion mondaine : esprit faible et sans mesure, dans un corps maladif, il cherchait l'occasion d'affirmer avec éclat sa sortie de l'état ecclésiastique. A Montpellier il avait fait acte de galanterie dans de fâcheuses aventures; il voulait faire acte de bravoure sur un plus grand théâtre. Il avait conçu le projet extravagant de provoquer un prince très en vue, et son choix maladif s'était fixé sur le duc d'York, le futur roi d'Angleterre, qui servait alors la France à la frontière de Flandre. Villars, par sa réputation de fine lame, par la notoriété que lui avait donnée le duel de Beaufort, lui parut l'homme le plus propre à le seconder dans sa bizarre équipée.

Il s'en ouvrit le soir même à son confident intime Daniel de Cosnac : le prudent abbé, flairant un rival, combattit vivement l'admission de Villars dans la maison qu'il régentait : il se heurta à une volonté décidée, et, en courtisan avisé, changeant de système, il ne songea plus qu'à transformer en allié celui dont il voyait poindre la faveur : le lendemain, Villars entrait dans la petite cour du prince de Conti, et de ce jour commençait une intimité qui devait se maintenir pendant trois générations : le fils du prince de Conti sera le protecteur du fils de Villars qui, devenu maréchal de France, fera faire à son petit-fils ses premières armes en le conduisant à l'assaut des lignes de Fribourg.

Arrivé à Paris, le prince de Conti eut vite oublié, en faisant la cour à Mlle Martinozzi, son extravagant projet. Villars n'en resta pas moins attaché à sa maison, et le soir de son mariage, il reçut de lui-même la charge de premier gentilhomme de sa chambre, que Cosnac ne pouvait plus garder (22 février 1654). Le petit collet était incompatible avec le service personnel d'un prince laïque, plus encore avec les services de guerre qu'il attendait de son nouveau chambellan.

Le frère du grand Condé n'avait pas repris l'épée pour la laisser au fourreau : dès le printemps qui suivit son mariage, il obtint le commandement d'un corps d'armée en Catalogne : il fit preuve à sa tête d'une grande bravoure et eut quelques succès. Villars se distingua à ses côtés à la prise de Villefranche, à celle de Puycerda : il mérita que le prince demandât pour lui le brevet de lieutenant général. Cosnac, resté à Paris, dans l'attente d'un évêché, fut chargé par son ancien patron de porter la requête à Mazarin. Il fut très mal reçu : le cardinal déclara qu'il ne pouvait accorder cette grâce, quand cent officiers, ayant eu des emplois plus considérables que Villars, l'attendaient encore : néanmoins, ne pouvant tout refuser à « son neveu », il donna un régiment de cavalerie. Le brevet[1] est du 15 septembre 1654. Il porte que le nouveau régiment sera composé des compagnies de chevau-légers de la Vêvre, de Roquebrune, et de diverses compagnies isolées qu'il était bon de réunir sous un même commandement. Villars en voulut à Cosnac de ce demi-échec; mais au lieu de bouder, il redoubla de zèle; à peine la campagne terminée par la prise du cap Quiers et de Castillon, il alla combattre en Flandre sous Turenne, et y conquit le brevet si cavalièrement refusé deux ans auparavant (20 octobre 1656). Il avait alors trente-trois ans. En 1657 il fut de nouveau attaché à Conti et le suivit en Italie. Le prince lui avait entre temps donné le gouvernement de Damvilliers (31 mars 1656), petite ville qu'il avait reçue comme place de sûreté à la paix de Ruel.

Villars semblait appelé à une brillante carrière militaire; le Roi l'avait remarqué : il l'avait attaché à son état-major personnel lors

---

1. L'original est entre nos mains.

de sa première campagne en Flandre (1667);
l'année suivante il lui donnait le gouvernement de sa nouvelle conquête, Besançon : il
lui destinait les grands commandements qui
menaient au bâton de maréchal. De son côté,
Mme de Villars avait définitivement fondé sa
situation mondaine : elle était des « bonnes
amies » de Mme de Sévigné, sur un pied d'intimité complet avec les premiers personnages
de la Cour : tout semblait sourire au ménage :
il comptait sans les caprices ordinaires de la
faveur. L'alliance de famille qui avait commencé sa fortune devint une cause de disgrâce. Le maréchal de Bellefonds, le neveu
de Mme de Villars, était d'un caractère difficile et insoumis : Louvois, qui venait de prendre la direction définitive des affaires militaires, n'était pas endurant : de graves conflits
surgirent entre l'officier et le ministre. Bellefonds, maréchal de France, très soutenu par
le Roi, échappait aux suites de ses résistances;
mais ses parents, moins bien défendus, en
portaient la peine. Villars en fit l'expérience :
il eut un démêlé insignifiant avec le gouverneur de Dôle : Louvois lui donna tort et lui fit
enlever le gouvernement de Besançon. Replacé
à Douai, il y fut encore poursuivi par l'inimitié du ministre et obligé de résigner sa charge.
Rebuté par cette hostilité déclarée, sentant
qu'il la retrouverait toujours sur la route des
honneurs suprêmes, il renonça au métier des
armes et chercha, dans une autre voie, la
sécurité qu'il ne pouvait plus lui donner.
Hugues de Lionne, qui dirigeait alors avec

tant d'éclat la politique extérieure de la France, était, lui aussi, un ami de sa famille : il lui demanda conseil et assistance. Le ministre lui ouvrit les portes d'une carrière à laquelle rien ne semblait l'avoir préparé, et c'est ainsi qu'Orondate déposa sa casaque de soldat pour s'asseoir au bureau du diplomate.

La paix d'Aix-la-Chapelle venait de suspendre la lutte de la France et de l'Espagne (2 mai 1668), et un fils était né à Louis XIV (2 août). Il fallait un envoyé pour aller faire part à la reine régente d'Espagne de la naissance du duc d'Anjou, et en même temps pour occuper le poste de Madrid, en attendant l'arrivée de l'ambassadeur nommé, M. de Bonzy, archevêque de Toulouse, retenu par des affaires inachevées.

Lionne désigna Villars au Roi pour cette mission et l'obtint. Il est permis de penser que ce choix n'avait pas seulement été inspiré par l'amitié, et que le ministre avait reconnu dans l'officier les aptitudes nécessaires à son nouveau rôle. Louis XIV venait de signer avec l'Empereur le traité secret qui partageait d'avance la monarchie espagnole. Ce n'est pas au moment où cet acte grave l'obligeait à suivre avec une extrême vigilance les affaires intérieures de l'Espagne, que Lionne eût risqué à Madrid une maladresse. La mission confiée à Villars, quoique temporaire, avait son importance : elle ne se bornait pas à l'envoi d'un billet de faire part, démarche de famille pour laquelle le premier officier venu aurait suffi : elle touchait aussi à des points très délicats. Le traité d'Aix-la-Chapelle avait rétabli la paix, mais n'avait pas ramené la confiance : de plus, il laissait en suspens une foule de questions de détail dont le règlement pouvait donner matière à d'irritantes discussions. Villars avait à dissiper ces préventions, à faire croire aux bonnes intentions du Roi, à faire aboutir ses justes réclamations sans soulever de conflits.

Louis XIV désirait sincèrement un rapprochement. La guerre de Hollande était absolument décidée dans son esprit ; avant de l'entreprendre il voulait isoler les Hollandais et s'assurer au moins la neutralité de l'Espagne. La tâche était malaisée : il y fallait de la prudence et de la fermeté, du tact et de la décision. La situation intérieure du pays ne devait pas mettre à une moindre épreuve le discernement de l'envoyé de France. L'autorité de la Reine régente était très contestée : Marie-Anne était absolument gouvernée par son confesseur, un Jésuite allemand, le P. Nithard, que sa qualité fort redoutée d'inquisiteur général ne mettait pas à l'abri des compétitions. Don Juan guettait l'occasion de prendre le pouvoir, avec l'appui secret de plusieurs grands du royaume. Dans ce pays classique de l'intrigue et de la conspiration, on comprend ce qu'une pareille situation pouvait faire naître d'incidents embarrassants.

Le diplomate improvisé sut diriger sa barque au milieu de tous ces écueils et éviter tous les pièges tendus à son inexpérience.

Les difficultés commencèrent pour lui le

premier jour. Son arrivée avait comme jeté l'alarme : « On n'est pas bien persuadé de la durée de la paix », écrivait-il, « et j'ai besoin d'expliquer les intentions de Sa Majesté. » La Reine lui fit néanmoins un accueil empressé : elle lui accorda deux audiences rapprochées : dans la seconde, Villars, bien pénétré de ses instructions, consciencieusement étudiées, lui fit un long discours qui détaillait par le menu les affaires litigieuses qu'il avait à traiter. La Reine, qui savait mal le français, n'en comprit pas un mot et demanda une note écrite. Villars s'empressa de rédiger un long mémoire où aucune des affaires n'était oubliée, ni les réclamations de frontières, ni les griefs articulés entre le gouverneur espagnol des Flandres, ni les indemnités dues à des particuliers ; il informa son ministre de cette communication, qu'il croyait conforme aux usages. Lionne n'apprit pas sans une vive inquiétude la remise de ce réquisitoire écrit par un débutant : il témoigna à Villars ses appréhensions et réclama d'urgence la copie du malencontreux factum. Villars s'exécuta de très bonne grâce et dans les meilleurs termes : « Je conviens », écrivit-il à Lionne le 30 octobre, « que j'ai grand besoin « de vos avis : je vous les demande... je suis « nouveau dans le métier et je ne peux vous « répondre, de ma part, que d'un grand « zèle et d'une application sans relâche pour « tout ce qui concerne le service du Roi. » Le mémoire se trouva bon de tout point : Lionne se hâta d'écrire à Villars que le Roi l'avait approuvé, qu'il lui ordonnait néanmoins de ne rien remettre par écrit, « si ce n'est des mémoriaux pour les affaires des particuliers ».

Quelques jours après ce premier incident, la sagacité de Villars fut de nouveau mise à l'épreuve : M. de Wateville, Comtois au service de l'Espagne, vint l'entretenir d'un projet d'échange entre la Flandre et le Roussillon, projet chimérique, dont le résultat le plus clair était de fournir un grief aux Hollandais. Villars flaira le piège et répondit en conséquence. Il fut également perspicace avec un soi-disant émissaire secret de don Juan, qui se recommandait des plus grands noms de la monarchie. Sa conduite dans ces deux circonstances rassura complètement Lionne, qui lui adressa et lui fit adresser par le Roi les félicitations les plus chaleureuses (9 novembre, 23 décembre 1668).

Au printemps suivant, il montra autant de décision qu'il avait jusque-là montré de prudence. Don Juan avait brusquement quitté la Cour. Retiré en Catalogne, ce centre permanent d'opposition, il y avait recruté une troupe de trois cents cavaliers et s'était inopinément présenté aux portes de Madrid, avec l'espoir de soulever dans la capitale un mouvement contre l'inquisiteur général. L'émotion était grande : la Junte, le cardinal d'Aragon, le Nonce conseillaient à la régente de céder. Villars, jugeant que le succès de don Juan était contraire à l'intérêt de la France, n'hésita pas à se prononcer : il offrit ses services à la Reine, soutint le courage de ses officiers, proposa de monter à cheval à la tête de tous les

Français résidant à Madrid, contribua à faire avorter l'équipée du bâtard ambitieux. Il fut de nouveau félicité par le Roi, qui était d'instinct du côté de l'autorité légale et se souvenait de la Fronde. Mais don Juan n'était pas Condé, et Nithard n'était pas Mazarin. On s'accommoda sans tirer l'épée : le Jésuite quitta l'Espagne ; le prince rebelle reprit tranquillement le chemin de Saragosse en attendant des jours meilleurs.

Complètement rassuré sur la discrétion et les aptitudes de Villars, Lionne entra peu à peu avec lui dans un commerce plus actif : il le mit au courant des affaires générales, l'initia aux secrets de sa politique ; il n'eut pas à regretter sa confiance : Villars, informé de la mission de Colbert à Londres, put éluder les questions embarrassantes qu'on lui posait et servir ainsi les efforts de son ministre pour entraîner l'Angleterre dans l'action contre la Hollande. Pendant cette période laborieuse, Villars paraît avoir été seul : toutes les dépêches sont écrites de sa main : il ne semble pas qu'il eût de secrétaire de carrière pour l'initier au moins aux traditions : il n'avait pas sa femme auprès de lui pour l'aider de son intelligence et de son dévouement : la marquise de Villars était restée à Paris, avec ses sept enfants, et assistait de loin son mari par ses relations constantes avec le ministre : la lettre suivante, conservée aux archives des Affaires étrangères[1], en fait foi.

1. *Espagne*, t. 56, f° 125. La date doit être entre le 16 et le 22 août 1668.

XX INTRODUCTION.

A Monsieur de Lionne, secrétaire et ministre d'État.

Mardi au soir.

J'ai cherché hier au soir plusieurs fois, Monsieur, les moyens d'avoir l'honneur de vous voir, et je m'en devais tenir à la première et imaginer que quand votre suisse dit à sept heures du soir que vous n'y êtes pas, que vous n'y serez pas à neuf pour ce qui s'appelle survenant. J'avais un paquet à vous donner de M. de Villars et à vous parler de quelques affaires touchant l'intérêt des marchands français qui commercent en Espagne, mais heureusement pour moi M. le maréchal de Bellefont m'est venu voir ce matin et je l'ai chargé de votre paquet et de l'affaire des marchands. Il a bien voulu encore m'assurer qu'il vous entretiendra de certains détails des nôtres : je pense que ce qu'il vous dira vous paraîtra raisonnable et que vous jugerez qu'encore que M. de Villars ne soit qu'envoyé, il fait pourtant, sans vanité, plus que les ambassadeurs auxquels le Roi donne et pour faire leur équipage et ensuite pour leur subsistance et qu'ils trouvent même à Madrid des secours que mon mari n'a pas et qu'il eût eu s'il eût voulu..... Pardonnez-moi, Monsieur, si je vous entretiens de choses qui seraient ennuyeuses à toute personne qui ne serait pas touchée du plaisir d'en faire. Nous ne manquerons aussi jamais de reconnaissance. Je voudrais aussi que vous eussiez encore la bonté de faire savoir à mon neveu de Bellefont, ou à moi, si M. de Villars manque à quelque chose : ce serait une obligation que nous mettrions avec toutes celles que nous vous avons.

Votre très humble et très obéissante servante.

DE BELLEFONT VILLARS.

Cette lettre trahit les angoisses de la mère de famille aux prises avec les dures réalités

INTRODUCTION. xxj

de la vie. Obligé moralement de soutenir le train d'un ambassadeur sans en avoir les appointements, Villars y mettait du sien : non seulement il ne pouvait subvenir à l'entretien du ménage resté à Paris, mais il faisait appel à ses maigres ressources. La pauvre femme n'hésitait pas : elle avait recours aux expédients : ne fallait-il pas que son mari tînt son rang et soutînt l'honneur du Roi ? elle empruntait. Mais bientôt les créanciers refusèrent le crédit : force fut d'avouer au ministre la situation. Villars lui écrivit de son côté :

L'inquiétude de Mme de Villars n'est fondée que sur le peu de bien que j'ai pour soutenir la dépense à laquelle est obligé un homme qui veut bien servir son maître et vivre dans un lieu comme celui-ci avec l'estime et l'amitié des gens de qualité..... Je ne songe pas à ce que je deviendrai lorsque je serai de retour, étant fort résigné aux volontés du maître et espérant beaucoup de vos bons offices : jusqu'ici j'en ai si peu reçu de personne, comme il y paraît en ma fortune, que je crois qu'elle changera, quand vous aurez la bonté d'en prendre quelque soin..... Vous savez, étant né de notre même province, le peu de bien que j'ai : il y a vingt-cinq ans que je le mine peu à peu..... Je m'en remets à vous de mon honneur, de ma fortune, de ma conduite [1]....

Lionne répondit par de bonnes paroles à cet aveu discret d'une situation menaçante : ne recevant pas d'assistance plus efficace, Villars dut s'avouer vaincu : « Je suis au bout », écrivit-il le 24 juillet 1669. Ce cri de détresse

1. Villars à Lionne, 20 février, 13 et 26 juin 1669. (Archives des Affaires étrangères.)

fut écouté. Villars reçut la permission de rentrer en France. La lettre par laquelle le Roi lui annonçait cette grâce témoignait de la haute opinion qu'il avait donnée de sa valeur et de son désintéressement. Elle se terminait ainsi :

Je ne veux pas finir cette lettre sans vous témoigner la parfaite et complète satisfaction que j'ai des services que vous m'avez rendus, de la manière dont vons avez vécu qui a été si fort à ma gloire et à la vôtre que je ne saurais assez vous exprimer le gré que je vous en ai : sur quoi m'étant expliqué à la marquise votre femme, laquelle je m'assure être contente de ce que je lui ai dit, il ne me reste qu'à prier Dieu, etc...[1].

Villars quitta Madrid le 5 octobre 1669.

Il ne devait pas tarder à y revenir. M. de Bonzy ne fut pas plus heureux que lui ; malgré son caractère d'ambassadeur, il ne réussit ni à faire rendre justice à ses nationaux, ni à dissiper les préventions des Espagnols, ni à retenir leur gouvernement sur la pente qui les entraînait vers la Hollande. Le comte de Monterey avait remplacé le marquis de Castel Rodrigo dans le gouvernement des Flandres, mais les procédés n'avaient pas changé : c'étaient chaque jour des conflits de frontières, des difficultés douanières, des insinuations malveillantes, des intrigues avec les Hollandais. Bonzy se rebuta et fut à son tour relevé de ses fonctions le 1er juin 1671.

Le Roi n'hésita pas à renvoyer Villars à Madrid, mais cette fois il lui donna le carac-

---

1. Louis XIV à Villars, 18 août 1669.

tère et le traitement d'un ambassadeur. La mission qui lui était confiée était des plus ingrates : il devait non seulement empêcher à tout prix l'alliance de l'Espagne et de la Hollande, mais même s'efforcer, à l'exemple de l'Angleterre, d'attirer l'Espagne dans l'alliance française. Villars ne pouvait réussir : l'Espagne était entraînée non seulement par un ressentiment bien légitime, mais par le sentiment de ses intérêts : le sort de ses possessions belges et bourguignonnes était lié à celui des Pays-Bas hollandais, et il ne pouvait lui convenir de laisser écraser en détail ses alliés naturels. Tout ce que Villars pouvait espérer, c'était de retarder l'intervention de l'Espagne assez longtemps pour que Louis XIV pût porter à la Hollande des coups décisifs. Il y parvint à force d'habileté et de modération.

Il débuta par l'intimidation : après divers entretiens inutiles avec les ministres, il déclara à la Reine, le 23 décembre, que le Roi était décidé à châtier les Hollandais de leur insolente attitude à son égard, et qu'il considérerait comme un *casus belli* toute assistance directe ou indirecte qui leur serait donnée. Au moment même où, d'accord avec l'ambassadeur d'Angleterre, il tenait ce langage comminatoire, un traité se signait à la Haye entre la Reine et les États généraux : informé de cette grave détermination, Villars comprit qu'une nouvelle menace entraînerait la rupture immédiate : il changea d'attitude, et essaya d'amener la Reine à refuser sa ratification : il avait des alliés dans le ministère ;

La Fuente, Peñeranda penchaient pour la neutralité ; mais la majorité des conseillers de la couronne était dominée par la défiance que lui inspirait Louis XIV. On essaya d'un moyen terme : la Reine proposa sa médiation : les Hollandais l'auraient acceptée ; sentant la gravité de l'orage qui les menaçait, ils faisaient à l'Angleterre les offres les plus humiliantes et auraient, par l'entremise de l'Espagne, subi de Louis XIV des conditions assez dures ; mais le Roi voulait une satisfaction militaire et n'était pas homme à laisser échapper les glorieuses journées qu'il se préparait de longue main : la médiation fut écartée, tout en évitant la rupture, et Louis XIV put, sans embarras du côté de l'Espagne, faire sa brillante campagne de 1672.

Pendant qu'il cueillait des lauriers sur les bords du Rhin et de la Meuse, son ambassadeur à Madrid dévorait les affronts, déjouait par sa patience et son habileté les efforts tentés pour le mettre dans son tort. Nos mœurs policées et nos habitudes courtoises ne peuvent nous donner une idée des incidents qui troublaient à chaque iustant le repos d'un ambassadeur et menaçaient même sa vie, sans créer l'état de guerre. Rixes entre la foule et les domestiques de l'ambassadeur, vexations contre les commerçants français, dénis de justice, arrestations de courriers, violences arbitraires se succédaient à chaque instant : la correspondance est remplie du récit de ces incidents.

Le 16 octobre, un navire de commerce français, mouillé en rade de Cadix, a une difficulté avec la douane : le duc de Veraguas, qui commande la station, le fait couler à coups de canon et fait tirer sur les officiers, qui se sauvent à la nage. Villars sait traîner en longueur l'instruction de l'affaire et le Roi l'y aide. Quelques jours après cette sauvage agression, cent cinquante matelots français pris et dépouillés par les Hollandais sont abandonnés à la Corogne et exposés aux violences des habitants : Villars les rapatrie à ses frais. « Je suis résolu à souffrir tous les mauvais procédés avec le plus de modération possible, écrit-il au Roi, jusqu'à ce que j'aie reçu les ordres de Votre Majesté. »

Le Roi, sensible à cette prudence, atténuait, par des attentions personnelles, la souffrance que ses instructions infligeaient à la dignité de son envoyé. Au commencement de 1673, il lui envoie son fils aîné, sous prétexte de complimenter la Reine sur la guérison du roi d'Espagne au sortir d'une grave maladie. « Combien je prends part à votre joie de voir M. votre fils », écrivait M. de Pomponne[1] à Villars : il est tel qu'elle ne peut être plus légitime. » Hector de Villars avait alors dix-neuf ans ; sorti de page depuis quelques mois, il avait fait ses premières armes en Hollande, sous les yeux du Roi, avec une rare bravoure. Le voyage d'Espagne était une faveur très recherchée : elle valait des présents fort appréciés du jeune officier : il s'en montra digne par sa conduite

1. Il avait succédé à Lionne, au ministère des Affaires étrangères, en septembre 1671.

au siège de Maëstricht. C'est là qu'il s'attira cette flatteuse remarque de Louis XIV : « Il semble dès que l'on tire en quelque endroit, que ce petit garçon sorte de terre pour s'y trouver. » Peu après, le Roi donna une abbaye à Félix de Villars, âgé de dix-huit ans, et entré dans les ordres[1].

Cependant la situation devenait intenable à Madrid : les succès de Louis XIV en Hollande exaspéraient les Espagnols, leur mauvaise humeur se traduisait en mauvais procédés. Après la prise de Maëstricht, trois des domestiques de Villars furent, sous un vain prétexte, arrêtés, mis aux fers, puis relâchés sans explication : la réparation de cet outrage se faisait attendre : « Si elle n'est telle qu'on la doit à « un ambassadeur de Votre Majesté », écrivait Villars au Roi, « je prendrai la liberté de me « la faire moi-même. » Et à Pomponne le même jour : « Je crois qu'un ambassadeur du Roi « peut, sans scrupule, faire donner cent coups « de bâton sur un fait comme cela, et ma « modération sera beaucoup louée en ce pays « où l'on est plus chaud et plus violent. » Malgré ces menaces, Villars, retenu par ses instructions, hésitait à se faire justice lui-même. Son voisin et collègue du Portugal était moins endurant et avait la conscience moins « tendre ». Il avait à sa solde trente laquais bien armés, qui, à chaque insulte reçue par l'ambassadeur ou sa famille, battaient le pavé et tuaient au hasard dans la

---

1. Archives des Affaires étrangères. *Espagne*, t. 61, f° 199. 28 août 1672.

rue un nombre d'Espagnol proportionné à l'insulte. Quelquefois même ils prenaient spontanément le parti de Villars : « Si mes gens ont « eu quelque rencontre avec des inconnus, ils « font la même chose et me rendent compte, « ou à mes gens, qu'ils ont tué deux ou trois « Espagnols pour l'amour de moi[1]. » A la suite d'une de ces algarades l'ambassade de Portugal fut l'objet d'un siège en règle : la fusillade dura huit heures entre la foule et la valetaille. Il y eut des morts des deux côtés ; le feu prit aux écuries de l'ambassade, menaçant de gagner un couvent voisin de Capucins : les moines sortirent en procession avec le Saint Sacrement, et leur intervention pacifique mit seule fin au combat.

Cette scène violente se passait en septembre 1673 : on commençait alors à se rassurer à Madrid sur l'issue de la campagne de Hollande : les foudroyants succès du début ne se continuaient pas ; les victoires navales de Ruyter avaient refroidi les Anglais, les inondations d'Orange avaient arrêté Condé : les conférences de Cologne avaient échoué, l'électeur de Brandebourg, l'empereur Léopold écoutaient les propositions de la régence espagnole : la coalition se nouait : il n'y avait plus de ménagements à garder : les mauvais procédés croissaient avec les illusions de la Cour et de la ville. Parmi les plus ardents à multiplier les provocations était le comte de Monterey : il poussait ouvertement à la guerre : il avait

---

1. Villars au Roi, 20 juillet 1672.

promis à la Reine de rétablir la Flandre dans l'état où elle était avant la paix des Pyrénées et cherchait un conflit : une première fois il avait envoyé un corps espagnol se joindre aux troupes du prince d'Orange au siège de Charleroi : Louis XIV avait protesté pour la forme, et s'était contenté des explications insuffisantes de la cour de Madrid : enhardi par cette apparente résignation, Monterey avait perdu toute mesure; enfin, un jour de la fin septembre, il passa la frontière de France avec un détachement armé et vint, sous un prétexte quelconque, brûler des villages français. Le Roi perdit patience : constatant que l'agression venait de l'Espagne, il lui déclara brusquement la guerre. Villars eut l'ordre de signifier cette décision à la régente et de demander ses passeports.

Tout était long à la cour de Madrid : c'est le 7 décembre seulement que Villars eut achevé les formalités de la rupture et qu'il quitta la capitale, sous la conduite du comte d'Ayala : il arriva le 22 à la Bidassoa, où l'attendait le comte de Molina, ambassadeur d'Espagne à Versailles : l'échange des deux ambassadeurs faillit tourner au tragique : les deux suites s'étant prises de querelle, il y eut une échauffourée : « Un assez ridicule com-
« bat », écrivait Mme de Sévigné à sa fille, « les
« maîtres s'exposèrent, on tiroit de tous cotés,
« il y a eu quelques valets de tués. » La spirituelle marquise ajoute : « On n'a point fait
« de compliment à Mme de Villars, elle a son
« mari : elle est contente. »

L'affection de Mme de Villars était aussi tendre qu'au premier jour : la joie fut grande dans le modeste logis où la vaillante femme attendait, depuis trois ans, le retour de son mari, élevant les enfants, cachant les privations, veillant aux relations si nécessaires à l'avenir de la famille[1]. Son intimité avec Mme de Sévigné et sa brillante coterie s'était affermie : M. de Pomponne n'était pas moins de ses amis que ne l'avait été M. de Lionne : Mme de Vins était auprès du ministre le plus charmant et le plus affectueux des intermédiaires. Villars trouvait ses affaires en bonnes mains ; mais l'actif et intelligent dévouement de sa femme, l'amitié du ministre et la bienveillance du Roi ne suffisaient pas ; il fallait un poste disponible : or la guerre en avait singulièrement diminué le nombre. En attendant qu'une occasion favorable se présentât, on faisait des économies, tout en se montrant à la Cour, et en s'efforçant de ne pas se laisser oublier. Le ménage était aidé à cet égard par la réputation croissante d'Hector de Villars. A Séneffe le jeune officier s'était fait remarquer par le grand Condé ; un régiment

1. On peut juger de la gêne de la famille restée à Paris par ce passage d'une lettre de Villars au Roi, du 15 février 1672 : « Je n'oserais fatiguer Votre Majesté de l'état « de mes affaires, dans un temps où elle est obligée à des « dépenses si excessives. Je la supplie humblement de se « souvenir que je suis un des plus pauvres gentilshommes « de son royaume, et que pour soutenir le poste où je me « trouve, quelque règle que j'aie mis à ma dépense, il est « impossible qu'elle ne monte à 10,000 écus de plus que « Votre Majesté me donne. » (A. E. *Espagne*, t. 61, f⁰ 68.)

était le prix de sa belle conduite : il se distinguait à sa tête sous Luxembourg. Armand de Villars servait sur mer avec une égale bravoure, sinon avec une égale notoriété. « Si je « suis assez malheureux pour être hors du « chemin de donner ma vie pour le service de « Votre Majesté », écrivait Pierre de Villars au Roi, « j'ose lui représenter le zèle et l'ardeur « de deux fils qui cherchent avec assez d'em-« pressement les occasions de sacrifier les « leurs à Votre Majesté. »

L'occasion tant attendue s'offrit enfin au printemps de 1676. M. Servien, ambassadeur à Turin, demandait à résigner ses fonctions : M. de Pomponne les fit donner à Villars. Turin après Madrid, la cour de Savoie après celle d'Espagne, Mme de Sévigné trouvait qu'« il y avait à cela de l'*évêque meunier* ». Notre ambassadeur eut le bon esprit de fermer l'oreille à la raillerie et d'accepter avec reconnaissance le poste offert. Il n'était d'ailleurs pas sans importance politique. Le rôle du duc de Savoie ne se mesurait ni à l'étendue de ses territoires, ni à la valeur conventionnelle de son titre : s'assurer de son amitié était une tâche patriotique et malaisée, étant données les habitudes de sa maison.

Le duc alors régnant n'avait que douze ans : il était personnellement hors de cause : c'est sa mère qu'il fallait gagner, la duchesse régente, ou, comme on disait alors, Madame Royale.

Villars semblait très bien choisi pour cette mission : Marie-Jeanne de Savoie était la fille de son premier patron, de ce duc de Nemours qu'il avait si fidèlement servi et si brillamment assisté le jour de sa mort. Ce souvenir ne pouvait que bien disposer Madame Royale en sa faveur ; mais il y avait, entre l'ambassadeur de France et la régente, des questions d'étiquette qui devaient singulièrement entraver sa mission. Marie de Savoie était la seconde femme de Charles-Emmanuel II : la première femme du duc était Françoise de France, fille de Gaston d'Orléans : aux yeux de Louis XIV, la qualité de « fille de France » ne se perdait pas, et il avait exigé pour sa cousine germaine des honneurs spéciaux. La seconde femme du duc de Savoie n'avait pas les mêmes droits, et le Roi, qui n'entendait pas raillerie sur ce point, avait prescrit à ses ambassadeurs de la traiter en souveraine de second rang : de là des froissements d'autant plus vifs que la Cour était plus petite et ses ambitions plus grandes.

Dès son arrivée, le 1er juin, Villars eut à négocier pour la *main*, le *pas*, le *siège* du chevalier de l'Annonciade envoyé à sa rencontre : il se tira encore assez vite, par d'ingénieux expédients, de cette première difficulté. Mais ce fut bien une autre affaire quand il s'agit de régler le cérémonial relatif à sa femme. La place de Mme de Villars était auprès de son mari : elle était d'autant moins disposée à l'abandonner que le rôle d'ambassadrice convenait à ses goûts et à son esprit : elle la réclama, et Villars dut négocier les détails de sa réception : la négociation dura quatre mois et remplit un volume de correspondances : elle portait surtout sur un point délicat, le siège.

On sait qu'à la cour de France les femmes de la plus haute qualité devaient se contenter d'un *tabouret :* les ambassadrices n'avaient pas d'autre siège. La première duchesse de Savoie, comme « fille de France », avait introduit la même règle à sa cour. Sa belle-sœur, *Madame la Princesse*[1], comme on disait alors, qui ne pouvait prétendre aux mêmes privilèges, donnait aux ambassadrices une *chaise à dos.* Quand la seconde duchesse avait voulu continuer la même étiquette, elle s'était heurtée à la résistance de Louis XIV : le Roi avait réclamé pour les ambassadrices la *chaise à dos* chez Madame Royale, et la *chaise à bras* chez Madame la Princesse. Mme Servien avait obtenu ce traitement à ses audiences de congé, non sans résistance et sans protestations. Louise de Savoie avait été particulièrement affectée de cette déchéance et n'avait pu retenir ses larmes en cédant : on s'était promis de renouveler la lutte à la première occasion. Villars la soutint avec fermeté et bonne grâce, discutant avec une patience imperturbable les expédients proposés : un jour on lui offre de rester debout « ce qui est un milieu entre la « chaise à dos et la chaise à bras… Et « voilà, Monsieur », écrit-il à Pomponne, le 23 septembre, en lui faisant cette grave communication, « voilà nos grandes affaires, dans

---

1. Louise de Savoie, sœur du duc Charles-Emmanuel, et mariée à son oncle, Maurice de Savoie.

« ce temps que toute l'Europe est en guerre ! [1] »

Nous ne nous arrêterions pas nous-même au récit de ces futiles querelles, si elles n'étaient un curieux symptôme des mœurs du temps : elles tenaient d'ailleurs trop de place dans les occupations d'un ambassadeur, pour que nous puissions les négliger, dans l'exposé que nous avons entrepris des détails de sa carrière.

On arriva pourtant à s'entendre en principe, et Mme de Villars put se mettre en route. On était au mois d'octobre : le voyage était long et pénible, sur de mauvaises routes, dans de lourds carrosses, encombrés d'enfants, de domestiques et de paquets. Le mont Cenis était couvert de neige : la traversée dure et fatigante. Villars attendait le convoi à Suze, non sans préoccupation : il le reçut le 11 octobre, et s'empressa d'annoncer son arrivée à Pomponne. Mme de Villars ajouta de sa main, à la dépêche de son mari, le *post-scriptum* suivant :

Je sais bien, Monsieur, qu'il n'est pas dans l'ordre d'écrire familièrement dans la lettre d'un ministre ; ce n'est pas que je ne me trouve un mérite particulier quand je songe à tous les pays que j'ai traversés et à ce mont Cenis. Assurément rien ne ressemble moins à la Touraine. Je vous demande, Monsieur, la continuation de vos bontés et de votre amitié : j'assure Mme de Pomponne de mes respects, et vous me permettrez aussi de faire souvenir Mme de Vins qu'elle m'a promis de m'aimer et de m'écrire [2].

1. Archives des Affaires étrangères. *Savoie*, t. 65.
2. Archives des Affaires étrangères. *Savoie*, t. 65, f° 295.

Malgré l'entente intervenue au sujet de la réception de l'ambassadrice, la cour de Turin souleva des difficultés de détail qui retardèrent jusqu'au 1ᵉʳ novembre l'audience si laborieusement préparée. Villars laissa à sa femme le soin de la raconter elle-même au ministre. Nous ne pouvons mieux faire que de reproduire sa lettre :

La marquise de Villars au marquis de Pomponne.

Turin, le 1ᵉʳ novembre 1676.

Je ne pensais pas avoir jamais d'audience, Monsieur, et je ne m'en ennuyais point : c'est assurément le moindre divertissement que j'aie jamais eu. C'est que je n'ai pas de goût et que je ne me sens pas propre pour les représentations publiques. Je souhaite souvent ce jour-là Mme de Saint-Géran, et si elle eût été avec moi, je n'aurais guère été en peine de ma contenance et les regards ne se seraient pas adressés à l'ambassadrice.

Mais pour en revenir à ma réception, l'on ne peut en avoir usé avec plus d'honnêteté et de marques d'estime de la part de Madame Royale. J'eus le lendemain mon audience de cette pauvre Princesse qui a été bien mortifiée. Cela ne parut pas dans ma visite : elle me dit qu'elle savait de quelle manière j'avais agi en cette occasion et l'obligation qu'elle m'en avait : elle me fit donner un *fauteuil*, et loin de pleurer comme elle le fit le jour qu'elle le donna à Mme Servien, ne voulant pas qu'il y eut personne là, mon audience fut publique. Elle fut de très bonne humeur et j'y fus longtemps. C'est une très raisonnable personne. Madame Royale est fort charmante de son esprit et de sa personne. Le petit prince est surprenant : je n'ai jamais rien vu de plus joli.

Si vous souhaitez un compte plus exact de cette

cour, j'en serai peut-être assez tôt informée : j'aimerais mieux l'être que vous me continuez l'honneur de votre amitié. N'allez pas m'oublier, Monsieur, pour avoir passé les monts et soyez persuadé de l'estime et de la reconnaissance que j'ai de toutes vos bontés. Permettez-moi d'assurer Mme de Pomponne de mes respects : j'ai chargé M. d'Hacqueville de mes compliments pour Mme de Vins. Je voudrais bien, Monsieur, pouvoir espérer de vous rendre ici quelques services ; au moins m'employerai-je à vous faire chercher de bon vin[1].

Le ministre attendait de Mme de Villars des services plus réels. Il comptait sur son esprit, sa bonne grâce, sa conversation enjouée pour dissiper les nuages soulevés par l'étiquette, pour faire la conquête de cette cour qu'il était si nécessaire de gagner à la politique du Roi. Il comptait sans les rancunes de l'amour-propre froissé et sans l'intervention intéressée de ministres favorables à l'Empire. La malheureuse question d'étiquette ne fut jamais complètement vidée et pesa d'un poids très lourd sur les relations du ménage et de la Cour. On prétendit que la concession du fauteuil ne concernait que les audiences publiques, que la duchesse régente était maîtresse, en son particulier, de donner ou de refuser tel siège qui lui convenait, et qu'au cercle de la Cour l'ambassadrice devait rester debout ou se contenter d'un « siège pliant ». Une nouvelle correspondance s'engagea : Villars demanda des ordres à Pom-

---

[1]. Archives des Affaires étrangères. *Savoie*, t. 65, f° 310.

ponne : le ministre, dont cette discussion dérangeait les combinaisons, fit comme beaucoup de ministres en pareil cas, il essaya de rejeter sur son agent la responsabilité qui lui pesait. Reconnaissant qu'il ne pouvait rien exiger en dehors des circonstances officielles, il ajouta : « C'est seulement pour vous et « pour Mme la marquise de Villars que je « suis fâché de la voir réduite à une cérémo- « nie continuelle qui lui ôtera la liberté et la « familiarité qui pouvaient lui rendre la cour « de Madame Royale plus agréable. Elle aurait « pu, ce semble, sans déroger à la dignité du « caractère, tantôt être assise, tantôt ne l'être « pas et mêler la cérémonie à la privauté. « Mais peut-être Madame Royale cherche- « ra-t-elle le moyen de ne se pas priver d'une « aussi bonne compagnie que la sienne[1]. »

Villars comprit qu'il ne fallait plus demander d'instructions : « Je crois que le Roi vou- « dra bien s'en fier à moi à l'avenir », écrit-il le 11 février 1877. Et, à partir de ce moment, il prit sur lui de résoudre au jour le jour les difficultés qui surgiraient. Mme de Villars fit de même ; rencontrant la régente « en lieu « qui n'était pas de cérémonie, une fois elle « s'assit à terre avec des dames, en l'autre elle « se tint debout ». Les victoires de Louis XIV aidant, un certain apaisement se fit. Madame Royale admit l'ambassadrice à une conversation particulière de trois heures, et lui donna son portrait : il est vrai qu'il était « de mé-

---

1. Pomponne à Villars, 15 janvier 1677.

diocre valeur[1] ». Le Roi profita de ce rapprochement pour donner à Mme de Villars une véritable mission diplomatique. Il la chargea d'insinuer à la régente, sans le compromettre, de demander pour Victor-Amédée la main de sa nièce, Mlle de Valois. La spirituelle marquise s'acquitta avec tout le tact convenable de cette délicate mission : elle n'obtint pas de réponse positive : la régente se retrancha derrière l'âge de son fils, refusant de le lier avant sa majorité, faisant observer, non sans fierté, « que ce n'était pas chose nouvelle « dans la maison de Savoie que de prendre des « alliances avec les maisons royales[2] ». Néanmoins l'idée était bien lancée; elle fit son chemin. On sait que le mariage eut lieu en 1684.

Malgré ces témoignages apparents de confiance, la situation restait tendue et difficile : Villars comprit que la présence de sa femme était un obstacle à la cordialité des rapports, et nuisait par là même aux intérêts politiques dont il était chargé. Il communiqua ses scrupules à Pomponne, se déclarant prêt à faire les sacrifices nécessaires au service du Roi, ne dissimulant pourtant pas ce qu'aurait de pénible et d'onéreux pour lui le départ de sa femme et de ses enfants, l'obligation d'entretenir la dépense de deux ménages séparés. Cette ouverture fut mieux accueillie à Versailles qu'il ne l'aurait désiré. Le Roi commençait à se fatiguer de la querelle qu'il avait

1. Villars à Pomponne, 4 avril 1677.
2. Villars à Pomponne, 13 juin 1677.

soulevée : il en craignait les suites pour ses propres desseins : il étudiait alors une attaque du Milanais, impossible sans une entente complète avec la Savoie : cette entente lui était nécessaire : était-elle possible avec la présence irritante de Mme de Villars? Le Roi commençait à en douter, mais ne voulait pas encore le dire : il n'exigea pas le retour immédiat de Mme de Villars, tout en laissant entendre qu'il pourrait être amené à le conseiller. Mme de Villars répondit elle-même au ministre. Sa lettre mérite d'être reproduite en entier :

A Monsieur de Pomponne, Ministre et Secrétaire d'État[1].

Ce 11 septembre [1677] à Turin.

Je n'ai point voulu me donner l'honneur de vous écrire, Monsieur, tant que j'ai été incertaine de ce que vous répondriez à M. de Villars sur la proposition de mon départ, quoique je ne fusse guère tranquille de la décision que vous en pouviez faire, à laquelle serez obéi sans réplique si vous l'aviez ordonné et jugé à propos. Je serais bien tentée de vous dire, Monsieur, qu'en vérité il n'a été ni ne peut être à l'avenir de nulle nécessité, mais M. de Villars ne veut pas avoir la moindre chose à se reprocher sur ce qui peut regarder le service du Roi et la satisfaction de Madame Royale. Il y a quelques jours que cette princesse me fit l'honneur de me prier à une fête que l'on lui donnait, et comme elle dura longtemps et que j'avais beaucoup de commodité de l'entretenir, je tombai insensiblement sur mon voyage de France et sur l'appréhension que j'avais que non seulement elle l'approuvait mais que

1. Archives des Affaires étrangères, *Savoie*, t. 66, f° 256.

peut être elle le souhaitait; elle me dit qu'il faudrait que j'eusse mechante opinion d'elle si j'avais cette pensée : je lui repondis que du côté de sa cour et de celui de France, il me revenait beaucoup de choses très propres à m'affliger et à me persuader que j'étais assez malheureuse pour n'avoir jamais pu lui plaire; elle m'interrompit sur cela et me parla avec toute l'honnêteté possible, m'avouant que les premiers jours de mon arrivée dans sa cour elle avait écrit à Paris certaines choses de moi dont elle n'était pas contente, touchant des rangs et des cérémonies qu'elle avait cru qu'on lui contestait et que cependant, Monsieur, l'on lui a toutes accordées; mais que depuis ce temps là elle m'assurait n'avoir jamais rien écrit contre moi, et qu'il fallait que ce fût quelqu'un qui d'office fit entendre ce dont elle ne chargeait personne, comme de parler de mon retour et que je ne lui fusse pas agréable et qu'elle ne vous avait jamais écrit ni fait dire de sa part chose du monde touchant cela.

Je compris, Monsieur, par tout ce qu'elle me fit l'honneur de me dire, qu'il faut que quelque personne croie lui faire plaisir en insinuant à notre cour qu'elle serait bien aise de me plus voir à la sienne. L'on n'ose pas deviner qui c'est : l'on prendrait pourtant bien la liberté de s'en douter. Enfin je sortis satisfaite de cette conversation : je le serais encore plus, Monsieur, si je pouvais me persuader que vous avez quelque amitié et quelque estime pour moi : je ne pèche assurément pas en la trop bonne opinion que j'en ai, mais, sur ma parole, ayez en de ma conduite en ce pays : il est vrai que je n'en mérite pas tout l'honneur et que c'est en suivant les avis de M. de Villars. Je ne veux pas entrer dans nuls détails de cette petite et orageuse cour où nous ne nous rebuterons point d'y faire toujours de notre mieux. Ce que je vous en dirai c'est qu'elle est gouvernée par une très belle et charmante souveraine et dont le fils est le plus aimable enfant que l'on puisse voir; il ne se peut représenter l'esprit, la finesse et la pénétration qu'il a ; il a de la timidité peut-être, ne sera-ce pas la qualité dont on s'accommodera le moins ? Il est assez délicat le prince muet, et qui pourtant se fait entendre, il en a de très bonnes, il aime fort un neveu chevalier qui est auprès de lui et point du tout le comte de Soissons. Quand on sait aussi bien sa cour de Savoye on pourrait devenir importune à force d'en parler trop longtemps : c'est une belle science et qui flatte bien ceux qui la possèdent : j'aimerais mieux avoir celle de vous persuader que l'on ne peut être plus véritablement que je le suis,

Votre très humble et très obéissante servante,

DE BELLEFONT.

Je compte beaucoup sur Mme de Vins pour ce qui regarde mes intérêts auprès de vous.

Le Roi ne pouvait guère brusquer des gens qui montraient une telle abnégation : d'autre part la conclusion d'un traité secret pour le passage des troupes françaises était urgente. Louis XIV prit un moyen terme : le cardinal d'Estrées, ambassadeur à Rome, partait pour rejoindre son poste : il le chargea de s'arrêter à Turin et d'y négocier le traité secret dont il avait besoin. Le cardinal se mit en route à la fin de septembre 1677. Son arrivée à Turin coïncida avec un incident que nous devons raconter, comme un curieux trait des mœurs du temps, et un intéressant exemple des responsabilités que les ambassadeurs d'alors avaient à assumer.

Un musicien italien, bien reçu à la cour de Savoie, avait enlevé à Venise la maîtresse

d'un Contarini et l'avait amenée à Turin. Le patricien évincé rassemble ses amis, leur adjoint quelques « braves » à tout faire et se met avec eux à la poursuite des coupables. La petite troupe, forte de quarante hommes, arrive à Turin : la fille se réfugie dans un couvent, le musicien dans un autre. Contarini exige, ou qu'ils embrassent l'un et l'autre la vie religieuse, ou qu'ils se marient : l'alternative n'était pas de leur goût, paraît-il, car ils ne se hâtent pas de choisir. Pendant que la négociation se poursuit, le musicien a l'imprudence de sortir de sa retraite pour jouer à la Cour : deux « braves » venitiens le guettent dans la rue, le blessent de plusieurs coups d'épée et se sauvent : poursuivis par la police, ils se jettent dans l'ambassade de France, dont l'inviolabilité les couvre. Grand émoi dans la ville : la police réclame les coupables pour les pendre. Villars refuse de les livrer. On lui propose de les mener dans une église : Villars exige préalablement la promesse écrite qu'ils auront la vie sauve, à cause de la « protection du Roi », dont « l'ombre » seule suffit à les mettre à l'abri du supplice. La police refuse à son tour : la querelle s'aigrit. Madame Royale fait dire à Mme de Villars que son mari s'expose, en résistant, à son « ressentiment », qu'il est certain au contraire, en cédant, d'éprouver les effets de « son estime et de sa *libéralité* ». Villars résiste : « J'ai cru », écrit-il au Roi le 13 octobre 1677, « que ce serait déshonorer mon
« caractère et ma personne, si, pour aucune de

« ces causes, je livrais ces deux misérables. »

La régente comprend qu'elle ne vaincra pas une résistance inspirée par des sentiments aussi honorables; elle fait dire sous main à l'ambassadeur de faire évader sans bruit les coupables et qu'elle fermera les yeux. Villars aurait volontiers accepté cet expédient, mais il apprend que les portes de la ville sont fermées, que les postes sont doublés, il voit des gardes entourer sa maison et en surveiller toutes les issues; il ne veut pas se prêter à un guet-apens; il prend alors une grave détermination : il s'abouche avec douze hommes sûrs et déterminés, leur donne rendez-vous en dehors de la ville : il leur mènera lui-même les deux misérables, qu'ils enlèveront et escorteront jusqu'à la frontière. Au jour convenu il fait atteler son grand carrosse à six chevaux, y monte avec sa femme et son fils l'abbé, cache les deux malfaiteurs sous les plis des jupes et des manteaux et sort comme pour une promenade. Arrivé au carrefour où sont cachés ses affidés, il s'aperçoit qu'il a été suivi par une troupe de gardes à cheval; il hésite à engager le combat et poursuit son chemin; la troupe le suit; ainsi accompagné et poussé par elle, il arrive jusqu'à la frontière, la passe, dépose ses deux protégés sur la terre de France, et les sauve à la barbe des cavaliers retenus par le respect dû au territoire français.

On conçoit l'exaspération de la Cour; il fallut la haute intervention du cardinal d'Estrées pour la calmer. Quant à Louis XIV, il approuva la fermeté de son ambassadeur, tout en lui conseillant d'éviter à l'avenir de semblables occasions de la montrer : il ne trouva rien à reprendre dans sa conduite, si ce n'est peut-être son intervention personnelle, celle de sa femme et de son fils dans l'enlèvement des Vénitiens : le carrosse suffisait sans l'ambassadeur, et la raison qu'il donne est intéressante à noter : « Votre carrosse, écrit-il, « ne doit pas être moins sacré que votre mai- « son. » — « Il faut espérer », écrivait-il le 3 décembre 1677, « que l'état auquel M. le cardi- « nal d'Estrées a continué à vous remettre avec « Madame Royale ne sera plus troublé par de « nouveaux incidents, et j'ai une telle opinion « du génie de Mme de Villars, pour me servir « de ce terme, que je ne puis douter qu'avec « l'application qu'elle prendra soin d'y don- « ner, elle ne regagne assurément celui de « Madame. »

Le cardinal était moins optimiste : il écrivait au Roi que l'« eloignement » de la régente pour l'ambassadrice était invincible. Le rappel de l'infortunée marquise fut décidé. Le 25 janvier 1678 elle prit congé de Madame Royale qui dissimula sa joie sous des compliments affectés et donna à sa victime une superbe croix de diamants. Quelques jours après, la famille congédiée reprenait tristement le chemin de la France : Villars la conduisit jusqu'au mont Cenis. La séparation fut cruelle : la neige couvrait les routes : la perspective d'un voyage pénible, en plein hiver, n'était pas faite pour consoler l'exilée de la dislocation de son ménage et de la chute de ses ambitions diplomatiques.

Le sacrifice était inutile. Resté seul à Turin, Villars n'eut pas d'importantes négociations à conduire : les victoires de Louis XIV sur mer, en Flandre, en Espagne, les rendaient superflues : bientôt les Hollandais renonçaient à la lutte et signaient le traité de Nimègue (10 août 1678) : les Espagnols y accédaient le 17 septembre. Louis XIV, qui avait ses vues sur l'Espagne, était pressé de renouer avec elle les relations diplomatiques : sans attendre que la paix fût faite avec l'Empire, il résolut d'envoyer un ambassadeur à Madrid : l'homme le mieux préparé à cette délicate mission était certainement Villars : il fut choisi : Louis XIV lui annonça sa nouvelle destination par une lettre des plus flatteuses, qui témoignait d'une entière confiance dans son expérience et son dévouement. Villars se hâta de faire ses préparatifs de départ et de quitter une cour où l'intérêt des affaires n'avait pas compensé l'ennui des tracasseries : son audience de congé fut encore retardée par des difficultés d'étiquette ! Il était dit qu'elles le suivraient jusqu'au dernier jour et gâteraient pour lui jusqu'à la joie du départ.

Arrivé à Paris dans les premiers jours de mars 1679, Villars reçut ses instructions le 30 avril. Elles étaient rédigées avec cet art consommé que la chancellerie royale avait appris à l'école de Lionne. Villars n'avait pas d'affaires litigieuses à traiter, — la guerre les avait résolues, — il n'avait qu'à observer, à

apaiser et à surveiller. Louis XIV voulait sincèrement la paix; l'Espagne n'était plus un danger; la guerre lui avait enlevé tout ce qui était indispensable à la sécurité de la France : c'était de sa diplomatie que le Roi attendait désormais le complément entrevu par sa perspicacité; c'était à sa diplomatie à préparer l'avenir par le soin qu'elle mettrait à dissiper les préventions, à attirer la confiance, à se rendre un compte exact des affaires intérieures du pays, de l'état de ses ressources, de ses destinées probables : « Sa Majesté sait », disaient les instructions, « qu'Elle ne peut confier en
« de meilleures mains les affaires qui la regar-
« dent en ce pays et que l'extrême connais-
« sance que le marquis de Villars y a acquise,
« non seulement des intérêts généraux de
« cette cour, mais de ceux mêmes des parti-
« culiers, et les habitudes qu'il y avait con-
« tractées avec les principales personnes qui
« la composent, le mettaient plus en état que
« tout autre de bien remplir l'ambassade
« extraordinaire qu'elle veut bien lui con-
« fier. »

Villars reprit donc, pour la troisième fois, la route bien connue de Madrid. Il y arriva le 21 juin 1679.

Une difficulté d'étiquette l'atttendait là aussi. Depuis trois ans, don Juan était ministre et régnait sous le nom du Roi : une révolution de palais l'avait porté au pouvoir et avait relégué la Reine mère à Tolède. Le bâtard de Philippe IV prétendait à la *main* avec les ambassadeurs et tenait la Reine mère dans un isolement rigoureux. Louis XIV, qui ne prétendait pas encore à la *main* pour ses enfants naturels, n'admettait pas que Villars l'accordât à don Juan ; il voulait aussi que son ambassadeur fît une démarche de courtoisie et de famille auprès de sa belle-sœur, sans tenir compte de sa disgrâce. Le règlement de ces graves questions, entravé par des intrigues de toutes sortes, prit plusieurs mois ; il aurait duré plus longtemps, si la mort inopinée de don Juan (17 septembre 1679) n'avait fait disparaître le principal obstacle à l'entente. L'entrée solennelle de l'ambassadeur eut lieu le 9 août ; Villars avait bien fait les choses : « On a vu des entrées plus magnifiques », écrit-il au Roi, « je puis dire qu'il y avait quelque « propreté en la mienne : la livrée, les car-« rosses et les attelages étaient beaux et bien « choisis. » Le cortège mit trois heures à se rendre de l'ambassade au Palais.

Mme de Villars n'assistait pas à la cérémonie. Elle ne vint rejoindre son mari qu'à la fin d'octobre ; elle était accompagnée de son fils l'abbé et de sa fille Charlotte, alors âgée de quinze ans ; sa dernière fille Marie-Louise, trop jeune pour supporter le voyage, avait été laissée à la garde de quelque amie ; quant aux autres enfants, ils étaient dispersés : Hector et Armand étaient à l'armée ; Thérèse était à Lyon avec son mari le marquis de Boissieux ; Agnès était religieuse au couvent de Saint-André-le-Haut, dont sa tante était abbesse et qui partageait, avec la Visitation de Condrieu, l'honneur de recueillir les nombreuses demoiselles de Villars qui n'avaient pu trouver de mari. A peine installée, la spirituelle marquise s'empressa d'écrire ses premières impressions à Mme de Coulanges, qui les communiqua au cercle impatient des « vieilles amies ». Mme de Sévigné les a résumées en un mot : « Elle nous dit qu'il n'y a « qu'à être en Espagne pour n'avoir plus envie « d'y bâtir des châteaux. » Elle inaugurait alors cette correspondance dont une partie seulement nous est malheureusement parvenue, et qui est à la fois si nourrie et si piquante. Les lettres qui nous restent, les citations que nous donne Mme de Sévigné de celles qui sont perdues, sont le commentaire vivant du récit que Villars a fait lui-même de sa troisième ambassade en Espagne et qui remplit les trois quarts du volume que nous offrons aujourd'hui au public. On fera bien de les relire après avoir achevé les pages qui vont suivre, repas substantiel dont elles seront le dessert. Mais avant de laisser le lecteur à cette lecture attachante, il nous faut le retenir encore quelques instants, non pour refaire un récit qu'il trouvera plus intéressant dans sa forme originale, mais pour en tirer ce qui nous est nécessaire pour l'achèvement de l'esquisse que nous avons entreprise.

L'intérêt de ce récit se concentre pour ainsi dire sur une seule tête : sur la douce et énigmatique figure de la jeune reine Marie-Louise d'Orléans ; seule elle nous attire au milieu de cet exposé de tristesses, de bassesses et de ridicules. Le portrait qu'en a tracé Villars diffère pourtant de celui que la légende a créé ; il est écrit d'une plume un peu chagrine dont les boutades doivent être expliquées. Celui que le roman et le théâtre ont popularisé a encore plus besoin des corrections de l'histoire impartiale : le roman et le théâtre se sont emparés de Marie-Louise à une époque où le sens pittoresque était plus aiguisé que le sens historique, voire que le sens commun. Sa vie misérable, sa mort mystérieuse, des soupçons de poison, un amour supposé, des duègnes, des inquisiteurs, des alguazils, des autodafés, quelle aubaine pour des romantiques, quelle matière et quel décor pour les sombres drames si fort à la mode aux environs de 1830 ! Mortonval, Latouche, Regnier-Destourbet, Sophie Gay, Victor Hugo, d'autres encore peut-être, ont fouillé dans ce bric-à-brac, et brodé sur ce thème les variations les plus fantaisistes. La plus invraisemblable de ces machinations, et la plus odieuse certainement, est la dernière. L'éclat des beaux vers ne saurait nous éblouir au point d'accepter les inventions absurdes et de ne pas voir les intentions malsaines de l'auteur de *Ruy-Blas*. En offrant aux applaudissements de la foule le spectacle d'une reine dans les bras d'un laquais, il eut au moins la pudeur de changer le nom de la reine et de ne pas faire à l'histoire et au patriotisme rétrospectif l'injure de souiller la mémoire respectée d'une fille de France.

La véritable histoire n'est pas dans ces tristes parodies : elle est dans le livre qui va suivre, dans les lettres de Mme de Villars, dans les dépêches diplomatiques[1]. Elle est plus touchante et plus véritablement dramatique dans ses contrastes silencieux et son implacable monotonie, que le sombre mélodrame créé par l'imagination enfiévrée des romantiques. Elle ne se livre pas d'elle-même : il faut la deviner pour ainsi dire sous les réticences du langage diplomatique, sous les appréciations divergentes d'observateurs placés à des points de vue différents. Villars juge Marie-Louise en homme politique, qui a une mission politique, qui compte pour la remplir sur l'assistance d'une reine de sa nation et qui est déçu par l'indifférence politique de cette reine et son inaptitude aux choses de gouvernement. Mme de Villars la juge en femme de cœur et d'esprit, qui vient en aide à son inexpérience et à sa détresse, mais qui n'oublie pas que ses lettres seront colportées à Paris et que même « elles iront plus loin[2] ». Montalto la juge en patriote inquiet ; le Vénitien Cornaro, en observateur sceptique et désintéressé ; Rebenac, en confident sincère mais indiscret. De cet ensemble de jugements authentiques mais divers se dégage pour nous une figure bien vivante, dont la destinée se déroule suivant la logique impitoyable des faits.

1. *Lettres de Mme de Villars à Mme de Coulanges*, édition de Courtois, 1868. — *Correspondances inédites de Villars, de Feuquières, de Rebenac*, aux Archives des affaires étrangères.— *Lettres du duc de Montalto* dans la *Coleccion de documentos inéditos*, Madrid, 1882, t. 89.— *Correspondances des ambassadeurs vénitiens G. Cornaro et Seb. Foscarini* dans les *Relazioni degli stati europei lette al Senato*, Venise, 1860, 1re série, t. II.

2. Mme de Sévigné à sa fille, 26 janvier 1680.

d

Marie-Louise nous apparaît avec sa grâce juvénile, son honnêteté native, une certaine légèreté d'esprit qui la prépare mal aux devoirs de la couronne. Elle a dix-sept ans, la beauté de sa mère, sans sa vive intelligence, sans son aptitude aux affaires, sans son autorité et sa discrétion; elle n'a aucune ambition, aucun goût pour la grandeur; l'éducation qu'elle a reçue à Saint-Cloud n'a pas modifié ses dispositions naturelles : la maréchale de Clérambault qui l'a dirigée, bel esprit entiché d'art et de science, lui a plus montré les côtés agréables de la vie que ses côtés sérieux ; elle a préparé son élève à briller dans un salon plutôt qu'à régner sur une cour ; elle lui a appris la musique, des arts d'agrément, des « bagatelles », dit dédaigneusement Villars, qui eût préféré des « qualités plus solides ». Son père l'a souvent, trop souvent, menée à Versailles et à Marly, au milieu des raffinements et des élégances de la plus brillante cour qui ait jamais paru ; il n'a pas écouté les conseils de sa cousine Mademoiselle lui disant : « Ne menez pas si souvent « votre fille à la Cour, elle sera trop malheu- « reuse ailleurs. » La prédiction s'est accomplie. Quand il a fallu quitter ces élégances, ces plaisirs, ces relations, cette vie facile et sans soucis, pour la prison dorée de Madrid, le déchirement a été douloureux : Marie-Louise a pleuré des journées entières; Mme de Sévigné l'a comparée à une « fontaine » ; le peuple, plus sensible, s'est pris de pitié pour elle. Ces larmes étaient-elles seulement inspirées par le chagrin de quitter pour toujours sa famille, son berceau, ses amis? Se mêlait-il à ces regrets bien naturels des regrets plus tendres? Peu nous importe. Quelle est la jeune fille dont le cœur n'ait fait un choix éphémère parmi les compagnons de son enfance? Rêve sans portée, destiné à s'évanouir devant les saines et fortes réalités d'une union bien assortie, comme ces flocons légers dont la blancheur diaphane flotte incertaine sur le ciel pur du matin et que dissiperont les ardeurs du soleil de midi ou les fécondantes pluies du soir. Marie-Louise avait-elle rêvé de s'asseoir sur le trône de France à côté du beau cousin qui avait partagé ses jeux d'enfant? Voltaire l'a cru, Villars l'a insinué discrètement, le consciencieux Rebenac semble le nier [1]. Nous pensons comme lui; mais ce rêve enfantin eût-il existé qu'il se fût évanoui à Madrid, si Marie-Louise y eût trouvé les satisfactions du cœur et de l'esprit, les joies de la maternité, la vie heureuse, honorée et remplie qu'elle avait le droit d'espérer en s'asseyant sur le trône des Espagnes.

Entre la vie qu'elle quittait et celle qu'elle commençait, il y avait un abîme; entre les personnes, les usages, les caractères, une divergence irréductible. Le contraste éclate dès le premier jour. Pendant son long voyage

---

[1]. « Aucun vestige de certaines particularités dont j'avais ouy parler en France. » (Rebenac au Roi, 9 septembre 1688.) Rebenac reconnaît que le seul reproche que « les plus sévères » puissent lui faire est de se laisser voir « au travers de ses fenêtres plus que les autres reines d'Espagne ».

à travers la France, Marie-Louise, pour tromper les ennuis de la route, avait pris l'habitude de faire quelques relais à cheval ou de jouer dans son carrosse avec les femmes de sa suite. Une fois la Bidassoa franchie, la jeune princesse, remise entre les mains des autorités espagnoles, croit pouvoir continuer ses distractions habituelles; elle se heurte contre l'inflexible étiquette : la duchesse de Terranova, camarera major, l'austère représentant de la règle officielle, interpose sa rigide autorité. Pour que la future reine puisse monter à cheval il faut un ordre exprès du Roi, sollicité à la hâte par un courrier spécial. La route se poursuit tristement, par les chemins cahoteux et les auberges sordides de la Navarre.

Cependant le Roi, impatient de voir sa fiancée, est venu au-devant d'elle : il la rencontre à quelques lieues en avant de Burgos, à Quintana Palla, misérable village de quelques maisons ; la première entrevue a lieu dans une chaumière délabrée et malpropre; Marie-Louise est fraîche, souriante, parée des grâces de la jeunesse et de la beauté : un joli costume à la dernière mode de Versailles fait valoir les charmes de sa taille bien prise et de sa tournure élégante. Charles II a un an de plus que sa fiancée, mais il n'a pas sa précoce maturité : c'est un enfant débile et gauche, avec des bras trop longs, des jambes grêles et maladroites : le front est étroit et fuyant, le regard incertain et vide, la lèvre est pendante, la physionomie bestiale et vieillotte.

Il voudrait exprimer sa naïve admiration pour la charmante étrangère qui vient partager sa triste vie, mais il ne sait pas un mot de français ; elle n'entend pas l'espagnol : l'embarras est extrême ; Villars intervient heureusement, il sait les deux langues et servira d'interprète ; on peut croire que cet entretien fut le plus tendre et le plus intelligent qu'aient jamais eu les deux époux, l'avisé diplomate ayant eu soin de mettre dans la bouche de l'un et de l'autre les expressions les plus « honnêtes » et de suppléer à l'insuffisance de Charles II par les inspirations de son propre cœur.

La cérémonie du mariage s'accomplit sur l'heure, un instant traversée par des questions de préséance, par des intrigues subalternes que Villars sait déjouer avec tact et fermeté. La reine de toutes les Espagnes, la souveraine de la cour la plus gourmée et la plus orgueilleuse d'Europe, est mariée dans une misérable chambre de paysans, presque à la dérobée, sans aucune pompe religieuse ou militaire ; triste et étrange prélude à une union où tout devait être triste, étrange, incomplet. Aussitôt après, elle est séparée de sa maison française et elle suit son royal époux à Madrid.

Alors commence pour elle cette vie qui durera dix ans et qui ne sera qu'un long martyre d'ennui et de servitude. Qu'on se figure cette jeune femme, élevée à Saint-Cloud et à Versailles au milieu des plaisirs élégants et des séductions intellectuelles de la cour du Grand Roi, enfermée au Retiro ou à l'Escurial, dans ces demeures sombres et solennelles où tout est incohérence, contraste, souffrance : à la fois palais, sérail et prison, où l'Orient côtoie l'Occident, la misère côtoie le faste, la licence côtoie l'austérité; elle y est en compagnie d'un enfant débile, maniaque et jaloux, dont elle subit les caprices bizarres, les amours stériles, les interminables parties de jonchets, sans autre distraction que des comédies qu'elle ne comprend pas, des cérémonies qui l'ennuient, des combats de taureaux qui lui répugnent ou des autodafés qui la révoltent. Si elle avait l'énergie hautaine et fière d'une Marie de Neubourg, elle chercherait des compensations dans la politique, elle asservirait à son tour son inutile époux et régnerait sous son nom. Pour cela, il faudrait prendre parti dans les intrigues qui s'agitent autour d'elle, écarter résolument les anciennes créatures de don Juan, accepter franchement les avances de la Reine mère, se laisser conseiller par Villars, avoir une ligne de conduite et la suivre. Mais elle n'a ni ambition, ni goût pour le pouvoir, ni aptitude pour la lutte. Son ambition est d'aimer et d'être aimée ; sa politique, de donner un héritier au trône d'Espagne; son goût, la musique et les plaisirs de l'esprit. Elle fait d'abord contre fortune bon cœur, s'évertuant à apprendre l'espagnol, s'efforçant de plaire à ce roi dont l'amour enfantin et sombre l'intéresse : ses ignorances entretiennent ses illusions et soutiennent son courage; mais un jour vient où la lumière se fait dans son esprit, où l'espoir de la maternité s'évanouit, où la vérité apparaît dans son humiliante et répugnante crudité[1]. Elle renonce alors à tout effort ; sa légèreté naturelle reprend le dessus ; elle échappe comme elle peut à l'obsession de l'orgueil froissé, de la nature déçue : au dehors, par des courses à cheval folles, sans mesure, qui lui donnent l'illusion de la liberté et de l'espace ; au dedans, en se créant, avec ses souvenirs et ses regrets, un monde intime où se réfugie sa pensée. Elle s'attache aux quelques Français restés à son service ; elle s'attache surtout à Mme de Villars, qui représente pour elle la patrie absente et perdue ; elle l'appelle à son aide, l'attire dans son intimité. Mme de Villars, qui n'oublie pas qu'elle est ambassadrice, se fait un peu prier ; mais, autorisée par son mari, encouragée par Louis XIV, elle pénètre dans cet intérieur fermé, y mène sa fille, offre ses conseils, qui sont sages, conformes aux intérêts de la Reine et à ceux de la France, mais ne sont pas écoutés ; qu'importent à la Reine les intrigues du Palais ou les secrets de la politique ? Ce qu'elle demande à Mme de Villars, c'est de lui parler du passé et de l'aider à oublier le présent. La bonne dame, prise de compassion pour une détresse si visible, plie sa « gravité » aux désirs de l'exilée, chante avec elle « comme une cigale », aux sons de la guitare, du clavecin, de la harpe qu'elle a appris « en moins que rien ».

---

1. Rebenac reçut les confidences de la Reine et les consigna dans sa correspondance : les détails très circonstanciés qu'elle renferme ne laissent aucun doute sur l'infirmité du Roi.

Sont-elles seules un moment, Mme de Villars, qui ne sait jouer d'aucun instrument, chante un menuet ou un passe-pied et la jeune femme danse, comme autrefois à Saint-Cloud, en vis-à-vis avec ses souvenirs, un de ces pas élégants et graves, d'allure si française et si noble, qui laissaient à la jeune fille toute sa grâce virginale, où la grande dame savait mettre une nuance de provocation discrète, sans rien perdre de la dignité de l'attitude, ni de l'exquise distinction du maintien.

Le rêve est interrompu par l'arrivée inopinée du Roi, qui entre avec la brusquerie gauche des timides, le propos grossier d'un enfant mal élevé.

Charles II avait en aversion Mme de Villars, il la surveillait avec une inquiétude ombrageuse et jalouse. Souvent, caché derrière un rideau, il essayait de la surprendre en faute. L'ambassadrice dut espacer ses visites. La pauvre Reine se rabattit sur les Françaises de sa suite : c'étaient son ancienne nourrice, la Quantin, intrigante de bas étage qui faisait payer ses recommandations; c'étaient trois caméristes subalternes. Ces femmes n'apportaient dans l'expression de leurs regrets ou de leurs plaintes, ni la discrétion, ni l'intelligence de Mme de Villars; elles entretenaient chez la Reine l'esprit de révolte passive, l'aversion pour l'Espagne, le regret du passé, allant jusqu'à réveiller les fantômes disparus, jusqu'à évoquer les dangereuses visions des amours juvéniles. Elles avaient des relations avec les Français de la ville, gens de condition basse ou misérable ; elles s'entretenaient parfois avec eux par les fenêtres du palais. Marie-Louise, attirée par leur qualité de compatriotes, a quelquefois l'imprudence de s'approcher de la fenêtre, d'échanger quelques mots avec eux, de leur jeter quelque menue monnaie. Grave infraction à l'étiquette, cruellement reprochée à l'infortunée par un peuple malveillant et fanatique : il crie au scandale ; il s'impatiente, d'ailleurs, d'une stérilité qui inquiète son patriotisme ; il ne peut croire à l'abâtardissement définitif de la race de Charles-Quint et s'en prend à la Reine ; des propos circulent ; on colporte un quatrain qui se termine par ce jeu de mots menaçant :

<blockquote>
Si paris, paris a España,
Si non paris, à Paris [1].
</blockquote>

Qui sait si Marie-Louise ne caresse pas elle-même le rêve d'une solution qui l'arracherait à sa prison et la rendrait à sa chère patrie ? A mesure que le mécontentement grandit autour d'elle, elle multiplie ses inconséquences, se désintéressant de plus en plus des questions d'affaires et de personnes. Une seule fois elle sort de sa réserve, mais c'est pour une cause toute personnelle : ses infractions fréquentes à l'étiquette lui attirent les observations de la duchesse de Terranova ; le conflit entre l'autorité du rang et celle de la règle devient aigu ; la Reine perd patience, elle arrache au

---

1. Si tu peux enfanter, enfante pour l'Espagne, si tu ne peux enfanter, retourne à Paris.

Roi la destitution de la camarera major. La duchesse d'Albuquerque, qui la remplace, est plus sympathique : esprit cultivé et caractère bienveillant, elle laisse à la Reine une grande liberté. « Ce fut un malheur, dit Villars, pour « la Reine qui s'abandonna sans contrainte « à une conduite dangereuse, et l'on eut lieu « de douter par les suites si la sévérité dure « de la duchesse de Terranova ne lui eût « point été plus utile que la faible tolérance « de la duchesse d'Albuquerque[1]. »

Villars raisonnait au point de vue des intérêts politiques qu'il avait à surveiller; mais qu'importait à Marie-Louise la politique d'une cour qu'elle détestait, l'avenir d'une dynastie qu'elle savait ne pouvoir perpétuer; elle s'isole de plus en plus; son détachement décourage ses meilleurs amis; la Reine mère s'écarte; Mme de Villars se fait plus rare; Villars renonce à donner des conseils inutiles, non sans consigner dans ses *Mémoires*, en termes sévères, ses déceptions et son dépit.

Cette discrétion ne désarme pas la sombre jalousie de Charles II, entretenue avec soin par Medina Celi qu'inquiète le goût de la Reine pour l'ambassadrice de France. Le Roi hait ces Françaises qui lui dérobent son bien, et par-dessus tout cette femme qui représente les grâces de l'esprit, l'enjouement du langage, les joies de la famille, tout ce qui lui manque à lui, pauvre être disgracié et méconnu. Il ne sera tranquille que le jour où elle

---

1: Ci-dessous, p. 274.

aura quitté sa cour, où il ne trouvera plus sa personne redoutée entre lui et la femme qu'il aime, sans savoir s'en faire aimer. Medina Celi entre adroitement dans ses vues, fait agir à Versailles, y dénonce les « intrigues » de l'ambassadrice, cherche à indisposer Louis XIV contre elle. Le Roi sait à quoi s'en tenir sur ces prétendus griefs ; il est satisfait de Villars, il trouve avec raison qu'il accomplit bien ses instructions, qu'il observe les faits avec vigilance, sait dénouer avec tact les conflits naissants, dépense son bien sans y regarder, entretient une correspondance intéressante et nourrie ; mais le Roi veut plaire à Charles II : le satisfaire, attirer sa confiance, est une des obligations de sa politique : Villars sera rappelé : une fois de plus le ménage sera sacrifié aux nécessités supérieures de la politique générale.

« Le marquis de la Fuente, ambassadeur d'Espagne à Versailles, écrit Louis XIV à Villars le 2 mars 1681 [1],

1. Archives des Affaires étrangères, *Espagne*, 67, f° 31. Comme confirmation des sentiments vrais du Roi, il paraît intéressant de citer le passage suivant des instructions données par Croissy le 23 septembre 1681, au comte de la Vauguyon, nommé pour remplacer Villars :
« Quoique le Roy soit satisfait des soins que le marquis de Villars a apportés à l'exécution des ordres de Sa Majesté dans l'ambassade d'Espagne et de toute la conduite qu'il y a tenue, néanmoins comme le Roy Catholique s'est plaint par son ambassadeur à Sa Majesté que la dame de Villars était entrée dans des intrigues qui pouvaient causer du trouble et du désordre dans la maison royale d'Espagne, Sa Majesté a bien voulu, sans approfondir le véritable fondement de ces plaintes, accorder sur ce sujet aux prières dudit Roy Catholique toute la satisfaction qu'il a demandée et pour lui

est venu demander votre rappel... comme la plus sensible marque que le Roi Catholique puisse espérer de mon amitié. Il m'a représenté ensuite que vous et votre femme êtes entrés dans des intrigues que votre caractère doit d'autant moins autoriser qu'elles ne peuvent être d'aucune utilité à mon service et ne tendent qu'à troubler le repos de la maison royale d'Espagne. Il est inutile de vous informer de tout le détail des plaintes... et des partis que j'ai offerts... il suffit de dire que je n'ai pas cru, pour beaucoup de considérations importantes à mon service, *quelque satisfaction que j'aie de ceux que vous m'avez rendus* dans cet emploi, devoir refuser au roi d'Espagne cette marque de complaisance. »

Villars reçut ce message avec sa résignation et sa dignité ordinaires ; il répondit au Roi qu'il allait exécuter ses ordres et termina en disant : « Je ne prends pas, Sire, la liberté
« de justifier ma conduite, ayant eu l'hon-
« neur d'en rendre compte à Votre Majesté
« par tous les ordinaires[1]. » Il avait d'autant moins à se justifier qu'il n'avait agi que d'après les instructions formelles et réitérées du Roi, qui lui enjoignait de pénétrer dans l'intimité de la Reine, de « l'assister de ses con-
« seils[2] », de faire servir l'ambassadrice à cette mission de confiance ; « et comme la
« marquise de Villars a permission de voir la

---

témoigner le sincère désir qu'Elle a de maintenir toutes les liaisons d'amitié et de bonne intelligence qui doivent toujours être entre Sa Majesté et ledit Roy Catholique, Elle a résolu de rappeler ledit sieur marquis de Villars... » A. E. *Esp.*, suppl. 67, f° 337.

1. Villars au Roi, 20 mars 1681.
2. Le Roi à Villars, mars 1680.

« jeune Reine et qu'elle peut être informée de
« tout ce qu'elle dit et de tout ce qu'elle fait,
« comme aussi du traitement qu'elle reçoit,
« je désire que vous me fassiez savoir toutes
« choses en détail, sans y rien déguiser [1]...
« même de ce que vous pourrez pénétrer de
« plus secret dans le palais [2]. »

Ces quelques citations prouvent que Mme de Villars était bien armée contre les reproches officiels; elle l'était moins contre les insinuations du public; ses amis, ses enfants s'émurent des bruits qui circulaient à Versailles; ils demandèrent des renseignements, des arguments à produire.

« Vous me demandez, écrit Mme de Villars à Mme de Coulanges, des raisons pour alléguer contre les torts qu'on me donne au pays où vous êtes; mais il me les faudroit connaître auparavant... Vous et mes enfants me dites seulement que j'ai fait des intrigues dans le palais. Si on savait ce que c'est que l'intérieur de ce palais, et qu'aucune dame ni moi, ne nous disons jamais que *bonjour* et *bonsoir*, parce que je n'ai pu apprendre la langue du pays, on ne dirait pas que ç'a été avec les femmes, non plus qu'avec les hommes, dont aucun ne met jamais le pied dans tout l'appartement de la Reine... Je vous en supplie instamment encore une fois, chère Madame, de laisser dire sur mon sujet tout ce qu'on voudra : pourvu que ces mensonges ne fassent point d'impression sur votre esprit, c'est tout ce que je désire de vous [3]. »

Il fut décidé que Mme de Villars partirait

1. Le Roi à Villars, 30 janvier 1680.
2. Le Roi à Villars, février 1680.
3. *Lettres de Mme de Villars à Mme de Coulanges*, édit. Courtois, p. 167-170.

la première. Les préparatifs, les paquets, les mauvais temps, retardèrent son départ jusqu'à la fin de mai. La Reine lui témoigna des regrets qui parurent sincères. Elle aurait voulu garder sa fille auprès de sa personne, en qualité de dame d'honneur; mais Mme de Villars eut la sagesse de refuser une fonction dont son état de fortune ne lui permettait pas de soutenir les charges et qui laissait l'avenir de sa fille fort incertain [1].

Le séjour du marquis de Villars à Madrid se prolongea jusqu'à la fin de l'année. Louis XIV n'était pas pressé de lui donner un successeur. L'éloignement de sa femme constituait, pour le moment, une satisfaction qu'il jugeait suffisante; il ne voulait pas se priver des services d'un ambassadeur expérimenté : c'était le moment où il préparait l'annexion de Strasbourg; il savait que de grands efforts étaient faits pour réunir dans une ligue défensive l'Espagne, l'Angleterre, l'Empire et la Hollande. Il tenait à avoir à Madrid un ambassadeur en état de le renseigner et de déjouer les tentatives faites pour créer des prétextes à rupture. Les occasions de conflit étaient quotidiennes : en Flandre, sur la frontière de Biscaye, sur mer, à Madrid même, où la question des franchises et immunités diplomatiques

[1]. La nomination avait eu lieu, et la *Gazette de France* du 5 octobre 1680 l'avait enregistrée; mais elle ne fut suivie d'aucun effet. Charlotte de Villars rentra en France avec sa mère et épousa, quelques années après, Louis-Jacques de Vogüé, seigneur de Gourdan. Sœur préférée du maréchal, elle s'établit avec lui et tint compagnie à sa femme pendant ses longues absences.

était mal réglée. Les incidents se produisaient à chaque instant, mettant à l'épreuve la sagacité, la patience et la fermeté de Villars.

Il suffira d'en citer un pour montrer à quelles surprises étaient exposées à cette époque les relations de deux puissances *amies* et en état de paix. On sait que Louis XIV, après avoir arraché à Philippe IV la reconnaissance de la préséance de ses ambassadeurs, prétendit au salut des vaisseaux de guerre espagnols : des instructions envoyées aux chefs d'escadre, en 1680, leur faisaient un devoir d'exiger cette marque de déférence militaire. En vertu de ces ordres, le chevalier de Coëtlogon, commandant un vaisseau du Roi de trente-huit canons, rencontrant, le 30 juillet 1681, deux frégates espagnoles, entre Malaga et Gibraltar, exigea d'elles le salut ; sur leur refus, il les canonna, leur mit quarante-trois hommes hors de combat et les aurait sans doute coulées si, meilleures marcheuses que le vaisseau, elles n'eussent gagné le large. Louis XIV se montra très irrité de l'insulte faite à son pavillon et enjoignit à Villars de demander la punition du commandant espagnol : on trouva sans doute, à Madrid, que la leçon sanglante infligée par le chevalier de Coëtlogon était une punition suffisante ; Villars n'insista pas, et le Roi s'en tira en déclarant qu'il continuerait à se faire justice lui-même.

Les derniers mois du séjour de Villars à Madrid furent très pénibles : il était gardé à vue dans sa maison, suivi dans la rue par des espions, mis dans l'impossibilité d'avoir ni relations sûres, ni commerce sérieux avec personne. L'arrivée de M. de la Vauguyon, à la fin de décembre, vint le délivrer. Il prit congé de la Reine le 31 décembre ; elle lui remit, pour Louis XIV, la lettre suivante, entièrement écrite de sa main :

Au Roi Très Chrétien Monsieur mon frère, oncle et beau-frère.

De Madrid, ce 31 décembre 1681.

« Je ne laisserai pas passer l'occasion que j'ai d'écrire à Votre Majesté, par Villars, sans le faire ; car c'est pour moi un plaisir singulier de pouvoir dire à Votre Majesté les sentiments que j'ai de reconnaissance et de respect. J'ai chargé Villars d'assurer Votre Majesté de l'estime et de l'amitié que j'aurai toute ma vie pour Elle. Je puis dire à Votre Majesté qu'il mérite qu'Elle se souvienne de lui, car on ne peut pas mieux s'acquitter de son devoir qu'il a fait et avec beaucoup de zèle. Au reste, Monsieur, je n'aurais pas manqué d'écrire à Votre Majesté pour me réjouir avec Elle de la grossesse de ma cousine[1], si la crainte que j'ai d'importuner Votre Majesté trop souvent ne m'en eût empêché : mais puisque je le puis faire présentement, Votre Majesté peut croire que personne n'a plus de joie que moi de tous les sujets qu'Elle en a et particulièrement celle-ci, puisqu'il ne manquait à Votre Majesté que d'être grand-père et que c'est aussi un très grand bonheur pour toute notre maison, par conséquent pour moi qui aime son agrandissement et tout ce qui regarde Votre Majesté. C'est

1. Anne-Marie-Christine-Victoire de Bavière, mariée au Dauphin le 7 mars 1680, alors enceinte du futur duc de Bourgogne qui devait naître le 6 août 1682.

ce que je la supplie de croire et que Votre Majesté me continue toujours sa précieuse amitié[1]. »

Cette lettre est bien précieuse : elle honore Villars par la haute approbation qu'elle renferme de toute sa conduite; elle est bien touchante par les sentiments qu'elle exprime et par ceux qu'elle laisse deviner.

Les lettres de Marie-Louise sont extrêmement rares; aussi nous saura-t-on gré, je pense, d'interrompre un instant notre récit pour donner une autre lettre écrite par elle au Roi, et qui complète le portrait que nous avons essayé de tracer d'elle. Quatre années se sont écoulées depuis le départ de Villars : nous sommes en septembre 1685 : la Reine était alors dans une des périodes les plus aiguës de sa lamentable vie : l'ambassadeur d'Autriche Mannsfeld et la Reine mère avaient excité contre elle une violente cabale; les accusations les plus odieuses circulaient, le peuple l'insultait publiquement; sa vie était menacée : la pauvre femme, malade, maigrie, inquiète, s'était rapprochée de l'ambassadeur de France, Feuquières; l'instinct de conservation lui avait rendu le sentiment des réalités; elle luttait; s'efforçant de reprendre de l'empire sur son mari, de le maintenir dans les voies de la politique française; s'entendant avec Feuquières pour déjouer les intrigues de Mannsfeld et soutenir les droits de la France à la succession éventuelle de la couronne. Une

---

[1]. Archives des affaires étrangères. *Espagne*, 67, f⁰ 393. La lettre n'est pas signée, mais elle porte deux cachets aux armes d'Espagne et d'Orléans.

odieuse machination fut ourdie : il y avait à Versailles un exempt des gardes du corps, de la compagnie de Noailles, le chevalier de Saint-Chamans, qui professait le culte le plus tendre et le plus ridicule pour la Reine; il commandait le détachement qui l'avait escortée jusqu'aux Pyrénées; il était revenu de ce voyage la tête tournée et avait le tort de faire montre de ses sentiments exaltés[1]. On imagina de faire adresser de Madrid, à ce fou, deux lettres supposées de la Reine, et conçues dans les termes les plus compromettants pour son honneur. Saint-Chamans ne put s'empêcher de les montrer ; le Roi fut informé de leur contenu et les crut authentiques ; il adressa à Feuquières une lettre triste et sévère avec l'ordre de la montrer à la Reine; l'ambassadeur s'acquitta de cette pénible mission avec tout le tact désirable. La Reine bondit sous l'outrage et écrivit au Roi la belle lettre qui suit, toute vibrante d'indignation légitime, où elle se montre véritable fille de France, pénétrée de la grandeur de sa race, résignée à sa triste vie, digne de compassion et de respect. L'original, conservé aux Archives des affaires étrangères[2], est tout entier chiffré de la main de Feuquières.

La reine d'Espagne à Louis XIV.

« Il ne sera pas difficile à Votre Majesté de s'imaginer l'affliction où je suis de voir qu'Elle me soupçonne

---

1. Saint-Simon, X, 149. — *Nouvelles lettres de la duchesse d'Orléans*, édit. Brunet, 25 avril 1681.
2. *Espagne*, t. 71, f° 282.

d'une chose si indigne d'une personne comme moi. Je ne puis m'empêcher de lui témoigner ma plus juste douleur de voir que Votre Majesté n'a pas toute l'estime qu'elle devrait avoir d'une conduite qui est des plus régulières et qui n'est pas des plus aisées. Cependant, je n'ai d'application qu'à chercher les moyens de vous plaire par les soins extrêmes que j'ai qu'on ne puisse trouver à redire à aucune de mes actions, et le roi d'Espagne pourrait dire à Votre Majesté, si elle voulait, qu'il est très content de moi et que je ne songe qu'à conserver son amitié ; mais comme je suis assez malheureuse pour avoir eu des gens auprès de moi assez perfides et assez abominables pour me vouloir perdre ici par des inventions pernicieuses, je ne m'étonne point, Monsieur, qu'ils mettent tout en usage pour me faire perdre l'estime et l'amitié de Votre Majesté. Ils ne savent que trop qu'ils ne me sauraient faire un plus sensible déplaisir, puisqu'ils n'ignorent pas que l'estime et l'amitié de Votre Majesté me sont plus chères que la vie et ils ont supposé les deux lettres que vous croyez être de moi. Je supplie Votre Majesté de les vouloir avoir entre ses mains et de me faire la grâce de me les envoyer pour convaincre ces monstres. Non, ils ne peuvent être nommés autrement, après tous les crimes qu'ils ont commis, et je ne vivrai point que je ne sache si Votre Majesté est persuadée de la fausseté de ce qu'on lui fait croire contre moi. M. l'ambassadeur ne voulait pas que je vous écrivisse ; mais le grand désir que j'ai que Votre Majesté sache que rien n'est plus faux que ce qu'Elle croit et le désespoir où je suis de voir que Votre Majesté doute un moment de ma bonne conduite fait que je ne suis pas en ceci son conseil, quoique je me trouve très bien de ce qu'il me dit dans les autres choses ; mais dans celle-ci il faut que ce soit moi-même, et je ne puis songer à l'injustice que Votre Majesté me fait (si j'ose le dire ainsi) sans être outrée de douleur. Hélas ! je me faisais plaisir de toutes mes peines, croyant que Votre Majesté m'en saurait gré, mais je vois bien que je ne suis pas heureuse! bien éloignée de cela, puisque Votre Majesté croit une chose de moi qui me fait trembler à y penser seulement, et si Elle me connaissait bien Elle me ferait plus de justice qu'Elle ne me fait, car je suis si jalouse de ma gloire et je l'aime à un point que je ne ferai jamais rien qui la puisse ternir. La vie aussi ne m'est pas si insupportable que j'aie envie de la perdre, et par-dessus tout cela, j'ai un si grand désir de plaire à Votre Majesté que je ne ferai de ma vie rien qui lui puisse être désagréable et je lui demande la grâce de se détromper sur les rapports qu'on lui a faits de moi, car, en vérité, c'est une des plus grandes et des plus épouvantables méchancetés que l'on puisse s'imaginer. Si j'étais dans un état plus tranquille, je supplierais Votre Majesté d'avoir pitié de ce royaume-ci pour l'amour de moi ; mais je n'ose, quoique je croie que Votre Majesté a la bonté de se souvenir que j'ai l'honneur d'être sa nièce, et que tout mon bonheur dépend de Votre Majesté. Elle doit croire aussi que je m'estime beaucoup plus d'être née princesse de son sang que le rang que je tiens dans le monde, que je dois aussi à Votre Majesté. Elle ne trouvera jamais en moi d'ingratitude, mais une très grande reconnaissance à toutes les bontés qu'Elle a pour moi que j'essayerai de mériter par toute l'application possible à plaire à Votre Majesté, afin qu'Elle me juge digne de lui être si fort attachée par le sang et qu'Elle me continue toujours sa précieuse amitié.

Cette lettre est fort belle et toute à l'honneur de Marie-Louise ; elle justifie complètement l'infortunée reine des accusations trop légèrement portées contre elle ; mais en même temps elle montre au milieu de quelles basses intrigues s'est terminée sa vie et explique que ses contemporains aient pu attribuer sa mort à un crime.

Revenons à Villars ; il arriva à Versailles vers la fin de janvier 1682, porteur de son précieux autographe. Il fut très bien reçu par le Roi et destiné à de nouvelles missions. Le poste d'ambassadeur en Danemark, étant venu à vaquer, lui fut donné : ses instructions sont datées du 6 mai 1683. Elles avaient été rédigées pour M. de Harlay de Bonneuil, ambassadeur près de la diète germanique : on se contenta de rayer le nom de Harlay et de le remplacer par celui de Villars; la cause de cette mutation n'est pas indiquée; on peut supposer qu'elle fut inspirée par le désir de ne pas laisser sans emploi l'ambassadeur rappelé de Madrid, mais honoré de l'estime du Roi. Cette estime se manifestait le lendemain par une nouvelle faveur : un brevet du 7 mai nommait Villars conseiller d'État d'épée [1].

Il partit seul pour Copenhague; Mme de Villars ne l'accompagna pas; est-ce souvenir des échecs subis à Turin et à Madrid par sa diplomatie personnelle, ou lassitude des voyages lointains? Nous ignorons la cause qui la retint. Elle n'aurait trouvé à la cour de Copenhague ni les difficultés d'étiquette, ni les occasions de briller, ni les missions délicates qui avaient à la fois donné tant d'intérêt et tant de souci à ses précédentes ambassades.

Les affaires que Villars avait à traiter étaient d'ordre tout spécial : elles étaient com-

---

1. On sait que le Conseil d'État, sur vingt et un conseillers, n'en comptait que trois d'épée.

pliquées comme l'ordre de choses créé par le morcellement des États germaniques. Elles offrent un curieux exemple des menus détails dont se composait la politique extérieure de la France, et montrent combien les fils en étaient enchevêtrés. La lutte de la maison de Bourbon et de la maison d'Autriche s'étendait aux plus petites cours par l'intérêt qu'avaient les deux rivales à se ménager partout des alliances. L'Empire s'était assuré le concours éventuel de la Suède, en cas de reprise des hostilités; aussitôt Louis XIV avait sollicité le concours du Danemark et l'avait obtenu à beaux deniers comptants; le Hanovre s'était déclaré pour l'Autriche; Louis XIV lui opposait le Brandebourg. Le roi de Danemark convoitait les provinces continentales de la Suède, l'électeur de Brandebourg aussi; Louis XIV aurait préféré les voir s'agrandir l'un et l'autre aux dépens du Hanovre ou de Hambourg; le duc de Brunswick, le duc de Lunebourg avaient aussi leurs convoitises : tous ces petits princes négociaient les uns avec les autres et les uns contre les autres, tout en cherchant à tirer le plus d'argent possible de la France ou de l'Empire.

Villars devait mettre un peu d'ordre dans cette confusion d'intérêts et d'intrigues, modérer les impatients, empêcher les conflits, travailler au maintien de la paix, tout en préparant les éléments de la guerre.

Nous ne le suivrons pas dans ces négociations confuses dont l'intérêt est bien diminué aujourd'hui; nous ne le suivrons pas davantage dans les pérégrinations que lui imposaient les habitudes nomades du Roi. Chaque année, la Cour parcourait les vastes domaines qui s'étendaient des bords de l'Elbe au pôle Nord, « faisant, écrit Villars au Roi, sept à huit « cents lieues commodément dans des chariots « de poste, sans qu'il en coûte rien à personne, « hors à moi qui en suis accablé. Il y a cinquante « officiers français qui n'ont de retraite et à « manger que chez moi, un équipage de guerre « que je traîne partout, une famille séparée et « des enfants qu'il faut que je soutienne dans le « service qu'ils ont l'honneur de rendre à Votre « Majesté. » Villars négociait entre deux étapes; mais les fatigues du voyage finirent par ébranler sa santé : une maladie de trois mois suspendit tout travail ; un important événement vint d'ailleurs modifier la situation respective des parties et diminuer l'intérêt qu'elles avaient à acheter le concours des petits États du Nord : la conclusion de la *trêve* dite de *Ratisbonne;* voici en quels termes Louis XIV l'annonça à Villars, le 31 août 1684 :

« Les traités de trêve ont été signés le 15 de ce mois... Vous pouvez bien juger que mon principal soin sera de maintenir le repos que je viens d'affermir par cette trêve dans toute la Chrétienté; et comme j'en demande la garantie dans toutes les cours où j'ai des ambasadeurs ou des ministres, et même à la diète de Ratisbonne, j'ai lieu de croire que la sincérité de mes intentions se faisant si bien connaître par cette demande, elles seront secondées par la plus grande partie des princes et États de l'Empire, et qu'ainsi il ne sera pas nécessaire d'un grand entretien de troupes pour maintenir la tranquillité publique. »

Les adhésions que le Roi sollicitait arrivèrent en foule et confirmèrent ses espérances pacifiques ; à mesure qu'il les enregistrait, il écrivait à Villars de ralentir ses négociations, de laisser entendre que les contingents danois ou brandebourgeois cessaient d'être nécessaires, que le payement des subsides convenus ne saurait se continuer bien longtemps. Le moment vint où il suspendit toute négociation. La présence de Villars n'était plus indispensable à Copenhague ; le Roi mit fin à sa mission.

Villars se mit en route à la fin de juin 1685. A Hambourg, il rencontra Cheverny qui venait le remplacer, et le jeune Torcy qui allait porter au roi de Danemark, à l'occasion de la mort de sa mère, les compliments de condoléance de Louis XIV. Le neveu de Colbert débutait dans la carrière qu'il devait illustrer. Villars la quittait : le dernier acte diplomatique du vétéran fut de donner au débutant les renseignements qui devaient le guider dans l'accomplissement de sa première mission.

Pierre de Villars eut un autre débutant à initier aux traditions de la carrière : son propre fils ; nous avons raconté ailleurs les missions du futur maréchal [1]. Heureusement pour le salut de la France et pour sa propre gloire, Louis-Hector ne déposa pas complètement son épée en prenant la plume du diplomate et la retrouva quand le jour des grandes guerres fut revenu.

Quant à Pierre de Villars, il ne quitta plus

---

1. *Villars d'après sa correspondance*, Plon, 1888.

la Cour, et y passa les dernières années de sa vie, défendant les intérêts de son fils contre la malveillance de Louvois, donnant l'exemple d'une pauvreté noblement supportée, recueillant les témoignages non équivoques de l'estime et du respect de tous. Louis XIV mit le sceau à cette situation honorée en donnant à Villars le cordon bleu (31 décembre 1688), sans s'arrêter aux lacunes de son arbre généalogique. Le conseil de l'Ordre, s'il faut en croire Saint-Simon, cria au scandale, les chansonniers rimèrent la fortune inattendue du nouveau chevalier ; le hasard se mit du côté des rieurs en suscitant à la cérémonie de sa réception un incident burlesque. On se rappelle le récit plaisant que fit Mme de Sévigné[1] de cette scène ridicule ; on voit d'ici « M. de Montchevreuil et M. de Villars accrochés l'un à l'autre d'une telle furie, les épées, les rubans, les dentelles, tous les clinquants, tout se trouvant tellement mêlé, brouillé, embarrassé, toutes les petites parties crochues si parfaitement enlacées, que nulle main d'homme ne put les séparer : plus on y tâchait, plus on brouillait, comme les anneaux des armes de Roger ; enfin toute la cérémonie, toutes les révérences, tout le manège demeurant arrêté, il fallut les arracher de force, et le plus fort l'emporta ».

Nous laisserons Saint-Simon s'indigner, les rieurs s'esbaudir, et nous admirerons l'esprit de justice et l'esprit de gouvernement de

---

1. Mme de Sévigné à Mme de Grignan, 3 janvier 1689.

Louis XIV sachant se mettre au-dessus des préjugés de son temps pour récompenser le vrai mérite, élevant au rang suprême, malgré ses origines modestes, le serviteur utile, fidèle et désintéressé de l'État. Il lui accorda encore une dernière faveur. Lorsque, après avoir déclaré le mariage de Mlle de Blois avec Philippe d'Orléans, il voulut lui composer une maison, le Roi, se souvenant peut-être des relations de Villars avec Marie-Louise, le nomma chevalier d'honneur de la nouvelle duchesse de Chartres (17 février 1692).

C'est dans l'exercice de ces fonctions de cour que le vieux diplomate mourut, le 20 mars 1698, à l'âge de soixante-quinze ans.

Nous ne saurions mieux faire que de reproduire la courte mais décisive oraison funèbre que lui fit Saint-Simon : « Mis dans un « monde fort au-dessus de lui, parmi lequel, « quelque fortune qu'il ait faite, il ne s'est « jamais méconnu... il réussit, se fit estimer et « aimer partout. »

Cette appréciation, sous la plume du défenseur obstiné des privilèges de la naissance, du détracteur implacable et passionné du maréchal de Villars, a une valeur qui ne saurait être contestée.

Nous pensons que le lecteur, après s'être laissé conduire par nous à travers les phases multiples de la longue et laborieuse carrière de Pierre de Villars, ratifiera le jugement du grand écrivain.

Mis DE VOGÜÉ.

Paris, mai 1893.

NOTICE BIBLIOGRAPHIQUE

Comme l'a démontré M. le marquis de Vogüé dans l'introduction qu'on vient de lire, la seule partie des *Mémoires* que Villars pouvait avoir rédigée en Espagne est l'*État de la cour* du Roi Catholique qui lui avait été demandé par Pomponne. La deuxième partie, celle qui traite de la troisième ambassade de Villars, n'a pu être écrite par lui que dans les loisirs de la retraite, c'est-à-dire après 1685, et comme elle ne fait aucune allusion à la mort de la reine Marie-Louise, arrivée en 1689, il est évident que sa rédaction doit être placée entre ces deux dates.

Il existe deux rédactions différentes des *Mémoires* de Villars. L'une, abrégée et sur certains points remaniée, a été mise en circulation, au moyen de copies manuscrites, dès la fin du dix-septième siècle, puis a été imprimée au dix-huitième siècle et de nos jours. L'autre, qui représente dans son intégrité la forme que Villars a donnée à son récit, est demeurée jusqu'ici inédite et inconnue. Il convient de traiter successivement de ces deux rédactions.

Rédaction abrégée et remaniée. — Cette rédaction parut, anonyme, pour la première fois à Paris, en 1733, en un petit volume in-16 de quatre feuillets préliminaires et 371 pages qui porte ce titre : *Mémoires de la Cour d'Espagne, depuis l'année 1676 jusqu'en 1681. Où l'on verra les Ministeres de Dom Juan et du Duc de Medina Celi. Et diverses choses concernant la Monarchie espagnole. A Paris, chez*

Jean-Fr. Josse, ruë Saint-Jacques, à la Fleur de Lys d'Or. M.DCC.XXXIII. Avec approbation et privilege du Roy. Un avertissement placé en tête de ce volume ne nous apprend rien, sinon que l'éditeur ignorait ou feignait d'ignorer de qui émanaient ces mémoires historiques dont il avait jugé à propos d'entreprendre la publication : « Quoi que je puisse dire en faveur de ces Mémoires, on ne doit rien croire qu'après les avoir lus; il m'est impossible de m'autoriser du nom de leur auteur, puisque je l'ignore, et il importe peu de quelle main vienne un ouvrage pourvu qu'il soit bon. » Le petit livret, tiré sans doute à un nombre restreint d'exemplaires, car il est devenu rare, passa fort inaperçu et ne se substitua pas, comme il eût été juste et désirable, aux *Mémoires de la cour d'Espagne* de Mme d'Aulnoy, imprimés dès 1690 et qui ne sont tout simplement qu'une copie et une amplification des *Mémoires* de Villars tels que nous les présente cette édition de 1733. Jusqu'à nos jours, en effet, les historiens qui, en France ou ailleurs, se sont occupés du règne de Charles II d'Espagne, ont eu recours à la copie de Mme d'Aulnoy, sans paraître se douter que l'original de cette copie existait, qu'il avait été bien souvent transcrit et même imprimé. En 1861, M. William Stirling, qui avait eu sept ou huit ans auparavant l'occasion d'acquérir un manuscrit des *Mémoires* de Villars, s'employa à les imprimer de nouveau pour la « Société des Philobiblon » de Londres, sous le titre suivant : *Mémoires de la cour d'Espagne sous la (sic) regne de Charles II. 1678-1682. Par le marquis de Villars*, Londres : imprimerie de Whittingham et Wilkins, 1861 (in-8º de XXXIX et 380 pages). Outre le tirage réservé aux sociétaires, il a été fait de cete édition un second tirage « pour le commerce », à cent exemplaires sur papier ordinaire, qui porte l'adresse de « Londres, Trübner et Cie ». Comme bien d'autres, M. Stirling ne connaissait pas l'édition anonyme de 1733; il crut son manuscrit inédit et l'imprima comme tel. En revanche, et grâce à une note contenue dans ce manuscrit, il put restituer à Villars les *Mémoires de la cour d'Espagne* qui, depuis plus d'un siècle, circulaient sans nom d'auteur. « Ces Mémoires, dit la note en question, sont d'autant plus certains qu'ils ont été faits par Messire Pierre, marquis de Villars, qui a été deux fois ambassadeur de France à la cour d'Espagne avant le traité de paix de Nimègue de l'année 1678 et une troisième fois depuis 1679 jusqu'en l'année 1682... Le marquis de Villars est père de Louis-Hector, duc de Villars, pair et maréchal de France, commandeur des Ordres du Roy vivant. Ses Mémoires ont été donnés pour instruction au marquis de Blécourt, lieutenant-général des armées du Roy, lorsque Sa Majesté l'a envoyé en Espagne après la (*sic*) traité de Partage, etc. » Au point de vue du texte, l'édition anonyme de 1733 et celle de M. Stirling se tiennent de très près, elles ne diffèrent que rarement et sur des points de peu d'importance. Sans compter ces deux éditions et les manuscrits qu'elles représentent, il existe de la rédaction abrégée des *Mémoires* de Villars plusieurs autres copies manuscrites. Nous en avons examiné trois : la première se trouve dans les archives du ministère des Affaires étrangères (Mémoires et documents. Espagne, vol. 82) et a été signalée déjà par M. A. de Courtois (*Lettres de Mme de Villars*, Paris, 1868, p. 2 et 39); la seconde appartient à un manuscrit de la bibliothèque de Soissons (n° 162), où elle est suivie d'une note très semblable à celle du manuscrit de M. Stirling : « Ces mémoires ont esté fait par M. Pierre, marquis de Villars, ambassadeur en Espagne, père du maréchal de Villars vivant en ce mois de mars 1728. Ils ont été donné à M. le marquis de Blecourt, lorsqu'il a esté en Espagne après le traité de partage, etc. »; enfin la troisième copie est conservée dans la bibliothèque Mazarine sous le n° 1909 et n'offre rien de remarquable. D'autres copies se trouvent sans doute encore dans des bibliothèques publiques ou privées; mais cela importe peu, et nous nous croyons assez renseigné sur cette rédaction par les exemplaires qui nous en ont passé sous les yeux. Ajoutons que la rédaction abrégée des *Mémoires* de Villars est immédiatement reconnaissable à ceci qu'elle commence par la phrase : « L'idée que ces mémoires pourront donner de l'état et du gouvernement présent de l'Espagne... »

Rédaction primitive et complète. — Elle ne se rencontre, à notre connaissance, que dans deux manuscrits de la bibliothèque de l'Arsenal (n⁰ˢ 4747 et 4779) qui nous ont été obligeamment indiqués par M. de Boislisle. L'un et l'autre ont appartenu à la bibliothèque de M. de Paulmy; le premier est relié aux armes de Le Camus. Quant à la date de leur écriture, le n⁰ 4747 paraît avoir été copié au commencement du dix-huitième siècle, tandis que le n⁰ 4779 semble un peu plus ancien (voy. H. Martin, *Catalogue des manuscrits de la bibliothèque de l'Arsenal*, t. IV, p. 446 et 461). Dans ces deux manuscrits, les *Mémoires* de Villars offrent des particularités qui les distinguent au premier coup d'œil de ceux qu'on connaissait par les éditions de 1733 et de Stirling. Tout d'abord, le récit y débute par des considérations sur la paix de Nimègue : « La guerre qui commença en l'année 1672 entre la France et la Hollande... »; secondement, l'*État de la cour d'Espagne* y est plus détaillé et augmenté de listes d'officiers des maisons du Roi, de la Reine et de la Reine mère, de membres du corps diplomatique, de vice-rois et gouverneurs en charge pendant les années 1680 et 1681; enfin, et c'est le point capital, le corps même des *Mémoires*, le récit de l'ambassade de Villars, contient, dans cette version de l'Arsenal, de nombreux passages qui ne figurent pas dans l'autre ou y ont été notablement atténués. Ces passages, plus tard supprimés ou adoucis, portent sur le caractère et la conduite de la reine Marie-Louise d'Orléans, sur diverses personnes de son entourage, puis aussi sur le roi Charles II. Après la mort de la Reine, mort supposée tragique et qui causa une grande émotion en France, de telles sévérités devenaient superflues, même fâcheuses, et l'on s'explique sans peine que l'auteur des *Mémoires* ait tenu à les faire disparaître de son ouvrage : de là, le texte abrégé et remanié.

Mais les motifs qui ont dicté cette révision à Villars n'existent plus aujourd'hui, et le devoir le plus élémentaire d'un éditeur sera toujours de rechercher et de rétablir le texte pur et intégral de l'ouvrage auquel il donne ses soins. C'est pourquoi nous n'avons pas hésité à suivre en principe les manuscrits qui fournissent ce texte, les deux manuscrits de l'Arsenal, sans nous priver d'autre part de recourir dans certains cas au texte abrégé et revisé. En effet, la rédaction primitive contient des longueurs et des répétitions que nous n'avons pas cru devoir admettre. La présente édition offre donc une refonte complète des deux rédactions où l'essentiel de la première a été scrupuleusement maintenu de façon à livrer au lecteur toute la pensée de Villars et tous les faits recueillis par lui, mais dans une forme un peu plus condensée que celle de sa première manière. Pour respecter aussi l'économie du livre, dont le point de départ fut, comme on l'a vu, l'*État de la cour d'Espagne* en 1680-1681, il a paru à propos d'insérer ce document immédiatement après l'introduction, ce qui aura, en outre, l'avantage de mettre tout d'abord sous les yeux du public français peu au courant des choses d'Espagne certains renseignements utiles sur les personnes et les faits dont traitent les *Mémoires*. Cet *État* d'ailleurs constitue si bien un chapitre à part, qu'on le trouve parfois copié isolément dans des manuscrits, par exemple dans celui de la Bibliothèque Nationale, franç. 3949, f°s 247 à 271 v°.

Quelques mots sur le commentaire qui accompagne

le texte ainsi reconstitué de l'ouvrage de Villars. L'édition de 1733 ne contient ni notes ni éclaircissements d'aucun genre. M. Stirling, lui, a bien essayé de corriger quelques *lapsus* de son manuscrit, surtout des noms altérés, mais il y a peu réussi et son travail d'épuration ou d'annotation, très incomplet, n'a pas été conduit d'après une méthode suffisamment rigoureuse. Et pourtant un commentaire suivi s'impose ici d'autant plus qu'il n'existe pour l'Espagne aucun recueil de biographie générale, et que même les personnes versées dans l'histoire de la Péninsule éprouvent de grandes difficultés à se procurer sur tel ou tel Espagnol marquant des informations précises. Nous avons donc procédé à un dépouillement aussi complet que possible de tous les ouvrages qui pouvaient nous éclairer, généalogies, gazettes, collections de documents inédits, et nous avons eu la satisfaction de réussir à identifier à peu près tous les personnages dont fait mention Villars et de grouper autour de leurs noms des renseignements en assez grand nombre. Plusieurs érudits ont bien voulu nous prêter le concours de leurs lumières. Nous devons des remerciements particuliers à M. de Boislisle, qui nous a laissé puiser dans son admirable collection de notes sur le dix-septième siècle, puis à MM. les archivistes généraux de Copenhague, la Haye et Turin, qui ont répondu avec empressement à plusieurs de nos questions. Grâce à ces secours, nous avons lieu d'espérer que la nouvelle édition des *Mémoires de la cour d'Espagne* rendra quelques services et fera apprécier, dans le rôle tenu à Madrid par un de ses meilleurs agents, un beau moment de l'ancienne diplomatie française.

A. M.-F.

MÉMOIRES

DE

LA COUR D'ESPAGNE

L'idée que ces mémoires pourront donner de l'État et du Gouvernement présent de l'Espagne aura sans doute peu de rapport à celle que la puissance et la politique des Espagnols avoient autrefois répandue dans le monde; mais personne n'ignore que, depuis le commencement de ce siècle, l'une et l'autre ont toujours été en diminuant. Ce changement est devenu si grand dans ces derniers temps, que d'une année à l'autre on auroit pû s'en apercevoir.

J'avois vu cette cour et la plus grande partie de l'Espagne, il y a quinze ans[1]; on y trouvoit encore alors des ministres de réputation

---

1. Villars fut envoyé pour la première fois en Espagne en mission extraordinaire au mois de septembre 1668 et y demeura un an.

dans les conseils; on voyoit, dans les finances du Roi et dans le commerce des sujets, encore assez d'argent pour se souvenir des richesses que les Indes leur donnoient sous un meilleur gouvernement. Mais dans un second voyage où, durant deux ans [1], j'ai eu occasion de voir continuellement la cour et les ministres, j'ai trouvé peu de restes de l'ancienne Espagne dans le public et le particulier; c'est ce qui m'a porté à écrire ces mémoires, pour faire voir en détail le changement de cette monarchie, qu'il seroit difficile de se persuader à moins que d'en être convaincu par une suite de faits que je rapporterai comme je les ai vus, sans prévention et sans intérêt.

Je crois qu'avant d'entrer dans cette narration, je dois expliquer en peu de mots ce qui regarde quelques personnes principales, quelques charges et d'autres choses particulières à cette cour nécessaires pour l'intelligence de ce qui se doit dire dans la suite.

Depuis plus de cent ans les rois d'Espagne tiennent leur cour à Madrid. C'est une ville assez grande, sans murailles, située au milieu de l'Espagne, dans un pays inégal, fort découvert et fort sec. Le ruisseau de Mançanarès, qui passe sous la ville, a quelque peu d'eau en hiver et point du tout en été, cependant

---

[1]. Au mois de novembre 1671, Villars vint ambassadeur extraordinaire à la cour de Madrid et la quitta en novembre 1673.

les Espagnols, par un génie disproportionné qu'ils ont presque en toutes choses, ont bâti sur ce ruisseau deux ponts assez grands pour passer le Rhin ou le Danube[1].

Le palais du Roi[2] est à l'extrémité de la ville vers le midi, sa façade est d'ordre dorique, d'une pierre piquée comme du grès ; deux pavillons de briques la terminent à droite et à gauche ; les trois autres côtés de ce palais n'ont ni forme, ni rapport entre eux, et sont tous composés d'une quantité de petits bâtiments de briques ou de terre ; au-dessous du Palais, le terrain, qui va en penchant jusqu'au Mançanarès, est fermé de murailles, en une situation admirable pour des terrasses et des cascades ; mais il est inculte, sans bois, sans jardin, sans fontaines. Devant le Palais est une assez grande place que Valenzuela[3], durant sa faveur, rendit régulière par deux murailles, de petites arcades pleines de colifichets dont il la ferma à droite et à gauche.

Quoique Madrid soit fort peuplé, il y a

1. Le pont de Ségovie, œuvre de Juan de Herrera, architecte de Philippe II, et le pont de Tolède, beaucoup plus ancien, qui fut détruit à la fin de l'année 1680 et reconstruit quelques années plus tard. Voy. H. Sauvaire, *Voyage en Espagne d'un ambassadeur marocain* (1690-1691), Paris, 1884, p. 86.

2. L'ancien alcazar, qui fut détruit par un incendie le 24 décembre 1734 et remplacé par le Palais neuf. *Les Délices de l'Espagne et du Portugal* de D. Juan Alvarez de Colmenar (t. II, Leyde, 1707) et le livre de Carl Justi, *Diego Velazquez und sein Jahrhundert* (t. I, Bonn, 1888), contiennent des vues et un plan de l'alcazar tel qu'il existait au commencement du dix-huitième siècle.

3. Voir les *Notes*.

néanmoins peu de bourgeoisie. La maison du Roi, les courtisans, le grand nombre de conseils, de tribunaux et de personnes qui en dépendent, une quantité extraordinaire de couvents de l'un et de l'autre sexe est ce qui compose la plus grande partie de la ville. Il n'y a au delà que quelques ouvriers pour les choses nécessaires et quelques marchands. C'est la ville du monde la plus remplie de carrosses à proportion de sa grandeur, soit à cause de la saleté qui s'y rencontre, ou par la vanité ordinaire des Espagnols dont la plupart préfèrent le faste du carrosse à la subsistance la plus nécessaire de leur maison. Il est vrai qu'en hiver les boues sont horribles à Madrid et la poussière insupportable en été. On n'observe aucune police pour nettoyer la ville; il n'y a point d'eau à la rivière pour en emporter les immondices qui demeurent dans les rues tout le long de l'année. La bonté seule de l'air peut remédier aux suites que devroit causer cette infection; aussi l'on peut dire que l'air et l'eau des fontaines sont les seules choses qui soient bonnes à Madrid. Ce qui dépend du soin des hommes y est dans un extrême dérèglement; les choses nécessaires à la vie y viennent de fort loin par des voitures de mulets et de chariots qui les apportent à grands frais et en petite quantité; les entrées et les autres droits sont immenses; le monopole des magistrats s'étend sur tout, et depuis le décri de la monnoie de cuivre, la cherté est venue à un tel point qu'elle passe deux fois celle de la ville d'Europe la plus chère.

Le reste de l'Espagne, c'est-à-dire les deux Castilles qui en composent la plus grande partie, sont réduites à une misère qu'il est difficile de comprendre à moins que de l'avoir vue. Ce pays, autrefois si abondant et si habité, a commencé à se dépeupler par un grand nombre de Mores qu'on a chassés en divers temps. Les Indes ont continué à attirer des colonies d'Espagnols dont la plus grande partie y sont demeurés. La nécessité d'envoyer des soldats espagnols en Flandre et en Italie a beaucoup diminué encore le nombre des habitants depuis cent ans, et le dérèglement du gouvernement a achevé par l'excès des impositions qui ont mis le peu d'habitants qui restoit hors d'état de cultiver la terre.

Depuis quarante ans, ces impositions, le nombre des officiers employés à les lever et des tribunaux pour en connoître sont augmentés à l'infini. Cependant de ces prodigieuses levées d'argent le roi d'Espagne n'en tire presque rien. Tous ses revenus s'étant trouvés engagés il y a plusieurs années, il prit la *media anata*, c'est-à-dire la moitié du revenu par an sur chaque engagiste. Depuis, il a encore repris vingt pour cent ; mais l'un et l'autre s'est trouvé anéanti par les mêmes raisons qui ont causé la première ruine, de sorte que le Roi se trouve aussi pauvre qu'auparavant et les engagistes ne tirent presque plus rien des droits qu'il leur avoit cédés.

Le commerce n'est pas en meilleur état et, hors les laines de Castille qui se vendent aux étrangers, il n'y a, en Espagne, ni marchandise ni manufacture qui puisse y attirer de l'argent. Le Roi n'a point de vaisseaux pour assurer la mer, les sujets n'en ont point pour trafiquer, aussi les étrangers leur en apportent de toutes sortes et les épuisent de ce si peu d'argent que les Indes leur donnent, car le principal des Indes se fait pour les étrangers et, dans ce que chaque flotte ou galions apportent d'or et d'argent, des trois parts il y en a deux qui vont directement aux étrangers sans entrer en Espagne. La troisième part se partage entre le Roi et ses sujets, auxquels les étrangers en enlèvent encore peu à peu la meilleure partie par le commerce des marchandises qu'ils apportent et par le transport actuel des espèces hors du royaume dont le profit est très considérable.

On peut encore ajouter que tous les ans, il y a plus de soixante et dix mille Français qui tirent de l'argent d'Espagne. C'est une quantité de misérables répandus dans toutes les provinces pour cultiver la terre, couper les blés, porter de l'eau, faire la brique et la tuile, la chaux, le charbon et tout ce que les Espagnols, par paresse ou faute de monde, ne peuvent ou ne veulent point faire. Tous ces gens emportent ou envoient chaque année en France l'argent qu'ils ont gagné.

Les Génois qui occupent presque toutes les banques et beaucoup de recettes, et grand nombre de Juifs qui sont dans les fermes du Roi ont encore mille moyens d'épuiser l'Espagne, et il semble qu'elle soit en proie à l'industrie de toute l'Europe.

On peut juger de l'état du reste de l'Espagne par celui où Séville se trouve réduite. Cette ville, puissante par sa grandeur, par le nombre de ses habitants, par des richesses amassées depuis tant de siècles, par l'abondance de son terroir, par sa rivière et le voisinage de la mer qui lui donnoit de grands avantages pour le commerce de tout le monde et surtout pour celui des Indes, est, depuis l'année 1630, réduite au quart de ses habitants et n'a pas de son terroir la vingtième partie de cultivée de ce qu'il y avoit alors; de sorte qu'encore que, depuis ce temps, les droits et les impositions soient augmentés au triple, la diminution du peuple et les non-valeurs font qu'on n'en retire pas le tiers qu'on en tiroit auparavant. C'est ce qu'un député du commerce de cette ville vint représenter avec beaucoup d'autres circonstances en l'année 1680. Il est à croire que si cette ville, une des plus riches du monde il y a cinquante ans et qui peut avoir tant de ressources, se trouve si accablée, le reste de l'Espagne ne l'est pas moins.

Les revenus du Roi dans l'Espagne même, compris l'argent qui vient des Indes, montent à vingt-sept millions sept cent mille ducats qui font, monnoie de France, près de soixante et dix millions de livres, dont la plus grande partie est tellement engagée qu'il n'en reste pas le tiers au Roi; sur quoi il doit payer toutes les dépenses de sa maison, de ses armées, les *ayudes de coste*[1] qui sont

1. C'est-à-dire des gratifications.

immenses et les pensions, qui une fois créées ne reviennent presque jamais au Roi. D'ailleurs, il faut de temps en temps envoyer des sommes considérables en Flandre, quelquefois même à Milan et à Naples où tous les domaines sont engagés : le surplus ne suffit pas aux dépenses nécessaires et à l'avidité des vice-rois et des gouverneurs.

Il faut joindre à ces maux la malversation généralement introduite dans les finances dont la plus grande partie est consumée par plus de quatre-vingt mille hommes employés à la levée et à l'administration des impositions.

Ce désordre qui augmente toujours depuis soixante ans a mis l'Espagne dans un tel accablement que, depuis deux ans, quoique la flotte et les galions soient arrivés plus riches que jamais, il a été impossible de faire un fonds de cinq cent mille écus pour remettre en Flandre. Il ne se trouve point dans toute l'Espagne de gens d'affaires qui fassent la moindre avance d'argent. Si quelques-uns en ont le pouvoir, ils sont retenus par l'exemple de plusieurs autres ruinés par l'infidélité de la Cour, après des avances qu'ils avoient faites sur de bons traités. Ainsi le Roi demeure sans crédit, sans apparence de pouvoir faire des fonds capables de le rétablir, et le gouvernement est disposé d'une manière à ne pouvoir ni ne vouloir y apporter aucun remède.

Le Roi, par son génie et par son éducation, est un prince sans connoissance, sans aucun sentiment et sans disposition à rien.

Le premier ministre n'a que de bonnes intentions générales et de l'honnêteté extérieure qui ne produit rien, foible du reste, propre seulement à autoriser par son impuissance la domination des conseils sur le Roi, les injustices des tribunaux, la dissipation des finances et les malversations de tous ceux qui sont dans les emplois, car ce ministre aussi bien que le Roi s'est mis dans une dépendance aveugle des conseils et surtout du Conseil d'État, sans lequel ils n'osent ni l'un ni l'autre régler la moindre bagatelle; de sorte que le bien et le mal du gouvernement dépend de cette assemblée de vingt-quatre personnes, la plupart sans esprit, sans expérience, appliqués seulement à leurs intérêts, à ceux de leurs parents et de leurs amis, capables de précipiter par ces vues particulières les plus grands intérêts de l'État.

Comme personne ne pense au bien public, on ne voit aucune justice, l'impunité est établie pour toutes sortes de crimes qui trouvent toujours quelque appui, l'abus est égal dans les récompenses qui ne suivent jamais le mérite, mais le caprice et la cabale des conseils. On voit sans cesse revenir de Flandre, des Indes, de Naples et des autres grands gouvernements des vice-rois chargés de millions qu'ils y ont volés par mille concussions. A leur retour, on les fait tous rechercher en justice; tous en sortent justifiés et souvent récompensés.

La même injustice règne sans exception dans tous les tribunaux, où tout criminel riche se sauve par son argent et tout criminel pauvre, parce qu'il n'y a rien à gagner à le condamner; aussi le vol, le meurtre et tous les autres crimes sont ordinaires à Madrid comme les actions indifférentes. On y assassine par an quatre ou cinq cents personnes publiquement, et jamais on n'y voit châtier un coupable. C'est un emploi que de frauder les droits du Roi à Madrid, à Cadix et dans les autres villes. Une partie de l'Espagne vit de ce commerce; l'autre vit, c'est-à-dire vole, dans les emplois de finance ou de justice, et le reste meurt de faim.

Les grands emplois de paix et de guerre se donnent seulement à la qualité et au rang, au-dessous duquel tout le mérite et le service est inutile pour y parvenir. Dans les emplois médiocres, la seule faveur peut avancer, et l'on voit, dans les troupes d'Espagne, tous les vieux officiers languir de misère, pendant que les charges en pied ou les récompenses se donnent à des personnes sans service et aux pages des conseillers du Conseil de guerre et de leurs amis.

Il seroit difficile de faire voir à fond le dérèglement du gouvernement d'Espagne. On peut dire en général qu'il est venu à un tel point qu'il semble presque impossible qu'il se puisse rétablir, parce qu'il manque de sujets qui aient la capacité et la volonté d'y travailler, et que d'ailleurs les hommes et les fonds y sont tellement épuisés qu'il seroit peut-être inutile de l'entreprendre.

ÉTAT DE LA COUR D'ESPAGNE EN L'ANNÉE
1680.

Le Roi est entré dans sa dix-neuvième année le 7ᵉ novembre de l'année passée 1679[1]. Il est d'une taille au-dessous de la médiocre, assez menu et paroît un peu boiteux, peut-être par une habitude de marcher mal. Comme on ne s'est appliqué dans sa jeunesse qu'à le faire vivre sans penser à son éducation, il ne sait aucun exercice et n'a pas la moindre connoissance de science ni de lettres, à peine sait-il lire et écrire. Il a le visage d'une longueur extraordinaire, étroit et maigre, dont les traits démesurés lui forment une physionomie bizarre.

La Reine, agée de dix-huit ans, est une princesse bien faite; elle manquoit d'un bon embonpoint en France, mais il lui en est venu en Espagne, sans diminuer rien de la beauté de sa taille. Elle a de la vivacité et une dis-

1. Charles II, fils de Philippe IV et de Marie-Anne d'Autriche, né à Madrid le 6 novembre 1661, mort à Madrid le 1ᵉʳ novembre 1700. Son portrait par Claudio Coello (Musée du Prado) le représente à peu près à l'âge qu'il avait en 1679. Il est beaucoup plus jeune dans celui de Carreño (Musée du Prado) et dans la gravure de Villafranca (en tête des *Reinados de menor edad* par Francisco Ramos del Manzano, Madrid, 1672) où figure aussi sa mère.

position naturelle pour toutes les choses d'agrément et de plaisir. Elle danse bien, touche bien divers instruments ; il lui paroit de l'esprit, de l'imagination, de la facilité et de quoi faire une princesse accomplie, si elle vouloit se former quelque règle et employer son esprit à gouverner son humeur et son cœur[1].

La Reine mère, âgée d'environ quarante-cinq ans, est d'une taille médiocre et bien faite, paroissant moins jeune qu'elle n'est. Sa santé est généralement bonne, hors qu'elle est souvent incommodée d'une violente migraine. Quoiqu'elle semble fort froide, elle a néanmoins les manières douces et honnêtes[2].

Le duc de Medina Celi, déclaré premier ministre le 21e de février 1680, est âgé de quarante-cinq ans, de petite taille, agréable et même beau de visage, d'une humeur douce et honnête, d'un talent médiocre pour les affaires, grand seigneur par lui-même et par les biens de sa femme. Il est Sumilier du corps, l'une des trois grandes charges de la maison

---

1. Marie-Louise d'Orléans, fille ainée de Philippe duc d'Orléans et d'Henriette d'Angleterre, née à Paris le 27 mars 1662, morte à Madrid le 12 février 1689. Sur les portraits qu'on a d'elle, voy. *Lettres de Mme de Villars*, éd. A. de Courtois, p. 228.

2. Marie-Anne d'Autriche, fille de l'empereur Ferdinand III et de l'infante Doña Maria, née le 22 décembre 1634, mariée à Philippe IV le 4 octobre 1649, régente d'Espagne de 1665 à 1675, morte à Madrid le 16 mai 1696. Il y a un superbe portrait de Marie-Anne par Carreño au Musée du Prado, où elle est représentée en costume espagnol de veuve.

du Roi, qui répond à celle de grand chambellan de France[1]. Il doit en partie son élévation à ses manières douces, par lesquelles il est devenu agréable au Roi, qui s'est accoutumé à ne le point craindre, trouvant avec lui la liberté de ne point contraindre son humeur brusque et rebutante.

Le Connétable de Castille, majordome major, c'est-à-dire grand maître de la maison du Roi, est un petit homme, âgé de près de soixante ans, de bonne santé, d'un air austère et sec, d'une humeur peu agréable. Le Roi le craint et le hait, ayant par cette raison plus d'égard pour lui que pour un autre. Il tire de grandes sommes du Roi par ses charges et par d'autres bienfaits.

L'Amirante de Castille, grand écuyer du Roi, âgé de plus de soixante ans, grand, bien fait et de bonne mine pour son âge, bel esprit, galant, agréable, faisant des vers, paresseux, sans soin des affaires publiques ni des siennes, uniquement appliqué à l'oisiveté et à des plaisirs renfermés dans un jardin délicieux où il passe la plus grande partie de sa vie. Les bienfaits qu'il avoit reçus de la Reine mère l'ayant éloigné du parti de D. Juan d'Autriche, celui-ci l'exila, et ce mauvais traitement l'attacha plus fortement à la Reine mère[2].

---

1. En espagnol *sumiller de corps*. Ce nom à demi-français appartient au vocabulaire palatin de la maison de Bourgogne. Anciennement, et même encore souvent au dix-septième siècle, le *sumiller de corps* se nommait *camarero mayor*.

2. Sur Medina Celi, le Connétable et l'Almirante, voir les Notes.

Ces trois seigneurs qui n'ont, parmi les Grands, personne au-dessus d'eux par la naissance, sont au-dessus de tous les autres par le rang de leurs charges. Elles sont égales en dignité : le Sumilier du corps a le pas dans l'appartement du Roi et y donne les ordres; le Majordome major dans le reste du Palais; le Grand écuyer a ces mêmes prérogatives partout hors du Palais.

Après ces trois premières charges, suivent immédiatemment celles des gentilshommes de la chambre du Roi, qui portent pour marque de leur dignité une clef d'or pendue à la ceinture. Ces clefs sont de trois sortes : celle qui donne l'exercice de gentilhomme de la chambre, celle qui donne l'entrée sans exercice, et la clef appelée *capona*[1], qui ne donne l'entrée que dans l'antichambre.

Ces gentilshommes de la chambre sont en grand nombre : ceux d'exercice sont trente-cinq ou quarante; ils servent par jour tour à tour, et la plupart des Grands d'Espagne sont de ce premier ordre.

Les majordomes ou maîtres d'hôtel ont les mêmes entrées que les gentilshommes de la chambre. Ces charges sont remplies par des personnes de la première qualité, comme sont les seconds fils des Grands d'Espagne; ils servent par semaine et ont toute l'autorité du Grand maître quand il est absent. Ce sont eux

---

1. C'est-à-dire une clef qui n'est qu'un insigne et qui n'ouvre pas. Cf. Saint-Simon, éd. de Boislisle, t. VIII, p. 180.

qui accompagnent les ambassadeurs à leur entrée et qui introduisent les ministres étrangers à l'audience du Roi. Leur nombre n'est point fixé, mais à l'ordinaire il ne passe point huit ou dix.

Le Grand veneur, appelé en espagnol *montero mayor*, est le marquis de Liche. En son absence, le duc de Pastrane fait la charge[1]. Le Grand fauconnier[2] est le connétable de Castille. D. Joseph de Silva[3] est le premier écuyer.

GARDE DU ROI.

La Garde du Roi consiste en trois compagnies indépendantes les unes des autres.

La Garde flamande ou bourguignonne, appelée la Garde de la cuchille[4], est proprement la garde du corps, composée de cent hallebardiers commandés par le marquis de Falces[5].

1. Sur Liche et Pastrane, voir les *Notes*.
2. En espagnol, *cazador mayor*.
3. Premier marquis de Melgar, par sa femme, et frère cadet du duc de Pastrana, né à Pastrana en mars 1654, nommé en 1679 premier écuyer à la place du comte de Talara, mort le 23 avril 1682.
4. La *cuchilla* était une espèce de hallebarde.
5. D. Diego Antonio Felice de Croy y Peralta, marquis de Falces par sa mère, gouverneur de la Galice en 1677, ambassadeur près l'Empereur de 1679 à 1682, mort le 15 août 1682. Il épousa Dª Francisca Juana de Mendoza, huitième marquise de Mondéjar.

En son absence, le comte de Montalve[1] en est commandant.

La Garde allemande, composée de cent archers, commandée par D. Pedro d'Aragon[2], qui a un lieutenant.

La Garde espagnole, commandée par le comte de Los Arcos[3], qui a aussi un lieutenant, est composée de cent hallebardiers.

Il y a encore une compagnie, appelée *de la lancilla*, composée de cent Espagnols, qui ne servent qu'aux grandes cérémonies et aux enterrements des rois. Elle a les mêmes capitaine et lieutenant que la précédente[4].

MAISON DE LA REINE.

Le marquis d'Astorga, majordome major.
Le duc d'Ossone, cavallerizo major[5].
Le marquis de Villamaina[6], premier écuyer et majordome.

---

1. D. José Ordoñez de Castro, deuxième comte de Montalvo, mort le 1er mars 1694.
2. Sur D. Pedro d'Aragon, voir les *Notes*.
3. D. Pedro Laso de la Vega y Figueroa, comte de Los Arcos, remplissait cette charge depuis le mois de mars 1670; il mourut à quatre-vingts ans en décembre 1699.
4. La garde espagnole se composait de deux compagnies : la première dite *garde jaune*, à cause de son uniforme; la seconde dite *garde vieille* ou *de la lancilla*.
5. Sur Astorga et Ossone (Osuna), voir les *Notes*.
6. D. Luis de Toledo Enriquez, deuxième marquis de

Les autres trois majordomes sont :

Le comte de Puertollano[1], le marquis d'Ugena[2], Don Juan de Villavicencio[3].

Les dames : la duchesse de Terranova, camarera major ou première dame d'honneur, fut destituée au mois d'août 1680. On a mis en sa place la duchesse d'Alburquerque.[4]

Doña Laura d'Alagon, guarda major. C'est la première charge après la Camarera major. Elle a le soin des filles d'honneur et des menines. Elle est aussi au nombre des *señoras de honor* qui sont toujours des veuves[5].

Les trois autres sont : la marquise de Mortara[6], la comtesse d'Orgaz[7], Doña Béatrice de Cordova.

Il y a les filles d'honneur appelées *damas de*

Villamaina, nommé premier écuyer de la Reine au mois d'août 1679.

1. D. Gabriel Laso de la Vega, deuxième comte de Puertollano, avait été capitaine général des Canaries de 1666 à 1670.
2. Ce marquis était corregidor de Madrid; voir p. 135.
3. Ce personnage succéda, en 1682, à D. Diego de Bracamonte comme ambassadeur de Malte.
4. Sur les duchesses de Terranova et d'Alburquerque, voir les *Notes*.
5. L'état de la maison de la Reine publié dans la *Gazette* (nouvelles de Madrid du 12 août 1679) cite, comme dames d'honneur, « la marquise de Mortare, la marquise del Fresno, la comtesse de Saint-Orcas (*sic*, pour Orgaz), la comtesse d'Ayala et la marquise de Castroforte ».
6. Dª Isabel Manrique de Lara, veuve de D. Francisco de Orozco y Ribera, marquis de Mortara, du Conseil d'État, ancien vice-roi de Catalogne et gouverneur de Milan. Elle mourut en avril 1682.
7. Dª Maria de Sandoval, veuve de D. Baltasar Hurtado de Mendoza, cinquième comte d'Orgaz.

honor et celles qu'on appelle *menines*, qui toutes sont filles de Grands d'Espagne ou de la première qualité dont le nombre n'est point réglé.

Il y a deux *azafatas*[1], ou premières femmes de chambre, et vingt caméristes ou femmes de chambre.

MAISON DE LA REINE MÈRE.

Le marquis de Mancera[2], majordome major.

La charge de cavallerizo major n'a point été remplie depuis la disgrâce de Valenzuela qui la possédoit.

Il y a quatre majordomes, comme chez la Reine.

La camarera major : la marquise de Valdueza[3].

Il y a une guarda major, des señoras de honor, des damas de honor, des menines et des caméristes, comme chez la Reine.

---

1. Du mot arabe *as-safat* qui signifie panier, corbeille, et se dit entre autres de la corbeille où les femmes mettent leurs parfums et leurs fards.
2. Voir les *Notes*.
3. Dª Elvira Ponce de Leon, née le 2 février, 1601, fille de D. Luis Ponce de Leon, sixième marquis de Zahara, mariée en 1675 à D. Fabrique de Toledo, premier marquis de Villanueva de Valdueza; elle mourut le 30 septembre 1691.

CONSEIL D'ÉTAT[1].

Le Roi est président de ce conseil, où le nombre des conseillers n'est point réglé. On les doit choisir parmi les personnes de la première qualité et qui ont passé par les plus grands emplois. Ils prêtent le serment entre les mains de leur doyen et leur séance est selon qu'ils entrent, sans égard à l'ancienneté, mais le doyen a toujours la clochette. Les conseillers et les secrétaires d'État sont sur des bancs à dos, avec chacun un carreau, les premiers aux deux côtés de la table, et les autres aux deux bouts. Si le Roi y assistoit, on lui mettroit une table séparée au haut bout de celle des conseillers, lesquels n'auroient alors que des escabelles, et les secrétaires d'État seroient debout. Le Conseil

1. Les renseignements donnés ici par Villars sur les conseils d'Espagne sont tirés du livre de D. Alonso Nuñez de Castro, historiographe du Roi, intitulé *Libro historico politico. Solo Madrid es corte,* dont nous connaissons quatre éditions de 1658, 1669, 1675 et 1698, in-4°. Sur l'histoire et l'organisation de ces conseils sous les rois autrichiens, il convient de consulter aussi le *Teatro de las grandezas de la villa de Madrid* de Gil Gonzalez Davila (Madrid, 1623); le tome IV du *Teatro universal de España,* par Francisco Xavier de Garma y Duran (Barcelone, 1751), et le très estimable livre de M. J. Gounon-Loubens, *Essai sur l'administration de la Castille au seizième siècle,* Paris, 1860, in-8°. — Ce que Villars dit des conseillers lui appartient en propre.

s'assemble toujours le mardi et le jeudi après-midi et le samedi, matin et soir. Tout conseiller d'État est du Conseil de guerre et y entre quand il veut, et, quand il y a plein Conseil de guerre, les conseillers d'État y sont toujours appelés. Ce Conseil consulte au Roi les ambassades, les vice-royautés, les gouvernements de Flandre et de Milan; les provisions néanmoins s'expédient par les secrétaires des conseils de chaque État.

Toutes les grandes affaires du gouvernement passent par le Conseil d'État, qui a le droit de donner son avis au Roi sur quelque matière que ce soit, quand même la connoissance en appartiendroit à quelque autre tribunal.

Les conseillers sont présentement :

Le duc de Medina Celi, qui n'entre plus au Conseil depuis qu'il est premier ministre.

Le connétable de Castille, qui en est doyen.

L'amirante de Castille, dont il a déjà été parlé, en est pareillement.

Le duc d'Albe, âgé de soixante-huit ans, n'a jamais eu d'emploi dedans ni dehors le royaume, génie médiocre, mais un peu malin, sans expérience des grandes affaires et sans application, grand seigneur incommodé dans ses biens, quoiqu'il jouisse de beaucoup de bienfaits de la cour[1].

Le marquis d'Astorga, âgé de soixante-dix ans. Il a été ambassadeur à Rome et vice-roi

---

1. D. Antonio Alvarez de Toledo, septième duc d'Albe, conseiller d'État en 1674, chevalier de la Toison d'or en 1675, président du Conseil d'Italie en juin 1677, mort le 11 juin 1690.

de Naples, homme d'une capacité ordinaire, abîmé dans la paresse et dans des plaisirs de débauche qui ont ruiné sa santé; il est peu accommodé, nonobstant tout l'argent qu'il avoit rapporté de Naples.

Don Pedro d'Aragon, âgé de près de quatre-vingts ans, autrefois général de la cavalerie sous le nom de marquis de Povar, fut pris voulant secourir Perpignan et demeura quelques années prisonnier à Montpellier. Il étoit gentilhomme de la chambre du prince Balthazar, après la mort duquel, le roi Philippe IV étant mal content de lui, il demeura éloigné de la cour jusqu'à ce que le Roi étant mort, il fut envoyé ambassadeur à Rome, d'où il passa à la vice-royauté de Naples et rapporta de ce dernier emploi de grandes richesses qu'il a mieux conservées que ne font d'ordinaire les Espagnols. Il a de l'esprit et de la capacité, mais il est un peu baissé par son âge et sa méchante santé.

Le prince d'Astillano, duc de Medina de Las Torres[1], âgé de quarante-cinq ans, a passé toute sa vie à Madrid sans autre occupation qu'une extrême paresse, presque toujours partagé entre manger et dormir, sans trouver que rarement le temps d'aller au Conseil ni de recevoir ou rendre des visites; il a néanmoins de l'esprit et pourroit avoir de la capacité, sans une conduite déréglée qui d'ailleurs le rend pauvre dans de très grands biens.

---

1. Sur le prince d'Astillano (Stigliano) et les membres du Conseil d'État qui suivent, voir les *Notes*.

Le comte de Chinchon, autrefois appelé le marquis de Bayona, a commandé longtemps les galères d'Espagne. Il est bon homme, pauvre d'esprit et de biens, âgé de plus de soixante ans.

Don Louis cardinal Porto Carrero, archevêque de Tolède, âgé d'environ cinquante-cinq ans, homme de bonnes intentions, de bon commerce, de médiocre capacité et grand seigneur par ses bénéfices.

Le duc d'Ossone, âgé de cinquante ans, autrefois condamné, pour quelque violence qu'il avoit faite, à servir volontaire en Extramadoure où il fut ensuite général de la cavalerie, passa à la vice-royauté de Catalogne, au gouvernement de Milan et à la charge de président des Ordres, d'où l'on le tira pour ses concussions et on le fit grand écuyer de la Reine. Il s'est mal gouverné dans tous ses emplois, capricieux, entêté, et vain jusqu'à la folie. Sa méchante conduite durant le voyage de la Reine a obligé à lui interdire la fonction de sa charge et l'entrée du Conseil pour quelques mois, après lesquels le Roi l'a rétabli, à la prière de la Reine.

Don Vincent de Gonzaga, des princes de Guastalla, âgé de soixante-seize ans, a été élevé menin à la cour d'Espagne, a servi depuis dans le Milanez, a été vice-roi de Catalogne et ensuite de Sicile, d'où il fut appelé par don Juan d'Autriche pour entrer dans le Conseil d'État. Il a de l'esprit, du talent pour les affaires, de l'application et de l'expérience, de bonnes intentions et des manières agréables, homme de bien, pauvre et point marié.

Le marquis de Liche, âgé de quarante-cinq ans, présentement ambassadeur à Rome, a de la finesse et de l'étendue dans l'esprit, de la hardiesse, mais il est bizarre et dangereux. Il y a dix-huit ans qu'il fut condamné à servir volontaire en Extramadoure où, ayant été fait prisonnier de guerre et mené à Lisbonne, il négocia la paix avec le Portugal. Il est grand seigneur, riche, dépensier et avare.

Le marquis de Los Balbases, Génois, âgé de cinquante-cinq ans, très riche et très économe, a été gouverneur de Milan par intérim, a passé par les ambassades de Vienne, de Nimègue et de France; il a fait dans cette dernière le mariage du Roi son maître. Il a paru à Madrid avec moins de réputation que dans les pays étrangers où l'on prétend que son mérite consistoit en un habile secrétaire dont il suivoit les conseils.

Le prince de Ligne mourut à Madrid à la fin de l'année 1679. Le marquis de Cerralvo mourut à peu près dans le même temps. Tous deux du Conseil d'État, tous deux gens de bien, de bonnes intentions, de capacité médiocre pour les affaires, mais qui avoient servi fort bien à la guerre.

Au mois d'avril 1680, on nomma conseillers d'État :

Don Diego Sarmiento, inquisiteur général, homme de bien, attaché de tout temps à la Reine mère.

Don Melchior Navarra, homme de fortune,

mais avec du mérite. Il étoit autrefois vice-chancelier d'Aragon et pour cette charge il entroit dans la Junte du gouvernement. Persécuté par don Juan, dépouillé de sa charge et exilé pour son attachement aux intérêts de la Reine mère, il n'a guère plus de cinquante ans, et, à la fin de septembre 1680, il a été nommé vice-roi du Pérou.

Le duc d'Alburquerque, âgé de cinquante ans, général de la mer, parent du duc de Medina Celi, attaché à la Reine mère; de médiocre mérite.

Le marquis de Mancera, âgé de soixante ans, et de peu de santé, a été ambassadeur en Allemagne, nommé à l'ambassade de France. Il a été vice-roi de la Nouvelle-Espagne, d'où il a rapporté de grands biens qu'il ménage avec soin, homme de mérite et capable de grands emplois.

Le marquis de Los Velez, vice-roi de Naples, âgé de quarante ans, homme de petit mérite, a épousé une sœur de la duchesse de Medina Celi.

Le duc de Villa Hermosa, âgé de cinquante ans, depuis peu revenu du gouvernement de Flandre, où il n'a pas fait paroître beaucoup de capacité, avec beaucoup plus de bien qu'il n'en avoit auparavant.

Le comte d'Oropesa, ami du duc de Medina Celi, encore jeune, d'une vie fort régulière, avec de l'honnêteté et quelque mérite, quoiqu'il n'ait pas encore eu d'emploi.

SECRÉTAIRES D'ÉTAT.

Don Jeronimo d'Eguya[1], Navarrois d'origine, né à Gênes d'un père qui étoit gentilhomme du duc de Tursi[2]. Don Pedro Fernandez del Campo[3], dont il avoit été page, le fit commis, d'où étant monté à quelques secrétariats, il fut tout d'un coup mis par commission dans celui d'État, quand on l'ôta à don Pedro Fernandez del Campo, après la mort duquel il eut la charge en propre. C'est un esprit de petite capacité, brouillon, sans exactitude dans les affaires, sans parole dans ce qu'il promet, uniquement attaché à profiter de sa charge et à se conserver.

Il porte le titre de secrétaire d'État et *del despacho universal*, qui, cependant, ne lui donne pas entrée dans le conseil d'État, sa fonction

---

1. Il succéda, en 1676, dans le *despacho universal*, à D. Pedro Fernandez del Campo. En 1680, il eut en outre une place de conseiller des Indes laissée vacante par ce dernier secrétaire décédé le 3 mars 1680. Eguia mourut, dans sa charge du *despacho*, le 3 avril 1682.
2. Sans doute Carlo Doria del Carretto, deuxième duc de Tursi, général des galères au service d'Espagne.
3. Ce personnage remplit divers emplois de secrétaireries pendant près de cinquante ans et eut le *despacho universal* en 1669. Très apprécié par la Reine, qui, en 1673, le créa marquis de Mejorada, il réussit moins bien auprès de Valenzuela. Ce favori le mit brusquement à la retraite en 1676. Dès lors il n'eut plus que l'honorariat de sa charge.

étant attachée directement à la personne du Roi et du premier ministre. Il a son bureau dans le Palais, au-dessous de l'appartement du Roi.

Tous les mémoriaux et placets qui se présentent au Roi et au premier ministre reviennent au secrétaire d'État pour les distribuer aux tribunaux et conseils qui les doivent consulter, et lorsque ces conseils ont délibéré sur ces mémoriaux, leur avis, qui s'appelle en espagnol *consulte,* retourne en ses mains pour en faire le rapport au Roi, duquel il reçoit la résolution appelée *décret,* qu'il renvoie ensuite à ceux qui le doivent expédier ; c'est ce qu'on appelle à Madrid *mémorial monté et descendu, consulte montée et décret descendu.*

Les affaires des ambassadeurs se donnent par écrit au commissaire qui leur est nommé, qui est toujours un conseiller d'État. Elles montent et descendent, comme je viens de dire, par le secrétaire *del despacho universal,* et ensuite le commissaire envoie les résolutions à l'Ambassadeur, signées du secrétaire d'État du département.

Le secrétaire *del despacho universal* a entre les mains *el bolsillo* dont il ne rend point compte. C'est un fonds qui se tire de certaines amendes revenant au Roi, tant en Espagne qu'aux Indes. Il est destiné à des dépenses secrètes, pensions et gratifications.

Il y a deux autres secrétaires d'État qui entrent dans le Conseil avec la séance qui a été marquée ci-dessus.

L'un expédie toutes les affaires étrangères

du Nord et celles de la Castille. C'est don Pedro Coloma, qui, au commencement de l'année présente 1680, fut fait marquis de Canales, d'une famille connue depuis longtemps dans ces emplois. C'est un petit homme, âgé de quarante-cinq ans, vif et agréable dans la conversation, sachant bien sa charge dans laquelle il a été élevé dès son enfance, civil et honnête, attaché à ses plaisirs, à la musique, à la comédie qui lui dérobent souvent le temps des affaires et diffèrent l'expédition, promettant facilement et manquant à ce qu'il a promis sans s'en embarrasser, d'ailleurs extrêmement pauvre et sans pouvoir [1].

L'autre expédie toutes les affaires d'Italie, de Sicile et d'Aragon. C'est don Manuel de Lira, d'une famille nouvelle venue de Flandre, autrefois capitaine de cavalerie, puis introducteur des ambassadeurs et, depuis sept ou huit ans, envoyé extraordinaire en Hollande, d'où il est revenu prendre possession de cette charge de secrétaire d'État. Homme du monde plus que les autres Espagnols, parlant bien plusieurs langues, sachant les belles-lettres ; il a de l'esprit et il a pris dans les pays étrangers quelque connoissance des affaires, mais tout cela ne lui sert de rien à Madrid [2].

1. D. Pedro Coloma y Escolano, né le 10 février 1635, secrétaire d'État pour le département du Nord de 1674 à 1682, était fils de D. Pedro Coloma, secrétaire du *despacho universal* sous Philippe IV. Pedro II fut créé marquis de Canales en 1680 et nommé conseiller au conseil d'Aragon en 1682.

2. D. Manuel-Francisco de Lira y Castillo, introducteur des ambassadeurs en 1667, envoyé à La Haye en 1671,

Ces deux ministres, dans leurs départements, sont proprement entre le Roi et le Conseil d'État. Ce sont eux qui reçoivent les décrets par lesquels le Roi renvoie les affaires au Conseil pour les consulter; ils en font la relation au Conseil, recueillent les voix, forment la consulte et la renvoient au Roi pour donner son dernier décret. Il arrive quelquefois dans les affaires importantes que les conseillers d'État envoient leur avis par écrit.

Quand il faut assembler le Conseil d'État extraordinairement, le Roi en envoie l'ordre au Secrétaire d'État, qui le fait assembler sans en dire le sujet; il a même le pouvoir d'assembler le Conseil sans ordre, toutes les fois qu'il le juge à propos.

En l'absence du Secrétaire d'État, le premier commis qu'on appelle *oficial mayor* fait sa charge. Le secrétaire d'État du Nord a un premier commis et sept autres entretenus par le Roi. Celui d'Italie, outre le premier commis, en a huit autres, aussi entretenus par le Roi. Les secrétaires d'État nomment ces commis au Roi qui les agrée et leur donne des provisions.

secrétaire d'État pour le département d'Italie en 1679, secrétaire du *despacho universal* en 1685, démissionna au mois de janvier 1691 et mourut en octobre 1693.

CONSEIL DE GUERRE.

Le Roi est président de ce conseil. Les conseillers sont gens d'épée qui doivent avoir servi dans les armées; le nombre n'en est point réglé. Il y a un fiscal de robe et un alguazil major qui a séance dans les cérémonies et au conseil quand on l'y appelle. La séance est comme au Conseil d'État, sans autre ordre que celui de l'entrée, mais dans le plein Conseil de guerre, c'est-à-dire quand les conseillers d'État y sont appelés, ils prennent le haut bout. Ce conseil s'assemble tous les lundis, mercredis et vendredis, le matin, pour les affaires de gouvernement, et le soir pour celles de justice. Il consulte toutes les charges militaires, tout ce qui regarde le détail de la guerre par terre et par mer, levée, subsistance et réforme des troupes, fortifications de places, constructions de vaisseaux et de galères, ordres, entreprises, etc. Il y a deux secrétaires, l'un de terre et l'autre de mer, qui ont pouvoir, comme les secrétaires d'État, de dépêcher un courrier quand ils le jugent à propos et souvent envoient les ordres en simple copie sans être signés du Roi, comme n'en ayant pas eu le temps, et, quoiqu'ils n'envoient point l'original ensuite, ils ne laissent point d'être exécutés. Ils ont le même nombre de commis que les secrétaires d'État. Quand ce conseil est assemblé pour des affaires de justice, un assesseur du Conseil royal y fait le rapport et opine le premier avant le doyen du Conseil. Le capitaine général de l'artillerie d'Espagne et le commissaire général de l'infanterie et cavalerie d'Espagne sont de ce conseil par leurs charges.

Il y a des juntes ou chambres qui sont membres de ce conseil, savoir : la junte des flottes, celle des galères, celle des garnisons. Ce sont proprement des chambres fixes dont le Roi nomme les officiers. Le premier ministre ou le président de Castille en sont les présidents. On choisit les conseillers dans le Conseil de guerre et dans quelques autres conseils. Ils prennent séance par ancienneté.

CONSEIL ROYAL DE CASTILLE[1].

Le président de ce conseil porte le titre de

---

1. Sur le Conseil de Castille, il existe deux ouvrages importants publiés au siècle dernier et qui se rapportent spécialement au conseil de cette époque, mais où l'on peut trouver aussi bon nombre de renseignements sur la pratique du seizième et du dix-septième siècle. Ces ouvrages sont la *Coleccion de memorias y noticias del gobierno general y político del Consejo*, par Antonio Martinez Salazar, Madrid, 1764, in-fol., et la *Prática del Consejo Real*, de Pedro Escolano de Arrieta, Madrid, 1796, 2 vol. in-fol. Dans le premier se trouve une liste très exacte des présidents et gouverneurs du conseil.

Président de Castille. C'est aujourd'hui l'évêque d'Avila, nommé Padre Fray Juan Asensio, qui a été général de la Merci, et il est entré dans la charge par la déposition de Don Juan de La Puente qui l'avoit par commission avec le titre de *governador,* comme celui-ci [1].

Ce conseil est composé de seize conseillers, avec un fiscal, et partagé en quatre chambres, savoir :

La chambre appelée *du gouvernement,* qui connoît de tout ce qui concerne la police, tant envers les séculiers, de quelque condition qu'ils puissent être, jusqu'aux grands d'Espagne même, qu'envers les ecclésiastiques et évêques. Elle reçoit les serments des ministres inférieurs quand ils entrent en charge et elle a cinq conseillers avec le président.

La seconde chambre est appelée *des quinze cents pistoles,* parce que l'on consigne cette somme pour y faire recevoir et juger de nouveau des procès importants jugés aux chancelleries de Grenade et de Valladolid qui sont les deux parlements de Castille, et l'on perd cette somme si le premier jugement est confirmé. Elle connoît encore de ce qui s'appelle *résidence,* qui est l'examen de la conduite de ceux qui sortent des emplois de vice-rois, gouverneurs, corrégidors et autres officiers. Cette chambre a cinq conseillers comme la précédente.

La troisième chambre est appelée la cham-

---

[1]. Sur ces deux personnages gouverneurs du Conseil de Castille pendant le séjour du marquis de Villars à la cour d'Espagne, voir les *Notes.*

bre *de justice* et connoît spécialement du criminel.

La quatrième chambre est celle *des provinces* qui reçoit les appellations des juges subalternes. Ces deux dernières chambres ont trois conseillers chacune.

Depuis l'année 1609, on a partagé toute la Castille en cinq départements, attribués à cinq conseillers du Conseil Royal, qui doivent rendre compte à ce conseil des excès et des injustices des juges et personnes puissantes, tant ecclésiastiques que séculières.

Le Président de Castille ne visite personne, ni ne donne la main chez lui à qui que ce soit. Quand il sort du Conseil, les conseillers l'accompagnent à sa chaise jusqu'au bas de l'escalier. Tous les vendredis après midi, il va avec le Conseil rendre compte au Roi des affaires considérables qui s'y sont examinées. Un conseiller nommé par semaine en fait le rapport sur lequel le Roi ordonne. Dans cette séance, les conseillers sont assis et couverts, mais, quand le Roi entre, ils le reçoivent à genoux et découverts. Cette séance finie, le Président de Castille entre avec le Roi dans une autre chambre, et l'entretient seul des choses qui peuvent concerner son service, la police et le gouvernement, c'est-à-dire sur des matières qui ne tombent point en formalité de justice, mais auxquelles le Roi peut apporter ordre par son autorité.

CONSEIL DE LA CHAMBRE DE CASTILLE.

Il y a un conseil particulier appelé le Conseil de la Chambre de Castille, composé du Président de Castille et de trois ou quatre conseillers du Conseil Royal, selon qu'il plaît au Roi de les nommer. Il a un secrétaire pour tout ce qui regarde le patronage ecclésiastique du Roi, c'est-à-dire des évêchés, canonicats et autres bénéfices à la nomination de Sa Majesté. Un autre secrétaire pour les grâces qui expédie les titres des ducs, marquis, comtes, connétable, grand maître d'hôtel, grand écuyer, sumilier de corps et de toutes grandes charges de la maison du Roi, titres d'universités, rémissions, ordres pour arrêter des Grands d'Espagne, lettres de légitimation, naturalité, etc. Un troisième secrétaire pour les affaires de justice, pour l'expédition de toutes les provisions et brevets des charges des conseils, chancelleries et autres charges de justice qui montent à plus de soixante-dix mille dans l'étendue du royaume de Castille, vieille et nouvelle, compris le royaume de Léon, la Navarre, la Biscaye, le Guipuzcoa et la province d'Alava. Il revient au Roi des sommes considérables des charges qui se vendent et des diverses grâces qui s'obtiennent par les mains de ce conseil.

CONSEIL SUPRÊME DE L'INQUISITION.

Le président de ce conseil porte le titre d'Inquisiteur général. C'est présentement don Diego Sarmiento, âgé de plus de soixante ans, fort attaché à la Reine mère. Les conseillers s'appellent inquisiteurs et sont six en nombre, avec un fiscal, un secrétaire de la chambre du Roi, deux secrétaires du conseil, un alguazil major et autres moindres officiers. Le Roi nomme le Président, et le Pape le confirme; le Président consulte au Roi les charges d'inquisiteurs et y pourvoit avec son approbation. Ce tribunal connoit de tout ce qui regarde la foi, en quoi il ajoute l'autorité du Pape et celle du Roi dont il use absolument, sans appellation même, sur les biens confisqués de ceux qui sont ses justiciables pour la religion.

Dans tous les États du roi d'Espagne, il y a vingt-deux tribunaux qui dépendent de celui-là. Ceux qui sont dans l'étendue d'Espagne lui rendent compte tous les mois de l'état de leurs finances et à la fin de chaque année de l'état des causes et des criminels. Ceux des Indes et des autres États éloignés rendent compte de l'un et de l'autre tous les ans. Ces tribunaux inférieurs ne peuvent arrêter un prêtre, un moine, un chevalier d'ordre ni un gentilhomme sans en avertir l'Inquisition de

Madrid et recevoir ses ordres, et toutes les charges en sont remplies par l'Inquisiteur général avec l'approbation de son tribunal, dans lequel depuis l'année 1618, par concession du roi Philippe III[1], il doit toujours avoir un des inquisiteurs qui soit de l'ordre de Saint-Dominique. On ne sauroit dire précisément la quantité d'officiers qui dépendent de l'Inquisition. Dans l'Espagne seule, il y a plus de vingt mille de ceux qu'on appelle *familiers du saint office*, qui sont comme des espions répandus partout pour donner avis de tout à l'Inquisition et pour aider à prendre les coupables. Ce conseil s'assemble tous les matins durant trois heures, et les mardis, jeudis et samedis, au soir.

CONSEIL DES ORDRES.

Ce conseil est établi pour le gouvernement temporel et spirituel, justice civile et criminelle, des chevaleries de Saint-Jacques, de Calatrava et d'Alcantara, dont le Roi est grand maître sous le nom d'administrateur perpétuel. Le président est maintenant le duc de Sesa de la maison de Cordova, homme de probité[2]. Il y a avec lui six conseillers des

1. Cette concession est du 16 décembre 1618.
2. D. Francisco Fernandez de Córdoba, Cardona y Re-

trois ordres de chevalerie que je viens de nommer, un alguazil major, un fiscal, un secrétaire, deux écrivains ou greffiers de la chambre, dont l'un signe les expéditions pour l'ordre de Saint-Jacques, l'autre pour les ordres de Calatrava et d'Alcantara. Chacun de ces trois ordres a des couvents de religieux et de religieuses qui font leurs preuves de noblesse et portent la marque de l'Ordre. Ce conseil consulte au Roi les gouvernements, prieurés et bénéfices dépendants de ces ordres.

CONSEIL D'ARAGON.

Il y a un président qui porte le titre de vice-chancelier d'Aragon. C'est aujourd'hui don Pedro d'Aragon, conseiller d'État. Il y a aussi un trésorier général dont la charge est héréditaire dans la maison du duc de Medina de las Torres[1]. Le prince d'Astillano, aîné de

---

quesens, huitième duc de Sesa, vice-roi de Catalogne en 1669, président des Ordres en novembre 1677 à la place d'Osuna, grand écuyer à la place de Medinaceli en décembre 1687, mort le 12 septembre 1688, âgé de soixante-deux ans. Ses manières manquaient de distinction. Bonsy, qui le vit à Barcelone en 1670, raconte qu'il « rotoit à table avec une gravité et des roulades d'un vray porceau » (Archives des Aff. Étr. Corresp. d'Espagne, vol. 58, fol. 63).

1. D. Ramiro Nuñez Felipez de Guzman, deuxième marquis de Toral, marié à Dª Maria de Guzman y Zuñiga, fille unique du comte-duc d'Olivares. Après la mort de sa femme,

cette maison, la possède maintenant. Les conseillers, au nombre de neuf, doivent être originaires des royaumes d'Aragon, Valence et Catalogne, d'où dépendent les îles de Sardaigne, Majorque, Minorque et Yviça; tous ces pays étant compris sous le royaume d'Aragon. Il y a un protonotaire qui a le sceau du Conseil, et le secrétaire de l'ordre de chevalerie de Montesa. Il y a aussi trois secrétaires, un alguazil major, un fiscal et autres moindres officiers.

Ce conseil consulte au Roi, dans toute l'étendue de sa juridiction, les vice-royautés, évêchés et tout ce qui regarde les affaires ecclésiastiques et militaires, celles de police et de finances.

CONSEIL DE LA CRUZADE.

Ce conseil est composé d'un président qui porte le titre de commissaire général, qui est maintenant don Henrique Benavides, patriarche des Indes, bon homme, de médiocre entendement[1], de deux conseillers du Conseil Royal

---

il eut la Grandesse avec le titre de duc de Medina de las Torres. Il entra au conseil d'État en 1626, fut vice-roi de Naples de 1637 à 1644, grand chambellan de Philippe IV, et mourut à Madrid le 8 décembre 1668.

1. D. Antonio Benavides y Bazan, des comtes de Sant-Isteban del Puerto, chevalier d'Alcantara, du conseil des

de Castille, d'un du Conseil d'Aragon et d'un autre du Conseil des Indes, deux contadors majors, un fiscal, un secrétaire et autres moindres officiers. Il est établi pour le gouvernement, justice et administration du droit appelé la *cruzada* ou *croisade* et de celui de *Subsidio y escusado*, accordés par les papes aux rois d'Espagne pour faire la guerre aux infidèles et dont le revenu monte à plusieurs millions. Sa juridiction s'étend par tous les États des royaumes d'Espagne, hors ceux de Naples, de Milan et de Flandres, où ce droit n'est point établi. On ne peut, sans permission de ce conseil, publier de jubilés ni imprimer de livres d'église. Il s'assemble le mardi, jeudi et samedi, après midi.

CONSEIL D'ITALIE.

Le duc d'Albe en est le président avec six conseillers appelés régents, savoir : deux pour les affaires de Naples, deux pour celles de Sicile et deux pour celles de Milan ; de chacun des deux il y en a un Espagnol et l'autre Italien, du pays de son département, un fiscal,

---

Ordres, archevêque de Tyr, puis patriarche des Indes et grand chapelain en 1679. Il fit les deux mariages de Charles II, fut deux fois légat de Clément X en Espagne et mourut à Madrid le 22 janvier 1691. Son portrait a été peint par Carreño.

un alguazil major et trois secrétaires, un pour chaque département. Ce conseil connoît de toutes les matières d'État, de justice et de grâce dans son étendue et de tout ce qui regarde le fisc. Il consulte au Roi tous les gouvernements de places, hors quelques-unes réservées au conseil d'État, comme sont les châteaux de Naples. Il consulte avec le conseil d'État les vice-royautés de Naples, de Sicile, et le gouvernement du Milanais, les évêchés, gouvernements de provinces, charges dans les conseils, celles de l'artillerie, toutes les charges de justice, police et finances et quelques-unes de guerre. Dans les affaires de justice, le président n'a point de voix.

CONSEIL DE FLANDRES.

Le conseil est composé d'un président, trois conseillers et autres moindres officiers, pour tout ce qui regarde les provinces des Pays-Bas qui sont au roi d'Espagne. Le comte de Monterey[1] en fut déclaré président au mois d'avril de l'année 1680. Il a été gouverneur de Flandre, vice-roi et général en Catalogne, a beaucoup d'esprit, du génie pour les affaires, de l'ambition et de l'application. Il n'a que quarante ans.

1. Voir les *Notes*.

CONSEIL DE HACIENDA OU DES FINANCES.

Le président de ce conseil est maintenant don Carlos Ramirez de Arellano, homme de petit mérite[1]. Ce conseil est composé de quatre tribunaux.

Le premier, appelé proprement *Conseil d'hacienda ou de finance*, est composé d'un président, de huit conseillers d'épée, d'un fiscal et de deux secrétaires. Les charges de ce conseil se donnent sur la consulte de la Camara de Castille, hors les secrétaires que le Roi nomme lui-même. La fonction de ce conseil est l'administration, recouvrement et augmentation des finances du Roi, les traités pour les avances de la dépense de la maison du Roi, des armées et autres dépenses, tant ordinaires qu'extraordinaires, la création et augmentation des rentes qui proviennent de diverses concessions, grâces et privilèges du Roi.

Le président, sur l'ordre de Sa Majesté, précédé de la consulte du Conseil, expédie seul les ordonnances pour tout ce qui est dû d'appointements, de gages, gratifications, assignations, pensions à vie, ordonnances aux

---

[1]. D. Carlos de Herrera Ramirez de Arellano, du Conseil Royal et qui avait été auparavant *asistente* de Séville de 1673 à 1678, fut nommé gouverneur du Conseil des finances au mois d'avril 1680.

gens d'affaires pour être payés de leurs avances, et ce conseil a pour les expéditions deux bureaux de secrétaires, en chacun desquels il y a six commis, savoir, un avec titre de premier, deux seconds, un troisième et deux qu'on appelle *entretenus* qui sont à la nomination des secrétaires.

Pour tenir les comptes et les registres de ce conseil, il y a six charges de *contadors*, dont cinq sont doubles, c'est-à-dire qu'il y a deux *contadors* pour chacune, savoir : deux contadors *de la razon,* qui tiennent registre de ce qui entre dans les coffres du Roi et de ce qui en sort : de trois clefs de ces coffres, ils en ont chacun une, la troisième est entre les mains du trésorier général. En chaque bureau de ces contadors, il y a cinq commis. Ils tiennent registre des traités, ventes d'offices, aliénations de droits et de tout ce qui se paye à la trésorerie générale et aux gens d'affaires. Deux contadors *des relations,* qui tiennent registre de tout ce qui est assigné sur les revenus du Roi et donnent les ordonnances pour en être payé. Il y a neuf commis dans leur bureau. Deux contadors *de las mercedes* ou des grâces, qui tiennent les registres des dons que le Roi fait sur ses droits et en expédient les ordonnances. Chacun de ces deux bureaux a quatre commis. Deux contadors *des rentes et gages,* qui gardent les cautions des trésoriers et leur expédient des ordres pour leurs recouvrements sur les fermiers. Ce sont eux qui tiennent les registres des gages des ministres et commis qui sont à la nomination des conseils. Ces bureaux ont quatre commis. Deux contadors *de la solde*, qui tiennent registre de tout ce qui se donne pour récompense aux officiers et soldats, à leurs veuves, enfants ou parents, et donnent les ordonnances pour le payement sur les fonds qu'on leur a assignés. Ils ont aussi, par attribution, les registres des garnisons de la frontière d'Espagne et des armées navales. Chacun de ces deux bureaux a trois commis. La sixième charge est celle d'*escrivano* major, ou greffier des rentes du Roi, qui n'est point double comme les autres. C'est par ses mains que passent toutes les grosses fermes, hors celle appelée *de millions*. Il donne aussi des commissions pour administrer ce qui n'est point affermé. Tous ces *contadors*, qui sont au nombre de douze, assistent au Conseil de finances, le matin, debout et couverts, jusqu'à ce que le Conseil leur ordonne de sortir. Après eux, entrent les secrétaires, qui travaillent jusqu'à la fin du conseil.

Pour les procès et affaires de justice du Conseil de finances et du Tribunal des *oydors* dont nous parlerons ci-après, il y a quatre relateurs nommés par le Conseil même, et trois écrivains ou greffiers de la camara pour les actes de la procédure. Ces charges se vendent. Le fiscal a son agent de robe qui est à sa nomination. Il y a six portiers dont les charges se vendent, deux alguazils du nombre de ceux qu'on appelle *de corte* et sont nommés par le président pour les actes et significations du Conseil. Aux séances de justice de l'après-midi assistent deux conseillers du Conseil Royal, et il y en a trois nommés. Le troisième entre en cas d'absence ou de maladie des deux autres.

TRIBUNAL DES MILLIONS.

Le Tribunal des millions est distinct de celui des finances. On appelle millions le provenant des impositions sur le vin, la viande, le vinaigre et l'huile qui est très considérable[1]. Le président assemble ce tribunal au sortir du Conseil à tel jour et à telle heure qu'il lui plaît. Ce tribunal est composé de quatre conseillers d'entre ceux des finances et de quatre députés des États, appelés commissaires. Les États, en se séparant, en nomment huit dont il y en a quatre pour suppléer à l'absence ou la maladie des autres. Ce tribunal a un fiscal de robe, un secrétaire, deux contadors, un écrivain ou greffier des rentes, un relateur, un écrivain de la camara, deux portiers, un trésorier qui a séance aux cérémonies publiques avec le Conseil et dont la charge se vend, et de huit places de contador *de las resultas*.

1. Les *millions* étaient un impôt qui fut consenti pour la première fois par les Cortès en 1590; il fut longtemps administré par une junte ou commission spéciale. En 1658, le Roi le rattacha au conseil des finances, où il créa une *salle* ou tribunal de *millions* (Manuel Danvila y Collado, *El poder civil en España*, Madrid, 1885, t. II, p. 151-153.)

TRIBUNAL DES OYDORS.

Il y a un autre tribunal appelé des *oydors*, qui doivent être six pour les affaires de justice que renvoie le Conseil ou qui regardent le fisc. Le fiscal, son agent, les relateurs et les écrivains sont les mêmes du Conseil. Le président du Conseil assiste à ce tribunal un jour de chaque semaine.

LA CONTADURIA MAYOR.

La *contaduria mayor de cuentas* est encore un autre tribunal, composé de quatre contadors majors et d'un fiscal, tous d'épée, par devant lesquels sont appelés tous les trésoriers, receveurs, fermiers, administrateurs des deniers royaux, pour rendre leurs comptes, et généralement tous comptables jusqu'aux ministres, vice-rois, ambassadeurs et autres qui ont manié l'argent du Roi. Pour recevoir les comptes, il y a vingt-six contadors *de las resultas* et seize *de titulo*, à la nomination du Roi, et autres seize à la nomination du Président des finances. Le fiscal a un agent qui est d'épée. Il y a quatre commis pour donner les registres que demandent les contadors, un *archivero* ou garde livres, quatre portiers et un trésorier pour les restes des comptes, sur lesquels on paie les gages du Conseil. Cette charge se vend. Le Président assiste tous les samedis à ce tribunal.

CONSEIL DES INDES.

Il est composé d'un président et d'un grand chancelier, douze conseillers, savoir : quatre d'épée et huit de robe, un fiscal, deux secrétaires, un lieutenant, ou chancelier, un *alguazil major*, un trésorier, quatre contadors, vingt-quatre commis des deux secrétaires, cinq relateurs, deux agents du fiscal, un avocat, un procureur des pauvres, un historiographe, un géographe, un écrivain *de la camara*, un premier commis, un second, dix portiers, un chapelain, un sacristain, un *oydor* ou conseiller de la *Contratacion* de Séville, qui est chargé de ramasser et de garder les lois et ordonnances des Indes, et ce *oydor* a quatre commis. Le duc de Medina Celi étoit président de ce conseil avant que d'être premier ministre. Il en a gardé le titre avec les appointements et en a cédé les fonctions, par commission, à don Vincent Gonzaga, conseiller d'État, qui porte le titre de gouverneur du Conseil des Indes.

Ce conseil a une juridiction souveraine par terre et par mer dans toute l'étendue des Indes Occidentales qui appartiennent au roi d'Espagne, tant pour le civil que pour le criminel, affaires de police et de guerre, expédition de flottes, galions et armées navales, permission de naviguer, etc. Il consulte au Roi les vice-rois, les généraux des flottes, les archevêques, évêques et généralement tout ce qui regarde le temporel et spirituel. Il s'assemble tous les jours le matin, et le mardi, jeudi et samedi, après-midi. Le lundi et vendredi au soir, s'assemble chez le Président la Chambre des Indes, composée de trois ou quatre des plus anciens du Conseil, pour délibérer sur les affaires de finances concernant les Indes. Les expéditions s'y font par les mêmes secrétaires du Conseil. Pour les affaires de justice, on forme deux chambres composées d'officiers choisis dans le Conseil même. Pour les affaires de guerre, on forme une junte composée du Président, des quatre plus anciens conseillers et de quatre du Conseil de guerre. Dans cette junte, se consultent les charges militaires de terre et de mer et celles qui regardent les finances dans les flottes et armées navales.

Ce sont les Indes appelées Occidentales qui font la plus grande partie de l'Amérique. Elles furent découvertes en l'année 1492 par Christophe Colomb, Génois, sur les ordres de Ferdinand, roi de Castille et d'Aragon. L'Amérique est si grande qu'elle forme une des quatre parties du monde. Les Espagnols y possèdent seuls plus que toutes les autres nations ensemble, et comme ils furent les premiers qui découvrirent cette terre inconnue jusqu'alors, le roi Ferdinand et la reine Isabelle, sa femme, obtinrent du pape Alexandre VI une bulle qui leur en donnoit la propriété, les établissant eux et leurs successeurs vice-rois perpétuels du Saint-Siège dans tout le pays, de sorte qu'ils en sont seigneurs spirituels et temporels, jouissant des dîmes et pourvoyant aux archevêchés, évêchés et autres bénéfices.

Comme ce pays, si vaste et si éloigné, a besoin d'une relation continuelle avec la cour d'Espagne pour en recevoir les ordres et entretenir la correspondance nécessaire, on a établi pour cela à Madrid le Conseil dont je viens de parler, avec une chambre pour les finances composée de trois ou quatre conseillers des plus anciens de ce conseil même, pour délibérer sur toutes les affaires de finances concernant les Indes, dont les expéditions se font par les mêmes secrétaires du Conseil. A Séville il y a aussi un conseil des Indes, appelé la *Maison de la Contractation*[1], qui a un président, avec des conseillers d'épée et de robe ; ces derniers sont pour les procès, mais les

---

1. Créée par ordonnance des Rois Catholiques du 20 janvier 1503 (Navarrete, *Coleccion de los viages*, etc., 2ᵉ édit., Madrid, 1859, t. II, p. 316). Il existe sur l'histoire et l'organisation de la *Contratacion* de Séville un livre important de D. José Veitia Linaje : *Norte de la Contratacion*, Séville, 1671, in-fol. Ce livre contient une liste des présidents de la *Contratacion* jusqu'à l'année 1671.

premiers connoissent de tout ce qui regarde les préparatifs et l'expédition des flottes et galions. Les appellations de ce tribunal vont au conseil des Indes à Madrid.

C'est de cette Maison de Contractation que dépend la direction et que sortent les ordres pour tout ce qui va aux Indes et pour tout ce qui en vient. On en fait un registre qu'on envoie avec les galions, qui, à leur retour, en apportent un autre de ce qui vient des Indes, afin que des deux côtés on connoisse ce qui passe de marchandises d'Europe aux Indes, et ce qui vient des Indes en Espagne, tant en argent qu'en marchandises, et qu'on en puisse exiger les droits.

Cette précaution est devenue presque inutile par le peu de fidélité de ceux qui en sont chargés, dont le roi d'Espagne est si mal servi que les marchands fraudent publiquement les droits à l'embarquement, et souvent, au retour, il ne paroît sur le registre pas plus du quart de ce qui vient d'argent sur les galions : ainsi le Roi, qui n'a sur cet argent qu'un droit de cinquième, au lieu d'avoir ce cinquième en entier, n'a que le cinquième du quart.

Les vice-royautés des Indes et toutes les grandes charges se donnent sur la nonciation que le conseil des Indes de Madrid en fait au Roi, et toutes les affaires de justice viennent par appellation à ce tribunal. La vice-royauté du Pérou et celle du Mexico ou la Nouvelle Espagne se donnent pour cinq ans, comme toutes les autres charges, hors les dignités ecclésiastiques, qui sont à vie.

Dans les lieux considérables où il n'y a point de vice-roi, les présidents de l'*Audience*, c'est-à-dire du tribunal de justice, sont aussi gouverneurs, et quand un vice-roi meurt durant le temps de son emploi, le Président, qui réside au siège de la vice-royauté, prend le commandement jusqu'à ce qu'il vienne un autre vice-roi. L'on a vu quelquefois l'archevêque occuper la place du vice-roi mort. Comme le Roi donne les vice-royautés, il donne aussi les principaux gouvernements, mais les moins considérables sont à la disposition des vice-rois.

Tous ces emplois, chacun dans son espèce, sont fort lucratifs. Il y a des gouverneurs qui au bout de leurs cinq ans emportent depuis cent mille écus jusqu'à trois cents, et les vice-rois depuis un million d'écus jusqu'à deux.

Le Roi dispose encore de certaines commanderies ou pensions établies sur les villages des Indiens. Il y en a depuis deux mille écus jusqu'à six; mais tous les ans, pour instruire les Indiens à la foi, on envoie des religieux en mission qui en tirent de si grands avantages que l'on en a vu rapporter de leurs missions jusqu'à quinze ou vingt mille écus.

Les îles Philippines, voisines de la Chine, dépendent encore du Conseil des Indes de Madrid. Il se fait à ces îles tous les ans pour un million de commerce en marchandises du pays, que les particuliers envoient et dont ils reçoivent les retours en soie de la Chine. Ces îles ne donnent aucun revenu au roi d'Espagne et lui coûtent tous les ans plus de deux cent mille écus pour l'entretien des officiers et du peu de soldats qui gardent le pays.

Les Espagnols ne se sont établis aux Indes qu'autant qu'il leur est nécessaire pour en tirer de l'argent, et, soit faute de peuple, ou pour tenir ce grand pays dans une dépendance inévitable de l'Espagne, ils l'ont laissé dépourvu de toutes les choses que demande la nécessité ou la commodité de la vie. Il faut tous les ans les faire venir d'Espagne, qui, par ce moyen, en tire tout l'argent dont l'abondance a mis parmi les habitants des Indes le luxe à un si haut point, qu'ils ont besoin de toutes les superfluités de l'Europe et les achètent cher.

Le retour de ces marchandises donneroit de grands trésors au roi d'Espagne, s'il tiroit ses droits entiers ou s'il avoit intérêt dans le commerce même; mais tous les effets sont à des marchands étrangers, qui trafiquent sous le nom des Espagnols. Ainsi la plus grande partie de tant de millions qui arrivent à Cadix par des galions et par la flotte, appartiennent aux Génois, aux Flamands, aux Anglois, aux François, aux Hollandois et à plusieurs autres dont les vaisseaux attendent dans la baie de Cadix le retour de ces galions, pour partager entre eux la plus grande partie de l'argent dont ils sont chargés, et c'est en cet endroit que l'argent qui n'est point enregistré passe directement des galions aux vaisseaux étrangers, sans payer, hors quelques légères sommes, à ceux qui leur aident à frauder le Roi.

Ce que l'on appelle *galions,* est une flotte

composée de plusieurs navires marchands espagnols qui ont permission de porter des marchandises aux Indes. Le Roi les fait accompagner d'un certain nombre de vaisseaux de guerre appelés en espagnol *galeones*, qui ne doivent porter que ce qui est nécessaire à des vaisseaux destinés pour combattre, mais ils sont si extraordinairement chargés de marchandises qu'ils seroient difficilement en état de se défendre.

Quand la saison est venue de faire partir les galions, le Consulat de commerce de Séville, c'est-à-dire un prieur et deux conseillers, envoient au Conseil des Indes à Madrid un mémoire du nombre et du port des vaisseaux marchands qui doivent faire le voyage. Le conseil, sur ce mémoire, fait expédier les permissions qui coûtent depuis trois mille écus jusqu'à six, selon la grandeur des navires.

Il y a deux embarquements de galions, les uns pour Terre Ferme, c'est-à-dire, pour Portobello, où arrive tout l'argent du Pérou, et c'est proprement ce qu'on appelle *les galions*. Les autres vont à la Nouvelle Espagne, et c'est ce qu'on appelle *la flotte*[1].

Les premiers, partant de Cadix ou de Saint-Lucar, vont en quarante ou cinquante jours à Carthagène des Indes, y demeurent quinze jours, et, de là, vont en cinq ou six à Porto-

---

[1]. « Par antonomase, nous entendons par *flota* celle qu'on envoie à la Nouvelle Espagne, pour la distinguer de celle qui va du côté du Pérou, que nous appelons les *galeones*. » (*Diccionario de la R. Academia Española*, éd. de 1732.)

bello, qui est un petit bourg malsain par sa situation et marécageux par la chaleur du climat. Il est sur la côte de l'Amérique, à l'endroit où elle se resserre en un isthme, large seulement de dix-huit lieues, de l'autre côté duquel est la ville de Panama, où viennent par mer tous les négociants du Pérou, dont la principale marchandise est de l'argent en barres ou en piastres, qu'ils font voiturer par terre, de Panama à Portobello, sitôt que les galions y sont arrivés. Là, s'ouvre la plus grande foire du monde, où, dans l'espace de quarante ou cinquante jours, il se vend pour dix-huit ou vingt millions d'écus de marchandises d'Europe qui se payent en argent comptant.

La foire finie, les galions retournent à Carthagène, où il se fait encore quelque commerce de marchandises du pays, et de ce qu'on apporte du nouveau royaume de Sainte-Foy et de la Mariquite. Au bout de vingt jours, on remet à la voile pour La Havana, où l'on arrive d'ordinaire en vingt-cinq jours. L'on prend des rafraîchissements et des provisions pour le retour à Cadix, dont la navigation est d'ordinaire de soixante jours.

Le voyage de la flotte pour la Nouvelle Espagne commence, comme celui des galions, en sortant de Cadix ou de Saint-Lucar, hors qu'en celui-ci, les vaisseaux marchands ne sont accompagnés que de deux galions du Roi, au lieu qu'à celui de Pérou, il y en a huit ou neuf. Cette flotte va d'abord rafraîchir à Port-Rico, de là, elle va en quarante jours à la Vera-Cruz débarquer ses marchandises, que l'on porte par terre à Mexico, éloigné de quatre-vingts lieues de la côte, et lorsque la vente en est faite, la flotte repart de la Vera-Cruz pour revenir à la Havana en vingt-cinq jours, observant de ne point passer ce passage que dans le mois d'avril ou de septembre que le vent du nord y est moins violent. A la Havana, l'on fait ses provisions pour retourner en Espagne.

Le voyage de cette flotte à la Nouvelle Espagne est de douze ou quatorze mois, compris les séjours. Celui du Pérou est de huit ou neuf mois, quand on ne les fait point retarder d'une année à l'autre.

Le Roi donne encore des permissions à quelques particuliers pour aller séparement aux côtes de Caracas, de Saint-Domingo, de Honduras et de Buenos-Ayres. Ils paient les droits et sont enregistrés à la Maison de Contractation comme les autres.

L'argent qui vient des Indes pour le Roi ne peut être embarqué que sur un vaisseau du Roi, c'est-à-dire dans un galion. L'argent des particuliers vient sur le vaisseau qui lui plaît. Dans chaque galion il y a un officier, appelé *maître de plata*, qui donne au Roi, pour cet emploi, quatre ou cinq mille écus chaque voyage, il est chargé de l'argent du Roi dans chaque galion et tire un pour cent du droit de sa charge. Dans les vaisseaux marchands, le capitaine est chargé de la garde de l'argent.

Toute la dépense nécessaire pour mettre les galions en état de faire voyage se tire sur ce qui est enregistré, tant d'aller que de venir, soit en argent ou marchandises, c'est ce qui s'appelle droit d'*averie*. La dépense monte à peu près à huit cent mille écus pour les galions, et moins pour la flotte de la Nouvelle Espagne, parce que le Roi n'y envoie que deux galions.

L'emploi de général et ceux de capitaine sur les galions ne sont point fixes. Ils changent chaque voyage, et il y a tel général qui pour un voyage amènera au Roi soixante ou quatre-vingt mille écus dont on lui assigne le payement aux Indes avec de grands intérêts. Les capitaines font de même à proportion.

Parmi les galions qui vont au Pérou, celui qu'on appelle la Patache de la Marguerite se sépare des deux autres à la hauteur du golfe appelé Las Yeguas, pour aller à l'île de la Marguerite[1] recevoir le droit du cinquième, qui revient au Roi des perles qui se pêchent, et de là revient joindre les autres galions à Carthagène.

Au Pérou et dans le reste des Indes Occidentales, le Roi a le cinquième de l'or et de l'argent et des émeraudes qui se tirent des mines. Celles de Potosi et des environs sont les plus abondantes, et on en a découvert depuis peu à quatre-vingts lieues de Lima qui produisent beaucoup.

L'argent que l'on tire des mines de Potosi va d'abord au port d'Arica, éloigné de quarante lieues. De là on l'embarque pour Callao

---

1. Sur la côte du Venezuela.

qui est le port de Lima. Là, deux galions le viennent prendre pour le porter à Panama. C'est une navigation de vingt-cinq jours en allant, mais, revenant de Panama à Lima, il en faut soixante, à cause des vents contraires.

Tout le royaume du Pérou rend, chaque année, huit ou dix millions d'écus en argent, et quelque peu en or. Le nouveau royaume de Sainte-Foy envoie près de deux millions d'écus, la plupart en or, et l'on tire de la Nouvelle Espagne, chaque année, environ quatre millions d'écus avec quelques marchandises du pays. Les principales qui viennent des Indes sont de l'or et de l'argent, des émeraudes, des laines vigognes, de la cochenille, du sucre, du tabac, des cuirs, du bois de Campêche et du cacao.

Il est défendu dans la Nouvelle Espagne de planter des vignes et des oliviers, afin qu'on ne puisse s'y passer des vins et huiles d'Espagne, mais il commence à y avoir des ouvriers en soie et en laine, qui pourront bien avec le temps faire diminuer le prix des étoffes qui viennent de l'Europe.

Dans les Indes, le Roi a, comme en Espagne, le droit de vendre les bulles de la Cruzada, avec cette différence qu'en Espagne elles sont à un prix égal pour toute sorte de personnes, c'est-à-dire à quinze sols chaque bulle, qu'il faut renouveler tous les ans, au lieu qu'aux Indes, elles se payent selon le bien de chacun, avec un tel excès qu'il y a des personnes riches auxquelles la bulle chaque année coûte jusqu'à cent écus. Outre le privilège de manger de la viande le samedi que donne cette bulle, on prétend que, sans elle, on ne peut jouir d'aucune indulgence, en sorte qu'en Espagne, au pied du privilège de chaque indulgence, il est toujours marqué qu'il faut avoir la bulle de cruzada, c'est ce qui la fait acheter si cher dans un pays où l'on compte beaucoup plus sur les indulgences que sur les bonnes œuvres qu'on ne veut point faire.

Le tribunal de l'Inquisition établi aux Indes n'a de pouvoir que sur les Juifs ou les hérétiques, et point sur les Indiens idolâtres.

Il faut être Espagnol pour faire le voyage des Indes, ou avoir une permission expresse du Conseil, qui ne se donne guère aux étrangers. De deux vaisseaux qui se présentent pour ce voyage, celui qui a été bâti en Espagne est préféré à celui qui a été bâti de fabrique étrangère, suivant les ordonnances, quoique tous deux appartiennent à des Espagnols.

Dans tous les conseils dont on vient de parler, outre le nombre réglé de conseillers, il y en a plusieurs qui en ont le titre et jouissent des appointements et attributions telles que les ont ceux qui servent actuellement. C'est une récompense qu'on donne d'ordinaire à des ministres et ambassadeurs.

VICE-ROIS, CAPITAINES GÉNÉRAUX, GOUVERNEURS AU DEDANS DE L'ESPAGNE.

Vice-roi d'Aragon : le connétable Colonna ; maintenant le duc d'Hijar. Vice-roi de Catalogne : le duc de Bournonville. Vice-roi de Valence : le comte d'Aguilar par la destitution du duc de Veraguas, révoqué au mois de septembre 1680. Vice-roi de Navarre : Don Iñigo de Velandia, grand prieur de Castille. Vice-roi de Galice : le comte de Fuensalida. Vice-roi de Maillorque : le comte del Villar ; il est mort en 1681.

Capitaine général de la côte d'Andalousie et gouverneur de Cadix : le duc de Ciudad-real. Capitaine général de Guipuzcoa : vacant.

Gouverneur des armes d'Extramadoure : Don Diego de Portugal. Gouverneur des armes de Galice : Don Juan del Castillo.

Général de la cavalerie dans toute l'Espagne et commandant celle de Catalogne : le marquis de Leganés. Général de cavalerie d'Extramadoure : le comte de Charny.

HORS D'ESPAGNE.

Vice-roi de Naples : le marquis de los Velez

à qui le marquis de Liche a succédé. Vice-roi de Sicile : le marquis de Las Navas. Vice-roi de Sardaigne : le comte d'Egmont. Vice-roi de Mexico ou Nouvelle Espagne : le marquis de La Laguna, frère du duc de Medina Celi. Vice-roi du Pérou : Dom Melchior de Navarra.

Gouverneur de Flandre : le prince Alexandre de Parme, nommé au mois de juillet 1680 pour succéder au duc de Villahermosa. Ensuite au prince de Parme a succédé le marquis de Grana, mort en 1685. Gouverneur de Milan : le comte de Melgar, fils aîné de l'Amirante de Castille[1].

TROUPES AU DEDANS DE L'ESPAGNE.

En Catalogne, deux mille chevaux et environ cinq mille hommes de pied répandus dans les garnisons. Il n'y a point de mestre de camp général.

En Extramadoure, quatre compagnies de cavalerie et deux terces d'infanterie; le tout peu complet et mal payé.

En Galice, quatre ou cinq cents chevaux.

L'escadre des galères d'Espagne n'est que de six galères. Le marquis de Santa Cruz[2], qui en est général, est mort depuis peu.

---

1. Sur ces vice-rois et gouverneurs, voir les *Notes*.
2. Voir les *Notes*.

Hors les galions, le Roi n'a que six vaisseaux en Espagne.

AMBASSADEURS ET ENVOYÉS EN LA COUR D'ESPAGNE EN 1679 ET 1680.

Mgr Mellini[1], archevêque de Césarée, nonce de Sa Sainteté, âgé de quarante ans, d'une physionomie agréable, plein d'esprit, de vivacité et de civilité, dépensant magnifiquement les grandes sommes qu'il tire de sa nonciature.

Le marquis de Graña, ambassadeur de l'Empereur, âgé de quarante-deux ans, petit et monstrueusement gros, homme d'esprit, de capacité et d'ambition. Il fut fait ensuite gouverneur de Flandre où il est mort en 1685[2].

Le marquis de Villars, ambassadeur de France pour la seconde fois.

Frédéric Cornaro, ambassadeur de Venise, âgé de quarante-cinq ans, triste figure, d'un esprit médiocre, d'une avarice honteuse, riche

---

1. Savo Mellini ou Millini, nonce à Madrid de 1675 à 1685, archevêque de Césarée, créé cardinal par Innocent XI le 1er septembre 1681; mort en 1701 à l'âge de cinquante-sept ans.
2. Othon-Henri Carretto, marquis de Graña, chevalier de la Toison d'or en 1677, gouverneur de Vienne en 1679, ambassadeur de l'Empereur en Espagne de 1680 à 1682, gouverneur des Pays-Bas de 1682 à 1685, mort à Mariemont le 19 juin 1685

par lui-même et s'enrichissant tous les jours à assurer et à débiter des marchandises [1]. M. Foscarini lui a succédé en 1684 et avoit été auparavant ambassadeur en France.

Ces ambassadeurs sont les seuls qui assistent à la chapelle du Roi.

Guillaume Godolfin quitta le caractère d'ambassadeur d'Angleterre sur la fin de l'année 1679 s'étant fait catholique, homme d'honneur, d'esprit, de beaucoup de savoir et de capacité, âgé de quarante-cinq ans. Il est demeuré à Madrid fort estimé [2].

Marc Gœuts, ambassadeur de Danemark, arriva à Madrid au mois de juin 1679 [3]. Il avoit été envoyé en Hollande, en France et en Angleterre; il sait assez les cours de l'Europe, parle beaucoup, a de l'esprit et croit en avoir davantage. Il tire ses appointements des Espagnols à compte de ce qu'ils doivent au

1. Il fut nommé ambassadeur le 4 janvier 1677 et demeura à la cour de Charles II jusqu'à la fin de l'année 1681 ; il mourut en 1708. Son successeur immédiat fut, non pas Sebastiano Foscarini, mais Giovanni Cornaro. Les relations de ces ambassadeurs se trouvent dans le Recueil des *Relazioni* du dix-septième siècle, Espagne, t. II, Venise. 1860.

2. William Godolphin, né en 1634, fut envoyé en Espagne en 1669, le comte de Sunderland étant alors ambassadeur extraordinaire. En 1671, Godolphin fut nommé ambassadeur à la place du comte et passa cette année-là au catholicisme; il continua néanmoins ses fonctions jusqu'en 1679. Il mourut à Madrid le 11 juillet 1696. Une partie de ses dépêches se trouve dans le recueil intitulé *Hispania illustrada*, Londres, 1703, in-8°.

3. Marc Gjöe, gentilhomme danois, né le 21 novembre 1635, ambassadeur de Danemark en Espagne de 1678 à 1682, mort le 28 avril 1698.

Roi son maître. D'ailleurs, il s'occupe à prêter sur gage comme l'ambassadeur de Venise.

Conrad Hemkerc, ambassadeur de Hollande, arriva à Madrid au mois de juillet 1680. Il avoit été déjà extraordinaire en cette cour[1].

Don Diego de Bracamonte, ambassadeur de Malte, Espagnol, de petit sens, a plus de sotte gloire que de mérite[2].

Le chevalier Goderic, envoyé extraordinaire d'Angleterre, homme fort solitaire et singulier[3].

Dom Duarte Ribeiro de Macedo, envoyé de Portugal, qui s'étoit acquis de l'estime en France dans ce même caractère, retourna à Lisbonne à la fin de l'année 1679 et fit place à Dom Mendo de Foyos, son successeur[4].

Le comte de Gubernatis, envoyé de Savoie à Madrid, homme de lettres et de capacité pour les affaires, alla, au mois de septembre 1680, ambassadeur de Savoie à Lisbonne[5]. On

1. Cœnraad van Heemskerck, envoyé extraordinaire des États généraux en Espagne, une première fois de 1675 à 1676, une seconde fois de 1680 à 1686.
2. Il commença de faire ses fonctions d'ambassadeur de Malte au mois de mars 1679. En février 1687, il fut nommé gouverneur d'Oran et fut tué par les Mores, dans une sortie, le 9 juillet de la même année.
3. Henri Goodricke, né le 24 octobre 1642, nommé envoyé extraordinaire le 28 novembre 1678. A la suite d'un différend avec les ministres espagnols, il dut quitter l'Espagne au commencement de 1683. Mort le 8 mars 1705.
4. Il quitta Madrid pour aller ambassadeur extraordinaire à la cour de Savoie et mourut en route, à Alicante, le 10 juin 1680. D. Mendo de Foyos Pereira, qui le remplaça, eut sa première audience le 20 février 1680.
5. Le comte Jérôme Marcel De Gubernatis, né à Nice le 15 novembre 1633, fut envoyé de Savoie en Espagne de

ne lui a point envoyé de successeur à Madrid.

Le sieur de Cheze, envoyé de Hollande et du prince d'Orange, mourut au mois de septembre 1679, honnête homme avec beaucoup de capacité et d'agrément [1].

Schonenberg lui succéda pour les affaires du prince d'Orange seulement. Il est d'une famille de Juifs portugais d'Amsterdam, esprit sombre, bas et marchand [2].

M. Ruck, envoyé de Brandebourg, homme mélancolique et appliqué, partit de Madrid au mois de mars 1680 [3].

Il y avoit encore des envoyés de Florence, Mantoue, Parme, Neubourg, Gênes, Modène, Luques, Raguse, des cantons suisses, des Grisons, du duc de Curland. La plupart de ces envoyés ont peu ou point d'appointements de leurs maîtres et subsistent des franchises que leur paye le roi d'Espagne.

La guerre qui commença en 1672 entre la France et la Hollande ayant partagé presque

---

1676 à 1679, ambassadeur à la cour de Portugal de 1679 à 1683, et mourut le 6 octobre 1713.

1. Un sieur Chieze fut envoyé par les États en Espagne au mois de novembre 1675. Doit-on identifier ce personnage avec Sébastien Chieze, qui se trouvait à Madrid en 1673 ? Voy. Ed. Vander Straeten, *La musique aux Pays-Bas*, t. VIII, 2ᵉ partie, Bruxelles, 1888, p. 434.

2. Sur les missions et l'origine de ce Schonenberg, voir les *Notes*.

3. Sur cet envoyé et les négociations qu'il fut chargé de conduire à Madrid, voir les *Notes*.

toute l'Europe, les Hollandais la finirent par la paix qu'ils firent seuls avec la France en l'année 1678[1]. Peu après, l'Espagne suivit leur exemple. L'Empereur[2] et une partie de l'Empire firent ensuite un traité séparé avec la France, et enfin l'électeur de Brandebourg[3] avec le roi de Danemark[4] furent les derniers à quitter les armes.

Cette grande paix entre tant de princes différents se traita à Nimègue, et sitôt qu'elle fut rétablie partout, on pensa dans chaque cour à envoyer des ambassadeurs à celles des nouveaux amis. Le Roi Très Chrétien nomma, pour l'ambassade d'Espagne, le marquis de Villars, qui avant la guerre y avoit été avec le même caractère. Il arriva à Madrid au mois de juin 1679, et trouva cette cour gouvernée par don Juan d'Autriche, premier ministre de Charles second, roi d'Espagne.

Don Juan était fils naturel du roi Philippe IV. Depuis la mort de son père et même

---

1. Les traités de Nimègue se succédèrent dans cet ordre : traité entre Louis XIV et les Provinces-Unies, signé le 10 août 1678; traité entre la France et l'Espagne, signé le 17 septembre 1678; traité entre la France, la Suède et l'Empereur, signé le 5 février 1679. Le traité entre la France et l'électeur de Brandebourg fut signé à Saint-Germain le 29 juin 1679, et le traité entre la France et le Danemark le fut à Fontainebleau le 2 septembre 1679.

2. Léopold Ier, fils de Ferdinand III et de l'infante Marie-Anne, né le 9 juin 1640, élu empereur le 18 juillet 1658, mort à Vienne le 6 mai 1705.

3. Frédéric-Guillaume Ier, né le 6 février 1620, électeur de Brandebourg en 1640, mort le 29 avril 1688.

4. Christiern V, né le 18 avril 1646, roi de Danemark en 1670, mort le 4 septembre 1699. —

auparavant, il avoit toujours été éloigné de la cour, pendant que la reine Marie-Anne d'Autriche gouvernoit l'Espagne dans la minorité du roi Charles II, son fils; mais, au commencement de l'année 1677, don Juan, appuyé d'une cabale des principaux seigneurs de la Cour, quitta l'Aragon où il étoit retiré, vint à Madrid, chassa la Reine, et demeura le maître de la personne du Roi et du gouvernement de l'État[1].

Quoique bâtard, il avoit toujours eu de grandes idées de pouvoir se faire reconnoître Infant, et l'élévation que lui donnoit un ministère absolu, sous un roi de quinze ans, lui facilitoit les moyens de faire des pas qui tendoient à ce haut rang; il établit d'abord de ne point donner la main ni le siège chez lui aux ambassadeurs. Le Nonce et les autres ministres de pareil caractère suivirent ses intentions et le virent sur ce pied.

Le marquis de Villars vint de France avec des instructions moins soumises à cette prétention. Le Roi Très Chrétien, ne jugeant pas qu'un bâtard du roi d'Espagne pût avoir droit de prendre de tels avantages sur son ambassadeur, lui commanda de ne point voir don Juan s'il ne lui donnoit chez lui les honneurs du pas, de la main et du siège. Il étoit difficile que don Juan voulût en convenir après s'être mis en possession de ces préséances avec tous les autres ambassadeurs qui étoient à Madrid; ainsi celui de France se trouva hors

---

1. Sur don Juan, voir les *Notes*.

d'état de le voir et dans la nécessité de traiter les affaires sans parler au premier ministre dont il étoit assuré de s'être attiré le chagrin par cette distinction. Pour trouver un milieu à deux intérêts si contraires, le marquis de Villars proposa à don Geronimo d'Eguia, secrétaire d'État, qu'il verroit don Juan sur le même pied que les autres ambassadeurs, pourvu qu'on lui donnât un ordre par écrit du roi d'Espagne à son ambassadeur en France de voir les princes du sang et les enfants naturels des rois de la même manière. Cette proposition demeura sans effet. Il ne laissa pas de commencer la fonction de son ambassade par une audience secrète qu'il eut du Roi, et peu après il en eut une publique pour lui faire les compliments sur la conclusion de son mariage avec Mademoiselle, fille aînée de Monsieur.

C'étoit pour la seconde fois qu'on marioit le roi d'Espagne, il l'avoit déjà été avec l'Archiduchesse, fille de l'Empereur[1], c'est-à-dire que les articles avoient été réglés et le contrat signé. Don Juan, devenu premier ministre, rompit ce mariage qu'avoit fait la Reine; on

1. Marie-Antoinette, fille de l'empereur Léopold et de l'infante Marie-Marguerite, fille de Philippe IV et de Marie-Anne d'Autriche. Cette Marie-Antoinette, née le 18 janvier 1669, était, en 1679, l'héritière présomptive de la couronne d'Espagne, d'après le testament de Philippe IV. Son mariage avec Charles II, très désiré par la Reine mère, fut sur le point d'être conclu et l'aurait été certainement si don Juan ne s'y était pas opposé. L'archiduchesse délaissée épousa, le 15 juillet 1685, Maximilien II Emmanuel de Bavière et mourut le 24 décembre 1692. Le mariage de Charles II avec

demeura ensuite quelque temps sans parler de marier le Roi, et don Juan s'affermit dans le gouvernement.

Il sembloit que pour se conserver plus de pouvoir sur le Roi, il devoit souhaiter qu'il n'y eut pas si tôt de reine, et peut-être que dans l'idée qu'il s'étoit faite d'avoir le rang d'Infant, il trouvoit un intérêt secret à éloigner le mariage d'un jeune prince toujours infirme pendant son enfance et dont il pouvoit se flatter d'être un jour le successeur; mais le Roi, ayant dix-sept ans et une santé qui s'affermissoit avec l'âge, commença à souhaiter d'être marié. Il étoit seul de la branche espagnole de la maison d'Autriche, et tout son royaume avoit intérêt qu'il fût en état d'avoir des enfants.

La paix ayant remis les couronnes dans les liaisons interrompues par la guerre, toute l'Espagne regarda Mademoiselle, fille aînée de Monsieur[1], comme la seule princesse qu'elle devoit souhaiter pour Reine. Elle étoit presque de l'âge de leur roi. Il l'aimoit déjà dessus ses portraits et sur le rapport de quelques seigneurs espagnols qui l'avoient vue; et dans le monde la mémoire de la reine Isabelle de France[2], dont les vertus sont encore en véné-

---

l'archiduchesse était si bien arrêté, qu'en 1676 ce roi l'annonça officiellement à la ville de Séville (Ortiz de Zuñiga et Espinosa, *Anales de Sevilla*, t. V, p. 307) et même à Louis XIV dans une lettre du 30 septembre de la même année (Aff. Étr., Correspondance d'Espagne, vol. 62, fol. 328).

1. Philippe, duc d'Orléans, second fils de Louis XIII et d'Anne d'Autriche, né le 21 septembre 1640, mort le 8 juin 1701.

2. Élisabeth de France, fille de Henri IV et de Marie de

ration, faisoit souhaiter une reine du même sang. Don Juan entrant dans cette inclination du Roi et de l'état, envoya ordre en Flandre au marquis de Los Balbases, qui venoit d'assister au traité de paix de Nimègue, d'aller en France demander cette princesse pour le Roi, son maître.

On prétend qu'avant cette démarche publique, il n'en avoit fait aucune particulière pour s'assurer le succès de la demande; on a même soupçonné qu'il n'y entroit pas de bonne foi, ou par la vue générale d'éloigner le mariage du Roi, ou par la crainte particulière d'être moins le maître avec une reine françoise qui peut-être aideroit au Roi à se retirer de l'assujettissement où il se trouvoit. Il sembloit néanmoins qu'il pût espérer de se faire auprès d'elle un mérite d'avoir rompu le mariage d'Allemagne pour conclure le sien.

Ces considérations opposées et son incertitude naturelle le firent assez balancer, et dans le temps qu'en France le marquis de Los Balbases demandoit Mademoiselle, don Juan fit proposer sous main à Madrid de demander l'Infante de Portugal[1]. Il ne savoit pas que le

---

Médicis, née à Fontainebleau le 22 novembre 1602, mariée le 18 octobre 1615 à Philippe IV, roi d'Espagne, morte à Madrid le 6 octobre 1644.

1. Isabelle, fille unique de Pierre II, régent, puis roi de Portugal, et de Marie-Françoise de Savoie, née à Lisbonne le 6 janvier 1669 et proclamée héritière du trône le 27 janvier 1674. Elle dut épouser son cousin germain Victor-Amédée II, duc de Savoie; mais ce projet fut rompu en 1682. L'Infante mourut à Lisbonne le 21 octobre 1690, sans avoir été mariée.

mariage de cette princesse étoit déjà conclu secrètement avec le duc de Savoie.

La demande que fit le marquis de Los Balbases fut assez bien reçue en France[1], pour croire qu'elle ne seroit pas sans succès. Don Juan, cherchant alors à embarrasser la Cour, fit proposer au Conseil d'État qu'en considération de ce que le roi d'Espagne épousoit une princesse qui n'étoit pas fille de roi, on devoit demander à la France des avantages solides et l'obliger de rendre à l'Espagne quelques-unes des places de Flandre qui lui étoient demeurées par le dernier traité. Tout le Conseil s'éleva contre cette proposition, déclarant que l'unique intérêt de l'État étoit d'avoir une princesse bien faite, capable de leur donner des princes; ainsi le mariage se conclut. Il fut célébré en France par procureur, l'on y régla le temps du départ de la nouvelle reine, et en Espagne celui du départ du Roi, pour l'aller rencontrer; cependant, on envoya de Madrid le duc de Pastrana porter le présent[2] et lui faire les compliments.

L'ambassadeur de France avoit fait son entrée publique à Madrid le 9 août 1679; on lui avoit envoyé, selon la coutume, des chevaux

1. Un secrétaire du marquis, D. Francisco de Urbina, arriva à Madrid le 13 juillet 1679 avec la nouvelle que la demande avait été agréée.
2. Porter le présent de noces se dit en espagnol *llevar la joya*. Ce présent fut cette fois le portrait du roi d'Espagne dans une boîte de diamants (*Mémoires touchans le mariage de Charles II, roy d'Espagne, avec la princesse Marie-Louise d'Orléans*, Paris, 1681, p. 107).

de l'écurie du Roi pour lui et pour un nombre des siens qui devoient entrer comme lui. Il fut accompagné par le majordome de semaine[1], par le conducteur des ambassadeurs[2] et par son lieutenant, depuis sa maison jusqu'au Palais, où il eut une audience du Roi et lui parla en français.

La marche de cette entrée fut interrompue durant plus d'une heure par un incident que fit l'ambassadeur de Malte, prétendant que son carrosse marcheroit immédiatement après celui de l'ambassadeur de Venise, dernier ambassadeur de chapelle, et devant les seconds carrosses de celui de France. Le marquis de Villars s'y opposa, et il fallut que le Conducteur allât au Palais faire régler cette difficulté, que l'on trouva mal fondée du côté de l'ambassadeur de Malte, qui ne pouvoit prétendre aucun rang dans une marche d'ambassadeurs de têtes couronnées, dont pas un ne lui donnoit la main chez soi; ainsi son carrosse se retira, et les seconds carrosses de l'ambassadeur de France continuèrent leur marche après celui de l'ambassadeur de Venise, qui étoit précédé de celui du Nonce, devant lequel alloit le premier carrosse de l'ambassadeur de France et à la tête de tous un carrosse du Roi.

Cet ambassadeur de Malte, appelé don Diego de Bracamonte, s'étoit mis le premier

---

1. D. Alonso de Silva, sixième comte de Galve, né le 29 août 1617, mort à Madrid le 25 avril 1682.
2. D. Juan de Idiaquez Isasi, nommé conducteur ou introducteur des ambassadeurs en 1677, mort dans cette charge au mois de janvier 1686

dans cette prétention inconnue à ses prédécesseurs, qui jusqu'alors avoient visité les ambassadeurs des têtes couronnées, sans en prétendre la main en aucun endroit. Celui-ci ne voulut voir ni ambassadeurs ni cardinaux ni conseillers d'État sans cet avantage; c'est-à-dire qu'il ne les vit point du tout, hors le Nonce, qu'il fut contraint au bout de dix mois d'aller visiter par ordre exprès du Grand Maître de Malte.

Le dernier jour du même mois, 31 août 1679, se fit la cérémonie de jurer la paix, que le Roi Très Chrétien jura le même jour à Fontainebleau. Le roi d'Espagne se rendit à quatre heures après midi dans la galerie dorée du palais de Madrid, au haut de laquelle il s'assit sous un dais; à sa gauche, au bas de trois degrés qui le relevaient, étoit assis l'ambassadeur de France seul; de l'autre côté étoit le cardinal Portocarrero, archevêque de Tolède, le duc de Medina Celi, sumilier du Corps, le connétable de Castille, majordome major, le Patriarche des Indes, *capellan* major ou grand aumônier, ensuite le banc des Grands. Don Pedro Coloma, secrétaire d'État, lut les pouvoirs de l'ambassadeur; le cardinal lut le serment du Roi, et le Patriarche alla présenter le livre des Évangiles à Sa Majesté qui se mit à genoux et jura.

La Cour, depuis quelque temps, étoit dans une agitation continuelle contre le premier ministre, que la crainte avoit tenue secrète; mais le temps et les conjonctures lui ayant donné de la force, elle commença à paroître avec plus de hardiesse et de mouvement.

Lorsque don Juan entra dans le gouvernement, on peut dire qu'il faisoit toutes les espérances de l'Espagne. Il avoit de l'esprit, et on ne doutoit point que ses emplois de paix et de guerre ne l'eussent rendu capable de relever la foiblesse et les malheurs de l'État. Tout le peuple l'avoit souhaité, et plusieurs d'entre les Grands avoient signé chez le duc d'Albe une ligue pour son retour. La haine et le mépris du gouvernement passé augmentoient dans leurs esprits le mérite de tout ce qu'ils attendoient de ce nouveau ministre. La foiblesse ordinaire des minorités, une reine allemande et trop bonne, un confesseur jésuite[1] et étranger, un favori Valenzuela, sans naissance ni mérite, élevé tout d'un coup; ces idées répandues depuis longtemps parmi les courtisans et le peuple firent recevoir don Juan comme le libérateur de l'Espagne.

Mais soit par la destinée ordinaire des favoris, ou par le défaut particulier de sa conduite, son gouvernement fit peu de temps après regretter celui qu'il venoit de détruire. Il ne voulut pas entrer à Madrid que la Reine n'en fût sortie pour aller à Tolède, qu'on lui marqua

---

1. Le R. P. Eberhard von Neidhart (nommé en France le Père Nithard, en Espagne el Padre Everardo), né le 8 décembre 1607, fut nommé confesseur de Marie-Anne et l'accompagna en Espagne. Créé Inquisiteur général en 1666, destitué et exilé le 25 février 1669, il se retira à Rome et y mourut le 1er février 1681. Il avait reçu le chapeau de cardinal en 1671. Son portrait est dans l'*Historia di Leopoldo Cesare* de Galeazzo Gualdo Priorato. Vienne, 1674.

pour sa retraite, ou plutôt pour son exil[1]. Il lui donna depuis toutes les désagréments possibles ; il fit des recherches indignes sur sa vie, qui alloient à la déshonorer, sans aucun bien pour l'État, et comme il étoit difficile qu'il ne se trouvât encore des personnes de qualité que quelque reste d'affection ou de reconnoissance rendît sensibles à l'accablement de cette princesse, il chassa de la Cour tous ceux qu'il crut avoir part à ses intérêts : l'Amirante de Castille, grand écuyer du Roi, le duc d'Ossonne, grand écuyer de la Reine à venir, le prince d'Astillano, le marquis de Mancera, grand maître d'hôtel de la Reine mère, le comte d'Humanes, le comte d'Aguilar, le marquis de Mondéjar, soupçonné à faux d'avoir fait des vers contre don Juan[2]. Plusieurs autres personnes de moindre rang furent exilées en divers lieux, grand nombre de religieux[3] de divers ordres eurent le même traitement, pendant qu'on voyoit auprès de don Juan un Chartreux qu'il avoit amené de Zaragoza et un Capucin[4], comme ses favoris, et

---

1. La Reine mère quitta Madrid le 2 mars 1677 pour se rendre à Tolède, où elle habita l'Alcazar pendant toute la durée de son exil.

2. Sur Humanes et Mondéjar, voir les *Notes*.

3. Entre autres quatre Jésuites qui furent exilés au mois d'avril 1677 (*Coleccion de doc. inéd. para la historia de España*, t. LXVII, p. 34 et 110).

4. Peut-être s'agit-il ici du P. Francisco Monteron ou Monterol, connu par ses révélations, et qui, en 1645 déjà, avait eu maille à partir avec l'Inquisition (M. Danvila y Collado, *El poder civil en España*, Madrid, 1885, t. III, p. 214, et *Memorial histórico español*, t. XVIII, p. 31).

que lui-même affectoit une parfaite régularité de vie, qui pouvoit le mettre en réputation de dévot.

Le comte de Monterey, qui avoit été à la tête de son parti pour l'amener à Madrid, lui ayant paru dans la suite trop agréable au Roi, il l'envoya d'abord commander en Catalogne, l'exila depuis et lui fit commencer son procès sur l'affaire de Puicerda[1] pour l'éloigner entièrement de la Cour.

Le Roi était jeune; il avait eu peu d'éducation et ne pouvoit encore avoir d'expérience. Don Juan ne chercha point à le former ni à lui donner entrée dans les affaires, il le tint toujours dans une extrême oisiveté et dans une dépendance si grande que ce prince ne pouvoit sortir du Palais sans lui.

Le peuple se seroit consolé de la disgrâce des Grands et de l'esclavage du Roi, s'il avoit trouvé quelque soulagement à sa misère, mais elle augmenta avec les impositions. La cherté devint plus grande, on ne vit point rétablir la justice, point mettre ordre aux finances; personne ne trouva sa condition meilleure, plusieurs la trouvoient pire, le chagrin devint général et l'on commença à regretter la Régence.

Mais en Espagne plus qu'en lieu du monde la colère du peuple est impuissante; cette nation, si pleine d'apparence de fierté, semble n'avoir de cœur que pour murmurer de ses

1. La ville de Puycerda en Catalogne fut prise par le maréchal duc de Navailles le 31 mai 1678. Un extraordinaire de la *Gazette*, daté du 14 juin 1678, contient une relation de cette prise, ainsi que les articles de la capitulation.

maux et de ceux de l'État. L'exil de tant de seigneurs étoit une cause plus capable de produire quelques mouvements par le grand nombre de personnes du premier rang que le sang ou l'amitié intéressoit à leur disgrâce. Leurs amis communs commencèrent à former des liaisons, on fit porter des paroles à la Reine, on lui fit connoître combien son retour étoit souhaité, on fit secrètement envisager au Roi le traitement honteux que souffroit la Reine sa mère, la servitude où on le tenoit lui-même, et tout ce qui pouvoit rendre don Juan odieux par l'indignité de sa conduite et de sa naissance.

Ces premiers pas avoient assez de fondement pour en espérer des suites; mais la situation de la Reine toujours exilée, son génie naturellement un peu lent, arrêté encore par le souvenir des infamies passées qui lui en faisoient craindre de nouvelles, la jeunesse du Roi, le peu d'application et de vigueur de ceux qui agissoient dans cette affaire, toujours dominés par une paresse naturelle et toujours attendant le succès de l'industrie d'autrui, suspendoient l'effet de tant d'intentions contraires au premier ministre. Cependant don Juan s'en alarmoit, et comme le soin qu'il prenoit d'entretenir un grand nombre d'espions partout lui faisoit connoître une partie de ce qui se passoit, tous ces mouvements, qu'il découvroit en plusieurs libelles sanglants[1] qui parurent contre lui, le jetèrent

---

1. Deux de ces libelles ont été publiés dans le *Semanario*

dans une violente inquiétude. Elle étoit augmentée par son irrésolution naturelle et par le peu de force qu'il se sentoit pour soutenir le poids d'une vaste monarchie, accablée depuis longtemps par sa propre grandeur et par l'irrégularité du gouvernement.

Les choses étoient en cet état, lorsque l'ambassadeur de France arriva à Madrid. Son opposition aux prétentions que don Juan avoit déjà établies avec les autres ministres de ce caractère fut reçue agréablement de la plus grande partie de la Cour, il suffisoit qu'on le trouvât contraire à don Juan pour croire qu'il venoit fortifier le parti de ses ennemis. Il avoit déjà été ambassadeur à Madrid avant la dernière guerre, et, parmi la rupture des deux nations, sa conduite et ses manières lui avoient conservé des amis dans cette cour; il restoit à la Reine mère de la confiance pour lui et de l'estime pour sa probité, et lorsqu'après avoir fait son entrée à Madrid, il alla à Tolède la saluer, elle voulut, outre son audience publique, avoir avec lui un entretien particulier, plein d'ouverture et de franchise, sur ses intérêts et sur ses affaires présentes. Ainsi il entra aisément dans la

erudito de Valladares de Sotomayor, t. V, p. 54 à 85, et t. XI, p. 3 à 35. Deux autres écrits de l'époque, assez hostiles à don Juan, intitulés, le premier, « Minorité de Charles II », et le second, « Nouvelles des années 1677 et 1678 », ont été recueillis dans la *Coleccion de documentos inéditos para la historia de España*, t. LXVII, p. 3 à 133. Voir aussi des extraits d'un pamphlet du Père Jésuite Juan Cortés Osorio, dans Gallardo, *Ensayo de una biblioteca española*, t. II, col. 598 à 606, et cf. t. IV, col. 1254.

connoissance et dans la suite de ces dispositions, que l'on se fit un intérêt de lui confier, et il eut besoin de modération et de délicatesse pour ne s'abandonner pas à un parti si considérable qui tendoit à la ruine d'un ministre avec lequel il se trouvoit en de si grandes oppositions.

La conclusion du mariage de Mademoiselle avec le roi d'Espagne parut être aussi avantageuse pour l'Ambassadeur que contraire à don Juan, qui ne pouvoit attendre que du ressentiment de la part de la France qu'il choquoit directement en la personne de son ministre; d'ailleurs on ne doutoit pas que les liaisons de la reine de France avec la reine mère d'Espagne ne passassent à la jeune reine, et que cette princesse ne vînt avec toutes les dispositions favorables à sa belle-mère, dont le parti étoit devenu celui du public par l'intérêt général qu'on se faisoit de détruire don Juan.

Ces conjectures rassemblées donnèrent une nouvelle chaleur au parti; on commença à parler haut, on sollicita le retour des exilés, on traita de celui de la Reine mère. Don Juan fut embarrassé, et comme il ne s'étoit point fait de créatures de mérite ni de véritable confiance avec personne, il se trouva seul et ne put chercher de ressources qu'en lui-même: il y eut dès lors de ses créatures qui, prévoyant sa chute, prirent des liaisons dans le parti contraire, et l'on trouva moyen d'agir auprès du Roi par le Confesseur.

C'étoit un Dominicain que don Juan avoit

mis depuis un an dans cet emploi[1]; le duc d'Albe lui en avoit répondu, mais ce religieux, plus homme de bien que courtisan, entra moins dans les intérêts du ministre que dans ceux de ses amis particuliers, qu'il appuya auprès du Roi de tout le pouvoir qu'il avoit sur sa conscience. Ce fut par son moyen que la princesse d'Astillano[2], fille du duc d'Albe, obtint du Roi le retour de son mari avec si peu de ménagement pour don Juan que, sur ce qu'il parut s'y vouloir opposer, le Confesseur fit expliquer le Roi, jusqu'à dire : « Qu'importe que don Juan s'y oppose, si je « le veux ! »

Le duc d'Ossone, tout exilé qu'il étoit, avoit fait des bravades à don Juan sur quelques propositions qu'il lui fit porter de se défaire de sa charge de grand écuyer de la Reine; don Juan le voulut exiler plus loin, mais le duc de Medina Celi, qui s'étoit conservé dans une situation honnête avec don Juan et fort agréable avec le Roi, s'intéressant pour le duc d'Ossone, beau-père de son fils[3], remontra au Roi que toute la maison de la Reine alloit au-devant d'elle, pendant que son grand écuyer demeuroit exilé sans sujet,

---

1. Fr. Francisco Reluz, professeur de théologie à Salamanque, nommé confesseur du Roi, non pas « depuis un an », mais au commencement de juin 1679. Sur les divers confesseurs de Charles II, voir les *Notes*.

2. Dª Maria Alvarez de Toledo.

3. D. Luis Francisco de La Cerda, marquis de Cogolludo, et, après la mort de son père, neuvième duc de Medinaceli, né le 24 avril 1659, épousa, en février 1678, Dª Maria de las Nieves Tellez Giron, fille du duc d'Osuna.

et sur-le-champ fit résoudre son retour. Don Juan, sentant que le pouvoir lui manquoit, voulut se raccommoder avec le connétable de Castille, le premier homme du Conseil d'État, mais ce ministre lui fit dire fièrement qu'il n'étoit plus temps. Il ne put empêcher le retour des autres exilés; il vit qu'on négocioit ouvertement celui de la Reine et que tout lui échappoit.

Il avoit été malade au mois de juillet d'une fièvre tierce de trois semaines qui avoit donné du temps et de la liberté aux cabales qui se formoient contre lui. Elles allèrent si avant, qu'après qu'il fut guéri, le Roi, déjà résolu de faire revenir la Reine mère, n'en étoit plus que sur les moyens, et l'on sut qu'un jour, après un long entretien avec l'Inquisiteur général, le Roi envoya un valet de chambre dire au duc de Medina Celi et au comte d'Oropesa qu'ils se rendissent à certaine heure chez l'Inquisiteur général. Lorsqu'ils y furent, il leur envoya dire par le même homme qu'ils eussent à résoudre de quelle manière on pourroit chasser don Juan pour faire revenir la Reine mère. Ils convinrent qu'un certain jour le Roi sortiroit du Palais par le parc, sans en avertir don Juan, et qu'incontinent après on lui enverroit dire de se retirer, avant que le Roi fût de retour. Ce projet ne fut point exécuté; on assure même que don Juan ne l'a jamais su.

Dans une situation si violente, l'accablement présent et les terreurs de l'avenir lui abattirent tellement l'esprit et le cœur, qu'il ne put avoir ni le courage de se soutenir ni la résolution de céder. Le désespoir le jeta dans une mélancolie profonde qui devint une maladie pleine d'incidents inconnus. Les médecins, qui traitoient son corps d'un mal qui étoit dans son esprit, lui firent souffrir durant trois semaines assez de tourments pour achever sa vie. Il mourut le 17ᵉ jour de septembre 1679, âgé de cinquante ans. Son corps fut porté à l'Escurial dans la sépulture des princes à côté du Panthéon.

Sa naissance lui avoit donné un grand rang et de grands emplois, mais on ne vit point la suite de sa vie répondre à cette élévation ; on le vit malheureux dans la plupart de ses entreprises, souvent battu à la guerre, toujours éloigné de la Cour ; son dernier malheur fut d'être devenu enfin la première personne de l'État. Jamais personne ne monta au premier poste avec tant d'avantage ; la grandeur de son rang, l'attente des peuples, la faveur des Grands, la jeunesse du Roi, tout sembloit contribuer à l'élever et à l'affermir, lui seul se manqua à lui-même, et l'on peut dire de lui comme autrefois d'un empereur, qu'il ne parut digne de gouverner que tant qu'il ne gouverna point.

C'étoit un homme composé d'apparences, d'un génie plus brillant que solide, plein d'une gloire présomptueuse, tout à lui, sans confiance et sans estime pour les autres, trop occupé des petites choses, souvent sans étendue et sans résolution dans les grandes, capable cependant de les précipiter par entêtement.

Ces défauts étoient revêtus de plusieurs belles qualités; il étoit bien fait, il avoit les manières agréables et polies, il parloit bien diverses langues, il avoit de l'esprit, du savoir, de la valeur et tous les dehors du mérite, sans le mérite même.

Il étoit fils du roi Philippe IV et d'une comédienne nommée Marie Calderona[1], au moins il fut reconnu pour tel, quoique le déréglement de sa mère pût avec raison faire douter de son véritable père que plusieurs ont cru être le duc de Medina de Las Torres, auquel il ressembloit. Philippe IV avoit d'autres enfants naturels, entre autres un qui est évêque de Malaga[2], qu'il eut d'une fille de qualité du Palais et dont il ne pouvoit raisonnablement douter d'être le père; cependant il n'a reconnu aucun fils naturel que don Juan, qui devoit cette fortune au comte d'Olivares, qui, voulant reconnoître don Julian[3] de Guzman, son bâtard, porta le Roi à reconnoître don Juan, pour s'autoriser par un exemple.

Huit jours avant la mort de don Juan, l'on

1. Maria Calderon, non pas Calderona, sur le compte de laquelle on sait fort peu de chose de précis. D'une lettre de Fr. Pedro de Tapia, évêque de Sigüenza, puis archevêque de Séville, il paraît résulter qu'en 1646 cette maîtresse de Philippe IV était religieuse dans un couvent de la province de Guadalajara dont elle avait été auparavant abbesse (Casiano Pellicer, *Tratado histórico sobre el origen y progresos del histrionismo en España*, Madrid, 1804, t. II, p. 92).

2. Alfonso, Dominicain, appelé en religion Fr. Alfonso de Santo Tomas, évêque de Plasencia en 1664, puis de Malaga, de 1664 à 1692, mort à Malaga en 1692.

3. Sur Olivares et don Julian, voir les *Notes*.

eut avis par un courrier extraordinaire que Mademoiselle avoit été épousée à Fontainebleau[1] par Monsieur le prince de Conti[2], nommé par le Roi pour remplir la procuration que le roi d'Espagne avoit envoyée en blanc. Cette nouvelle répandit à Madrid une joie générale, que l'on témoigna par des illuminations continuelles durant trois jours. Dès le lendemain de l'arrivée du courrier, il y eut dans la place une mascarade à cheval de cent personnes de qualité, qui firent plusieurs courses le flambeau à la main, et l'on vit durant deux jours dans la même place des feux d'artifices médiocrement beaux, mais d'un bruit épouvantable; cependant on les tiroit sous les fenêtres de don Juan, qui étoit déjà très malade et qui put connoître par là le peu de ménagement qu'on avoit pour lui.

Deux jours après la mort de don Juan, le premier soin du Roi fut d'aller trouver la Reine, sa mère. Le 20 septembre il alla coucher à une maison royale appelée Aranjuez, à sept lieues de Madrid, et le lendemain il arriva sur le midi à Tolède où il parut bien de la tendresse et bien des larmes entre la mère et le fils. Ils dînèrent ensemble et demeurèrent quelques heures en particulier.

La Reine mère ayant eu le temps de dis-

---

1. La cérémonie eut lieu à Fontainebleau les 30 et 31 août 1679. La *Gazette* du 12 septembre en donne un compte rendu détaillé.

2. Louis-Armand Ier, prince de Conti, fils d'Armand de Bourbon et d'Anne-Marie Martinozzi, né à Paris le 4 avril 1661, mort à Fontainebleau le 9 novembre 1685.

poser toutes choses pour son retour à Madrid, le Roi qui y étoit revenu, retourna à Aranjuez le 27, alla le lendemain la rencontrer à moitié chemin de Tolède, la prit dans son carrosse et la mena descendre au Retiro, qui est une maison royale à l'extrémité de Madrid, où elle demeura, attendant qu'on lui eût préparé la maison du duc d'Uzeda[1], destinée pour son habitation, parce que le Roi étant marié, il ne restoit pas assez de logement pour elle au Palais.

Ils arrivèrent à trois heures après midi, accompagnés d'une foule extraordinaire de courtisans et de carrosses, et l'on vit dans tout le monde ce même empressement à recevoir cette princesse qu'on leur avoit vu deux ans auparavant à recevoir don Juan, quand il vint la chasser. Le Roi demeura jusqu'au soir avec elle, et depuis ce jour-là jusqu'à celui de son départ pour aller au-devant de la Reine, il vint presque tous les jours chez la Reine, sa mère, et mangea souvent avec elle.

La Cour se trouva tout d'un coup dans un grand changement par l'extrême opposition qui avoit été entre le ministre qui finissoit et la Reine mère qui revenoit à Madrid. On ne douta point dans le monde qu'une princesse

---

1. Le palais construit par D. Cristobal Gomez de Sandoval, duc d'Uceda, fils du duc de Lerma, et appelé *Los Consejos*, parce que, sous le règne de Philippe V, il fut acquis par l'État pour y installer les conseils de Castille, des Indes, des Ordres, des Finances, etc. La reine Marie-Anne l'habita jusqu'à sa mort (16 mai 1696). Voyez Mesonero Romanos, *El antiguo Madrid*, Madrid, 1861, p. 35.

comme elle, qui avoit longtemps gouverné pendant la minorité de son fils, ne rentrât bientôt dans toute l'autorité que lui donnoit la confiance et la jeunesse de ce prince.

Sur ce fondement, on commença à faire l'horoscope du gouvernement, et suivant le génie ordinaire des cours, toujours occupé à prévenir, par les raisonnements et les conjectures, les établissements que l'on doit le plus souvent au hasard ou à la passion des princes, on jugea que la Reine mère n'ayant peut-être pas assez d'ambition pour entreprendre de gouverner elle-même, son penchant pour le repos et le souvenir de ses malheurs passés l'empêcheroient de se charger directement du soin des affaires; que, cependant, elle éloigneroit le Roi de prendre un premier ministre, dont elle lui donneroit aisément de l'aversion par le souvenir de la captivité où don Juan l'avoit tenu; on prétendit qu'elle le disposeroit à former une junte de gouvernement, composée de ministres de sa dépendance, par lesquels elle se conserveroit l'autorité, sans s'exposer aux chagrins et au péril de gouverner. On nommoit déjà ceux qui devoient entrer dans cette junte; on nommoit aussi d'autres personnes qui devoient sortir de leurs charges, et chacun, selon son penchant et son intérêt, ou selon les raisons de haine ou d'amitié que l'on attribuoit à la Reine mère, se faisoit un plan du gouvernement à venir.

Ceux qui devoient en décider en étoient les moins occupés. La Reine mère se contenta d'abord d'être bien avec son fils. Le Roi, que sa jeunesse et le peu d'éducation empêchoient de rien penser pour l'État, ne se trouva sensible qu'à l'idée de son mariage et à l'empressement de partir pour l'aller achever; ainsi tous ses soins étant tournés aux préparatifs du voyage, on abandonna aisément les autres affaires.

Sitôt qu'on sut à Madrid que la jeune Reine marchoit vers l'Espagne, le Roi fit partir sa maison pour l'aller recevoir sur la frontière d'Espagne, de sorte que le 26 septembre le marquis d'Astorga, grand maître de la maison, et la duchesse de Terranova, camarera major ou première dame d'honneur, sortirent de Madrid avec de très grands équipages et prirent la route d'Irun, sur la frontière du côté de France; le duc d'Ossone, grand écuyer de la Reine, les suivit peu de temps après.

Ces trois personnes, les premières auprès de la Reine, tenoient leurs charges de don Juan, qui avoit rempli de son vivant toutes celles de la maison de cette princesse. Il avoit d'abord destiné la charge de grand maître à don Vincent Gonzaga, de la maison de Mantoue, et lui avoit fait quitter la vice-royauté de Sicile sur cette espérance; mais il se contenta de le mettre dans le Conseil d'État où il crut avoir besoin de sa capacité, et il fit grand maître le marquis d'Astorga, qui lui donna, à ce qu'on prétend, de grandes sommes qu'il avoit tirées de sa vice-royauté de Naples: Le duc d'Ossone eut la charge de grand écuyer, parce qu'on voulut le tirer de celle de président des Ordres où sa conduite étoit devenue odieuse, et depuis, sa fierté l'ayant rendu incommode à don Juan même, il l'éloigna de la Cour sur ce qu'il avoit fait publiquement attaquer par des assassins le comte d'Humanes, pour quelques jalousies de maîtresses.

Quoique la duchesse de Terranova se fût fait dans l'esprit de don Juan un mérite qui pouvoit lui avoir attiré sa charge, elle ne laissa pas de lui donner une somme considérable. Elle étoit veuve du duc de Monteleone, Grand d'Espagne, de la maison de Pignatelli, et de son chef elle étoit d'une branche bâtarde de la maison d'Aragon établie depuis longtemps en Sicile, riche de ce côté-là et de celui de sa mère, héritière du nom de Fernand Cortez[1] et de la grande fortune qu'il fit aux Indes. Quelque temps avant le ministère de don Juan, elle avoit été obligée de sortir de Madrid, où on lui imputoit publiquement la mort de don Carlos d'Aragon, son cousin germain à qui appartenoit le duché de Terranova et d'autres biens qu'elle lui

---

1. Fernando Cortés, né à Medellin (Estremadure) en 1485, créé marquis del Valle de Oajaca le 6 juillet 1529, mort à Castilleja près Séville le 2 décembre 1547. Son fils, D. Martin Cortés, deuxième marquis del Valle, mourut le 13 août 1589. Les deux fils de D. Martin, nommés D. Fernando et D. Pedro, étant morts sans postérité, le marquisat del Valle passa à leur sœur Dª Juana, mariée à D. Pedro Carrillo de Mendoza, neuvième comte de Priego. La fille de ces derniers, Dª Estefania Cortés, sixième marquise del Valle, épousa, en 1617, D. Diego d'Aragon, quatrième duc de Terranova, et en eut Dª Juana, la Camarera mayor.

retenoit[1]. Elle se retira alors en Aragon où se firent les liaisons entre elle et don Juan, qui lui trouva de l'esprit, de l'ambition et de la hardiesse sous des apparences régulières et dévotes. Il sembloit que la mort de don Juan dût la perdre entièrement; mais avant qu'il finît, elle avoit pris possession de sa charge dans le Palais, et dix jours après qu'il fut mort, elle partit pour aller au-devant de la Reine.

Du côté de la France, on avoit réglé les jours de la marche de cette princesse, de manière que l'on pût savoir le temps qu'elle arriveroit à Irun, et le marquis de Los Balbases eut soin d'en donner avis à la cour d'Espagne[2].

La Reine se mit en marche le 20 septembre, servie et gardée par la maison du Roi, tant qu'elle fut en France. Le prince d'Harcourt, de la maison de Lorraine, fut nommé ambassadeur extraordinaire pour l'accompagner, avec la princesse sa femme[3]. Mademoiselle de

---

1. « Le 6 courant au matin, le corps de D. Carlos de Aragon fut trouvé près de l'église de San Placido, la poitrine et le ventre percés de sept coups mortels. On fait de grandes recherches pour découvrir les auteurs de ce détestable attentat, et l'on dit qu'il y a déjà des indices sérieux contre diverses personnes. » (*Hispania illustrata*, Londres, 1703, p. 211; lettre du 9 mai 1674.)

2. La relation du voyage de Marie-Louise jusqu'à la frontière se trouve dans les *Mémoires touchans le mariage de Charles II, roy d'Espagne, avec la princesse Marie-Louise d'Orléans*, Paris, 1681, in-12. Ce petit livre est précédé d'une dédicace à l'abbé de Lionne signée D. L.

3. Alphonse-Henri-Charles de Lorraine, dit le prince d'Harcourt, né le 14 août 1648, mort en février 1719, et

Grancey[1] prit le nom de Dame, avec la qualité de sa dame d'atour, et la maréchale de Clérembaut[2], qui avoit été sa gouvernante, lui servoit de première dame d'honneur. Elle traversa ainsi toute la France jusqu'à la rivière de Bidassoa qui la sépare d'avec l'Espagne, où, dans cette île célèbre par le traité de paix des Pyrénées, elle fut remise entre les mains du marquis d'Astorga, grand maître de sa maison, qui avoit les ordres du roi d'Espagne pour la recevoir.

Ce jour parut apporter un grand changement à sa vie; elle l'avoit passée jusqu'alors dans les manières aisées dont on vit en France, avec la liberté de manger en public durant son voyage, de danser et d'aller à cheval quand il lui plaisoit, de chasser, de jouer avec ses domestiques; et, dans un moment, elle se trouva au milieu de personnes inconnues et dont elle n'entendoit pas la langue, dont le service et le respect même l'embarrassoient et dont les manières pleines de contrainte et de gêne lui ôtoient tout ce qui avoit fait toujours la douceur de sa vie. L'antipathie naturelle des deux nations et l'extrême opposition qu'elles ont en tout augmentoient encore ses désagréments,

---

Marie-Françoise de Brancas d'Oise, mariée en 1667 au prince d'Harcourt, morte le 13 avril 1715.

1. Louise-Elisabeth de Rouxel, dite madame de Grancey, était fille de Jacques de Rouxel, comte de Grancey, maréchal de France; elle mourut le 26 novembre 1711, âgée de cinquante-huit ans.

2. Louise-Françoise Le Bouthilier de Chavigny, mariée, en 1654, à Philippe Clérembault, comte de Palluau, maréchal de France, morte le 27 novembre 1722.

par mille circonstances particulières. Les Espagnols, devenus maîtres de sa personne, voulurent, dès le premier jour, l'assujettir aux moindres formalités de l'esclavage des femmes d'Espagne.

La Camarera major, naturellement rigide, ajoutoit de nouvelles peines à cette contrainte et sembloit vouloir effacer tout d'un coup jusqu'aux moindres choses qui auroient pu laisser à la Reine quelque souvenir de la douceur et des agréments de son pays. Elle parut d'abord avoir des liaisons avec la maréchale de Clérembault, moins par estime que par un secret intérêt qu'elle se fit de profiter de ses chagrins qu'elle jugea qui pourroient la porter à lui découvrir beaucoup de choses qui regardoient l'esprit et la conduite de la Reine.

La maréchale de Clérembault est un bel esprit rempli de vaines idées de sciences fort opposées au génie de médiocrité et de ménagement qui doit faire presque toute la prudence et la conduite d'une femme. Ce défaut de son esprit s'étendit sur l'éducation de Mademoiselle dont elle étoit chargée et qu'elle abandonna entièrement à une enfance inappliquée, sans lui rien inspirer des qualités solides qui devoient former l'esprit et le cœur d'une jeune princesse qui ne pouvoit être née que pour le trône; peut-être même que, dans un emploi si régulier, elle n'avoit pas tout à fait renoncé à quelques liaisons tendres dont l'exemple pouvoit n'être pas sans conséquence.

Monsieur ne s'en aperçut que tard et dans un temps où il put connoître que les suites de cette éducation ôtoient peut-être à Mademoiselle les espérances d'une fortune souveraine sans sortir de France; il en eut un vif ressentiment contre la Maréchale qui depuis fut si désagréablement au Palais-Royal que l'on assure qu'elle en auroit été éloignée dès avant le voyage, n'eût été que, dans le peu de temps qui restoit, ce changement n'auroit pu se faire sans trop d'éclat.

On prétend que la Maréchale, prévoyant le désagrément du voyage qu'elle alloit faire, chercha par avance à prendre des mesures qui pussent au moins lui attirer en Espagne quelques traitements plus favorables et peut-être même quelque utilité. Elle écrivit à la Camarera major et se mit en commerce avec elle avant que de sortir de France. Ses chagrins s'augmentèrent pendant le voyage par le peu de considération de la Reine qui parut donner sa confiance à madame de Grancey; d'ailleurs elle ne souffroit qu'avec déplaisir de se voir au-dessous de la princesse d'Harcourt, et son ressentiment alla si loin que, pour le satisfaire, elle sacrifia, à ce que l'on prétend, la Reine à la Camarera major et lui découvrit jusqu'aux moindres défauts de son esprit et de sa conduite.

Lorsque la duchesse de Terranova partit de Madrid, elle venoit de perdre don Juan. Comme elle étoit sa créature, elle devoit s'attendre à toute l'aversion de la Reine mère qu'elle voyoit revenir à la Cour, et par le ressentiment général contre toutes les créatures de don Juan et par le souvenir particulier d'une action aussi

noire que l'assassinat de don Carlos d'Aragon
que la duchesse avoit été obligée de lui avouer
autrefois. Tout ce qu'il y avoit de grands seigneurs déchaînés contre la mémoire de don
Juan, l'étoient aussi contre elle, et sa charge
lui avoit attiré de la jalousie des premières
femmes de la cour, que leur rang et leur
mérite pouvoient y faire prétendre. Il étoit
difficile qu'à son retour elle pût se soutenir
contre tant de partis qui la menaçoient. Dans
cet état, elle jugeoit qu'elle devoit tâcher à se
rendre si nécessaire au Roi, pour la conduite
de la Reine, qu'il ne pût dans la suite la confier à une autre, et, pour y réussir, elle chercha
tous les moyens de connoître à fond cette princesse, non seulement par ce qu'elle pouvoit en
voir elle-même, mais aussi par des connoissances du passé, qu'elle tira autant qu'il lui
fut possible de quelques personnes d'entre
celles qui étoient venues de France avec la
Reine. Depuis que la Reine étoit entrée en
Espagne, il étoit resté à sa suite quelques gentilshommes françois qui n'y paroissoient avoir
autre engagement que la curiosité de voir la
cérémonie du mariage et d'aller jusqu'à Madrid. Quelques-uns s'étoient conservé quelque
entrée et quelque manière d'intrigue dans la
maison de la Reine. La Camarera major attira
les plus empressés par des honnêtetés apparentes et sut profiter de leur indiscrétion pour
apprendre beaucoup de choses qui alloient à
son dessein. Les jalousies et les intérêts des
femmes françoises de la Reine lui donnèrent
moyen de se mettre entre elles et de les faire

parler; comme elle avoit de l'esprit, elle ne négligea rien de ce qui pouvoit contribuer à ses vues. Pendant qu'elle cherchoit à savoir sur ce sujet tout ce qui lui pouvoit servir à faire au Roi un plan pour gouverner la Reine et se rendre absolument nécessaire, elle travailloit avec la même application à mettre dans l'esprit de cette princesse un extrême éloignement pour la Reine mère. Beaucoup d'autres y travailloient comme elle, c'est-à-dire tous ceux du parti de don Juan dont la maison de la Reine étoit remplie; ils craignoient tous le pouvoir et le ressentiment de la Reine mère, et jugeant qu'ils n'auroient rien de plus fort à lui opposer que la Reine, ils cherchèrent à la faire haïr par avance à cette jeune princesse; ils lui inspirèrent que c'étoit la personne du monde la plus contraire à ses intérêts, qu'elle la trouveroit à Madrid avec toutes les oppositions d'une belle-mère et tout le ressentiment d'avoir vu rompre le mariage de sa petite-fille pour établir le sien, qu'elle n'en devoit jamais attendre d'amitié ni de confiance, que c'étoit une femme très impérieuse, accoutumée à gouverner et maîtresse de l'esprit du Roi, qui la tiendroit toujours dans l'esclavage.

Pour ôter à la Reine tous les moyens d'avoir jamais d'autres vues que celles dont ils la prévenoient et de pouvoir jamais se rapprocher de la Reine mère, ils crurent qu'il falloit lui donner pour l'ambassadeur de France les mêmes sentiments que pour elle. Ils persuadèrent donc à la Reine qu'il avoit toujours été dans d'étroites liaisons avec sa belle-mère, que, dès sa première ambassade, il avoit eu toute part à la confiance de cette princesse, qu'il ne s'étoit brouillé avec don Juan que pour ses intérêts ; ils regrettoient d'ailleurs devant la Reine la perte qu'elle avoit faite par sa mort, qu'il avoit tout sacrifié, disoient-ils, pour faire son mariage, et dont le ministère l'auroit rendue maîtresse de tout.

Parmi les personnes qui étoient allées au devant de la Reine par obligation, il se trouvoit un volontaire que ses vues particulières y avoient conduit, qui se donnoit néanmoins autant de mouvement lui seul que tous les autres ensemble, c'étoit un Théatin sicilien, nommé Vintimiglia, homme de qualité, inquiet, ambitieux et vain, qui avoit autrefois demeuré à Paris et parloit bien français[1]. Il s'étoit entièrement sacrifié à don Juan dans les commencements de son ministère, avoit fait des sermons sanglants contre la Reine mère, et, sur ce mérite, avoit prétendu devenir confesseur de la Reine. Don Juan étant mort et ses espérances finies, il s'engagea à faire le voyage

---

1. Girolamo Ventimiglia, Théatin, fils cadet de Lorenzo Ventimiglia, baron di Gratteri, qui fut créé comte de Prades en 1661. Élevé à Madrid, il se distingua par son talent de parole et devint prédicateur du Roi. Chassé d'Espagne, à cause de ses intrigues, en décembre 1679, il passa à Vienne et à Rome, fut procureur général de son Ordre et nommé, en 1694, évêque de Lipari. Il mourut à Rome le 17 décembre 1709 (Villa Bianca, *Della Sicilia nobile*, Palerme, 1759, t. II, p. 253, et Roccho Pirro, *Sicilia sacra*, éd. d'Ant. Mongitore, Palerme, 1733, t. II, p. 968 ; cf. *Lettres de madame de Villars*, p. 234, et madame d'Aulnoy, *Mémoires de la cour d'Espagne*, p. 118).

au devant de la Reine, avec le duc d'Ossone ; il s'avança même jusqu'à Bayonne, et comme il étoit hardi et d'un air spécieux, il prévint aisément la Reine et les principales personnes auprès d'elle. Ce fut un de ceux qui travaillèrent le plus fortement à lui inspirer des sentiments d'aversion pour la Reine mère et de la défiance pour l'ambassadeur de France, qui se trouvèrent tellement établis dans l'esprit des François même, et particulièrement des femmes, qu'il a fallu un long temps et de fâcheuses expériences pour en détromper cette princesse.

Dans cette application qui sembloit n'aller qu'à l'intérêt commun des créatures de don Juan, Vintimiglia s'en faisoit un particulier dans la vue d'établir par la Reine un ministre sous lequel il pourroit avoir part à la faveur, et, pour ce dessein, il fit des mémoires et des plans d'un gouvernement tel qu'il le souhaitoit, nomma à la Reine les ministres qu'elle devoit éloigner et ceux qu'elle devoit employer. Le duc d'Ossone étoit à la tête de ces derniers, comme le seul homme capable de rétablir l'État, et l'on y voyoit mille autres chimères d'un esprit déréglé par une ambition sans jugement. Dans cette grande négociation, il fut d'assez bonne foi pour donner ses mémoires au prince d'Harcourt afin qu'il les présentât à la Reine.

La conduite du duc d'Ossone n'étoit pas plus régulière ; il étoit parti pour le voyage après les autres, parce qu'étant revenu peu auparavant de son exil, il n'avoit pu faire son équipage assez promptement ; mais sitôt qu'il fut arrivé à la frontière, il prétendit que toute la fonction et les honneurs de la réception de la Reine lui appartenoient. Le marquis d'Astorga étoit grand maître d'hôtel de la Reine, il avoit par cette raison toutes les prééminences de sa maison ; d'ailleurs il étoit principalement chargé de la recevoir. Cependant le duc d'Ossone poussa si loin ses entreprises, que le marquis d'Astorga fut obligé d'en écrire au Roi, qui le soutint par de nouveaux ordres ; mais le duc continuant toujours d'entreprendre sur les fonctions de sa charge, prenant d'ailleurs des liaisons avec quelques François et des airs de familiarité dans la maison de la Reine qui ne se souffrent point en Espagne, il eut ordre de la Cour peu après de retourner incessamment à Madrid, sans passer à Burgos où le Roi étoit déjà arrivé, et depuis il demeura sans faire sa charge ni être au Conseil d'État.

Le Roi étant parti de Madrid le 21 octobre, arriva le 31[1] à Burgos, où il attendit la Reine qui entroit en Espagne dans ce même temps. Il était sorti de Madrid peu accompagné ; le duc de Medina Celi, sumilier du corps, le Connétable de Castille, majordome major, étoient dans son carrosse sur le devant et à la portière. Don Joseph de Silva, devenu premier écuyer par la démission du comte de Talara[2],

---

1. Les manuscrits de l'Arsenal ont : 3 novembre.
2. D. Juan Claros de Guzman, Fuentes y Lugo, cinquième comte de Saltés et de Talara, grand *adelantado* des îles Canaries, renonça à sa charge de premier écuyer au mois d'août 1680. Il eut, de 1688 à 1695, la présidence des Ordres et mourut le 16 juillet de cette dernière année.

peu de jours avant le voyage. L'Amirante de Castille, grand écuyer, demeura à Madrid sous prétexte que, faute d'argent, il n'avoit pu faire assez promptement son équipage, et c'est par cette raison, ou par celle d'une paresse naturelle qui l'éloigne de tout ce qui a la moindre apparence de fatigue, qu'il ne sortit point de Madrid jusqu'au retour de la Cour qu'il alla une journée au-devant du Roi et de la Reine.

Pendant le temps que le Roi étoit à Burgos attendant la Reine, qui fut d'environ quinze jours, elle lui envoya demander permission de manger en public, de monter quelquefois à cheval durant son voyage, parce que le marquis d'Astorga et la Camarera major ne crurent pas y devoir consentir sans un ordre exprès du Roi, qui le lui permit volontiers. Peu de jours après, elle lui envoya pour celui de sa naissance une montre de diamants[1] et une cravate avec un ruban couleur de feu, qu'il mit d'abord en la recevant, et fit donner cinq cents pistoles au gentilhomme qui l'avoit apportée.

Le marquis de Villars, qui s'étoit rendu à Burgos quelques jours après le Roi, eut permission d'aller au-devant de la Reine, et la rencontra le 17e jour de novembre à Bribiesca. Dans le peu de conversation qu'il eut avec elle, il

---

1. Il existe aux archives des Affaires Étrangères un « Inventaire des pierreries et des joailleries que Marie-Louise, reyne d'Espagne, porte en Espagne », daté de Saint-Jean de Luz, 31 octobre 1679. (Correspondance d'Espagne, vol. 63, fol. 81.)

trouva son esprit plein d'inquiétude et de défiance, et s'aperçut qu'avec le changement de pays, de gens et de manières, capables d'embarrasser une personne moins jeune qu'elle, les cabales qui l'environnoient et les préventions qu'on lui inspiroit de toutes parts la mettoient dans une agitation qui lui faisoit tout craindre sans savoir sur quoi s'appuyer. Il tâcha de la remettre, en lui faisant voir qu'elle ne devoit pas s'arrêter à toutes les impressions des personnes qui étoient autour d'elle, qui n'agissoient que par des fins particulières, et qu'elle n'avoit point d'autre intérêt à suivre que d'aimer le Roi et de s'en faire aimer et d'entrer dans une parfaite liaison avec la Reine mère; qu'elle la trouveroit dans tous les sentiments d'affection et de tendresse qu'elle auroit pu attendre d'une mère, qu'elle devoit s'attacher uniquement à ce parti, seul capable de lui donner du repos et de la faire véritablement reine.

Il étoit le premier qui lui eût parlé de cette manière et fut longtemps le seul au milieu d'un nombre de personnes, qui, par intérêt ou par entêtement, lui traversoient sans cesse l'esprit par des impressions de défiance et de crainte, ou le lui vouloient remplir de vues chimériques de gouverner et d'être maîtresse de tout. Sitôt qu'il l'eut saluée, il revint à Burgos où il arriva le 18 au soir.

Comme la Reine, qui devoit aller ce jour-là coucher à Quintanapalla[1], étoit assez près

---

1 Hameau de la province et du district judiciaire de Burgos.

pour venir le lendemain coucher à Burgos, où déjà le prince et la princesse d'Harcourt étoient arrivés, le marquis de Villars voulut savoir ce que le Roi feroit le lendemain et quelle disposition il y avoit pour la réception de la Reine et pour la cérémonie du mariage. Don Jeronimo d'Eguya, secrétaire d'État, l'assura qu'elle se feroit à Burgos, où l'on attendoit la Reine le lendemain.

Cependant l'ambassadeur avoit rencontré par le chemin le patriarche des Indes, grand aumônier du Roi, qui alloit au-devant de la Reine; comme ce prélat ne devoit se trouver auprès d'elle que pour une fonction ecclésiastique, le marquis de Villars eut quelques soupçons que don Jeronimo d'Eguya ne lui eût pas répondu juste. Il le vérifia si bien qu'il sut avant la fin du jour que le Roi iroit le lendemain à Quintanapalla pour achever la cérémonie de son mariage; il en avertit le prince d'Harcourt, et tous deux se rendirent à Quintanapalla de bonne heure avant que le Roi y vînt. En y arrivant, ils connurent bien que ce n'avoit pas été sans dessein que don Jeronimo d'Eguya leur avoit voulu cacher le temps et le lieu de la cérémonie du mariage, et qu'il avoit prétendu qu'en les trompant de cette manière ils ne pourroient y assister. Ils y trouvèrent la Camarera major avec les mêmes intentions. Elle leur dit d'abord que le Roi avoit défendu que personne assistât à la cérémonie de son mariage, hors les grands officiers et ceux qui y étoient absolument nécessaires, avec le gentilhomme de la chambre qui étoit de jour. Le marquis de Villars lui dit qu'ils avoient ordre du Roi leur maître d'y assister. Elle répondit que le Roi leur maître n'avoit rien à commander en Espagne. Le marquis de Villars lui répliqua que le Roi son maître commandoit à ses ambassadeurs et qu'ils exécuteroient ses ordres partout, à moins qu'on ne les en empêchât de force; que si le roi d'Espagne ne vouloit pas que les ambassadeurs de France assistassent à la cérémonie de son mariage, il pouvoit leur donner par écrit un ordre de ne s'y point trouver.

La duchesse de Terranova s'emporta sur cette réponse et dit beaucoup de choses hors de propos, de sorte que les ambassadeurs s'adressèrent au marquis d'Astorga qui leur dit avec beaucoup de modération que c'étoit en effet l'ordre du Roi; il convint néanmoins de dépêcher un gentilhomme à Sa Majesté pour faire expliquer plus positivement ses ordres. Ce gentilhomme rencontra le Roi en chemin, qui trouva bon que les ambassadeurs assistassent à la cérémonie, et il parut que tout ce procédé étoit une cabale malhonnête de quelques courtisans qui avoient voulu donner ce dégoût aux ambassadeurs et peut-être les empêcher de voir la pauvreté de leur cérémonie, qui se faisoit dans le plus chétif et misérable village de Castille.

Le Roi arriva sur les onze heures du matin au village composé de neuf ou dix maisons; la Reine s'avança pour le recevoir à l'entrée de son appartement, c'est-à-dire d'une chambre de paysan dont la porte répondoit à l'escalier. Elle parut se jeter à genoux pour lui baiser la main, il l'en empêcha et la releva, mais ils se trouvèrent tous deux bien embarrassés de ne se pouvoir entendre. Le marquis de Villars s'avança. Le Roi lui permit de servir d'interprète, et il leur fit dire de part et d'autre ce qu'ils auroient pu penser de plus honnête.

Pendant ces compliments, le marquis de Villars s'aperçut que dans cette chambre même, préparée pour la cérémonie, les Grands d'Espagne se plaçoient à la droite; il en avertit le Roi et lui fit dire par le marquis de Los Balbases quel rang il avoit tenu en pareille occasion à Fontainebleau. Le Roi convint que les ambassadeurs de France l'eussent de même, ainsi ils s'avancèrent vers le Connétable de Castille, qui, comme grand maître d'hôtel, étoit à la tête des Grands, et le marquis de Villars lui dit qu'il occupoit sa place. Il voulut se défendre d'en sortir; la contestation dura un peu, mais avec honnêteté de part et d'autre. Le Connétable voulut aller au Roi pour la faire régler. L'Ambassadeur lui dit que Sa Majesté l'avoit déjà réglée; les Grands quittèrent le poste, et, sans en reprendre d'autres, ils se répandirent confusément derrière le Roi.

La cérémonie étant achevée, Leurs Majestés dînèrent ensemble, et, à deux heures après-midi, montèrent en carrosse pour aller coucher à Burgos. Le lendemain, la Reine alla dîner hors la ville dans un couvent de filles, appelé Las Huelgas[1], dont elle partit à trois

---

1. Le monastère de Santa Maria la Real de las Huelgas,

heures après midi pour faire son entrée à cheval en habit d'Espagnole, car jusqu'alors, et même le jour précédent, elle avoit toujours été habillée à la françoise. Le prince d'Harcourt fit son entrée le lendemain ; il y eut des mascarades et des comédies. Le troisième jour, la Cour reprit le chemin de Madrid et la maison françoise de la Reine celui de France. La Reine retint seulement quatre femmes de chambre dont deux avoient été ses nourrices[1], quelques valets de chambre, quelques officiers pour sa table et un gentilhomme[2] pour avoir

de l'Ordre de Cîteaux, fondé, en 1180, par Alphonse VIII de Castille pour l'entretien principalement des infantes et des filles nobles. Ce monastère a eu jusqu'à nos jours une juridiction très étendue et des privilèges très considérables, et appartient encore à l'administration des « patronages royaux ». Au monastère de las Huelgas était soumis l'Hospice du Roi, fondé aussi par Alphonse VIII pour y abriter les pèlerins de Saint-Jacques. Les archives de cet hospice ont été récemment recueillies par notre Bibliothèque nationale.

1. L'une de ces nourrices était Nicolle Duperroy, veuve de Jean Quentin, chirurgien à Paris, qui, ayant été accusée, en 1685, d'avoir voulu empoisonner Charles II, fut pour ce fait renvoyée en France. Marie-Louise, qui lui était très attachée, lui légua par son testament quatre mille doublons ; elle légua aussi trois mille doublons à Suzanne Duperroy et deux mille doublons à Marguerite Duperroy, nièces de la Quentin (Archives des Aff. Etr. Espagne, supplément, vol. 8).

2. Le sr de Viremont, qui, au mois d'avril 1685, épousa la veuve Quentin et partagea son sort. Il était chargé du soin des chevaux de selle de la Reine, que les Espagnols appelaient avec une nuance de mépris les courtauds (*caballos rabones*). Voy. *Coleccion de doc. inéd.*, t. LXXIX, p. 310 et 323, où le nom de Viremont a été écrit à tort *Biomont*. Sur l'affaire de la Quentin et de son mari, voir les *Notes*.

soin de six ou sept chevaux anglois qu'elle avoit fait amener.

Le Roi donna au prince d'Harcourt et à la princesse, chacun une boîte de portrait de diamants de trois mille pistoles. Ils eurent lieu d'être contents du présent, mais ils le parurent peu de n'avoir été traités que d'Excellence[1] par les Grands d'Espagne.

Madame de Grancey souhaitait de venir passer l'hiver à Madrid, et peut-être le lui auroit-on permis, si elle avoit paru moins favorite de la Reine. Elle se consola avec un présent d'une boîte de diamants de deux mille pistoles et la promesse d'une pension de deux mille écus. La maréchale de Clérembault avoit fait le voyage avec peu d'agrément; les mesures qu'elle avoit prises avec la duchesse de Terranova ne lui donnèrent point d'autres avantages que le plaisir de satisfaire son chagrin, en lui disant beaucoup de choses capables de nuire à la Reine. Elle n'eût qu'une boîte de deux mille pistoles, et l'on sut depuis qu'à son retour en France elle avoit trouvé sa charge de gouvernante des enfants de Monsieur remplie par la marquise d'Effiat[2].

Le Roi et la Reine, qui étoient partis de Burgos le 23 novembre, arrivèrent le 1er dé-

---

1. Au lieu du titre d'Altesse qu'ils réclamaient comme princes de la maison de Lorraine.

2. Marie-Anne Olivier de Leuville, femme d'Antoine Ruzé, marquis d'Effiat, premier écuyer du duc d'Orléans, nommée gouvernante des enfants du duc en décembre 1679. Son mari, le marquis d'Effiat, fut envoyé par Monsieur en Espagne pour complimenter Charles II sur son mariage. Il repartit de Madrid au commencement d'octobre 1679.

cembre à deux lieues de Madrid, au village nommé Torrejon[1], où la Reine mère alla les rencontrer et fit paroître à la Reine toutes les marques d'une véritable tendresse; elle revint coucher à Madrid, et le lendemain, sur les trois heures après midi, Leurs Majestés arrivèrent au Retiro, où la Reine mère les attendoit et où ils demeurèrent près d'un mois et demi, jusqu'à ce que toutes choses fussent préparées pour l'entrée publique de la Reine.

La Camarera major avoit continué depuis Burgos à imprimer dans l'esprit du Roi ce qu'elle avoit commencé auparavant à lui inspirer : que la Reine étoit une jeune personne d'un génie vif et peu arrêté, élevée dans les manières libres de France entièrement opposées à la sévérité d'Espagne; on prétend même qu'elle lui fit envisager les conséquences de cette liberté capables de faire impression sur tout esprit espagnol né pour la jalousie et plus encore sur celui du Roi, naturellement faible et défiant, sauvage et grossier par lui-même et par son éducation.

Pour joindre à ces premières dispositions le temps et les mesures qui pouvoient assujettir entièrement la Reine à l'esclavage qu'on lui préparoit, la Camarera déclara d'abord que la Reine ne recevroit aucune visite qu'après

---

1. Torrejon de Ardoz, bourg du district judiciaire d'Alcalá de Henares, situé à l'est de Madrid. Charles II et Marie-Louise, pour se rendre à Madrid, passèrent par Lerma, Aranda de Duero, San Estéban de Gormaz, Guadalajara, Alcalá de Henares, Torrejon, et arrivèrent ainsi directement au Buen Retiro, qui se trouve à l'orient de la capitale.

son entrée, éloignant ainsi toutes les personnes qui auroient pu lui donner du plaisir ou de la consolation, ou même quelques conseils, la tenant seule au Retiro, sans sortir de son appartement, sans autres divertissements que quelques comédies ennuyeuses et sans autre compagnie que le Roi, qui dès lors commençoit à la contredire jusqu'aux moindres choses, et la Camarera major, qui la traitoit avec le même empire qu'auroit fait une gouvernante.

Cependant le marquis de Villars, jugeant qu'un ambassadeur de France devoit voir la Reine, à son arrivée à Madrid fit demander à la duchesse de Terranova à saluer Sa Majesté. Elle lui fit dire que personne ne verroit la Reine qu'après son entrée : ainsi l'Ambassadeur ne la vit point alors, et l'Ambassadrice[1], sur cet exemple, jugea qu'elle ne devoit pas se faire refuser. Mais deux jours après, la Reine fit dire à l'Ambassadrice que le Roi trouvoit bon qu'elle la vînt voir *de secreto,* c'est-à-dire comme une personne particulière. La marquise de Villars envoya un gentilhomme à la Camarera major pour l'en avertir ; elle lui fit la même réponse qu'à l'Ambassadeur, qu'elle n'avoit point ordre de la faire entrer, et, sur ce que le gentilhomme la pria de le demander à la Reine, elle le refusa. Le soir

---

1. Marie Gigault de Bellefonds, mariée le 24 janvier 1651 au marquis de Villars, morte le 24 juin 1706, âgée de plus de quatre-vingt-deux ans. Les lettres qu'elle écrivit d'Espagne à madame de Coulanges ont été imprimées plusieurs fois, et en dernier lieu par M. Alfred de Courtois, avec un excellent commentaire (Paris, Plon, 1868, 1 vol. in-8º).

même, la Reine fit dire à la marquise par son confesseur[1] qu'elle la vînt voir, mais elle fit témoigner à Sa Majesté que la Camarera major lui en ôtoit la liberté : c'étoit une assez grande marque du pouvoir qu'elle avoit sur l'esprit du Roi et sur la personne de la Reine. Mais la Reine mère qui alloit presque tous les jours au Retiro, voyant de quelle conséquence il étoit de tenir dans un état si contraint une jeune princesse nourrie dans la liberté et dans la joie, dont la santé leur étoit si nécessaire, obliga le Roi à prendre des manières moins austères et à souffrir que l'Ambassadrice pût voir la Reine ; de sorte que, quelques jours après, la marquise de Villars étant allée voir la Reine mère pour la première fois, elle la traita avec une extrême honnêteté et lui dit que le lendemain elle pourroit voir la Reine et qu'elle-même s'y trouveroit. En effet, la Marquise étant allée le lendemain[2] au Retiro, y entra par l'appartement de la Camarera major, qui lui parut fort radoucie. Elle trouva la Reine avec le Roi et la Reine mère ; le Roi assis, les deux Reines sur des carreaux à l'usage d'Espagne. On donna un carreau à l'Ambassadrice, qui demeura quelque temps avec toutes ces Majestés, jusqu'à ce que la

1. Probablement le R. P. Airault, Jésuite, qui en 1689 occupait la charge de confesseur de Marie-Louise et l'assista dans ses derniers moments.
2. C'est-à-dire le 14 décembre 1679. Le récit de ces négociations et de la première visite de l'ambassadrice à la Reine, tel qu'on le trouve ici, est entièrement confirmé par les *Lettres de madame de Villars à madame de Coulanges.* Ed. de M. A. de Courtois, p. 88 à 92.

Reine mère emmena le Roi et la laissa seule avec la Reine, qui lui dit l'ennui et les chagrins de la vie qu'elle menoit.

La Marquise chercha à la consoler par des raisons qui pussent la consoler toujours; elle lui fit considérer que, dans un aussi grand changement que celui qui lui étoit arrivé tout d'un coup, les commencements étoient difficiles, que la retraite et la solitude étoient en Espagne un usage dont les dames ne pouvoient se dispenser, qu'il falloit tâcher de s'y accoutumer, qu'il étoit aisé de se consoler de bien des choses, quand on se trouvoit une grande reine, qu'elle devoit prendre l'esprit et les vues de son rang, que c'étoit le moyen de se mettre au-dessus du tout, que le fondement de sa grandeur et de son repos étoit d'avoir pour le Roi un véritable attachement, de le lui faire connoître par une extrême complaisance et de s'abandonner entièrement à l'amitié de la Reine mère qui lui tendoit les bras; elle lui fit voir encore, dans la conduite qu'elle devoit tenir avec le reste de la Cour, plusieurs choses qui pouvoient lui aider à supporter ces commencements et lui rendre les suites agréables.

Quoique la Reine dût bien sentir que dans ces conseils l'Ambassadrice ne pouvoit avoir d'autres vues que celles de ses véritables intérêts, ils ne lui firent pas néanmoins alors toute l'impression qu'il auroit été à souhaiter pour son bien. Les préventions contre la Reine mère qu'on lui renouveloit sans cesse, balançoient la confiance qu'elle devoit à l'Ambassadrice, et son esprit, incapable d'application, rempli de certaines bagatelles qui avoient toujours fait son occupation, trouvoit trop de fatigue à débrouiller ces contrariétés. Elle demeuroit dans cet embarras, sans pouvoir se donner la force d'en sortir par quelque résolution ; l'idée de commander et d'avoir de l'autorité ne la touchoit point, elle regardoit la condition de reine comme un malheur qui lui ôtoit la liberté qu'elle envioit aux moindres personnes du monde, et ces dispositions lui firent perdre l'occasion qu'elle avoit dans ces commencements de se tirer de l'assujettisement où elle est demeurée depuis.

La Reine mère, qui avoit obligé le Roi à permettre que l'Ambassadrice vît la Reine, lui fit connoître aussi qu'il étoit de la bienséance que l'Ambassadeur la pût voir ; ainsi le 14 décembre, il visita la Camarera major, qui lui fit paroître assez d'honnêtetés, et quelques jours après il salua la Reine, avec laquelle il ne demeura qu'un moment, le Roi étant dans la même galerie.

Ce fut environ dans ce même temps que le Théatin Vintimiglia, continuant ses intrigues, donna à un gentilhomme françois qui étoit venu à la suite de la Reine deux nouveaux mémoires pour les lui présenter. C'étoit encore des plans pour le gouvernement et un détail sur le choix des ministres. Le gentilhomme prit d'abord ces mémoires, mais il les lui rendit peu d'heures après, et le lendemain Vintimiglia reçut un ordre du Roi qui le bannissoit de tous ses États. Il fut obligé de partir incessamment, fort en colère contre l'ambassadeur de France, auquel il attribuoit sa disgrâce, qu'il ne devoit qu'à une conduite déréglée qui l'avoit précipité sans que personne le pût plaindre.

Tout le monde s'attendoit qu'incontinent après le retour du Roi l'on verroit établir quelque sorte de gouvernement qui pût donner cours aux affaires entièrement suspendues depuis la mort de don Juan. Lorsqu'elle arriva, on étoit prêt à partir pour le voyage dont toute la Cour et le Roi plus que personne étoient entièrement occupés. La Reine mère ne faisoit que de revenir de son exil, et personne n'étoit encore assez bien avec le Roi pour prétendre au ministère. Ainsi tout le gouvernement se trouvoit entre les mains d'un Roi de dix-sept ans qui n'avoit jamais entendu parler de la moindre chose qui pût lui donner quelque connoissance de ce qui le regardoit.

Le seul homme qui décidoit avec lui du sort de l'état des affaires, était don Jeronimo d'Eguya, secrétaire d'État depuis quatre ans, où il étoit parvenu de simple commis, avec peu de capacité et point d'expérience. On consultoit seulement quelquefois le connétable de Castille et le duc de Medina Celi sur quelques affaires dont le secrétaire ne vouloit pas se rendre responsable; mais durant tout le voyage, on ne résolut rien d'importance, on ne travailla qu'au voyage même et aux ordres qu'il falloit nécessairement y donner.

Toute la Cour étant rassemblée par le retour du Roi, chacun commença à songer à des établissements ou pour lui-même, ou pour les amis dont la fortune pouvoit aider à la sienne. On regardoit le duc de Medina Celi et le connétable de Castille comme les deux hommes de la Cour les plus en état de prétendre à la première place. Ils étoient, dans les deux premières charges de la Cour, tous deux du Conseil d'État, tous deux grands seigneurs, les deux hommes du monde les plus différents et les moins amis; on avoit tenté quelquefois de les raccommoder pour éviter de fâcheuses suites de leurs dissensions, mais ç'avoit été inutilement.

Le duc de Medina Celi, illustre par sa naissance, qu'il prétend rapporter au sang de Foix et de Castille, sept fois Grand d'Espagne, riche par lui-même et par les biens de sa femme, héritière de la maison d'Aragon de Cardona, sumillier du corps, se trouvoit alors âgé de quarante-cinq ans, d'une physionomie agréable, honnête et d'un génie médiocre, sans autre expérience que d'être du Conseil d'État et président de celui des Indes, assez capable d'application et peut-être de se servir des lumières d'autrui, s'il avoit de la force et de la résolution. Son attachement pour la personne du Roi et la manière douce avec laquelle il essuyoit ses brusqueries l'avoient rendu aussi agréable qu'on le pouvoit être à un prince qui n'est fait ni pour aimer ni pour estimer, et cet air d'agrément qu'on ne voyoit qu'à lui seul, le faisoit regarder par la plupart des courtisans comme celui qui devoit plus prétendre à la faveur dans une cour où la grandeur du rang et de la naissance est une des parties plus essentielles pour devenir premier ministre.

Le connétable de Castille avoit dix ou douze ans de plus que le duc de Medina Celi, grand seigneur par de grandes terres, mais d'un revenu médiocre, dixième connétable héréditaire de Castille, grand maître de la maison du Roi et doyen du Conseil, capable d'affaires par son génie et par l'expérience qu'il a pu acquérir dans divers emplois de guerre et de gouvernement, dont le dernier a été celui de Flandre, mais encore plus présomptueux que capable, désagréable par ses manières fières et inciviles, chagrin, capricieux, peu fidèle dans ses amitiés toujours dépendantes de son intérêt présent, puissant dans le Conseil par son opiniâtreté et par la faiblesse des autres. C'étoit le seul homme que don Juan n'avoit jamais osé pousser, quoiqu'il le haït et par lui-même et par l'attachement qu'il avoit fait paroître pour la Reine mère. Le retour de cette princesse sembloit lui donner de grandes espérances d'entrer dans le ministère; on ne doutoit point que le Roi ne déférât beaucoup à ce qu'elle lui inspireroit; on étoit persuadé qu'entre ceux dont elle lui recommanderoit le mérite, le Connétable seroit le premier qui se trouveroit appuyé de tout le parti que don Juan avoit maltraité et de tout ce qui avoit conservé de l'attachement pour la Reine mère.

Dans des apparences si favorables, il ne faisoit paroître que des prétentions modérées, et soit que le mauvais état des affaires, comme il l'a dit lui-même, et la jeunesse du Roi lui fissent appréhender les risques du premier poste, ou que ne se voyant pas en état d'y entrer de plein pied, il voulût peut-être se faire des degrés pour y monter, il paroissoit souhaiter une junte pour le gouvernement, dans laquelle il seroit entré avec l'Inquisiteur général et le marquis de Mancera, grand maître d'hôtel de la Reine mère.

Il sembloit que, par cette junte, la Reine mère seroit demeurée secrètement maîtresse des affaires, dont la direction auroit été entre les mains de trois ministres entièrement ses créatures; mais on prétend que le Connétable, persuadé que dans cette junte il se trouveroit fort au-dessus des deux autres ministres, se flattoit d'y pouvoir trouver l'avantage d'être le premier sans s'exposer à l'envie ni à répondre du succès des affaires.

Comme cette junte auroit mis toute l'autorité entre les mains de trois personnes seules, la plupart de ceux de ce parti, qui la souhaitoient plus partagée afin d'y voir entrer leurs amis particuliers, auroient voulu la voir aussi nombreuse que durant la Régence et la composoient du Connétable, du duc de Medina Celi, comme Grand et du Conseil d'État, du marquis de Mancera, qu'on auroit fait président de Castille, du cardinal Portocarrero, archevêque de Tolède, de l'Inquisiteur général et de Don Melchior Navarra, autrefois vice-chancelier d'Aragon.

Ces propositions de junte allèrent loin et,

environ un mois après le retour du Roi, elles parurent si avancées que ceux à qui l'attachement qu'ils avoient eu pour don Juan faisoit craindre le pouvoir de la Reine mère et l'élévation du Connétable en prirent l'alarme et se rallièrent au duc de Medina Celi pour y trouver de la protection dans l'espérance de le voir premier ministre.

Ceux qui pénétroient la véritable disposition de la Cour voyoient bien qu'au milieu de ces différents partis le duc de Medina Celi ne laissoit pas que de s'avancer à la faveur; mais soit par un effort de prudence ou de modération, ou peut-être par les oppositions de ceux qui étoient dans les intérêts contraires, il ne s'élevoit que lentement, il sembloit même que la plus grande partie de son ambition vînt de ses amis et qu'il suivoit moins ses propres mouvements que ceux qu'ils s'attachoient à lui donner.

Entre ces deux partis qui sembloient embarrasser la plus grande partie de la Cour, don Jeronimo d'Eguya en formoit un troisième presque lui seul. Il s'étoit vu tout d'un coup secrétaire d'État lorsque Valenzuela, devenu favori, ôta cette charge à don Pedro Fernandez del Campo, qu'il ne trouvoit pas assez souple. Don Jeronimo évita soigneusement de tomber dans un pareil défaut, tant que dura la fortune de Valenzuela; sitôt qu'il la vit ébranlée et que la Cour tournoit du côté de don Juan, il prit avec lui des mesures par avance et se conserva sous son ministère par une extrême soumission. Quelque temps avant la fin de don Juan, il se conduisit comme avant celle de Valenzuela, il entra en commerce avec la Reine mère et sut par là se maintenir quand elle revint à la Cour.

Dans tous ces changements, il n'avoit sa charge que par commission; mais comme elle lui donnoit lieu de voir incessamment le Roi et de traiter seul avec lui de toutes les affaires, il se trouva seul dans sa confiance, et, pour se la conserver, on prétend qu'il lui inspira une défiance générale de tout ce qu'il y avoit de personnes plus considérables, et, de simple secrétaire d'État par commission, d'un génie borné et de peu d'expérience, il se vit en pouvoir de balancer durant un temps deux puissants partis, sans que ni l'un ni l'autre pût devenir maître des affaires tant qu'il s'y opposa.

Quelque penchant qu'eût le Roi pour le duc de Medina Celi, don Jeromino l'arrêtait en lui renouvelant l'idée de don Juan, l'esclavage où il l'avoit tenu, les persécutions indignes faites à la Reine mère, tant de personnes de qualité maltraitées sans sujet, la misère du peuple et plusieurs autres désordres inévitables, quand on abandonne le gouvernement au caprice d'un seul; d'autre part, il lui représentoit la junte comme une troupe de maîtres, qui tous voudroient commander, et toujours embarrasseroient les affaires par leurs jalousies et leurs contrariétés, qu'elle lui seroit autant à charge qu'inutile à l'État, que les juntes pouvoient être bonnes pendant une minorité, mais que Sa Majesté n'étoit plus en âge de se donner des gouverneurs ; il ajoutoit à cela le génie du Connétable fier et impérieux dans l'autorité, il ne laissoit pas même la Reine mère sans quelques atteintes, faisant comprendre au Roi qu'accoutumée à gouverner elle deviendroit aisément maîtresse par une junte toute à elle, et que le Roi, à l'âge qu'il avoit et marié, se trouveroit insensiblement réduit au même état que dans le temps de son enfance.

Pendant qu'il tenoit ainsi le Roi en suspens, il demeuroit seul avec lui le maître des affaires. La duchese de Terranova se trouvoit dans un pareil intérêt de l'éloigner de la Reine mère, de la junte et d'un favori ; durant ces intrigues, elle gagnoit le temps de s'affermir dans l'esprit du Roi, auquel elle inspiroit de semblables défiances et les étendoit même jusque sur la Reine dont l'inapplication et la timidité lui laissoient toutes les mesures libres. Le Confesseur inspiroit aussi au Roi les mêmes vues de ne point avoir de ministres dont il pût dépendre.

La Cour étoit toujours au Retiro, c'est-à-dire hors de Madrid, attendant que la Reine pût faire son entrée pour ensuite aller loger au Palais. Les préparatifs de cette cérémonie furent longs, on crut même durant quelque temps que la Reine étoit grosse, mais cette espérance étant finie, au commencement de janvier de l'année 1680, le 13ᵉ du même mois, elle fit son entrée à cheval[1] ; partant du Retiro

---

1. De cette entrée fut faite une relation qu'on traduisit aussitôt en français : *Nouvelle relation de la magnifique et royale entrée qui a esté faite à Madrid par Marie-Louise de*

pour aller au Palais, elle passa sous cinq arcs de triomphe disposés à diverses distances sur son chemin [1].

Le Roi et la Reine mère étoient chez la comtesse d'Oñate [2] à un balcon doré fait exprès à la fenêtre d'un appartement bas fermé de jalousies, qu'ils ouvrirent seulement de quatre doigts quand la Reine passa.

Quelques jours après son entrée, l'on vit à Madrid une fête de taureaux, la plus magnifique qui se fût faite depuis longtemps. Le duc de Medina Sidonia [3], les marquis de Camarasa [4] et de Ribadavia [5], frères, le comte de Casa-

---

Bourbon; reine des Espagnes, avec les devises de chaque royaume... traduite d'espagnol en françois. Paris. A. Chouqueux. 1680, in-4°.

1. Le dessin des arcs de triomphe fut l'œuvre du célèbre peintre Claudio Coello et de José Ximenez Donoso, peintre et architecte (Pedro de Madrazo, *Catálogo descriptivo é histórico del museo del Prado,* Madrid, 1872, p. 388.)

2. Le palais d'Oñate, situé au commencement de la Calle Mayor, tout près de la Puerta del Sol, date du seizième siècle; le portail et le grand balcon, de style *churrigueresque,* sont du dix-septième (Mesonero Romanos, *El antiguo Madrid,* p. 112). La comtesse d'Oñate dont il est parlé ici se nommait Dª Catalina Velez de Guevara; elle était veuve du duc de Medina de las Torres et mourut le 24 septembre 1684.

3. D. Juan-Claros Perez de Guzman, onzième duc de Medina Sidonia, né le 19 mai 1642, conseiller d'État et grand maître de la maison du Roi en 1699, mort à Madrid le 17 décembre 1713. Sur ses autres charges, voir Saint-Simon, éd. de Boislisle, t. VII, p. 255.

4. D. Baltasar Gomez Manrique de Mendoza, cinquième marquis de Camarasa et onzième comte de Castro, chevalier de la Toison d'or en 1669, général des galères de Naples et d'Espagne, deux fois vice-roi d'Aragon, mort à Valladolid le 6 novembre 1715.

5. D. Alvaro Sarmiento de Mendoza, onzième comte

palma, second fils du duc de Sesa[1], Don Fernando de Cea, gentilhomme de Cordoue, et Dom Cristoval de Moscoso[2] furent les combattants et firent paroître beaucoup d'adresse, surtout le duc de Medina Sidonia, suivi, en entrant dans la place, de cent laquais habillés à la turque ; les autres avoient aussi une livrée nombreuse dont chacune représentoit les habits de quelque nation.

Ce spectacle est un reste des Mores, dont le génie et les manières ne sont pas entièrement sortis d'Espagne, lorsqu'ils en ont été chassés. Il semble tenir un peu du barbare, quand on y voit des hommes s'exposer pour divertir le public à combattre des taureaux sauvages, et qu'il y a peu de fêtes qui ne coûtent la vie à quelqu'un ; mais la représentation en est grande, les combattants y paroissent sur les plus nobles chevaux du monde, et rien ne fait une plus belle vue que la place du combat. Elle est extrêmement vaste, environnée de six ou sept étages de balcons égaux, autant parés de riches étoffes que remplis d'un nombre infini de spectateurs[3].

---

de Ribadavia, frère du précédent. Il fut gouverneur de la Galice.

1. D. Felix Fernàndez de Córdoba, comte de Casapalma par sa femme, fils cadet de D. Francisco Fernandez de Córdoba, huitième duc de Sesa. Il succéda à son père, fut neuvième duc de Sesa et mourut en juillet 1709.

2. La *Gazette* nomme ce personnage D. Francisco Moscoso (Nouvelles de Madrid du 7 février 1680).

3. Il existe de cette fête une relation rimée que décrit Gallardo dans l'*Ensayo de una biblioteca española*, t. I, col. 644.

Tant que la Reine avoit été au Retiro, elle avoit mené une vie solitaire et désagréable entre les mains de la duchesse de Terranova qui la gouvernoit comme un enfant, et sans cesse avec le Roi accompagné de deux nains qui seuls faisoient sa conversation et son plaisir [1]. Elle continua la même vie au Palais, hors qu'elle commença à recevoir les visites de quelques dames de qualité, qui souvent l'ennuyoient autant que la solitude même.

La Reine mère au Retiro et depuis au Palais la venoit voir souvent, lui faisoit bien des amitiés et quelquefois des présents, mais elle ne trouvoit point dans sa belle-fille l'application ni la confiance qu'elle attendoit d'elle, et quoique la marquise de Villars et le confesseur que la Reine avoit amené de France fissent leurs efforts pour l'obliger à se donner toute entière à la Reine mère, et par devoir et par reconnoissance de la tendresse qu'elle lui témoignoit et par la raison de ses véritables intérêts, les défiances que l'on continuoit de lui inspirer et la petitesse de son esprit, peu capable de former ni de suivre aucune vue, la tenoient dans un état indéterminé qui lui a fait perdre dans la suite tout ce qu'elle auroit pu espérer de considération et de pouvoir.

La Reine mère étoit de bonne foi avec elle,

---

1. L'un de ces nains se nommait Luisillo et était né en Flandre (Mme d'Aulnoy, *Mémoires*, p 531, et Mme de Villars, *Lettres*, p. 91). Charles II goûtait aussi beaucoup une naine énorme, appelée Eugenia Martinez Vallejo, dont il fit faire le portrait par Carreño (Madrazo, *Catálogo del museo del Prado*, p. 377, et *Col. de doc. inéd.*, t. LV, p. 440).

et quoiqu'il semblât que la rupture du mariage d'Allemagne dût lui donner quelque éloignement pour une princesse qui avoit pris la place de sa petite-fille, il est certain qu'elle considéroit la Reine comme sa véritable fille. On prétend qu'elle n'avoit pas lieu d'être contente de l'Empereur, qui, dans tout son malheur, n'avoit pas fait la moindre démarche pour elle ; on lui avoit même fait entendre que le marquis de Grana, devant venir ambassadeur à Madrid, du temps de don Juan, avoit demandé qu'on abandonnât ses intérêts. Ces traitements l'avoient séparée de sa famille d'Allemagne pour se donner entièrement à celle de Madrid.

Dans toutes ses disgrâces, elle avoit trouvé des honnêtetés du côté de la France. La Reine Très Chrétienne[1] avoit toujours été dans ses intérêts, avoit agi avec chaleur pour son retour ; l'ambassadeur de France avoit tenu une conduite dont elle avoit lieu d'être contente. D'ailleurs la Reine étoit bien faite, elle avoit de la douceur, de l'agrément, de la beauté, la Reine mère espéroit de lui voir bientôt des enfants qu'elle regardoit comme le bonheur du Roi son fils et le salut de l'État : toutes ces considérations lui donnoient du penchant pour la Reine. Elle espéroit que la tendresse d'une femme pourroit adoucir l'esprit du Roi, qu'elle le rendroit plus traitable, que toutes deux de

1. Marie-Thérèse, fille de Philippe IV et d'Élisabeth de Bourbon, née à Madrid le 20 septembre 1638, mariée à Louis XIV, à Saint-Jean de Luz, le 9 juin 1660, morte à Versailles le 30 juillet 1683.

concert pourroient le gouverner et se mettre en état par leur union d'avoir l'autorité due à leur rang et celle qu'elles devoient prendre nécessairement pour le bien du Roi et de l'État.

Cette vue pouvoit aller loin, si la Reine eût pu y entrer de bonne heure, mais, dans l'incertitude où elle demeuroit, elle étoit entre le Roi et la Camarera major, avec si peu de force et de hardiesse, qu'elle ne s'ouvrit pas même à la Reine mère, qui sans cesse lui faisoit des avances. Il est vrai que dans la suite l'ambassadrice de France la détrompa assez des impressions qu'on lui avoit données de la Reine mère pour avoir quelque confiance en elle, mais la Reine mère n'avoit pas trouvé la même satisfaction avec son fils ni assez de confiance dans son esprit pour prendre des mesures certaines; elle parut se retirer insensiblement, soit qu'elle crût peut-être que la nécessité du gouvernement obligeroit le Roi de revenir à elle, ou qu'en effet le misérable état des affaires, le souvenir de ses malheurs et son penchant naturel pour le repos lui fissent prendre la résolution d'abandonner toutes autres vues, pour ne penser qu'à jouir d'une vie paisible. Il est certain qu'un jour l'ambassadeur de France lui témoignant combien il étoit nécessaire qu'elle entrât dans les soins du gouvernement, elle lui répondit qu'elle voyoit sur cela tout ce qu'on y pouvoit voir, mais qu'elle préféroit son repos à tout le reste.

On prétend que le Connétable de Castille,

jugeant par cette disposition de la Reine mère qu'elle devenoit inutile au dessein qu'il pouvoit avoir, prit des liaisons avec don Jeronimo d'Eguya, la Camarera major et le Confesseur du Roi qui fit entrer le duc d'Albe dans cette confédération nouvelle. Il parut que le dessein de ces trois derniers étoit d'opposer le Connétable au duc de Medina Celi, qu'ils voyoient s'avancer dans l'esprit du Roi. Le Connétable, de son côté, cherchoit à gagner par eux, auprès du Roi, tout ce qu'ils feroient perdre au duc de Medina Celi; mais comme il est naturellement impérieux, il devint d'abord redoutable à ceux qui devoient le soutenir. Don Jeronimo d'Eguya, qui ne cherchoit qu'à balancer ces deux hommes l'un par l'autre, éloigna de nouveau le Connétable en réveillant dans l'esprit du Roi la crainte et l'aversion qu'il avoit pour lui.

Le Connétable ne fut pas longtemps à s'en apercevoir, et, ne trouvant pas d'autres moyens pour s'en venger, il fit dans le Conseil d'État de grandes plaintes sur le désordre des affaires qu'il imputoit à don Jeronimo d'Eguya qui seul en avoit la direction avec le Roi. On tient même qu'il engagea don Manuel de Lyra, nouveau secrétaire d'État du département d'Italie, à donner quelques mémoires dans le Conseil sur diverses affaires dont il lui attribuoit le retardement ou le mauvais succès. Lyra auroit pu espérer dans la perte de don Jeronimo un avancement considérable, et les plaintes qu'il faisoit n'étoient pas sans fondement, car il est certain qu'on voyoit alors en Espagne tout le déréglement qui peut affliger un État sous un prince jeune et dépourvu de conseil.

Cependant ces plaintes n'eurent point de suite, et le Connétable, cherchant d'autres moyens pour se soutenir, tenta de nouveau la voie de la Reine mère; il tâcha de la réveiller en lui représentant vivement que Medina Celi étoit une créature de don Juan, que c'étoit lui qui autrefois lui avoit porté à elle-même l'ordre de sortir de Madrid, qu'il protégeoit encore le président de Castille si indignement dévoué à toutes les passions de don Juan, que si avec toutes ses dispositions il devenoit le maître des affaires, elle devoit s'attendre à voir revivre don Juan et toutes les persécutions dont il l'avoit accablée.

Medina Celi, averti de cette démarche, alla trouver la Reine mère, l'assura de son respect et de son attachement, lui protesta, comme il avoit déjà fait autrefois, que, quelques bontés que le Roi eût pour lui, il ne vouloit prétendre à l'élévation que par elle, fit voir qu'il n'avoit jamais été la créature de don Juan, qu'il ne pouvoit l'être que du Roi ou de personnes royales, qu'à l'égard du président de Castille, il croyoit qu'il étoit du service du Roi de le maintenir contre les entreprises de Rome, assurant que l'appui qu'il lui avoit donné dans le Conseil ne regardoit point sa personne, mais l'autorité du Roi, que le Nonce attaquoit directement.

La Reine mère en parut contente, ou peut-être ne voulut point se donner la peine de s'en soucier, mais on prétend que, dans cette conjoncture, le Connétable perdant l'espérance de voir former une junte où il pût entrer ni d'être lui-même premier ministre, trouva occasion de dire au Roi qu'il ne croyoit personne plus capable de soulager Sa Majesté dans les soins du gouvernement que le duc de Medina Celi, soit qu'il voulût par là se faire quelque mérite dans l'esprit du Roi, dont il flattoit l'inclination, et dans celui de Medina Celi, dont il croyoit la faveur assurée, ou que peut-être, le jugeant peu capable de gouverner, il aimât mieux le voir élevé qu'un autre, dans l'espérance de le voir plus tôt tomber et de retrouver dans la suite des mesures pour ses desseins.

Pendant ces agitations du Palais, le gouvernement étoit tombé dans une foiblesse qui achevoit d'abîmer l'Espagne déjà accablée depuis longtemps : toutes les affaires qui regardoient ou l'État même, ou les particuliers, étoient également suspendues, elles languissoient entre les mains des conseillers qui les examinoient avec une lenteur extraordinaire, ou si elles alloient jusqu'au Roi, c'étoit pour y demeurer tout à fait, sans aucune résolution.

Les ministres étrangers se plaignoient de la manière dont les intérêts de leurs maîtres étoient traités. Plusieurs d'entre eux, arrêtés depuis longtemps à solliciter le payement de grandes sommes dues à des princes alliés, étoient rebutés de se voir sans réponse, ou trompés par de fausses assignations. L'envoyé de l'électeur de Brandebourg se retiroit mal content après qu'on avoit manqué à toutes les promesses qu'il avoit sur ce qui étoit dû à son maître. Plusieurs autres étoient en état de prendre ce parti ; le Nonce faisoit des instances inutiles depuis longtemps pour avoir justice des entreprises du président de Castille, que le Pape avoit déclaré suspens.

L'ambassadeur de France, qui sembloit devoir être traité avec quelque distinction à l'avènement d'une reine françoise, pressoit en vain depuis six mois pour avoir réponse sur plusieurs infractions faites au dernier traité de paix par divers vice-rois et gouverneurs dont quelques-uns avoient pris et même brûlé des vaisseaux françois, depuis la paix publiée. Loin de lui en faire justice, on entreprit publiquement à Madrid contre ses privilèges et la juridiction de son quartier, ou contre l'usage observé jusqu'alors [1] ; la justice y passa diverses fois en plein jour, et, sur ce qu'ayant eu la modération de ne s'en point venger par les voies de fait, il se contenta d'en demander justice, on lui déclara que le roi d'Espagne n'entendoit point qu'il y eût de quartier franc à Madrid, quoique dans le même temps on en laissât jouir paisiblement les autres ambassadeurs.

Les affaires de l'État n'étoient pas mieux

---

[1]. « On lui a tendu (à M. de Villars) mille panneaux depuis deux ou trois mois, pour lui donner dans son quartier à Madrid des sujets de batterie, et pour faire piller et brûler notre maison, en animant le peuple », écrit madame de Villars à la date du 27 avril 1680 (*Lettres de madame de Villars*, p. 124).

conduites ; l'argent des galions et de la flotte se trouvoit dissipé sans savoir à quoi on l'avoit employé ; on ne pouvoit en remettre en Flandre ni ailleurs. Faute de fonds, les traitants, ruinés par les avances précédentes auxquelles on avoit manqué, n'étoient plus en état d'en faire de nouvelles. On étoit même embarrassé à trouver l'argent nécessaire pour la levée de quatre régiments espagnols d'infanterie qu'on vouloit envoyer à Milan dans l'appréhension des prétendus desseins de France, et l'épuisement étoit venu à un tel point que les fonds manquoient pour la dépense ordinaire de la maison du Roi.

Le comble du désordre étoit le déréglement de la monnaie[1] qui avoit passé si avant que la pistole, qui ne peut valoir en Espagne, de véritable valeur, que quarante-huit réaux de *vellon,* c'est-à-dire de monnaie de cuivre, étoit montée jusqu'à cent dix, et les piastres ou patagons, qui ne devoient valoir que douze réaux de *vellon,* se changeoient publiquement à trente. La cause de ce désordre venoit de ce que plus des trois quarts de cette monnaie de cuivre étoit fausse, et cependant l'usage en étoit public et autorisé au même prix que la bonne.

Autrefois cette petite monnaie étoit de cuivre pur, sans plus de valeur que celle de

---

1. Sur la question de la monnaie à cette époque, il existe une série de mémoires du capitaine Antonio Somoza y Quiroga dont les titres sont donnés par D. Manuel Colmeiro, *Biblioteca de los economistas españoles,* Madrid, 1880, p. 153-155. L'un de ces mémoires, intitulé : *Révélation de*

son poids. Vers l'année 1660[1], on établit de lui donner beaucoup de valeur par un foible alliage d'argent, mais en l'année 1663, on proposa de supprimer cette monnaie d'alliage, à cause de l'excès de la valeur et de la facilité de la contrefaire. Cette proposition, alors si nécessaire au bien de l'État, fut rejetée par des intérêts particuliers couverts des apparences de quelque légère perte qu'elle auroit apportée au Roi. Le grand gain qu'il y avoit à contrefaire cette monnaie en remplit toute l'Espagne, fit monter sans bornes le prix de l'or et de l'argent, et l'embarras de distinguer cette fausse monnaie d'avec la bonne, ou plutôt la corruption de ceux qui devoient y mettre ordre, en fit autoriser l'usage.

Don Juan, devenu premier ministre, chercha à corriger un si grand déréglement ; mais en cela, comme dans le reste, il consulta beaucoup sans rien résoudre. Enfin, à l'arrivée des galions de l'année 1679, on proposa d'abaisser la valeur de la pistole d'un tant par mois, jusqu'à ce qu'elle fût réduite à sa valeur naturelle, régler le prix de toutes choses à proportion et, cependant, du nouvel argent venu des Indes battre incessamment assez de

---

l'unique et parfait remède de l'appauvrissement de la couronne de Castille, soulagement général de tous ses sujets, a été imprimé dans le *Semanario erudito* de Valladares de Sotomayor, t. XI, p. 225-256.

1. Un décret du 29 octobre 1660 prescrit la fabrication d'une monnaie d'argent avec alliage de cuivre, à la place de la monnaie de billon simple (*Nueva Recopilacion*, livre IV, titre 21, décret 26).

petite monnaie pour avoir moyen de retirer toute celle de cuivre, la mettre au billon et en refaire une nouvelle monnoie du prix de l'ancienne, sans alliage.

Cet expédient pouvoit prévenir de grands désordres, s'il avoit été exécuté ; mais comme en Espagne la naissance d'un déréglement est d'ordinaire une raison pour l'autoriser dans la suite, la proposition demeura sans effet. Cependant, comme la monnoie haussoit toujours et qu'elle causoit un embarras présent dans le commerce, dont la suite ne pouvoit qu'aller à la ruine publique, on délibéra de nouveau sur les moyens d'y remédier. Le bruit s'en répandit parmi le peuple ; personne ne voulut plus recevoir de cette monnoie dans la crainte qu'elle ne fût décriée ; on ne put plus rien acheter ; on se trouva tout d'un coup sans vivres dans la ville et tout le peuple en état de périr. On ne sut y apporter d'autre remède que de baisser cette monnoie sur-le-champ, sans autres précautions pour le présent et pour l'avenir [1]. Ainsi on vit en un instant la pistole, qui valoit cent dix réaux, n'en valoir plus que quarante-huit, et la piastre, qui en valoit trente, revenir à douze. Les espèces de la monnoie de cuivre, qui étoient bonnes, réduites au huitième de leur valeur précédente, et la fausse monnoie mise au prix de la bonne.

1. En vertu d'un décret du 10 février 1680 qui a été recueilli dans la *Nueva Recopilacion*, livre V, titre 21, décret 29.

L'effet de ce changement fut que toutes choses, gardant leur prix en cuivre, le doublèrent en or et en argent, c'est-à-dire que ce qui valoit auparavant vingt réaux valut vingt de même, mais ces vingt réaux, qui, auparavant le rabais, ne valoient que quarante sols de France, depuis le rabais en valoient cent, de sorte qu'il se trouva que le 11 février 1680, l'on acheta cent sols ce qu'on avoit acheté quarante sols le jour précédent, qui fut celui du rabais, et l'homme qui devoit ce jour-là dix mille réaux, qui faisoient cent pistoles, trouva que le lendemain ces mêmes dix mille réaux faisoient près de deux cent cinquante pistoles.

Il est aisé de s'imaginer les suites d'un changement de cette nature, dans un pays où toutes choses étoient déjà très chères, sans ordre, sans police, et l'on peut juger par la conduite de cette affaire quelle elle étoit dans le reste du gouvernement.

Don Jeronimo d'Eguya, qui jusqu'alors n'avoit travaillé qu'à se maintenir seul auprès du Roi, ne se vit plus en état d'y demeurer sans se perdre. Les malheurs publics étoient trop pressants et le parti contre lui trop redoutable; il céda à la nécessité et l'on prétend qu'il acheva de déterminer le Roi à suivre le penchant qu'il avoit pour l'élévation du duc de Medina Celi. Il put se flatter que, dans ce changement, il demeureroit presque au même état qu'il étoit auparavant, qu'il seroit absolument nécessaire au duc pour le détail des affaires, qu'il auroit par là toujours le même particulier avec le Roi et les mêmes moyens de se conserver dans son esprit, qu'avec l'avantage d'entrer dans toutes les affaires du gouvernement, il auroit celui de ne plus répondre du succès. D'ailleurs, il pouvoit compter sur la bonté naturelle du duc, et, dans la nécessité d'avoir un premier ministre, c'étoit celui dont il avoit moins à craindre. Le Confesseur et la Camarera major étoient à peu près dans les mêmes sentiments.

Ainsi tous ceux qui pouvoient avoir quelque entrée dans l'esprit du Roi s'accordant avec l'inclination qu'il avoit pour le duc de Medina Celi, il fut déclaré premier ministre par un décret de Sa Majesté que le Confesseur lui apporta le 21 février à dix heures du soir.

On ne fut point surpris dans le monde de cette déclaration, il y avoit déjà quelques jours qu'on s'y attendoit et que le duc croyoit en être assuré. On convenoit généralement que le Roi avoit fait choix d'un ministre homme de bien, plein de bonnes intentions, doux et agréable dans les manières extérieures, et l'on souhaitoit qu'il joignît aux bonnes qualités la capacité et la force nécessaires pour relever l'État accablé d'une infinité de maux tellement établis par le temps et par l'usage, qu'il sembloit qu'on ne pût y remédier que par un changement total du gouvernement.

Quelques jours avant son élévation, l'on avoit dépêché un courrier au duc de Villa Hermosa, gouverneur des Pays-Bas, pour lui ordonner de remettre à la France la ville de Charlemont, suivant le dernier traité de paix fait à Nimègue, qui portoit que dans un an, du jour de la ratification du traité, les Espagnols assureroient au Roi Très Chrétien la possession de la ville de Dinant, par les cessions de tous les princes qui auroient droit de la céder, ou que, cette condition manquant, ils seroient obligés de lui donner Charlemont en l'état qu'il étoit[1]. Ils ne fournirent point les cessions dans le temps, mais ils prétendirent obtenir de la France un délai de quelques mois, qu'ils firent demander au Roi par leur ambassadeur et par ceux d'Angleterre et de Hollande, sur quelques prétentions assez peu fondées.

Dans ce prétendu délai, leur intention n'étoit pas d'avoir le temps d'obtenir les cessions de Dinant, mais de voir conclure une ligue offensive et défensive qui se proposoit alors entre eux, l'Angleterre et la Hollande, persuadés qu'avec cet appui ils pourroient refuser Charlemont à la France, qui craindroit peut-être de se commettre avec cette ligue, et qu'au pis aller, avec des alliés si puissants qui pourroient entraîner l'Allemagne avec eux, ils mettroient de nouveau toute l'Europe en armes pour leurs intérêts, sans rien risquer que de fournir un champ de bataille en Flandre et de promettre à leurs aliés beaucoup de choses qu'ils n'exécuteroient pas.

Ils étoient d'autant plus alertes sur cette vue que le Roi Très Chrétien pressoit alors les

---

[1]. Ces stipulations font l'objet de l'article 13 du traité de Nimègue.

Hollandois pour les faire déclarer s'ils entroient dans cette ligue ou non. L'on espéroit à Madrid que cet éclaircissement les obligeroit à rompre ; mais les conjonctures adoucirent leurs affaires, la ligue ne se fit point alors, et les Espagnols, se voyant à quinze jours près du terme prescrit par le traité, dépêchèrent au duc de Villa Hermosa, qui, suivant les ordres qu'on lui envoya de Madrid, remit Charlemont le 20 février[1] au commandant françois que le Roi y envoya pour en prendre possession.

Sitôt que le duc de Medina Celi fut déclaré premier ministre, tout ce qu'il y avoit à Madrid de personnes plus considérables, étrangers ou courtisans, allèrent en foule lui faire compliment. Il les reçut sur son lit sous prétexte de quelque indisposition, mais en effet pour éviter l'embarras et les fatigues des pas qu'autrement il auroit été obligé de faire pour chacun d'eux, selon leur caractère. Quelques jours après, il commença à donner des audiences régulières dans la salle appelée du Rubis, sous l'appartement du Roi, où s'assemble d'ordinaire le Conseil d'État. Le Nonce et l'ambassadeur de Venise furent les plus prompts de tous les ministres étrangers et se présentèrent à ces audiences, mais leur empressement n'eut pas un succès agréable. Le pre-

---

1. Le 27, d'après la *Gazette* : « Le comte de Montbron, lieutenant général de Flandre et gouverneur de Tournay, vient d'entrer ici avec les troupes du Roi et a pris possession de la place, conformément au traité de Nimègue. » (Nouvelles de Charlemont du 27 février 1680.)

mier ministre ne les reçut et ne les reconduisit qu'à la moitié de la salle même de l'audience, et leurs siéges furent disposés de manière qu'on pouvoit douter s'ils avoient eu la place d'honneur; ils en sortirent avec beaucoup de chagrin qu'ils firent connoître incontinent à l'ambassadeur de France. Il leur témoigna que, comme les ambassadeurs de chapelle avoient accoutumé d'aller tous ensemble complimenter le Roi et les Reines, il s'étoit attendu qu'ils l'inviteroient aussi à faire ensemble ce compliment de cérémonie au premier ministre; que, puisqu'ils avoient voulu se séparer, il iroit seul, mais qu'il ne prendroit audience qu'après être bien assuré qu'elle seroit accompagnée de tout ce qui étoit dû à son caractère.

Dans cette vue, il fit pressentir le duc de Medina Celi, qui convint de lui donner audience avec les mêmes honneurs que don Louis de Haro rendoit aux ambassadeurs de France durant son ministère. Pour agir avec plus de sûreté de part et d'autre, dans une démarche de cette nature, toujours délicate et sujette à équivoque, on fit venir le gouverneur d'Aranjuez, autrefois écuyer de don Louis de Haro[1] et chargé d'introduire chez lui les ministres

---

1. D. Luis Mendez de Haro, sixième marquis del Carpio, neveu du comte-duc d'Olivares. Il fut premier ministre après la mort de son oncle, hérita du titre d'Olivares et, en récompense de sa participation à la paix des Pyrénées, reçut, en 1660, le titre de duc de Montoro et le surnom honorifique de *Luis de la Paz*. Appelé au Conseil d'État en 1647, il eut en outre les charges de grand écuyer, de généralissime des armées du Roi, etc. Il mourut à Madrid le 16 novembre 1661. Son portrait se trouve dans l'*Historia di Leopoldo* de Priorato.

étrangers. Le marquis de Villars se trouva avec lui dans la salle même, marqua la place de son siège, jusqu'où le premier ministre devoit le recevoir et le reconduire, et prit audience dans toutes ces cérémonies.

On étoit à Madrid dans l'impatience de voir agir le favori, non seulement par la curiosité naturelle que donne la nouveauté, mais par la nécessité pressante de remédier aux maux de l'État et à l'extrême misère qui accabloit les particuliers. L'un et l'autre étoient venus à un tel point que le remède en étoit difficile. L'Espagne, languissante depuis longtemps, s'étoit encore affoiblie dans la minorité du Roi, don Juan n'avoit fait qu'augmenter le désordre des affaires, et, depuis six mois qu'il étoit mort, le gouvernement étoit demeuré sans chef, exposé au déréglement de ministres particuliers dont quelques-uns faisoient souvent paroître aussi peu de probité que d'intelligence. Il sembloit qu'on ne pût le rétablir qu'en renversant entièrement tout ce qui le composoit, pour donner à l'État une nouvelle forme et de nouveaux ministres pour la soutenir.

Le duc de Medina Celi, élevé dans le génie d'Espagne sans avoir eu d'emploi ni au dedans ni au dehors qui pût lui aider à former des idées d'une autre manière de gouverner, parut d'abord n'apporter de changement à ce qui l'avoit précédé que le nom de premier ministre, l'apparat des audiences qu'il donnoit et les grâces qu'il répandoit sur ceux de sa maison.

Il laissa les affaires publiques dans leur cours ordinaire, à la délibération des conseils comme auparavant, c'est-à-dire qu'il se mit dans leur dépendance et dans la nécessité de prendre leurs consultes sur tout. Il s'assujettissoit même à l'usage de former des juntes pour les affaires qui pouvoient être douteuses. Ce qu'on appelle *junte* est proprement une chambre que l'on forme exprès de quelques personnes tirées de divers corps ecclésiastiques et séculiers, selon la matière dont il s'agit, afin de l'examiner et d'en faire consulte au Roi, sur laquelle il détermine sa résolution.

Deux jours après que le duc de Medina Celi fut premier ministre, il forma une junte pour examiner les plaintes que faisoit le nonce du Pape depuis assez longtemps contre le président de Castille ; elle fut composée de trois conseillers d'État, le Connétable, l'Amirante et le marquis d'Astorga, trois conseillers du Conseil royal de Castille et trois théologiens qui étoient le Confesseur du Roi, un autre Dominicain et un Jésuite.

Les instances du Nonce contre le président de Castille étoient la suite d'un démêlé arrivé entre eux du temps de don Juan, sur ce que le Nonce ayant voulu présider à un certain chapitre de religieux appelé *Clerigos Menores*, pour l'élection d'un provincial, le président de Castille, qui en favorisoit un autre que celui dont le Nonce appuyoit l'élection, fit, par un décret du Roi donné sur la consulte du Conseil de Castille, défense au Nonce d'intervenir dans cette affaire et le condamna ensuite à une amende de deux mille écus. Don Juan, sur la fin de sa vie, pressé de plusieurs affaires désagréables, voulut accommoder celle-là et convint de révoquer le décret. Il mourut sur ces engagements, l'affaire paroissoit terminée, et le Roi écrivit au Pape une lettre pleine de soumission et d'excuses du passé.

Mais le Nonce, délivré de la crainte de don Juan, voyant la Cour sans ministre et sans force, le président de Castille environné de beaucoup d'ennemis, crut la conjoncture favorable pour avoir une plus grande satisfaction et prétendit qu'outre la révocation du décret, le Président seroit déposé de sa charge et obligé d'aller à Rome se faire relever de la suspension qu'il avoit encourue. Comme on refusa d'abord au Nonce cette satisfaction, il se plaignit hautement du peu de suite de l'obéissance que le Roi avoit si solennellement protestée au Pape dans sa lettre.

On lui répondit que le Roi, comme fils de l'Église, avoit donné au Pape cette marque de soumission, mais que comme Roi il étoit obligé de soutenir un ministre qui ne lui paroissoit point coupable. Le Président de Castille avoit eu en beaucoup de choses une conduite assez irrégulière pour mériter qu'on le privât de sa charge, cependant il sembloit qu'il n'étoit pas de la réputation du Roi de déposer un ministre si considérable dans un temps où sa disgrâce n'auroit pu paroître que l'effet des poursuites de Rome. Le duc de

Medina Celi, pour se décharger de tous côtés du succès de cette affaire, la remit entre les mains de la junte qui l'examina sans rien conclure, jusqu'à ce que, dans la suite, des raisons supérieures en hâtèrent la résolution.

La cherté qu'avoit apportée le rabais de la monnoie continuant toujours, on avoit espéré que le premier ouvrage du nouveau ministre seroit de remédier à un mal si pressant ; il en cherchoit les moyens en écoutant les avis qu'on lui donnoit. Entre plusieurs propositions allant au bien public, il en reçut une par un placet d'un homme d'affaires nommé Marcos Diaz, qui lui représentant que la cherté venoit de ce que, par le rabais de la monnoie, les grands droits qui s'élèvent sur tout ce qui entre à Madrid avoient tout haussé de moitié, offroit de prendre la ferme de ces droits, d'en rendre au Roi autant qu'il en entroit dans ses coffres par le dernier bail, d'avancer deux cent mille écus, de faire faire un présent de cent mille écus au Roi et de diminuer les impositions des droits de la moitié de ce qu'ils montoient en l'année 1664 où ils étoient moindres d'un tiers qu'en l'année présente.

Pour se dédommager d'une diminution si grande, il demandoit seulement que les rentes de l'hôtel de ville de Madrid, dont le paiement est assigné sur ces droits, fussent réduites à 5 pour 100, au lieu qu'elles avoient monté à 8, offrant en même temps de rembourser les rentiers qui ne voudroient point cette réduction. Avec les avantages qu'il faisoit au Roi, il pouvoit encore trouver les siens dans l'administration de cette ferme où jusqu'alors la malversation avoit été si grande qu'il n'entroit pas dans les coffres du Roi la neuvième partie de l'argent qui se levoit.

La proposition de Diaz alarma un nombre de personnes considérable qui s'enrichissoient de ce que le Roi et le public perdoient dans la levée de ces droits; ils firent menacer l'auteur par des billets inconnus et lui donnèrent une si grande terreur qu'il tomba dans une fièvre chaude dont il mourut en peu de jours, et comme les principaux ennemis que le zèle du bien public lui avoit attirés étoient le corregidor[1] et les regidors de la ville et plusieurs officiers à qui leurs charges donnoient moyen de faire les malversations qu'il prétendoit empêcher, ils prirent soin après sa mort d'étouffer sa proposition. Ils firent seulement la réduction des rentes de 8 à 5 pour 100[2] et quelques diminutions dans les droits qui peu après revinrent dans leur premier état, et le duc de Medina Celi perdit une occasion si facile et si naturelle d'établir sa réputation pour le service du Roi et le soulagement du public[3].

1. D. Francisco de Herrera Enriquez, marquis d'Ugena, maître d'hôtel de la Reine, du Conseil des finances et de la Chambre des comptes, corregidor de Madrid, une première fois de 1666 à 1672 et une seconde fois de 1678 à 1682. Ce corregidor est connu par un essai d'éclairage des rues de Madrid. Voir Mesonero Romanos, *El antiguo Madrid*, p. 381, où la liste des corregidors distingue à tort D. Francisco de Herrera du marquis d'Ugena.

2. Par décret du 14 mars 1680 (*Nueva Recopilacion*, livre V, titre 15, décret 4).

3. La *Gazette* donne de l'affaire Diaz une relation détaillée que nous reproduisons dans les *Notes*.

Le peuple, qui étoit entré dans de grandes espérances du succès de ces avis capables de diminuer la moitié de la cherté qui l'accabloit, s'assembla autour de la maison de Diaz pendant sa maladie, publiant qu'on l'avoit empoisonné et menaçant les ennemis du bien public. Il arriva même que, dans ce temps là, le Roi étant allé à quelques églises, ils le suivirent en grand nombre, criant *Viva el Rey! Muera el mal govierno*[1]! Lorsqu'on enterra cet homme, ils accompagnèrent son corps et s'attroupèrent dans les rues, de sorte que le Roi qui, ce jour là, devoit aller à une fête des Jésuites, n'osa sortir du Palais, et l'on vit durant quelques jours les apparences d'une sédition, qui auroit été inévitable parmi un peuple moins abattu et moins esclave que celui de Madrid. Sa colère se passa avec des paroles et des injures en l'air contre les auteurs de sa misère qui demeura dans le même état et sans espérance de remède.

Cependant la cour de Madrid, ordinairement paisible sur les affaires étrangères, parut avoir quelque inquiétude sur celles d'Italie, où l'on disoit publiquement qu'il marchoit une armée françoise. Il y avoit déjà plus d'un an que le bruit s'étoit répandu que le Roi traitoit de Casal avec le duc de Mantoue[2]; ce bruit qui, dans la suite, s'étoit dissipé de lui-même, fut renouvelé par les Génois qui don-

---

1. « Vive le Roi! Mort au mauvais gouvernement! »
2. Casal fut cédé à la France en 1681, en vertu d'un traité signé à Mantoue le 20 août et à Saint-Germain le 16 septembre.

nèrent si bien l'alarme aux Espagnols que dans un temps où ils manquoient d'argent et où le changement de la monnoie étoit pour eux un nouvel accablement, ils commencèrent la levée de quelques régiments espagnols et en ordonnèrent un de deux mille hommes dans le royaume de Naples. L'Empereur de concert avec eux fit avancer un corps de troupes allemandes vers le Milanois. Les Vénitiens tirèrent de leurs garnisons de Dalmatie de quoi renforcer celles des places de Lombardie, travaillèrent à en rétablir les fortifications, et il parut alors qu'entre la plus grande partie des princes d'Italie il se formoit de nouvelles liaisons par la crainte de la France, qui, cependant, ne sembloit faire aucune démarche de ce côté là.

Vers la frontière de Biscaye, il s'étoit passé depuis quelque temps d'assez grands désordres, par les violences que les Biscayens du côté d'Espagne avoient faites aux sujets de la France, en leur brûlant des barques et faisant des prisonniers pour de certains démêlés qui durent entre eux depuis longtemps sur la propriété de la rivière de Bidassoa, le droit de pêche et quelques autres difficultés particulières. L'ambassadeur de France en avoit demandé justice plusieurs fois aux ministres de Madrid; mais, comme il n'avoit pu obtenir de réponse, il déclara enfin à Don Vicente, son commissaire, que le Roi envoyoit des troupes sur cette frontière pour avoir justice des violences qu'on avoit faites à ses sujets et les en garantir à l'avenir.

Don Vicente de Gonzaga n'eut rien à dire sur le procédé du Roi, également juste et nécessaire, mais il témoigna au marquis de Villars qu'il n'étoit plus son commissaire et qu'il y avoit plus de trois semaines que le marquis de Los Balbases étoit nommé en sa place. L'Ambassadeur se plaignit qu'on lui eût changé son commissaire sans l'en avertir. Don Vicente en remit toute la faute sur don Pedro Coloma, qui devoit le lui avoir fait savoir, et y ajouta encore quelques plaintes sur la négligence de ce secrétaire d'État.

Deux mois après, on sut qu'une escadre de vaisseaux de France, commandée par Valbelle[1], avoit paru devant l'île de Majorque pour demander au Vice-Roi la restitution de certain navire marchand pris par les corsaires majorquins depuis la paix, suivant les ordres que l'ambassadeur de France avoit obtenus de la cour d'Espagne[2]. Le Vice-Roi se défendit de

---

1. Jean-Baptiste de Valbelle, fils cadet de Côme II de Valbelle, seigneur de Baumelles, fut commandeur de l'ordre de Saint-Jean, capitaine de galères en 1647, capitaine de vaisseau en 1666, chef d'escadre en 1673, et mourut à Marseille le 16 avril 1681 (*Mémoires du marquis de Villette*, publ. par Monmerqué, Paris, 1844, p. 17, et E. Sue, *Histoire de la marine française*, éd. de 1845, t. II, p. 423).

2. Deux démonstrations eurent lieu en 1680 sur les côtes de Majorque. Une première escadre de trois vaisseaux de guerre et d'une tartane, commandée par le chevalier Jean-Baptiste de Valbelle, se présenta devant l'île le 31 mars et en repartit le 2 avril. Une seconde escadre de dix-huit galères et d'une frégate séjourna pendant le mois d'août dans les eaux de Majorque sans se livrer à aucun acte d'hostilité (*Cronicon Mayoricense*, publ. par Alvaro Campaner y Fuertes, Palma de Mallorca, 1881, p. 435 et 436).

rendre ces prises sur ce qu'elles avoient été partagées entre plusieurs particuliers de divers endroits, qu'ainsi elles n'étoient plus en nature ; il joignit à cette réponse des prétentions ridicules de dédommagement pour les corsaires.

Sur ce refus, Valbelle lui déclara qu'il feroit des représailles sur les sujets du roi d'Espagne qu'il trouveroit en mer ; elles devoient encore s'étendre au dédommagement de beaucoup d'autres prises faites depuis la paix sur les François, non seulement en mer par les corsaires espagnols, mais des vice-rois et gouverneurs, dans les ports mêmes des places qu'ils commandoient. On n'avoit pu obtenir aucune raison à Madrid, où, par un usage établi depuis longtemps, les injustices et les concussions de ceux qui sont dans le commandement sont impunies par la protection que leur donnent les conseils composés la plupart de personnes qui ont eu la même conduite dans leurs emplois ou qui tirent quelque intérêt de celles des coupables.

Quoique ces voies de fait pendant la paix, entre les deux nations jalouses l'une de l'autre, pussent aisément attirer une rupture, que les Espagnols sembloient toujours craindre, ils ne s'en embarrassoient point néanmoins, dans la pensée que tout se termineroit à des représailles, qu'ils aimoient mieux souffrir que de se donner la peine de faire justice à ceux qui en étoient la cause.

Cependant les Espagnols eurent une véritable terreur à l'arrivée d'un courrier extraordinaire qui vint à l'ambassadeur de France le 9ᵉ avril. L'affaire de Biscaye et les représailles se joignant alors aux idées qu'ils se formoient de la guerre d'Italie, ils ne doutèrent point que la France ne leur envoyât déclarer la guerre. Cette alarme dura peu, et l'on sut incontinent après que le courrier apportoit à l'ambassadeur de France ordre de demander satisfaction de ce qu'on lui avoit ôté les franchises et la juridiction de son quartier.

Les ministres étrangers ont à Madrid deux sortes de privilèges : l'un est une certaine étendue autour de leur palais dans laquelle aucun officier de justice ne peut exécuter sans la permission de l'Ambassadeur ni même passer avec la marque de sa charge, qui est une baguette blanche; l'autre privilège est une exemption de payer aux portes le droit d'entrée des choses qui se consument dans leurs maisons. Cette exemption, à cause des abus qui s'y sont commis autrefois, a été convertie en une somme fixe que le roi d'Espagne donne à chaque ambassadeur pour le dédommager de ces entrées; c'est ce qu'ils appellent *franquicias*. L'exemption de justice du quartier s'appelle *imunidad del barrio;* elle a toujours été observée avec tant de rigueur, qu'on a vu des ambassadeurs faire pendre à leurs portes des officiers de justice pour avoir violé ce privilège, et les plus modérés les font maltraiter.

Sur la fin du mois de janvier, il arriva que le corregidor de Madrid, accompagné de ses alguazils ou sergents, passa en plein jour dans le quartier de l'ambassadeur de France, avec les baguettes hautes; l'Ambassadeur qui n'en fut averti qu'après, envoya lui dire qu'il avoit violé ses privilèges et qu'il prît garde à ne pas faire encore une fois de pareilles entreprises dont les suites pourroient être fâcheuses. Le Corregidor s'excusa sur ce qu'il n'avoit pas su que ce fût le quartier de l'Ambassadeur, et cependant, dix jours après, dans un temps que l'Ambassadeur étoit hors de chez lui, le même Corregidor traversa de nouveau son quartier, comme la première fois; l'Ambassadeur s'en plaignit aux ministres et leur en fit voir les conséquences. La réponse aux plaintes fut une déclaration qu'on lui envoya signée d'un secrétaire d'État, qui portoit que le Roi, en conséquence d'une autre déclaration de l'année 1671, ayant résolu de traiter à Madrid les ambassadeurs de chaque prince comme ceux d'Espagne l'étoient à leurs cours, Sa Majesté avoit considéré qu'en France l'ambassadeur d'Espagne n'avoit aucun privilège ni juridiction hors de son palais, à la porte duquel la justice passoit et exécutoit librement, qu'ainsi il déclaroit qu'à l'avenir l'ambassadeur de France n'auroit pas plus de privilèges à Madrid que celui d'Espagne en avoit à Paris.

L'Ambassadeur répondit par écrit qu'il recevoit cet ordre du Roi avec beaucoup de respect, qu'il étoit persuadé que le Roi, son maître, entreroit volontiers dans cette vue d'égaler le traitement de leurs ambassadeurs dans les deux cours, que, pour prendre des mesures plus justes dans l'établissement de cette égalité, il lui représentoit les avantages qu'avoit en France l'ambassadeur d'Espagne : qu'il entroit chez le Roi et chez la Reine, quand il vouloit, sans demander audience, qu'il assistoit aux fêtes et aux cérémonies publiques assis, qu'il accompagnoit le Roi à la chasse et en d'autres rencontres sans permission, qu'il alloit à six chevaux dans Paris, quand il lui plaisoit, que l'Ambassadrice avoit la même liberté chez la Reine à toutes les heures, qu'elle entroit dans le carrosse de Sa Majesté et mangeoit avec elle en diverses occasions, et plusieurs autres privilèges d'agrément et de distinction qu'avoit l'ambassadeur d'Espagne en France, dont celui de France ne jouissait point en Espagne. Il ajoutoit qu'il donneroit part au Roi, son maître, de la déclaration qu'on lui avoit faite et demandoit, cependant, qu'on laissât les choses en état jusqu'à ce qu'il eût pu recevoir les ordres de Sa Majesté.

Il falloit cinq semaines pour recevoir des réponses de France, mais sans attendre ce temps le secrétaire d'État envoya à l'Ambassadeur une seconde déclaration, qui portoit que Sa Majesté, ayant vu sa réponse, continuoit dans sa première résolution, déclarant qu'il lui ôtoit les franchises et les immunités du quartier. La réponse de l'Ambassadeur fut respectueuse, reconnoissant que le roi d'Espagne étoit le maître dans ses États et pouvoit disposer absolument du quartier et de la maison d'un ambassadeur, que cependant il étoit surpris qu'on ne lui eût pas laissé le temps de recevoir les ordres du Roi, son maître.

Il demeura ainsi le seul ambassadeur à

Madrid sans privilège de quartier et sans franchises, comme un simple particulier, jusqu'à ce qu'il put savoir la volonté du Roi sur une affaire de cette conséquence, capable de brouiller les deux couronnes, s'il n'avoit pas eu plus de prudence et de modération que les ministres d'Espagne avoient de raison et de conduite sur la première déclaration ni sur la deuxième. Il n'envoya point de courrier, il se contenta d'en donner avis par l'ordinaire et un compte exact de l'affaire; il évita tout ce qui pouvoit donner de la chaleur.

Comme sur les premières nouvelles qui en vinrent à la cour de France, il parut que le Roi prenoit cette affaire avec beaucoup de fierté, Monsieur, craignant les suites qu'elle pourroit avoir, écrivit à la reine d'Espagne en termes pressants, pour l'engager à les prévenir autant qu'elle pourroit auprès du Roi, son mari. Elle n'en avoit rien su jusqu'alors, et comme elle en parla au Roi, il lui dit qu'il y avoit plus d'un mois qu'il avoit ôté les privilèges à l'ambassadeur de France, mais qu'à elle, il ne lui parloit pas de ces sortes d'affaires. Elle le pressa pour savoir ce qu'il en pensoit. Sur quoi il lui répondit : « *Me quitaran este embaxador y me embiaran otro gavacho*[1]. » On peut juger par cette réponse que certaines gens qui l'approchoient lui avoient persuadé qu'en France on révoqueroit le marquis de Villars pour envoyer un autre ambassadeur en sa place.

1. « On m'ôtera cet ambassadeur et on m'enverra un autre Français. »

Sitôt qu'il eut reçu les ordres que le courrier lui apportoit, il prit audience du duc de Medina Celi, lui fit voir l'irrégularité du procédé qu'on avoit tenu à son égard et le ressentiment que le Roi, son maître, devoit avoir qu'on eût choisi son ambassadeur seul pour lui ôter les privilèges que l'on conservoit à tous les autres, et lui déclara que le Roi en demandoit une satisfaction publique. Le duc de Medina Celi prétendit qu'en l'année 1671, le roi d'Espagne avoit déclaré que les ambassadeurs qui étoient à Madrid n'auroient point de quartier privilégié, que si, depuis cette année, ils en avoient joui, ce n'avoit été que par tolérance, et qu'afin que celui de France n'eût pas sujet de se plaindre, on feroit à tous les autres ambassadeurs la même déclaration qu'on lui avoit faite. L'Ambassadeur répondit que ce seroit pour lui plutôt une nouvelle injure qu'une satisfaction ; qu'il prétendoit que la cour d'Espagne, unie comme elle étoit avec celle de France, pouvoit attirer des grâces aux autres ambassadeurs, mais non pas leur faire perdre les avantages qu'ils avoient déjà, qu'il ignorait la déclaration de 1671, que depuis, il avoit été plus de trois années en deux fois ambassadeur à Madrid avec tous ses privilèges, qu'on ne les ôtoit présentement qu'à lui seul, et qu'il en demandoit le rétablissement d'une manière qui pût satisfaire le Roi, son maître.

Le lendemain il eut audience du roi d'Espagne auquel il présenta une lettre de créance expresse pour cette affaire, et lui fit considérer jusqu'où alloit le traitement qu'on lui avoit fait, lui représentant en même temps l'étroite union que le sang, les alliances et la paix nouvellement jurée devoient mettre entre Leurs Majestés et leurs couronnes, l'application qu'il avoit eue en son particulier à en maintenir la bonne correspondance, l'espérance qu'avoit le Roi, son maître, de recevoir en cette occasion toute la satisfaction qu'il devoit attendre de sa justice et de son amitié.

Comme on ne décide aucune affaire en Espagne qu'après qu'elle a passé par les formalités des tribunaux qui doivent en connoître, celle-ci fut portée au Conseil d'État, qui en donna la consulte au Roi, c'est-à-dire au premier ministre, sur laquelle la satisfaction fut résolue; de sorte que le 14 avril, le marquis de Los Balbases, commissaire pour les affaires de France, vint trouver l'Ambassadeur et lui donna un papier signé de lui, qui portoit que le roi d'Espagne, ayant chargé son ambassadeur en France de la satisfaction et de la réponse à la lettre du Roi Très Chrétien, avoit commandé en même temps de venir assurer l'Ambassadeur qu'en considération de l'étroite liaison de sang et d'amitié qui unissoit Leurs Majestés et pour faire connoître au Roi Très Chrétien le désir qu'il avoit de le satisfaire, il conservoit à l'ambassadeur de France l'immunité et les privilèges de son quartier, et qu'à l'égard des franchises des entrées, ce n'avoit point été son intention de les lui ôter, et qu'elles lui auroient été payées, s'il les avoit fait demander.

Dans une autre cour que celle d'Espagne, il auroit paru extraordinaire d'entreprendre sans sujet un procédé de cette importance pour le finir d'abord par une satisfaction publique, avec tant de foiblesse, mais le reste du gouvernement répondit assez à la conduite particulière de cette affaire pour n'en être pas surpris.

La première déclaration que reçut l'ambassadeur de France, quand on lui ôta ses privilèges, fut avant l'élévation du duc de Medina Celi; la seconde fut après qu'il fut ministre : le prétexte étoit que ces privilèges n'avoient aucun fondement que la tolérance; qu'en l'année 1671, le Roi avoit déclaré à tous les ambassadeurs qu'il ne prétendoit point les en laisser jouir; que l'archevêque de Toulouse[1], alors ambassadeur de France, en étoit convenu; que si, dans l'occasion présente, la déclaration n'avoit été renouvelée que pour l'ambassadeur de France, c'est qu'il étoit le seul de tous les ambassadeurs qui s'étoit plaint qu'on ne les lui eût pas conservés.

Mais il est certain que, dès l'année 1671, la Reine mère, alors régente, conserva les privilèges des quartiers de l'ambassadeur d'Allemagne, qu'on ne les a jamais ôtés au Nonce, de peur qu'à Rome on ne les ôtât à

---

1. Pierre de Bonsy, né à Florence le 15 avril 1631, évêque de Béziers en 1659, archevêque de Toulouse en 1669, ambassadeur en Espagne de 1669 à 1671, cardinal en 1672, archevêque de Narbonne en 1673, mort à Montpellier le 11 juillet 1703. Cf. Saint-Simon, éd. de Boislisle, t. III, p. 326.

l'ambassadeur d'Espagne. Le marquis de Villars justifioit que, depuis l'année 1671 et depuis l'archevêque de Toulouse, il avoit été en deux fois près de trois ans ambassadeur à Madrid, jouissant de tous ces privilèges sans contestation, que tous les ambassadeurs en avoient joui jusqu'alors, que, dans le temps même qu'on lui avoit ôté la juridiction de son quartier, on avoit sévèrement puni un alcade et des alguazils pour avoir passé dans celui de l'ambassadeur de Venise. Il faisoit voir enfin un écrit signé de don Jeronimo d'Eguya, comme secrétaire d'État, qui le lui avoit envoyé six mois auparavant, dans lequel, sur la contestation pour la main entre lui et don Juan d'Autriche, ce secrétaire d'État marquoit qu'encore que l'ambassadeur d'Espagne n'eût point de quartier franc à Paris, celui de France ne laissoit pas d'en jouir à Madrid.

Les autres ambassadeurs prirent cet écrit pour un titre de leurs privilèges, qui jusqu'alors n'étoient fondés que sur l'usage, mais le Conseil d'État trouva fort mauvais que don Jeronimo d'Eguya eût donné un écrit en ces termes, dont ils prétendoient qu'il n'y avoit point eu de consulte. Il s'excusa sur ce qu'il en avoit eu ordre de don Juan qui étoit alors premier ministre.

Quelques-uns voulurent croire qu'on avoit ôté les privilèges de l'ambassadeur de France à Madrid, pour témoigner quelque ressentiment de ce que deux mois auparavant le Roi Très Chrétien avoit fait déclarer au duc de

Giovinazzo[1], ambassadeur d'Espagne, qu'en lui conservant à la Cour tous les avantages qui regardoient le caractère et les fonctions de l'ambassade, il ne prétendoit pas lui laisser les agréments et les libertés que, depuis un temps, il avoit bien voulu accorder à l'ambassadeur d'Espagne. La raison en étoit publique, parce que Giovinazzo, étant envoyé d'Espagne à la cour de Savoie, avoit de son chef fait des traités pour brûler les magasins de Pignerol et les vaisseaux de Toulon[2]; ainsi le Roi, le regardant comme un ennemi personnel, lui ôtoit ce qu'on ne donne qu'à ses amis et lui laissoit ce qu'on ne peut refuser à un ambassadeur. On en parut si peu offensé à la cour d'Espagne qu'il fut révoqué d'abord, sans en faire la moindre plainte, et le marquis de La Fuente[3] nommé en sa place.

Deux jours devant la satisfaction que l'on fit

1. Domenico del Giudice, duc de Giovinazzo et prince de Cellamare, vice-roi d'Aragon, envoyé extraordinaire en Savoie de 1676 à 1679, ambassadeur en France de 1679 à 1680, ambassadeur extraordinaire au Portugal en 1681 pour régler l'affaire de l'île Saint-Gabriel, conseiller des conseils de Guerre et d'Italie, envoyé en mission à Rome d'où il revint en 1685, élevé à la Grandesse en 1698, conseiller d'État en 1706, mort à Madrid le 25 avril 1718. Il était frère du cardinal Francesco del Giudice et père du prince de Cellamare, ambassadeur d'Espagne en France.

2. Dans une très curieuse supplique adressée au roi d'Espagne en 1679, Giovinazzo se vante d'avoir incendié les magasins de Toulon et d'avoir tenté de détruire ceux de Pignerol et la flotte française; il dit qu'à cause de ces exploits, il fut très mal reçu à Paris et qu'on l'y menaça de poison (*Semanario erudito*, t. XXX, p. 21).

3. D. Gaspar de Teves, Cordova, Tello y Guzman, deuxième marquis de La Fuente, capitaine général de l'artillerie du

à l'ambassadeur de France, l'envoyé de l'Électeur de Brandebourg partit de Madrid, après avoir fait éclater publiquement le ressentiment de son maître contre cette cour. Il y avoit longtemps qu'il demandoit des sommes considérables qui lui étoient dues des subsides de la dernière confédération. Après de fortes instances, il avoit enfin obtenu une assignation de cent cinquante mille écus sur les galions qui devoient bientôt arriver. D'abord qu'ils le furent, il alla à Séville pour recevoir cet argent, mais il trouva que le président de la Contractation avoit ordre de ne le point payer; il revint à Madrid s'en plaindre et presser de nouveau pour son paiement. On l'entretint de promesses durant six mois, au bout desquels, suivant l'ordre de son maître, il demanda une réponse positive dans dix jours; il étendit ces dix jours à six semaines et prit son audience de congé.

Le duc de Medina Celi, devenu alors premier ministre, s'intéressant à le retenir, lui fit porter parole de payer son assignation dans quatre mois. L'envoyé n'y trouva pas plus de sûreté qu'aux premières promesses. On lui offrit trente mille écus; la proposition lui parut indigne, il connut même qu'elle n'étoit pas sûre, de sorte qu'il se retira, après avoir fait voir à plusieurs personnes une lettre de l'Électeur son maître qui lui commandoit de

---

Milanais, ambassadeur à Venise d'où il revint en 1676, plénipotentiaire à Nimègue, ambassadeur extraordinaire en France de 1680 à 1683, mort à Madrid le 12 mai 1685.

quitter cette canaille sans foi et sans honneur, et avoir dit fièrement aux ministres tout ce que le ressentiment peut inspirer.

Ce fut en ce même temps que l'envoyé de Savoie quitta Madrid par ordre du Duc, son maître, mal satisfait d'avoir inutilement sollicité durant quatre ans des honneurs que la France ne refuse point aux ministres de ce prince, et de n'avoir pu obtenir de satisfaction sur de grandes sommes de dettes anciennes et modernes qu'il demandoit. Les ministres de quelques autres États et républiques se retirèrent avec le même chagrin ou avec le même déplaisir d'avoir été trompés par de fausses assignations comme celui de Brandebourg, pendant que ceux de Hollande et du prince d'Orange y demeuroient pour d'autres intérêts, mais avec aussi peu de satisfaction sur le payement de l'argent dû à leurs maîtres.

On vit enfin terminer tout d'un coup le procès entre le Nonce et le président de Castille; ce dernier fut privé de sa charge, et le Nonce prétendit encore qu'il devoit aller à Rome se faire relever de la suspension qu'il avoit encourue. Il s'appeloit, ou se faisoit appeler, don Juan de la Puente y Guevara, car quelques-uns ont prétendu que son véritable nom étoit Montecillo; au surplus, un médiocre *hidalgo* ou gentilhomme de Castille, qui, ayant étudié les lois à Salamanque, étoit devenu chanoine de Tolède. Le cardinal d'Aragon[1], qui en étoit archevêque, le prit en

1. D. Pascual d'Aragon y Córdoba, fils de D. Enrique

amitié par les services qu'il lui rendoit dans ses affaires et l'introduisit auprès de don Juan d'Autriche, qui, l'ayant trouvé propre à ses vues, le fit président de la chancellerie de Valladolid et lui donna depuis, par commission, la présidence de Castille qu'il avoit ôtée au comte de Villa Umbrosa[1] et fait exercer durant quelques mois à D. Francisco Ramos del Manzano[2]. Il avoit de l'esprit et de la hardiesse, de la probité, autant qu'on en peut attendre d'un prêtre qui règle sa conscience par l'intérêt et l'ambition, d'ailleurs peu d'expérience

---

d'Aragon, duc de Cardona, et frère du conseiller d'État, D. Pedro d'Aragon. D. Pascual, né en 1625, créé cardinal en 1660, vice-roi de Naples en 1664, Inquisiteur général et membre de la Junte de gouvernement en 1665, conseiller d'État et archevêque de Tolède en 1666, mourut le 28 septembre 1677. Son portrait est dans Parrino.

1. Sur le comte de Villa Umbrosa, voir les *Notes*.

2. D. Francisco Ramos del Manzano, savant jurisconsulte, professeur à Salamanque, conseiller du Conseil d'Italie, du Conseil et de la Chambre de Castille, gouverneur du Conseil des Indes en l'absence du comte de Peñaranda, de 1662 à 1671, précepteur du roi Charles II, créé comte de Francos en 1677, mort à Madrid le 9 février 1683. Il fut plénipotentiaire avec D. Luis de Haro pour les conférences de la paix de 1659, réfuta le traité des droits de la reine Marie-Thérèse dans un gros livre intitulé : *Respuesta de España al tratado de Francia sobre las pretensiones de la Reyna Christianissima*. 1667, in-fol. Poète à ses heures, il composa, sous le pseudonyme de Roman Sforcia Cusani, une pastorale à la façon du Tasse et de Guarino (La Barrera, *Catalogo del antiguo teatro español*, p. 319). Son portrait et divers documents concernant ses emplois se trouvent dans la préface de son commentaire *Ad leges Juliam et Papiam*, Madrid, 1678, in-fol. Comme le dit Villars, Ramos fit en effet l'intérim de la présidence de Castille en juillet et août 1677 (*Coleccion de doc. inéd.*, t. LXVII, p. 122).

des grandes affaires et du gouvernement ; sa déposition fut un sacrifice agréable au public, qui le regardoit comme le ministre des persécutions que don Juan avoit faites à tant de personnes de qualité. Le peuple le haïssoit comme l'auteur de sa misère. On prétendoit qu'il l'avoit été du rabais de la monnoie, et, comme sa charge le rendoit le chef de la justice et de la police du Royaume, on attribuoit à ses désordres ou à sa tolérance tout le déréglement dont on étoit accablé. Cependant, sa perte, quoique souhaitée de tout le monde, avoit été longtemps balancée et ne fut enfin résolue que pour flatter Rome dans une conjoncture où la crainte de quelques entreprises de la France en Italie faisoit considérer à Madrid l'amitié du Pape comme une espérance de secours pour le Milanais.

L'évêque d'Avila fut nommé pour remplir sa place et eut la charge de président de Castille; on l'envoya querir à son évêché, d'où il refusa d'abord de venir, mais il se laissa persuader ensuite à un second ordre du Roi. Il étoit moine de la Merci, sous le nom de Père Jean Asensio ; il avoit été général de cet ordre et passoit pour homme d'assez bon esprit, c'étoit tout le mérite qu'il apportoit dans le poste le plus considérable de l'État après celui de premier ministre.

On ôta en même temps la commission de président des Finances à don Antonio de Monsalve qui demandoit à en être déchargé, et on mit en sa place don Carlos Ramirez de Arellano, conseiller du Conseil

Royal[1]. Le choix de cet homme pour un emploi si important fit faire dans le monde une réflexion peu avantageuse pour le premier ministre, car on vit, en même temps, qu'il continua dans la charge de corregidor de Madrid don Francisco Herrera, odieux par ses malversations, et qu'il fit président des Finances Arellano qui n'avait rien de considérable que d'être gendre de ce corregidor et d'avoir été longtemps enfermé et lié comme un fou.

Il y avoit longtemps que la présidence du Conseil de Flandre à Madrid étoit vacante, parce qu'on n'avoit point décidé si elle appartenoit au prince d'Astillano, qui en avoit été destitué, ou au comte de Monterey, qui en étoit pourvu sans néanmoins en avoir pris possession. Le premier avoit été exilé par don Juan, et, sur ce que pendant son exil il fit un voyage à Madrid sans permission, on lui ôta sa charge dont on envoya les provisions au comte de Monterey qui pour lors commandoit l'armée en Catalogne. Avant qu'il en revînt, il fut aussi exilé jusqu'à la mort de don Juan, par laquelle son exil étant fini, il demanda à prêter le serment de cette charge. La Reine mère et Jeronimo d'Eguya empêchèrent le Roi de le recevoir, quoiqu'il l'eût promis, et l'affaire demeura en cet état jusqu'à ce que le duc de Medina Celi, devenu premier ministre, fit une junte pour en résoudre la difficulté.

---

1. Sur les présidents et gouverneurs du Conseil des finances, voir les *Notes*.

La junte trouva que le Roi seul en pouvoit décider, et la décision fut en faveur du comte de Monterey. Le prince d'Astillano, toute sa famille et tout le parti de la Reine mère s'en plaignirent publiquement ; lui-même demanda qu'on lui fît son procès, s'il avoit mérité de perdre sa charge, qu'on ne lui avoit ôtée, à ce qu'il disoit, que pour avoir été toujours trop attaché aux intérêts de la Reine mère. L'alliance du premier ministre fut peut-être la raison essentielle qui fit terminer cette affaire à l'avantage du comte de Monterey ; mais on peut dire que le droit étant égal de part et d'autre, le mérite du comte de Monterey avoit fait pencher le Roi de son côté. Il avoit été gouverneur de Flandre dans un temps difficile, il y avoit fait paroître de la capacité, et, parmi ceux de son rang à Madrid, personne ne paroissoit avec plus de qualités propres à gouverner que lui.

Cette présidence le consola pour un temps de n'avoir point été nommé dans une promotion de sept conseillers d'État qui furent déclarés alors : le duc de Villa Hermosa, gouverneur de Flandre ; le marquis de Los Velez, vice-roi de Naples ; le comte d'Oropesa, jeune encore et sans charge, mais homme de quelque mérite, parent et ami du favori ; le duc d'Alburquerque, général de la mer ; le marquis de Mancera, majordome major de la Reine mère ; l'Inquisiteur général et don Melchior Navarra, autrefois vice-chancelier d'Aragon. L'on crut dans le monde que la promotion de ces quatre derniers étoit l'ouvrage de la Reine mère, à laquelle ils avoient toujours été fort attachés.

Parmi ces changements, le confesseur du Roi fut ébranlé durant quelques jours, et l'on sut que le premier ministre, jaloux du pouvoir qu'il avoit sur l'esprit du Roi par la conscience et peu content de son génie difficile à gouverner, avoit engagé le Roi à lui donner un évêché pour l'éloigner de la cour; mais il refusa l'évêché et fit si bien connoître qu'il ne se retireroit pas volontairement, qu'on fut obligé de le laisser dans son poste, quoique le premier ministre l'eût déjà destiné au Père Bayona, entièrement attaché à ses intérêts.

Comme le monde se donne aisément la liberté de juger de la conduite de ceux qui gouvernent, on trouva de la foiblesse au premier ministre de n'avoir pu éloigner le Confesseur, et de l'imprudence à l'avoir tenté sans être assuré d'y réussir. On voyoit en même temps deux personnes unies au Confesseur, qui se trouvoient sans cesse en particulier avec le Roi par le devoir de leurs charges et s'y étoient rendues absolument nécessaires par leur conduite : c'étoit la Camarera major et don Jeronimo d'Eguya, secrétaire d'État.

Ce dernier ne s'étoit pas seulement maintenu dans sa charge depuis le ministère du duc de Medina Celi, mais il l'avoit eue, en propre, par la mort de don Pedro Fernandez del Campo, qui en étoit titulaire, dont il eut encore la place de conseiller à la Chambre des Indes, et il se conservoit auprès du Roi en crédit personnel, capable de le mettre à couvert de tout ce qu'il auroit eu à craindre du favori, qui sembloit avoir intérêt à mettre dans le poste un homme plus à lui; mais il trouva pour ce changement des obstacles dans l'esprit du Roi, accoutumé depuis longtemps avec d'Eguya et prévenu de son attachement comme de son mérite, que le Confesseur et la duchesse de Terranova lui faisoient valoir par l'intérêt de pareils offices qu'ils attendoient de lui auprès du Roi.

Don Jeronimo d'Eguya demeuroit ainsi entre le Roi et le premier ministre, tirant de cette situation de grands avantages et beaucoup de pouvoir, sans être chargé d'aucun succès, dans un temps où le malheur des affaires exposoit sans cesse le premier ministre aux plaintes et aux reproches du public.

La duchesse de Terranova, qui se trouvoit dans un état presque pareil auprès de la Reine, sembloit s'y conduire avec assez d'habileté. Après avoir donné au Roi, dans les commencements, les impressions qui pouvoient la lui rendre nécessaire auprès de la Reine, elle gouverna d'abord cette princesse avec une extrême hauteur; mais comme elle vit que cette conduite seroit difficile à soutenir, que la Reine mère en étoit choquée, qu'elle avoit dit plusieurs fois au Roi qu'il ne falloit pas l'accabler par un traitement si rigoureux, que d'ailleurs la Reine d'elle-même étoit faible et sans ressource, elle prit insensiblement des manières plus modérées. Elle parut avoir de la complaisance pour la Reine, de l'honnêteté pour les personnes qui l'approchoient, elle alla même jusqu'à des airs d'empressement pour l'ambassadrice de France, et elle sut si bien effacer par cette nouvelle conduite les premières aversions de la Reine, que dans la suite elle se la croyoit nécessaire. C'étoit elle qui sembloit arrêter les méchantes humeurs du Roi, qui le reprenoit bien souvent quand il disoit quelque chose de fâcheux, qui donnoit des conseils à la Reine pour la consoler et pour adoucir le Roi ; mais on étoit persuadé qu'elle ne remédioit qu'en apparence au mal qu'elle causoit en effet et que c'étoit elle qui faisoit naître dans le palais ces contrariétés qu'elle affectoit de vouloir apaiser.

Elle avoit imprimé dans l'esprit du Roi une extrême haine pour ce qui avoit le nom et la moindre apparence de François, et elle l'avoit étendue au delà de ce qu'on peut s'imaginer ; elle l'avoit rendu jaloux des moindres François qui paroissoient sous les fenêtres de la Reine, et jusqu'à un misérable fou, qui se présenta une fois à la portière du carrosse de la Reine qui lui faisoit donner quelque aumône, dont le Roi parut si ému, qu'à en juger par ce qu'il dit, il sembloit que, si ce n'eût été dans le Palais, il l'auroit peut-être fait assommer. La Camarera major en fit une si grande affaire auprès de la Reine, qu'elle l'obligea à faire commander de la part du Roi à ce misérable, par l'ambassadeur de France, de sortir de Madrid sous peine de la vie.

Elle fit même paroître cet entêtement d'une manière plus publique à l'égard de deux gentilshommes de l'ambassadeur de Hollande, qui se rencontrèrent dans une rue où la Reine passoit avec le Roi. Ils firent arrêter leur carrosse par respect et saluèrent profondément Leurs Majestés quand elles passèrent. Il se trouva par hasard qu'ils s'étoient arrêtés du côté de la Reine et qu'ils étoient habillés à la Françoise. La Camarera major leur envoya demander qui ils étoient, et sut par eux-mêmes qu'ils étoient Hollandois ; cependant elle envoya encore chez l'ambassadeur de Hollande pour s'en assurer et pour leur faire dire de la part du Roi, qu'il ne leur arrivât plus à l'avenir, quand ils rencontreroient Leurs Majestés, de se ranger du côté de la Reine ni de la saluer.

Cependant la Camarera major ne laissoit pas d'envoyer quelquefois faire des compliments à l'ambassadeur de France, témoignant à l'Ambassadrice son déplaisir de ce qu'il ne venoit point chez la Reine, et l'on savoit que personne ne travailloit plus qu'elle à l'en empêcher et à le faire haïr par le Roi, à un tel point qu'il ne pouvoit le voir ni l'entendre parler sans dire en particulier quelque extravagance ou quelque injure. On le voyoit quelquefois assis, parlant seul tout haut, donnant mille malédictions aux François ; il reprochoit souvent à la Reine qu'elle étoit fille de François, et lorsqu'il sut que le Roi demandoit satisfaction de l'offense qu'on avoit faite à son ambassadeur en lui ôtant ses privilèges, il entra dans un emportement qui alla jusqu'à faire à la Reine des menaces qui pouvoient lui donner tout à craindre.

L'Ambassadeur n'entroit chez cette princesse que quand le devoir de son caractère l'y obligeoit, mais elle envoyoit querir presque tous les jours l'Ambassadrice, qui se trouvoit auprès d'elle quelquefois seule, quelquefois parmi les femmes de qualité qui venoient rendre leurs respects à Sa Majesté. Sitôt que le Roi entroit dans la chambre de la Reine, toutes se retiroient par un usage établi dans le Palais, qui ne permet pas que personne demeure auprès de la Reine quand le Roi y vient, sans excepter les ambassadeurs ni les personnes du plus haut rang.

On n'avoit pas moins inspiré d'aversion au Roi pour l'Ambassadrice que pour son mari. Souvent il se cachoit derrière quelque rideau de porte pour l'observer quand elle parloit à la Reine, et l'on assure qu'un jour qu'il la vit entrer, il commença à dire en son particulier des injures contre elle basses et grossières. La Camarera major, qui l'avoit entendu, le reprit ensuite devant la Reine et lui fit une sévère leçon de parler d'une manière si malhonnête d'une personne de mérite comme l'Ambassadrice ; c'est-à-dire qu'elle le reprit ainsi de dire devant le monde des choses que l'on devoit être bien persuadé qu'elle lui inspiroit en particulier : ainsi la Reine croyoit qu'elle lui servoit à gouverner l'esprit bizarre du Roi. Elle se faisoit du mérite auprès du Roi de lui ménager l'amitié de la Reine, et tout le monde qui savoit combien elle étoit à craindre lui tenoit compte du mal qu'elle ne faisoit point et des fausses honnêtetés qu'elle faisoit.

La Reine, cependant, avait été plus de six mois sans argent ni pour ses menus plaisirs ni pour beaucoup de choses qu'elle devoit de son voyage. On lui régla enfin cinq cents pistoles par mois, dont près de la moitié étoit destinée à des gratifications que de tout temps les reines d'Espagne ont accoutumé de faire : c'étoit peu de chose après six mois, durant lesquels elle avoit été obligée d'emprunter de l'argent en secret pour donner à ses femmes françoises et nourrir quelques chevaux qu'elle avoit amenés et qu'on ne lui permettoit pas de monter. Elle fut contrainte de renvoyer en France quelques-unes de ses femmes, trop inquiètes et trop avides pour s'accommoder à la solitude et à la pauvreté d'Espagne[1]. On lui congédia presque tous les officiers qu'on lui avoit accordés à Burgos, sans lui vouloir laisser seulement un chirurgien françois qui avoit acheté sa charge et l'avoit suivie en Espagne à ses dépens. Le Roi même lui avoit donné ses provisions, mais elle eut le dégoût de voir que la Camarera major et le marquis

---

1. « Il lui est resté deux des femmes qu'elle a amenées, une de ses nourrices, qui est assez adroite, et une Provençale, qui joue du clavessin. Le Roi a une grande joie de voir diminuer le nombre des François ; car il ne peut celer qu'il hait au dernier point notre nation. Pour vous expliquer un peu mieux le renvoi de ces femmes, c'est une grosse nourrice de la Reine, et une fille, nommée Martin, jolie, belle et sage. On ne les a pas chassées ; mais on leur a rendu la vie du palais assez insupportable pour les obliger d'en sortir. » (*Lettres de madame de Villars*, p. 120 ; lettre du 21 mars 1680.)

d'Astorga l'éloignèrent et le firent renvoyer, malgré elle[1].

Sa vie étoit toujours ennuyeuse et renfermée, elle ne sortoit que pour aller en dévotion en quelque couvent ou en visite chez la Reine mère où toutes deux étoient dans la conversation du monde la plus froide. Elle ne pouvoit souffrir celle des dames espagnoles qui la venoient voir et n'en essuyoit l'ennui que parce que l'ambassadrice de France lui prêchoit sans cesse qu'elle devoit garder des mesures honnêtes avec elles. D'ailleurs, elle n'avoit point d'autre divertissement que des comédies espagnoles qui ne la divertissoient point du tout. Elle jouoit tout le jour pour rien aux jonchets[2] avec le Roi, l'homme du monde de la plus méchante compagnie, et ne voyoit auprès de lui que ses deux nains. Dans cet état, elle sut se faire pour quelque temps une apparence de tranquillité. Elle acquit de la complaisance pour le Roi, des manières et des exactitudes telles qu'il pouvoit les souhaiter pour croire qu'il étoit aimé. On la voyoit gaie avec de la santé et de l'embonpoint. La compagnie de ses chiens et de ses perroquets l'amusoit souvent, et son esprit sans suite, sans ambition et sans attachement pour rien de ce que son rang lui donnoit, se consoloit par certaines

---

1. Les *Mémoires touchans le mariage* ne mentionnent (p. 136) que le chevalier Talbot, premier médecin, « connu sous le nom de médecin anglois ».

2. « Elle joue trois ou quatre heures par jour aux jonchets, qui est le jeu favori du Roi, sans lui marquer de chagrin. » (*Lettres de madame de Villars*, p. 126.)

idées de France où elle se faisoit de secrètes espérances de retourner un jour et de goûter hors du trône les douceurs d'une vie sans crainte qui lui laisseroit la liberté de suivre des penchants particuliers qui l'attachoient beaucoup plus que sa grandeur.

Le Roi devoit aller avec la Reine, selon la coutume, passer un mois à Aranjuez incontinent après Pâques. Ces voyages sont établis et réglés depuis Philippe II par un usage duquel on ne se dispense guère. Cependant le Roi demeura à Madrid. On publia qu'il y avoit de la petite vérole aux environs d'Aranjuez, qui d'ailleurs se trouvoit sur le chemin de Malaga où il y avoit encore quelque soupçon de peste[1].

Le voyage se rompit sur ce prétexte, mais l'on prétend que la véritable cause fut qu'il n'y avoit point d'argent pour le faire. Comme les rois d'Espagne n'entretiennent point d'équipage pour leur suite, ils sont obligés à une dépense extraordinaire, lorsqu'ils font le moindre voyage. Le Roi se contenta d'aller seul à l'Escurial durant trois jours pour une chasse au loup, sans autre suite que le premier ministre et un secrétaire d'État, le premier écuyer, un gentilhomme de la Chambre et un majordome; les moines le nourrirent. Le second jour qu'il y fut, la Reine lui écrivit et lui envoya un assez beau diamant; il

---

1. Sur la peste qui régna en Andalousie en 1680 et 1681, voir, entre autres, le mémoire du médecin D. Duarte Nuñez de Acosta, décrit par Gallardo, *Ensayo de una bibl. esp.*, t. III, col. 973.

répondit à cette galanterie par un petit coffre d'or, avec un chapelet de calembourg[1] garni de petits diamants, accompagné d'une lettre par laquelle il lui mandoit qu'il faisoit un grand vent et qu'il avoit tué six loups[2].

Cependant, comme la cherté ne diminuoit point à Madrid, il y eut alors du murmure et même de l'agitation parmi le peuple. Les maçons, qui sont un grand parti dans la ville, gens accoutumés aux vols et aux assassinats si communs et si impunis à Madrid, s'assemblèrent durant quelques jours dans des quartiers éloignés et proposèrent entre eux de piller les maisons de quelques magistrats en réputation de s'enrichir de la misère publique. Ce projet se dissipa de lui-même, mais il arriva dans le même temps, que les cordonniers de la ville ayant présenté un mémorial pour se plaindre d'un règlement par lequel

---

1. Plutôt calambouc ou *calambouy* (cette dernière forme se trouve dans l'édition de 1733), qui répond à l'espagnol *calambuco*. Le calambouc est un bois odorant de l'Inde, de couleur brune, qui entre dans certains ouvrages de marqueterie et dont on fait des chapelets. On trouve mentionnés des boîtes et des étuis en bois de calambouc dans l'inventaire des biens de Valenzuela (*Coleccion de doc. inéd.*, t. LXVII, p. 165). Victor Hugo a tiré parti du mot dans un vers devenu célèbre de *Ruy Blas*.

2. Madame d'Aulnoy, copiant ce passage, lui a donné une allure plus vive en mettant le contenu du billet au discours direct : « Un billet qui contenoit ces mots : Madame, il fait grand vent ; j'ai tué six loups. » (*Mémoires de la cour d'Espagne*, éd. de Mme Carey, p. 220). Et c'est cette version qui a passé dans *Ruy Blas*. — Il y a sur la chasse au loup, distraction favorite de Charles II, quelques détails curieux dans H. Sauvaire, *Voyage en Espagne d'un ambassadeur marocaen* (1690-1691), Paris, 1884, p. 136.

on avoit diminué le prix des souliers et fait voir qu'ils ne pouvoient le diminuer, tant qu'on laisseroit les marchandises et les vivres dans la cherté où ils étoient, on les renvoya au président de la Chambre des Alcades, qu'ils allèrent trouver en corps. Il les maltraita de paroles et les menaça de les faire châtier comme séditieux, de sorte que ne voyant rien à espérer de lui, ils s'en allèrent tous dans la place du Palais, sous les fenêtres du Roi, criant selon la coutume : *Viva el Rey, muera el mal govierno!* Le Roi, surpris de les voir ainsi attroupés, envoya querir le Président de Castille, qui les apaisa d'abord par de bonnes paroles, les fit venir chez lui, en fit entrer quelques-uns, et, sur leurs remontrances, leur permit de vendre les souliers au même prix qu'auparavant sans avoir égard au règlement. Ils s'en alloient contents, si, par malheur, ils n'eussent rencontré le Président des Alcades qui les menaça de nouveau. Quelques-uns le suivirent l'épée à la main et faillirent à le tuer; d'autres rentrèrent chez le Président de Castille et l'obligèrent à révoquer le règlement par un ordre signé qu'ils firent en même temps publier par les places de la ville. Quelques jours après, on fit des recherches de cette violence, on arrêta quelques-uns de ceux qui avoient fait paroître plus de chaleur, mais ils en furent quittes pour un peu de temps de prison, et l'on vit une égale foiblesse dans le peuple, qui n'osa se mutiner tout à fait, et dans les magistrats, qui n'osèrent châtier sa première insolence.

Une autre affaire particulière qui arriva dans le même temps fit connoître encore le peu d'autorité du gouvernement. L'on voit à Madrid tous les ans, durant la semaine sainte, plusieurs personnes se discipliner dans les rues, le visage couvert moins par piété que par caprice et par une superstition extravagante [1]. Comme il étoit arrivé des désordres par quelques-uns qui alloient se disciplinant la nuit, il y eut un décret du Roi qui défendit expressément de se discipliner aux flambeaux. La défense fut à peine publiée que don Antonio de Leiva, parent du duc de Medina Celi [2], cadet assez pauvre et d'une vie fort déréglée, attroupa quelques jeunes gens comme lui, et tous ensemble accompagnèrent un disciplinant durant la nuit avec grand nombre de flambeaux et de valets.

Le Président de Castille, nouvellement entré dans sa charge, voulut en faire un exemple, mais plusieurs personnes de qualité s'y intéressèrent; le premier ministre même s'y opposa pour son parent. Le Président alla au Roi et lui déclara qu'il seroit obligé de quitter sa charge, si on l'empêchoit de la faire dans une occasion si juste. Il eut la liberté d'agir et il condamna tous ces jeunes gens à un bannissement, mais don Antonio de Leiva, étant demeuré à Madrid sans exécuter son jugement, enleva d'un couvent une femme

---

1. Sur les disciplinants, voir les *Notes*.
2. Sans doute le fils cadet de D. Juan de Leiva y de La Cerda, marquis de Ladrada (Pedro Varron, *Compendio genealogico de la real casa de Leyva*, Naples, 1654, p. 58).

que son mari y avoit fait mettre, s'en alla avec elle en Aragon, de là en France, et par cette nouvelle insolence évita le châtiment de la première.

Comme le Président de Castille est le chef de la justice et de la police du Royaume, l'évêque d'Avila, entrant dans cette charge, eut moyen de reconnoître bientôt les malversations de plusieurs magistrats, dont l'avarice et les monopoles étoient une des causes principales de la cherté et de la misère publique. Il sut que quelques conseillers du Conseil Royal tenoient depuis longtemps le parti de la viande sous des noms empruntés, que le charbon, l'huile et les autres choses nécessaires à la vie se traitoient de la même manière, que, comme les conseillers sont les arbitres de la police, ils y mettoient le prix si haut qu'il leur plaisoit. Le Corregidor et les officiers de la maison de ville faisoient d'autres concussions sur les blés qui rendoient le pain cher au double de ce qu'il devoit être, et l'accablement public n'étoit qu'une suite de l'impuissance avec laquelle depuis longtemps les magistrats, chacun dans leur emploi, voloient le Roi et le peuple.

Le Président parut à son commencement vouloir apporter quelques remèdes à ces désordres, mais, n'étant point appuyé par le ministre, il fut obligé de laisser les choses dans l'état qu'elles étoient, instruit par l'exemple de ses prédécesseurs dans cette charge et peut-être par le malheur d'un évêque de Plasencia, Président de Castille comme lui durant la Régence, qui, ayant fait paroître des intentions rigoureuses pour la réformation de ces abus, finit sa vie, en peu de jours, par le soin, à ce qu'on prétend, des magistrats qui s'y trouvoient intéressés [1].

Il y avoit déjà plus de quatre mois que l'on avoit baissé la monnoie de cuivre; les méchantes suites de ce rabais, qui avoit mis absolument la bonne monnoie au-dessous de sa véritable valeur et la faussé au même prix que la bonne, firent enfin résoudre de la supprimer entièrement [2]. On établit à Madrid et dans toute la Castille des bureaux, où l'on devoit recevoir cette monnoie décriée, pour en payer la valeur en argent comptant ou en billets payables à certains temps, c'est-à-dire, suivant l'usage d'Espagne, qui ne se devoient jamais payer. On assuroit alors qu'il y avoit de cette monnoie, dans les deux Castilles, pour plus de quinze millions d'écus, et l'on n'avoit que cent mille écus pour les retirer, de sorte qu'au delà de cent mille écus, tout se trouva perdu pour les particuliers et pour l'État. Ce décri fut un nouveau malheur qui ôta à plusieurs personnes le peu qui leur restoit et ne diminua rien de la cherté ni des autres maux du public.

---

1. Le personnage en question se nommait D. Diego Riquelme; il fut successivement évêque de Ciudad-Rodrigo, Oviedo et Plasencia, prit possession du gouvernement du Conseil le 9 avril 1668 et mourut le 13 mai suivant.

2. Cette suppression eut lieu en vertu d'un décret du 22 mai 1680 (*Nueva Recopilacion*, livre V, titre 21, décret 30).

Dans les commencements du nouveau ministère, on avoit espéré qu'avec les bonnes intentions et l'application que faisoit paroître le duc de Medina Celi, quelques amis capables et le secours des personnes de mérite qu'il mettroit dans les charges pourroient lui aider à former un gouvernement raisonnable. Cette espérance augmenta quand on vit la confiance particulière qu'il témoignoit à don Vicente de Gonzaga, du Conseil d'État, vénérable par son âge, d'une longue expérience et plein de passion pour le bien de l'État; mais cette liaison fut de peu de durée. Don Vicente proposoit de rétablir l'État par une réformation générale des déréglements qui l'accabloient. Il falloit de la fermeté pour exécuter ce dessein et il falloit faire des exemples. Ces pensées de fierté et de hauteur embarrassèrent le duc de Medina Celi, naturellement doux et d'un génie éloigné des grands mouvements, de sorte que pour s'en défaire honnêtement, il donna à don Vicente le gouvernement du Conseil des Indes, c'est-à-dire que lui, qui en étoit Président, garda la propriété de sa charge et les appointements, la faisant exercer par don Vicente qui se renferma entièrement dans les fonctions de cette charge.

Il parut peu après que le marquis de Los Balbases avoit quelque entrée dans la confiance du premier ministre, soit que le Duc le crût plus capable qu'un autre ou que cette liaison fût particulièrement fondée sur le dessein de marier une de ses filles au fils aîné du connétable Colonne, beau-frère de Balbases, qui depuis peu avoit quitté sa vice-royauté d'Aragon pour revenir à Madrid avec sa famille. C'étoit un parti assez considérable pour le duc de Medina Celi, qui avoit neuf filles dont il n'en avoit encore marié que deux.

Le marquis de Los Balbases n'avoit pas conservé en arrivant à Madrid toute la réputation qu'on lui donnoit lorsqu'il étoit éloigné dans les pays étrangers, mais un peu de faveur passagère auprès du Duc acheva de lui attirer l'envie et de détruire son mérite. Il étoit étranger, c'est-à-dire Génois, et, quoique Grand d'Espagne, d'une maison illustre, petit-fils d'un aïeul qui avoit commandé avec réputation les armées d'Espagne [1], il paroissoit aux Espagnols beaucoup au-dessous des autres Grands. On lui reprochoit son économie, qu'il étoit occupé uniquement à faire profiter son argent comme un marchand, on se plaignoit du peu de lumières qu'il avoit eu dans le traité de Nimègue, dont les suites exposoient tous les jours l'Espagne à de nouvelles prétentions de la France, faute d'avoir bien expliqué les choses cédées et leurs dépendances.

Le Connétable de Castille appuyoit plus que personne tout ce qui pouvoit donner quelques atteintes à Los Balbases, et par le ressouvenir de l'avoir vu créature de don Juan, et par le dépit présent de le voir favorisé du duc de

---

1. D. Ambrosio Spinola, deuxième marquis del Sexto, créé marquis de Los Balbases en 1621, des Conseils d'État et de la guerre, capitaine général des armées d'Espagne en Italie, en Flandre et au Palatinat, mort au siège de Casal le 25 septembre 1630. On connaît son portrait peint par Van Dyck.

Medina Celi, dont le Connétable affectoit de décrier le gouvernement, relevant sans cesse dans le Conseil d'État les plaintes qui venoient du dedans et du dehors du royaume. Comme il étoit le premier homme du Conseil et assez le maître d'entraîner les autres dans son sentiment, le Duc, pour se délivrer de ses contrariétés, chercha à l'adoucir par des marques de considération et même de confiance, ainsi qu'il parut lorsque le Connétable ayant eu une fièvre tierce qui l'empêcha durant quelque temps de venir au Conseil, on lui envoya toujours consulter chez lui les affaires importantes. Il trouva cette distinction si agréable qu'il fit durer assez longtemps les apparences de son mal.

Ce fut alors que le duc de Medina Celi lui envoya les provisions d'un bénéfice assez considérable pour un de ses bâtards[1], et le Connétable, se voyant si bien traité, crut devoir prendre cette occasion pour terminer les différends qu'il avoit avec lui pour la succession du duc de Cardona. Le duc de Medina Celi avoit épousé sa fille et le Connétable la veuve ; les droits de ces deux femmes leur avoient causé de grands procès sur lesquels ils compromirent alors. Le Connétable s'en fit un mérite auprès du Duc, et ne laissa pas de trouver ses avantages par la crainte que l'autre avoit de lui, dont il se servoit pour ménager beaucoup de choses, en attendant que la foiblesse du gouvernement venant à son point,

---

1. D. Iñigo de Velasco, nommé archidiacre de Cuenca.

comme il espéroit, il se trouvât en état d'y avoir plus de part.

Les affaires demeuroient toujours dans la même suspension et l'on s'étonnoit de voir le premier ministre sans cesse occupé à donner des audiences et dépêcher avec le Roi et le secrétaire d'État, sans terminer la moindre affaire. On nomma seulement vice-roi de la Nouvelle Espagne le marquis de La Laguna, frère du duc de Medina Celi; on le nomma au mois de mai pour partir avec la flotte au mois de juin. La pauvreté des marchands et la grandeur des droits, augmentés par le changement de monnoie, fit douter durant quelque temps qu'elle pût partir ; mais enfin elle sortit de la baie de Cadix le 12 juillet très chargée de marchandises étrangères.

Le marquis de Grana, ambassadeur de l'Empereur, arriva à Madrid à peu près dans ce même temps[1]. Quelque agrément qu'il pût espérer dans cette cour où il avoit été élevé, et parmi un nombre considérable de parents qu'il y trouvoit, il auroit assez souhaité se dispenser d'y venir, et l'on prétend que ceux à qui son mérite faisoit ombrage auprès de l'Empereur ne l'avoient fait destiner à cette ambassade que pour l'éloigner de Vienne.

Avant que de venir à Madrid, il étoit déjà fort persuadé de la misère et de l'accablement de l'Espagne, mais elle lui parut encore au delà de tout ce qu'il en avoit pensé, et, par une

---

1. Le marquis de Grana arriva à Madrid au mois de mai 1680 (*Lettres de madame de Villars*, p. 126).

opposition assez bizarre, il trouva cette cour prête à s'engager à tout ce qu'il voudroit et hors d'état de satisfaire au moindre engagement. Il songea dès lors à en sortir le plus tôt qu'il pourroit ; il fit assez entendre qu'il ne prétendoit pas y demeurer plus d'un an. Pour le consoler, on lui fit toutes les honnêtetés possibles. Les Reines envoyèrent d'abord des présents considérables à la marquise de Grana[1] et à ses filles ; le Roi lui paya sa maison, lui donna double franchise, et l'on n'oublia rien pour ses intérêts et pour sa satisfaction particulière.

Dans les alarmes que la cour d'Espagne avoit eues depuis quelque temps du côté de l'Italie, de Flandre et à la frontière de Biscaye, elle s'étoit trouvée dans une extrême nécessité d'argent ; il avoit fallu prendre quatre ou cinq mille pistoles de divers particuliers, et quelquefois les départs des courriers avoient été retardés, faute d'avoir de quoi payer leurs voyages. Pour éviter à l'avenir un pareil embarras, le marquis de Los Balbases proposa au duc de Medina Celi d'avoir un état au vrai des finances, afin de connoître précisément les fonds sur lesquels on pouvoit compter dans les besoins. Il fit venir le président des Finances et les principaux de ce conseil et leur ordonna de dresser cet état. Sur quoi, ayant délibéré, ils répondirent deux jours

---

[1] Marie-Thérèse d'Arenberg, comtesse d'Erbstein. L'une de ses filles, Marie-Henriette, épousa, en 1684, Philippe-Charles-François duc d'Arenberg, d'Arschot et de Croy.

après qu'il falloit plusieurs années pour faire cet état, et la proposition n'alla pas plus avant.

Le duc de Medina Celi, aussi bon et facile dans le gouvernement particulier du Palais que dans celui de l'État, laissoit toujours à la Camarera major et à don Jeronimo d'Eguya un pouvoir sur l'esprit du Roi assez indépendant de lui et même contraire à ses intérêts et à ses intentions, qui sans cesse étoient traversées par les inspirations secrètes qu'ils donnoient au Roi dont l'esprit faible ne laissoit pas d'être opiniâtre dans ses préoccupations.

La Camarera major, qui durant quelque temps avoit paru tenir une conduite plus modérée avec la Reine, étoit revenue à son naturel impérieux et lui donnoit souvent de nouveaux chagrins. D'ailleurs elle étoit déclarée contre le premier ministre et dans plusieurs occasions elle en avoit parlé comme d'un misérable sans esprit et sans mérite ; mais quelque intérêt qu'il eût de l'éloigner, il la souffroit avec la même indolence qu'on lui voyoit dans tout le reste.

La Reine, quoique faible, avoit plus de ressentiment, et, lassée des manières violentes de cette femme, elle s'ouvrit un jour à l'ambassadrice de France sur les nouveaux chagrins qu'elle en recevoit tous les jours et sur l'envie qu'elle avoit de la pouvoir éloigner du Palais. L'Ambassadrice, qui connoissoit le peu de fermeté de la Reine, le peu de suite de son esprit et de ses desseins et le danger qu'il y avoit à vouloir attaquer la Camarera major sans être assuré de la renverser tout d'un coup, ne répondit à la Reine que pour lui faire envisager cette difficulté, lui faisant considérer d'ailleurs que la Duchesse avoit de l'esprit et de l'habileté, qu'elle l'en avoit vue quelquefois assez contente, que ces sortes de changements étoient sans exemple et que peut-être même en la changeant on en prendroit une qui auroit des défauts plus incommodes. Quelques jours après cette première ouverture, la Reine en parla de nouveau à l'Ambassadrice, qui, la voyant un peu plus attachée à cette pensée, s'ouvrit aussi davantage et lui dit que si elle y pensoit véritablement, il faloit en parler au Roi et prendre des mesures avec le premier ministre, lui faisant voir en même temps la nécessité d'un profond secret et ce qu'elle pouvoit avoir à craindre si le dessein de la chasser n'étoit pas plus tôt exécuté que découvert.

La Reine en parla au Roi qui lui répondit avec plus de bon sens et d'honnêteté qu'elle n'en attendoit de lui, qu'on n'avoit jamais fait dans le Palais un pareil changement, que, cependant, si elle le souhaitoit absolument, il trouvoit bon qu'elle eût une autre camarera major, mais qu'elle devoit bien penser au choix qu'elle vouloit faire, parce qu'après ce changement il n'y auroit plus moyen d'en faire un second.

Elle trouva la Reine mère froide et indifférente à la première ouverture qu'elle lui fit sur ce sujet; et cette disposition auroit pu la décourager, si l'Ambassadrice qui étoit dans la confidence de cette affaire ne l'eût soutenue en lui faisant comprendre que peut-être la Reine mère étoit bien aise de lui faire sentir un peu de froideur pareille à celle qu'elle avoit eue pour elle jusqu'alors, et que dans cette affaire elle vouloit attendre apparemment à se déclarer qu'on lui proposât une camarera major qui lui fût agréable.

Pour conduire cette affaire avec sûreté, il falloit nécessairemeut y engager le duc de Medina Celi, qui avoit un véritable intérêt à ce changement. La Reine s'embarrassoit de lui en parler dans la crainte de ne pas assez bien s'expliquer en espagnol, et d'ailleurs il étoit dangereux que la Camarera major ne découvrît ce qui se négocioit, si le premier ministre venoit à parler à la Reine aussi souvent qu'il seroit nécessaire pour l'exécution de ce dessein. Pour éviter ces inconvénients, l'Ambassadrice, suivant les mesures de son mari, sur qui rouloit toute sa conduite, fit agréer à la Reine que don Antonio de La Cerda pût porter au duc de Medina Celi les paroles dont elle chargeroit la Marquise. Antonio de La Cerda étoit un gentilhomme parent du Duc et dans sa confidence, ami depuis longtemps du marquis de Villars, engagé avec lui par des intérêts solides, homme bien intentionné et qui ne manquoit pas d'esprit. Il assura d'abord le Duc des sentiments de la Reine sur la duchesse de Terranova, et qu'elle ne pensoit à mettre en sa place qu'une personne qui lui conviendroit aussi bien qu'à elle-même. La duchesse de Medina Celi[1] étant venue quelques jours après chez la Reine, Sa Majesté, par le conseil de l'Ambassadrice, lui dit qu'elle la destinoit pour sa camarera major. La Duchesse s'en défendit sur ce qu'elle avoit la vue faible et trop peu de santé pour satisfaire aux devoirs de cette charge, joignant à cette raison les embarras d'une famille nombreuse, l'éducation de sept filles qu'elle ne pouvoit abandonner, et, remerciant la Reine de l'honneur qu'elle lui faisoit, elle ajouta qu'elle croyoit que Sa Majesté ne pouvoit jeter les yeux sur une personne plus propre pour un emploi si important que sur la marquise de Los Velez qui avoit été gouvernante du Roi[2]. La Reine ne laissa pas encore de presser la Duchesse d'accepter la charge; la Duchesse la refusa toujours, et elles se séparèrent ainsi. Apparemment la duchesse de Medina Celi ne nomma la marquise de Los Velez que de son chef et pour se dégager, car son mari parut toujours favoriser la duchesse d'Alburquerque.

Tous ces pas ne se purent faire sans que la duchesse de Terranova en démêlât quelque chose. Le Roi, qui n'avoit rien de caché pour don Jeronimo d'Eguya, lui avoit rendu

---

1. Dª Catalina-Antonia d'Aragon, huitième duchesse de Segorbe et de Cardona, mariée au duc de Medina Celi, morte le 16 février 1697.
2. Dª Maria Engracia de Toledo, sœur du septième comte d'Oropesa, mariée à D. Pedro Fajardo, cinquième marquis de Los Velez, morte le 1ᵉʳ janvier 1686. Charles II continua au marquis de Los Velez son fils, pour vingt années, la pension de douze mille ducats dont elle jouissait.

compte de ce que la Reine lui en avoit dit, et d'Eguya l'avoit redit à la Duchesse, qui en parla à la Reine et lui témoigna qu'elle croyoit que ce qui s'élevoit contre elle venoit des conseils de l'ambassadrice de France. La Reine lui nia fort, et l'Ambassadrice, à qui la Reine l'avoit dit, en parla elle-même à la duchesse de Terranova et chercha à lui faire comprendre par le peu de liaison et d'intérêt qu'elle avoit au Palais qu'elle ne s'y mêloit d'aucune affaire. La Camarera, persuadée ou non, l'assura bien qu'elle croyoit être de ses amies et de celles de l'Ambassadeur.

Il y avoit déjà quelque temps que la Duchesse avoit eu des alarmes sur ce sujet et que, conjecturant que les personnes qui pouvoient prétendre à sa place étoient la duchesse de l'Infantado, celle d'Alburquerque ou la marquise de Los Velez [1], elle avoit cherché à les décrier toutes trois dans l'esprit de la Reine : la duchesse de l'Infantado comme une femme sans esprit, affoiblie d'ailleurs par une extrême vieillesse [2] ; la marquise de Los Velez comme un esprit austère et fier ; elle donnoit le même

---

1. En 1679 déjà, la duchesse de l'Infantado et la marquise de Los Velez avaient été proposées pour remplir la charge de camarera. On parla aussi de la duchesse douairière d'Albe, Dª Catalina Pimentel, fille du comte de Benavente, et de la comtesse de Villaverde, Dª Maria ou Mencia de Guzman y Pimentel, veuve de D. Luis Ponce de Leon, qui fut gouverneur de Milan, où il mourut le 29 mars 1668. (*Semanario erudito*, t. XI, p. 20).

2. Dª Maria de Haro y Guzman, fille du grand ministre D. Luis de Haro, avait épousé en 1666 le duc de l'Infantado et de Pastrana. Elle mourut en février 1693.

caractère à la duchesse d'Alburquerque, mais elle l'accusoit encore d'être ennemie des François. Elle fit multiplier ces impressions dans l'esprit de la Reine par diverses personnes, et surtout par ses femmes françoises qui étoient demeurées avec elle.

La Reine ne laissa pas de parler à la Reine mère pour la marquise de Los Velez, mais elle la trouva froide comme la première fois, et, sur ce qu'elle lui fit considérer que la duchesse de Terranova étoit une personne odieuse par ses actions passées et par sa conduite présente, la Reine mère fit semblant de les ignorer et parla d'elle honnêtement. Ce n'est pas qu'elle ne la connût bien et qu'elle ne la haït, mais elle ne vouloit point de la duchesse de l'Infantado ni de la marquise de Los Velez, qui avoient été dans les intérêts de don Juan. Il se trouva aussi que le Roi avoit de l'aversion pour cette dernière parce qu'elle avoit été sa gouvernante, et dans la suite on connut que le premier ministre les excluoit toutes deux et que la Reine mère et lui convenoient de la duchesse d'Alburquerque pour camarera major.

C'étoit celle dont on avoit donné plus d'aversion à la Reine, et l'impression fut si forte que, ne pouvant se résoudre à la mettre auprès d'elle, et la Reine mère, aussi bien que le Duc, ne voulant point des deux autres, l'affaire demeura suspendue pour un temps, pendant lequel on parloit d'une quatrième dame pour camarera major. C'étoit la marquise d'Aytona, que son mérite et son honnêteté pouvoient rendre également agréable à l'un et à l'autre parti, mais elle mourut précisément dans le temps qu'on pensoit à elle[1].

La Reine, ne pouvant revenir de l'aversion qu'on lui avoit donnée pour la duchesse d'Alburquerque, continuoit à vouloir la marquise de Los Velez; mais, soit que cette dame connût l'impossibilité d'entrer au Palais contre la volonté de la Reine mère, contre celle du premier ministre et du Roi même, soit, comme elle le disoit, qu'elle ne pût se résoudre à s'exposer de nouveau aux mauvaises humeurs du Roi qui lui avoit donné trop à souffrir quand elle étoit sa gouvernante, elle témoigna qu'elle ne pensoit point à cette charge, et il parut que la difficulté de convenir d'une personne pour la remplir laissoit la duchesse de Terranova en état d'y demeurer.

Madrid se trouvoit alors plein de bruits de guerre, et tout le monde y sembloit persuadé que la paix faite l'autre année avec la France ne dureroit pas jusqu'à la fin de la présente. On voyoit tous les jours de nouveaux chagrins s'élever entre les deux couronnes. Le Roi Très Chrétien se plaignoit de plusieurs infractions de la part des sujets d'Espagne, qui, depuis la paix, avoient pillé les siens en plusieurs endroits, fait des prisonniers, pris et brûlé des vaisseaux sans qu'il fût possible

---

1. Dª Luisa Portocarrero y Meneses, sœur de D. Pedro Damian Lugardo de Meneses Portocarrero y Noroña, duc de Camiña et neuvième comte de Medellin, veuve de D. Miguel Francisco de Moncada, cinquième marquis d'Aitona, qui mourut à Girone, le 8 août 1674.

d'en avoir raison à Madrid. Le marquis de Borgomaneiro [1], ambassadeur d'Espagne à Londres, y sollicitoit publiquement une ligue contre la France, et, quittant l'Angleterre pour aller ambassadeur auprès de l'Empereur, il demeura un temps en Hollande pour y faire une pareille sollicitation.

Le Roi, de son côté, fit déclarer aux ministres de Madrid que puisqu'au milieu de la paix on le traitoit comme un ennemi, il chercheroit à prendre ses avantages, comme il aviseroit bien être. Il y avoit quelque temps qu'il leur avoit fait dire que par une suite de la déclaration, par laquelle le roi Philippe IV étoit convenu que ses ambassadeurs ne pourroient concourir avec ceux de France, il prétendoit que les galères d'Espagne rendroient les premières le salut aux siennes, qui se mirent en mer au commencement de l'été pour les chercher [2].

Il se trouva encore un autre sujet d'éclaircissement en Flandre, où des commissaires ayant été nommés de part et d'autre pour régler les dépendances de ce qui avoit été cédé par le traité de Nimègue, ceux de France

1. Carl'Emmanuele d'Este, marquis de Borgomanero, né en 1622, chevalier de la Toison d'or en 1654, ambassadeur d'Espagne à Londres et à Vienne en 1679, vice-roi de Galice en 1686, conseiller d'État en 1691, mort à Vienne le 24 octobre 1695.

2. Plusieurs instructions de l'année 1680, adressées au duc de Vivonne et à Du Quesne pour obliger au salut les galères et les vaisseaux d'Espagne, ont été recueillies et publiées par P. Clément, *Lettres, instructions et mémoires de Colbert*, t. III, 1re partie (Paris, 1864), p. 185, 188, 191.

ne voulurent point recevoir les mémoires des Espagnols dans lesquels le roi d'Espagne prenoit le titre de duc de Bourgogne, et leur déclarèrent, de la part du Roi, que si dans le 15ᵉ juillet ils n'avoient d'autres pouvoirs où ce titre ne fût point employé, ils se mettroient en possession des dépendances qu'ils prétendoient lui appartenir. Il sembloit que le Roi ayant de tout temps possédé légitimement le duché de Bourgogne, et la Comté lui ayant été cédée par le dernier traité, il ne pouvoit rester au roi d'Espagne aucun prétexte pour retenir le titre.

On sut alors que le 10ᵉ juin il s'étoit conclu une ligue à Londres entre l'Espagne et l'Angleterre[1], par laquelle cette dernière s'obligeoit de défendre l'autre en quelque part qu'elle fût attaquée et de fournir pour cette défense trente vaisseaux armés avec huit mille hommes de pied. L'Espagne ne donnoit rien à l'Angleterre, elle promettoit seulement de tenir en Flandre douze mille hommes en campagne, ses places garnies et d'y envoyer cent mille écus par mois. On étoit persuadé que l'Empereur et les Hollandois pourroient entrer dans cette ligue, et l'on jugeoit par les dispositions qui se trouvoient de part et d'autre qu'on ne seroit pas longtemps sans voir une rupture en Flandre.

Il falloit y envoyer un gouverneur à la place du duc de Villa Hermosa, qui deman-

---

1. Le traité fut signé à Windsor le 10 juin 1680 et ratifié à Madrid le 22 juillet suivant. Le 22 juin, Charles II avait

doit à revenir à Madrid. La cour fut longtemps à le nommer, ou par incertitude, ou par la difficulté du choix, ou peut-être même faute d'y penser. On avoit néanmoins parlé du marquis de Los Balbases pour cet emploi, et peut-être l'auroit-il recherché, s'il n'avoit eu peur d'être obligé d'y faire des avances qu'il n'auroit pu retirer. On crut un temps que le duc de Lorraine[1] pourroit y venir commander; depuis on fut persuadé qu'à l'arrivée du marquis de Grana, ambassadeur de l'Empereur, on donneroit ce gouvernement au duc de Neubourg[2]. Mais enfin, vers le commencement du mois de juillet, le prince Alexandre de Parme fut nommé pour aller succéder au duc de Villa Hermosa.

Ce prince est frère du duc de Parme, âgé de près de cinquante ans, extraordinairement gros et assez goutteux. Il étoit depuis longtemps attaché au service d'Espagne; il avoit fait quelques campagnes, en Estramadura et en Catalogne, général de la cavalerie avec assez de réputation de valeur, mais d'un génie et d'une expérience médiocre, et si déréglé dans la conduite de ses affaires qu'avec des sommes

---

aussi envoyé à D. Pedro Ronquillo, son ambassadeur à Londres, un plénipotentiaire pour conclure des ligues défensives avec le roi d'Angleterre, l'Empereur et les États Généraux.

1. Charles V, né à Vienne le 3 avril 1643, duc de Lorraine en 1675, mort le 18 avril 1690. Sa sœur Éléonore avait épousé l'empereur Léopold Ier.

2. Philippe-Guillaume, né le 25 novembre 1615, duc de Neubourg en 1653, palatin du Rhin en 1685, mort à Vienne le 2 septembre 1690.

considérables qu'il tire tous les ans de sa maison, on l'a toujours vu à Madrid accablé de dettes et dans une pauvreté honteuse. Comme ce choix parut extraordinaire dans une conjoncture où la Flandre avoit besoin d'un homme qui pût la soutenir par beaucoup de mérite et de capacité, on disoit publiquement que les Espagnols, désespérant de la pouvoir conserver, l'avoient mise entre les mains d'un Italien, afin qu'elle ne se perdît point dans celles d'un Espagnol.

On lui donna vingt-cinq mille écus pour son voyage. Il dépêcha un courrier en France pour avoir des passeports, et cependant il prit le chemin de la Corogne pour s'aller embarquer. On le laissa partir sans lui donner les provisions du gouvernement où on l'envoyoit, soit par la lenteur ordinaire de tout ce qui s'expédie à Madrid, ou par un dessein de l'engager au voyage avant qu'il sût qu'on ne le faisoit gouverneur que par intérim. L'agent qu'il avoit laissé à Madrid ne voulut point recevoir les provisions dans ces termes; il y eut quelques contestations et enfin on les réforma, et, sans spécifier de quelle manière il avoit le gouvernement, on le qualifia en termes généraux de gouverneur. Depuis plus de vingt ans, don Juan avoit toujours eu ce gouvernement en propre jusqu'à sa mort, on lui en avoit même communiqué les affaires importantes en quelque lieu qu'il fût, et, durant tout ce temps, il n'y avoit eu de gouverneur que par commission, hors le Connétable de Castille, qui, dans une conjoncture où la Cour étoit mal satisfaite de don Juan, obtint des provisions générales sans spécifier commission ni propriété.

A peine le prince de Parme fut-il arrivé à la Corogne, qu'il dépêcha un courrier à Madrid pour demander de l'argent, mais on ne lui répondit que par un ordre de s'embarquer incessamment, comme il fit, le 18 septembre, accompagné de quelques vaisseaux biscayens, qui transportèrent en même temps quatre ou cinq cents hommes de nouvelles levées qui étoient restés en Galice.

Il y avoit longtemps que l'on cherchoit à remettre cinq ou six cent mille écus en Flandre; on avoit commencé pour cela divers traités qui tous avoient manqué, faute de fonds nécessaires pour les premières avances. Enfin au commencement de juillet, il s'en fit un avec un homme d'affaires nommé Castillo[1], à qui on promit cent mille écus en argent et cent autres mille en métal de cuivre de la monnoie décriée; le surplus étoit des assignations éloignées. On s'attendit bien que, suivant ce qui se pratique depuis longtemps en Espagne sur ces sortes de remises, le traitant ne payeroit en Flandre que la valeur de deux cent mille écus, attendant pour le payement du reste qu'il en eût touché les fonds, mais dans la suite ce traité demeura sans

1. « Le prince de Parme a reçu seize mille écus pour son voyage aux Pays-Bas espagnols, et on traite avec Don Francisco del Castillo pour une somme de deux cent mille écus qui doivent être employés aux affaires des Pays-Bas. » (*Gazette;* nouvelles de Madrid du 2 août 1680.)

exécution, comme les autres qui avoient été proposés auparavant.

Les provinces étoient si épuisées qu'en quelques endroits de la Castille on étoit obligé pour vivre de troquer les marchandises, parce qu'il n'y avoit plus d'argent pour acheter. Dans Madrid même, il ne s'en trouvoit presque plus, et l'on y ressentoit à loisir les suites du changement de la monnoie que l'on avoit fait avec tant de précipitation. Les personnes de qualité dont la dépense avoit doublé par ce changement ne pouvoient payer leurs marchands, et les banquiers n'avoient plus de fonds et ne trouvoient point à emprunter; on ne payoit rien dans la maison du Roi, et les choses en vinrent à une telle extrémité que la plupart des petits domestiques ayant rendu leurs livrées pour quitter le service, on eut beaucoup de peine à trouver les moyens de les y faire demeurer.

La maison de la Reine mère qui avoit toujours été abondante se trouvoit depuis assez longtemps sans paiement et tous les domestiques obligés de vivre à leurs dépens, parce que le fonds des assignations ayant manqué, les trésoriers n'étoient point en état de faire les avances des rations qu'il falloit payer chaque jour[1]. La cherté continuoit cependant, et, quoiqu'il y eût eu grande récolte de blé, on

---

1. Sur cette extraordinaire misère qui se faisait sentir jusque dans la maison royale, il faut lire les extraits de lettres de Villars produits par M. A. de Courtois (*Lettres de madame de Villars*, p. 315).

ne voyoit point le pain à meilleur marché dans Madrid, où les monopoles des magistrats empêchoient toujours que l'abondance de la campagne ne pût entrer.

La peste s'étendit en même temps dans l'Andalousie. Elle avoit dépeuplé l'année précédente le royaume de Grenade et la côte de la mer depuis Alicante jusqu'à Malaga; elle se répandit durant celle-ci aux environs de Séville, vers Cordoue et la frontière d'Estramadura, et jusqu'à la mer du côté de Cadix, où elle fut reconnue dans le port de Sainte-Marie et déclarée sitôt que la flotte et les galions furent partis, non sans quelques soupçons qu'on l'eût cachée jusqu'alors pour ne point arrêter le départ de cette flotte. C'étoit un grand embarras pour le commerce et un nouvel accablement qui se joignoit aux autres misères d'Espagne.

On avoit eu à Madrid le dernier jour de juin ce qui ne s'y étoit point vu depuis quarante-huit ans : un *auto* général de l'Inquisition[1], dans lequel se fit avec grande cérémonie la relation publique du procès et de la condamnation de plusieurs coupables de crimes contre la religion, que l'on avoit rassemblés de toutes les inquisitions d'Espagne. Pour cette fonction, on avoit dressé un grand théâtre dans la Place Major de Madrid, où, depuis sept heures du matin jusqu'à neuf du

---

1. Il existe de cet *auto* une relation détaillée : *Relacion histórica del auto general de fe que se celebró en Madrid este año de* 1680, par José del Olmo, Madrid, 1680, in-4°. Ce curieux document a été réimprimé à Madrid en 1820.

soir, on fut occupé à voir des criminels et entendre leurs condamnations. Dix-huit juifs, tant hommes que femmes, obstinés, deux relaps avec un mahométan, furent condamnés au feu; cinquante autres juifs ou juives, pris pour la première fois et repentants, furent condamnés à quelques années de prison et à porter ce qu'on appelle *sambenito*, qui est une casaque jaune avec une croix rouge de Saint-André devant et derrière; dix autres coupables de doubles mariages, de sortilèges et d'autres maléfices parurent avec de grands chapiteaux de carton, la corde au col, une bougie à la main : la peine de ceux-ci est ordinairement le fouet, les galères ou le bannissement.

La nuit suivante, ceux qui étoient condamnés au feu furent brûlés hors de la ville, sur un terrain élevé exprès, où ces misérables, avant que d'être exécutés, eurent à souffrir mille tourments; les moines même qui les assistoient les brûlant à petit feu avec des flambeaux pour les faire convertir. Plusieurs personnes, qui étoient montées sur le terrain, leur donnoient des coups d'épée et le peuple les accabloit de pierres.

Ceux qui n'ont point été nourris dans la préoccupation d'Espagne, qui fait regarder cette cérémonie avec vénération, trouvèrent étrange que, dans la séance, l'Inquisiteur fût beaucoup au-dessus du Roi et dans une situation qui paroissoit un trône, que le Roi depuis le matin jusqu'au soir eût des criminels devant les yeux et toutes les idées du supplice comme un divertissement, qu'en sa présence et fort près de lui on maltraitât quelques-uns des criminels que les moines battirent plusieurs fois au pied d'un autel pour les y faire agenouiller de force.

On y vit les Grands d'Espagne faire l'office de sergents, car, outre les familiers de l'Inquisition qui menoient chaque coupable, ceux qui étoient condamnés au feu furent encore amenés sur le théâtre chacun par deux Grands d'Espagne qui les tenoient. On voyoit des moines d'une extrême ignorance haranguant impétueusement ces Juifs, sans leur dire aucune raison de celles qui peuvent détruire leur religion, pendant que quelques-uns des criminels répondoient avec autant de savoir que de sang-froid et quelques autres étoient baillonnés, de peur qu'ils ne parlassent[1]. Ils parurent dans tous ces moments, jusqu'à leur leur mort, avec une contenance digne d'une meilleure cause, et quelques-uns se jetèrent eux-mêmes dans le feu. Ces supplices ne diminuent pas beaucoup le nombre des Juifs qui se rencontrent en Espagne et surtout à Madrid, où pendant qu'on en punit quelques-uns avec tant de rigueur, on en voit plusieurs autres dans des emplois de finances, considérés et respectés et néanmoins reconnus pour être de famille juive[2].

Peu après cette exécution, un certain don Ventura Dionis obtint du Roi pour cinquante

---

1. Cette phrase et la suivante manquent dans l'édition de 1733.
2. Sur les Juifs d'Espagne au dix-septième siècle, voir les *Notes*.

mille écus un titre de marquis. Son père en
avoit donné davantage pour avoir l'ordre de
Saint-Jacques, et l'on savoit que son oncle
étoit un des principaux de la synagogue
d'Amsterdam[1]. Il y en a un assez grand
nombre dans les fermes et dans la recette des
droits du Roi, où d'ordinaire on les laisse un
temps en repos, jusqu'à ce qu'ils soient assez
riches pour mériter d'être recherchés. On
leur tire alors des sommes considérables pour
éviter le dernier châtiment, ce qui fait juger
que ce grand apparat de la punition de quelques misérables est plutôt un effet de l'ostentation des inquisiteurs que d'un véritable
zèle pour la religion.

L'Espagne, qui depuis longtemps n'avoit
point envoyé de ministre à la cour de Savoie,
avoit fait agréer dans ces dernières années à
Madame Royale[2] que le duc de Giovinazoz
fût reçu en qualité d'envoyé. Il étoit sorti de
cet emploi pour aller ambassadeur en France,

1. Dans une dépêche au Roi du 8 juillet 1680, le marquis de Villars écrit : « Le prince de Parme doit partir au premier jour... On a vendu un titre de marquis au fils d'un Juif quinze mille pistoles, sans quoy ce gouverneur ne pouvoit partir. » (Archives des affaires étrangères, Espagne, vol. 64, fol. 419.) D'autre part, un Ambrosio Donis est mentionné dans la *Gazette* (nouvelles de Madrid du 23 février 1681) comme un des principaux banquiers de Madrid, à côté de Domenico Grillo et de Francisco de Monserrate. Celui-ci obtint en mars 1681 le titre de marquis de Tamarit.

2. Marie-Jeanne-Baptiste de Savoie-Nemours, sœur de la reine de Portugal, née le 11 mai 1644, mariée le 11 mai 1665 à Charles-Emmanuel II duc de Savoie, régente de Savoie en juin 1675, morte le 15 mars 1724. Elle se faisait appeler *Madame Royale*.

il y avoit alors un an, et la cour d'Espagne, voulant continuer d'entretenir un ministre à Turin, avoit nommé don Antonio de La Cerda pour aller faire compliment au duc de Savoie sur son mariage avec l'infante de Portugal et demeurer ensuite à Turin avec la qualité d'envoyé.

Le comte de Gubernatis, envoyé de Savoie, en fut averti. Il étoit demeuré à Madrid, sans caractère, attendant la commodité de passer en Portugal où il devoit aller ambassadeur. Comme il étoit mal satisfait de n'avoir pu obtenir de justice à Madrid sur toutes les prétentions du duc, son maître, il se servit volontiers de cette occasion pour donner quelques chagrins aux ministres et déclara au marquis d'Astorga, autrefois son commissaire, que l'envoyé d'Espagne ne seroit pas reçu agréablement en Savoie pour y demeurer. Il fit la même déclaration au Connétable, comme doyen du Conseil, ensuite alla trouver le premier ministre et lui dit qu'encore qu'il n'eût point de caractère en cette cour, il étoit néanmoins assez instruit des intentions de celle de Savoie pour l'assurer qu'on ne souhaitoit point d'y voir un ministre d'Espagne, ajoutant que Son Altesse Royale ne pouvoit pas être sans ressentiment de n'avoir pu, depuis tant d'années, obtenir justice de la cour d'Espagne sur plusieurs millions qu'elle lui doit ni sur les honneurs qu'on ne peut refuser à ses ministres, tels qu'ils les reçoivent en France, où le prince avoit un ambassadeur comme toutes les têtes couronnées.

Le duc de Medina Celi prétendit que le traitement dont la France honoroit les ministres de Savoie ne tiroit à aucune conséquence pour le Roi, son maître, dont la grandeur étoit tellement au-dessus des autres rois que leur exemple ne pouvoit lui servir de règle. Le comte lui répondit qu'il ne prétendoit pas mettre la grandeur des rois dans la balance, mais que, pour juger de celle du Roi Très Chrétien, il ne falloit que se souvenir que, depuis vingt ans, Philippe IV, roi d'Espagne, avoit déclaré à la face de toute l'Europe par le marquis de La Fuente[1], que ses ambassadeurs ne concoureroient en aucun endroit avec ceux de France. Le Duc témoigna n'avoir jamais ouï parler de cette déclaration[2]; cependant cet éclaircissement empêcha que don Antonio de La Cerda ne passât en Savoie. Quelque

1. Sur ce personnage, voir les *Notes*.
2. Il s'agit de la fameuse déclaration faite à Paris par le premier marquis de La Fuente, le 24 mars 1662, pour régler le différend survenu le 10 octobre 1661, à Londres, entre les ambassadeurs espagnol et français au sujet du rang. La Fuente ayant déclaré, au nom de son maître, que les ministres d'Espagne ne concourraient pas avec ceux de France partout « où pourront se présenter de pareilles difficultés pour raison de compétence », le Roi, après que La Fuente se fut retiré, dit aux ambassadeurs présents de faire savoir à leurs maîtres que « le Roy Catholique a donné ordre à tous ses ambassadeurs de céder le rang aux miens en toutes occasions », ce qui était sensiblement différent de ce qu'avait entendu concéder La Fuente. L'Espagne ne reconnut jamais la préséance absolue des ambassadeurs de France, notamment à Vienne, où la question ne pouvait être discutée, le premier rang appartenant à l'ambassadeur du Roi Catholique. Voir, sur les réserves de l'Espagne, Abreu, *Coleccion de los tratados de paz*, etc., t. IX, p. 491.

temps après, on nomma pour y aller un gentilhomme de la maison de Solis, avec un ordre de faire des compliments et de revenir incontinent s'il n'étoit pas bien traité en cette cour.

Ce fut en ce même temps que la nouvelle vint de Portugal que l'Infante avoit pensé être empoisonnée. On disoit qu'un officier qui la servoit à table ayant fait emporter chez lui un plat où elle n'avoit pas touché, sa femme et deux autres personnes qui en mangèrent s'en étoient trouvées mal, avec tous les signes du poison, dont on eut peine à les sauver. Cet accident fit grand bruit à Lisbonne, et si l'on n'eût arrêté le peuple, il auroit sans doute insulté l'envoyé d'Espagne. On étouffa néanmoins cette affaire. Dans le même temps mourut assez subitement don Duarte de Ribeiro de Macedo à Alicante, où il étoit près de s'embarquer pour passer en Savoie ambassadeur de Portugal. Il avoit été longtemps envoyé en France et depuis en Espagne. Il passoit pour homme de mérite, et l'on eut de la peine à croire qu'une mort si prompte et si à point nommé dans la conjoncture où l'on étoit, pût être tout à fait naturelle.

On attendoit depuis quelques jours l'entrée du marquis de Grana, ambassadeur de l'Empereur. Elle devoit être magnifique, suivant l'opinion que lui-même en avoit répandue et les moyens que l'Empereur et le roi d'Espagne lui donnoient de pouvoir faire de la dépense, car il tiroit par an de ces deux princes près de 40,000 écus; il en avoit eu plus de 25,000 pour son voyage. Enfin il fit cette entrée le

22 juillet avec assez de simplicité et d'économie, en livrées grises, avec des carrosses de médiocre éclat, et s'attira par là le murmure du peuple de Madrid, accoutumé à n'estimer que les magnificences folles des cérémonies publiques.

Cette entrée avoit été différée quelques jours par l'incident de don Diego de Bracamonte, ambassadeur de Malte, qui prétendit, comme il avoit fait l'année précédente à l'entrée du marquis de Villars, que son carrosse suivroit immédiatement celui du dernier ambassadeur de chapelle et précéderoit ainsi les seconds carrosses de l'ambassadeur qui faisoit son entrée. Le marquis de Grana se défendit de cette prétention par l'exemple du marquis de Villars et fit son entrée à cheval, selon la coutume; après lui marchoit un carrosse du Roi, puis son premier carrosse, un du Cardinal, un du Nonce, un de l'ambassadeur de France, un de celui de Venise, après lequel alloient quatre autres carrosses du marquis de Grana.

Il n'eut pas le même succès dans la difficulté qui lui survint avec don Jerónimo d'Eguya sur la première visite. Il prétendit que c'étoit à ce secrétaire d'État à la lui rendre, comme ses prédécesseurs dans sa charge l'avoient toujours rendue les premiers aux autres ambassadeurs d'Allemagne. Don Jerónimo répondit que tous les ambassadeurs lui rendoient la première visite et qu'il ne prétendoit point faire d'exception pour celui de l'Empereur. Les autres ambassadeurs ne convinrent point qu'ils lui dussent la première visite, et depuis, à l'Escurial, où étoit la Cour, don Jerónimo d'Eguya alla le premier chez le marquis de Grana à une heure qu'il n'étoit point au logis et prétendit avoir satisfait à la visite qu'il demandoit ; mais le marquis ne se la tint point pour faite, à moins qu'il ne la reçût en personne. Ainsi ils demeurèrent sans se voir et le marquis de Grana fut très mal satisfait du secrétaire d'État.

Depuis que le premier ministre avoit tâché inutilement d'éloigner le Père François de Reluz, confesseur du Roi, ce Père paroissoit assez affermi pour ne craindre plus quelque nouvelle tentative ; cela même l'avoit plus étroitement lié avec la duchesse de Terranova et don Jerónimo d'Eguya, qui continuoient à se servir de lui pour imprimer plus fortement au Roi par la conscience ce qu'ils lui inspiroient d'ailleurs. Comme tous deux n'aimoient point le duc, particulièrement la duchesse de Terranova qui ne pouvoit ignorer qu'il cherchoit à la faire sortir du Palais, elle engagea le Confesseur, déjà piqué contre le ministre, à le ruiner autant qu'il pourroit dans l'esprit du Roi, en lui faisant voir les malheurs de l'État et qu'on n'y apportoit aucun remède. Le Confesseur les représenta fortement au Roi, lui dit qu'il en étoit responsable, que si sa jeunesse et son peu d'expérience ne lui permettoient pas d'y pourvoir lui-même, il devoit en charger des ministres capables, et, si ceux à qui il en avoit commis le soin ne l'étoient pas, il devoit les changer. Il lui répéta plusieurs fois les mêmes discours, le pressa souvent et alla un jour jusqu'à lui dire que, s'il n'y mettoit ordre, il ne pouvoit lui donner l'absolution.

Enfin il l'embarrassa tellement que le Roi, timide surtout, mais qui dans les impressions de conscience va au delà de toutes les foiblesses, fit appeler le premier ministre, et tout éperdu lui dit qu'il étoit damné, que le Confesseur ne vouloit plus l'absoudre et lui en conta les raisons. Le duc, louant d'abord les intentions du Confesseur, dit que, véritablement, c'étoit un homme de bien mais peu éclairé, un homme que don Juan avoit tiré du fond d'un couvent de province sans connoissance des choses du monde, qui n'avoit jamais confessé que des moines comme lui, à qui la tête avoit tourné quand il s'étoit trouvé chargé de la conscience du Roi. Il le consola sur le sujet des affaires, l'assurant qu'on travailloit sans cesse à les rétablir, que ce n'étoit pas l'ouvrage d'un jour, que, cependant, il y avoit de l'extravagance à venir ainsi troubler Sa Majesté, qui pouvoit bien choisir un confesseur plus capable de lui mettre la conscience en repos et de lui faire connoître ses véritables devoirs.

Le Roi, qui cherchoit à sortir de l'embarras présent, entra assez dans la pensée de changer ce confesseur qui l'alarmoit si cruellement. Il n'eut besoin, pour en prendre la dernière résolution, que de la voir appuyée par don Jerónimo d'Eguya qui étoit son conseil secret. Il est vrai que d'Eguya étoit en liaison avec le Confesseur par les intérêts que j'ai déjà marqués, mais comme il vit que c'étoit un esprit sans ménagement, qui, dans cette occasion, s'étoit entièrement abandonné à la passion que la Camarera major avoit de détruire le duc, il jugea qu'il pouvoit y avoir à craindre pour lui dans un changement de ministre, au lieu qu'il se croyoit en sûreté avec la bonté de celui-ci; de sorte que, de peur des suites, il crut devoir sacrifier son ami le Confesseur, il n'opposa rien au Roi contre ce que lui en avoit dit le duc et laissa résoudre sa perte.

Comme on avoit dès auparavant proposé le Père Bayona pour remplir sa place et que, depuis, on avoit toujours continué d'en dire du bien au Roi, il fut facile de le lui faire agréer, et ce fut le septième confesseur qu'on avoit fait changer à ce jeune prince depuis cinq ans.

Le Père Bayona avoit été proposé pour cet emploi dès le temps de don Juan, qui, le voulant exclure, n'en trouva pas d'autres raisons que de dire qu'il étoit François, quoiqu'en effet il fût de la Navarre espagnole. Son prédécesseur refusa constamment l'évêché de Plasencia, mais il ne voulut point quitter la place de conseiller qu'il avoit dans l'Inquisition, où il doit y avoir toujours un Dominicain, qui est d'ordinaire le confesseur du Roi.

Un mois après la disgrâce du Confesseur, on vit la Camarera major sortir du Palais dans le temps qu'elle y paroissoit plus affermie. Il est vrai qu'elle avoit su une partie de ce qui s'y étoit passé contre elle. Elle croyoit bien que la Reine et le premier ministre travailloient à l'éloigner, mais elle se tenoit assurée du Roi par elle-même et par don Jerónimo d'Eguya; peut-être qu'elle comptoit encore sur ce que jamais camarera major n'avoit été dépossédée contre son gré. Elle n'étoit pas tout à fait éclaircie des intentions de la Reine à son égard; apparemment elle ne la craignoit pas assez pour s'en mettre en peine. Il est certain que dans les derniers temps, au lieu de la ménager, elle lui donnoit plus de dégoût que jamais jusque dans les moindres choses, et l'on a eu lieu de croire, par tout ce que l'on a vu de sa conduite, que sa violence naturelle l'emportoit sur ce que le bon sens lui pouvoit inspirer. Elle ne pensa à se maintenir avec la Reine que par la terreur, lui ménageant des embarras avec le Roi et cherchant à brouiller l'un et l'autre avec la Reine mère.

Depuis que la marquise de Los Velez avoit témoigné qu'elle ne prétendoit point entrer au Palais, la Reine, toujours prévenue des impressions qu'on lui avoit données contre la duchesse d'Alburquerque, s'étoit attachée à vouloir que la duchesse de l'Infantado fût sa camarera major; mais l'ambassadrice de France lui fit connoître qu'en vain elle cherchoit à mettre dans cette charge une personne désagréable à la Reine mère et au premier ministre, que, quand elle pourroit l'y faire entrer, ce seroit s'exposer à perdre pour toujours les liaisons qui lui étoient nécessaires avec l'un et avec l'autre, que tous deux souhaitoient mettre près d'elle la duchesse d'Alburquerque, que c'étoit une femme d'esprit, nourrie au Palais, la seule dont la Reine mère pût lui répondre et que le duc pût gouverner, qu'elle seroit le lien qui l'uniroit avec la Reine mère et le ministre et que, par cette union, ils gouverneroient entièrement le Roi et qu'il ne paroissoit de repos et de sûreté pour elle que dans ce parti.

La Reine se rendit enfin, et convint avec la Reine mère et le duc de Medina Celi de faire entrer la duchesse d'Alburquerque en la place de la duchesse de Terranova. La Reine mère eut besoin pour obliger le Roi au changement de lui parler avec hauteur et de détruire par autorité dans son esprit tout ce que la duchesse de Terranova et don Jerónimo d'Eguya y avoient établi en sa faveur depuis un an; mais enfin elle l'y fit résoudre, et, toutes choses étant concertées, le 26ᵉ d'août, don Pedro d'Aragon fut chargé de dire à la duchesse de Terranova l'état où elle étoit, ce que souhaitoit la Reine, les raisons qui devoient la porter à obéir et à en parler elle-même au Roi. Peu de jours avant que don Pedro d'Aragon lui parlât, elle avoit demandé à la Reine ce que c'étoit que le bruit répandu partout qu'on lui ôtoit sa charge. La Reine lui avoit répondu sérieusement qu'elle n'en savoit rien.

Enfin, sur ce que don Pedro d'Aragon lui avoit dit, soit qu'en effet elle fût résolue de suivre la nécessité de se défaire de sa charge, ou qu'elle espérât encore que le Roi n'en conviendroit point, elle prit le temps de lui parler elle-même un peu avant le souper; mais elle le trouva tellement disposé que, sur sa première demande, il lui donna la permission de se retirer. De là elle vint servir la Reine au souper et ensuite à son coucher, avec un air aussi tranquille et aussi peu embarrassé que s'il ne lui étoit rien arrivé.

Le lendemain matin, elle alla prendre congé de la Reine, avant qu'elle fût levée, et lui dit seulement qu'elle étoit fâchée de ne l'avoir pas aussi bien servie qu'elle l'auroit souhaité, sans répandre une larme ni donner la moindre marque de douleur; et, comme la Reine parut s'attendrir un peu, elle lui dit fièrement qu'une reine d'Espagne ne devoit pas pleurer pour si peu de chose, et fit paroître la même fermeté en prenant congé des dames du Palais qui étoient toutes en larmes, leur disant seulement que la Reine avoit une camarera major qui la serviroit mieux. Et, sur ce qu'on lui demanda si elle ne viendroit pas quelquefois au Palais, elle protesta de n'y rentrer de sa vie, et qu'elle alloit s'enfermer dans sa maison jusqu'à ce qu'elle se retirât en Sicile où sont ses plus grands biens. On avoit résolu de lui conserver ses appointements et les honneurs de sa charge, de donner l'ordre de la Toison au duc de Monteleon[1], mari de sa petite-fille, et la vice-

1. D. Nicolas Pignatelli épousa en janvier 1679 sa nièce Dª Juana Pignatelli, sixième duchesse de Terranova et huitième duchesse de Monteleone, fille de D. Andres-Fabricio Pignatelli, septième duc de Monteleone, et petite-fille de D. Hector Pignatelli, sixième duc du nom, et de Dª Juana

royauté de Galice au duc d'Hijar son gendre ; mais on sut qu'elle refuseroit toutes ces grâces avec autant de hauteur qu'elle en avoit fait paroître en sortant du Palais.

Deux jours après que la duchesse de Terranova eut quitté le Palais, la duchesse d'Alburquerque vint prendre possession de son appartement et de sa charge. Elle est âgée de cinquante-cinq ans, veuve du duc d'Alburquerque, aîné de la maison de La Cueva, et belle-mère de son cadet, à présent duc d'Alburquerque, à qui elle avoit fait épouser sa fille unique, qu'elle avoit eue de son frère.

Quoiqu'elle passât dans le monde pour un esprit fort austère, on la vit prendre dans le Palais une conduite tout opposée à celle de la duchesse de Terranova, et l'on jugea qu'étant entièrement dépendante de la Reine mère, elle suivroit les intentions de douceur et de ménagement que cette princesse avoit toujours fait paroître pour la Reine sa belle-fille.

Ce changement en attira un autre peu de jours après, quand le Roi, qui, jusqu'alors, avoit toujours affecté de s'opposer avec dureté aux choses les plus innocentes qui auroient pu donner du plaisir et de l'amusement à la Reine, lui dit tout d'un coup qu'il falloit qu'elle se divertît, qu'elle se promenât, qu'elle montât à

---

d'Aragon y Cortés, cinquième duchesse de Terranova. D. Nicolas fut chevalier de la Toison d'or en 1681, vice-roi de Sardaigne en 1688, grand écuyer et grand maître de la reine Marie-Anne de Neubourg en 1699 ; il mourut à Naples le 8 mars 1730, âgé de quatre-vingts ans. Cf. Saint-Simon, éd. de Boislisle, t. VII, p. 263, et t. VIII, p. 219.

cheval. Il lui permit même de se coucher aussi tard qu'elle voudroit, pourvu qu'elle lui laissât la liberté de se coucher à huit heures, suivant sa coutume, qu'il changea encore quelques jours après pour ne se coucher qu'à dix, et on lui vit presque en un moment prendre des manières douces entièrement opposées à l'air sauvage et contrariant dont il avoit toujours traité la Reine depuis qu'elle étoit à Madrid. Comme c'est un esprit faible et dépendant des dernières impressions qu'on lui donne, on jugea bien que, comme ses bizarreries précédentes étaient inspirées par la duchesse de Terranova, cette nouvelle douceur venoit des leçons de la Reine mère souvent répétées par la nouvelle camarera major.

Dans tout ce mouvement on crut reconnoître le pouvoir de la Reine mère, qui seule s'attachant à vouloir mettre la duchesse d'Alburquerque auprès de la Reine, en fit convenir le premier ministre, qui parut alors en cela comme en beaucoup d'autres choses assez dépendant de ses intentions. On étoit persuadé dans le monde qu'elle avoit fait donner le gouvernement de Flandre au prince de Parme pour reconnoître l'attachement qu'il avoit conservé pour elle, lorsque don Juan la persécutoit ; mais on alla jusqu'à croire que son pouvoir avoit donné de la jalousie au Conseil d'État, lorsque ce corps, qui propose au Roi des sujets pour remplir les grands gouvernements, ayant nommé à Sa Majesté suivant la coutume trois personnes pour la vice-royauté du Pérou, le Roi, sans s'arrêter à la consulte, nomma don Melchior Navarra, uniquement dépendant de la Reine mère dont il tenoit toute sa fortune.

Don Melchior Navarra étoit un Aragonais de médiocre naissance dont le premier emploi fut d'être avocat. Il devint ensuite régent, c'est-à-dire conseiller, à Naples, d'où il vint à Madrid être *fiscal* du conseil d'Aragon. La Reine mère, qui alors étoit régente, n'ayant pu faire le prince d'Astillano vice-chancelier d'Aragon par les oppositions du Conseil d'État et de la Junte du gouvernement, donna, pour se venger d'eux, cette grande charge à don Melchior Navarra, et par ce moyen l'entrée dans la Junte. On trouva qu'il avoit peu de naissance pour une si grande élévation, mais le public fit justice à son mérite, et les persécutions qu'il souffrit depuis de don Juan achevèrent de lui donner de l'estime et de la réputation; de sorte qu'après la mort de ce prince, il revint de l'exil où il l'avoit envoyé, entra en même temps au Conseil d'État, et peu après fut nommé vice-roi du Pérou, c'est-à-dire à un emploi grand, paisible et absolu, d'où un homme de bien espagnol peut en quatre ou cinq ans rapporter plusieurs millions. Il partit de Madrid avec des ordres très sévères pour punir les malversations de plusieurs gouverneurs des Indes, mais, selon l'usage du gouvernement d'Espagne, ces apparences de justice dans les commencements d'un emploi se terminent d'ordinaire à justifier les coupables dans la suite, en partageant le profit des concussions qu'on auroit dû châtier.

Il se répandit alors dans le monde que la nomination de don Melchior Navarra à la vice-royauté du Pérou avoit coûté la vie au marquis de Santa Cruz, général des galères d'Espagne. Il se trouvoit si pauvre que tous les moyens de subsister lui manquoient. Dans un état si malheureux, il chercha des ressources et n'en trouva point de meilleures dans son imagination que la vice-royauté du Pérou. Il se persuada qu'à un homme de sa qualité avec les services de ses prédécesseurs et la considération de son père, le comte de Chinchon, conseiller d'État, le succès de cette prétention devoit être aussi infaillible qu'il se le croyoit nécessaire. Il vint à Madrid pour solliciter cet emploi, mais le Roi en ayant disposé en faveur de don Melchior Navarra, le marquis de Santa Cruz fut saisi d'un si profond chagrin qu'il tomba dans une maladie dont il mourut en peu de jours.

On vit alors à Madrid, par un exemple assez extraordinaire, révoquer un vice-roi sans autre raison que d'avoir fait une action également juste et nécessaire; c'était le duc de Veraguas, alors vice-roi de Valence[1]. Ce petit royaume compris dans celui d'Aragon a de tout temps été rempli de partis et de factions, dont les chefs sont toujours soutenus d'un nombre d'hommes qu'ils entretiennent appelés *bandoliers* ou bandits : leurs seuls emplois sont les assassinats et les séditions. Entre ces chefs de parti, un moine apostat de l'ordre des Augus-

---

1. Cette révocation eut lieu au mois d'août 1680.

tins s'étoit rendu fameux par un grand nombre de crimes; il fut pris les armes à la main et convaincu par l'action même dans laquelle on le prit. Le Vice-roi, résolu d'en faire un exemple sur-le-champ, eut quelques scrupules sur ce que les lois du pays donnoient un certain nombre de jours aux criminels avant leur exécution, et que d'ailleurs celui-là, comme moine, sembloit sujet à la juridiction ecclésiastique. Sur cette difficulté, il consulta son confesseur jésuite, un provincial des Cordeliers, et un gardien des Capucins. Les deux premiers furent d'avis que l'intérêt du service du Roi et la sûreté publique devoient l'emporter sur le scrupule de la juridiction ecclésiastique et des priviléges du pays; que ce criminel s'étoit rendu indigne de l'un et de l'autre, et que le moindre délai pouvoit être dangereux si les bandits avoient le temps de s'assembler pour sauver le coupable. Le Vice-roi suivant ce sentiment le fit juger et exécuter en vingt-quatre heures.

La justice ecclésiastique le réclama un peu avant son supplice. L'Archevêque[1], piqué de ce que l'on n'y avoit pas déféré, mit la ville en interdit et souleva tellement le peuple que le Vice-roi se trouva dans la nécessité de sortir de la ville. Ils écrivirent de part et d'autre

---

1. Fr. Juan-Tomas Rocaberti, Dominicain, fils de D. Francisco-Jofre, vicomte de Rocaberti et comte de Peralada, et de Dª Madalena Zaforteza, comtesse de Sª Maria de Formiguera. Provincial d'Aragon en 1666, général de l'Ordre en 1670, archevêque de Valence en 1676, il exerça à deux reprises la charge de vice-roi et capitaine général de la province. Nommé Inquisiteur général en 1695, il mourut à Madrid le 13 juin 1699.

pour justifier leur conduite à la Cour, où, suivant la coutume, on fit une junte, composée du Confesseur du Roi, d'un autre Dominicain et d'un Jésuite, pour décider cette affaire. L'archevêque de Valence étoit de l'ordre de Saint-Dominique; il en avoit été général : ce fut une raison suffisante à ses confrères, pour décider en sa faveur. Le duc de Veraguas eut tort, il fut destitué de son poste et le comte d'Aguilar envoyé sur-le-champ en sa place pour prendre possession de la vice-royauté de Valence.

Pendant que la cour agissoit avec tant de rigueur contre ce vice-roi dont elle auroit dû appuyer la conduite, elle souffroit la désobéissance du marquis de Las Navas, vice-roi de Sicile, et le mépris qu'il faisoit ouvertement des ordres du Roi. Il avoit persécuté l'archevêque de Palerme[1] avec tant de violence que ce prélat avoit été contraint d'abandonner la ville. Le Roi, voulant lui donner quelque satifaction après un si mauvais traitement, lui écrivit avec des marques d'estime et beaucoup de déplaisir de ce qui s'étoit

1. D. Jaime de Palafox y Cardona, fils de D. Juan-Francisco de Palafox, troisième marquis d'Ariza, fut archevêque de Palerme de 1677 à 1683, puis archevêque de Séville en 1684, et mourut le 2 décembre 1701. Une sotte dispute entre cet archevêque et le Vice-roi, à propos de moines qui n'avaient pas assisté à une procession, troubla pendant quelques années toute la Sicile. (G. E. di Blasi, *Storia cronologica de' vicere di Sicilia*, Palermo, 1791, t. II, part. I, p. 465.) Ce prélat était d'ailleurs très processif, et longtemps on parla en Espagne des « cent procès de l'archevêque Palafox ». (V. de la Fuente, *Historia eclesiástica de España*, Madrid, 1874, t. V, p. 512.)

passé, envoya la lettre au Vice-roi et lui commanda de la rendre à l'Archevêque. Il reçut la lettre et ne la rendit point. On lui redoubla le même ordre plusieurs fois ; il continua toujours à désobéir, et on cessa de lui commander sans autre raison apparente que parce qu'il avoit tort et qu'il devoit marier son fils à la fille du premier ministre.

Le marquis de Liche étoit alors ambassadeur d'Espagne à Rome ; on l'y avoit envoyé depuis quelques années pour l'éloigner de la Cour où son génie vif et entreprenant le faisoit appréhender. Il avoit tâché d'éviter cet emploi, il étoit même demeuré assez longtemps sur les côtes d'Espagne sans vouloir s'embarquer, mais enfin, ayant passé à Rome, il y soutint l'ambassade avec beaucoup d'éclat et de magnificence. Depuis le ministère du duc de Medina Celi, il fit son possible pour avoir permission de revenir, mais on le craignoit plus qu'auparavant, dans la pensée qu'étant de retour à Madrid, il pourroit se joindre au comte de Monterey. L'union de ces deux frères faisoit peur à la Cour. D'ailleurs le duc de Medina Celi vouloit profiter de l'absence du marquis de Liche pour quelques établissements qu'il prétendoit faire à son préjudice et pour le jugement de quelques procès de famille qu'il avoit contre lui. Le marquis de Liche, ne pouvant obliger la Cour à le rappeler par raison, chercha à l'y engager par nécessité, en se faisant tant d'affaires à Rome avec le gouvernement, que le Pape demandoit incessamment qu'on lui envoyât un successeur.

On ne pouvoit s'y résoudre, et l'on joignit aux autres raisons de le tenir à Rome celle de la perte des franchises et des privilèges du quartier sur lesquels le Pape s'étoit déclaré qu'il ne les conserveroit plus qu'aux ambassadeurs qui étoient pour lors à Rome et que leurs successeurs n'en pourroient jouir.

Parmi les chagrins que le marquis de Liche et la cour de Rome se donnoient l'un à l'autre, le marquis en reçut un sensible au sujet du mariage de don Pedro d'Aragon, son oncle. Ce vieux seigneur, frère du feu duc de Cardona et du cardinal d'Aragon, se trouvoit âgé de plus de soixante-dix ans, riche des dépouilles du royaume de Naples où il avoit été vice-roi, foible, mal sain et sans enfants après deux mariages. Il en voulut tenter un troisième et s'engagea à épouser une des filles du duc de Medina Celi, âgée de seize à dix-sept ans. Comme elle étoit sa petite-nièce, parce que la duchesse de Medina Celi est fille du duc de Cardona, l'on envoya à Rome pour une dispense. Le marquis de Liche, neveu de don Pedro d'Aragon par sa mère, et oncle de la nouvelle épouse pour laquelle on demandoit cette dispense, prit un extrême soin d'en solliciter l'expédition. Après mille difficultés pour ne la point accorder, on la lui refusa absolument. Il l'écrivit à Madrid, mais, par un contre-temps sensible pour lui, le même ordinaire qui portoit la lettre portoit au Nonce à Madrid cette dispense expédiée gratis avec tout l'agrément possible. Le Nonce la rendit à don Pedro d'Aragon, comme il achevoit de lire la lettre du marquis de Liche qui lui en marquoit le refus.

Depuis que la Reine étoit à Madrid, on ne l'avoit point vue sortir que pour aller avec le Roi passer quelques jours au Pardo ou à quelques autres maisons de chasse aux environs. Dans le mois de septembre, le Roi eut envie de la mener à Aranjuez, ou pour lui faire voir les belles promenades de cette maison, ou, comme on disoit à Madrid, pour éviter le mauvais présage de commencer sa première sortie par l'Escurial, le tombeau des rois et des reines d'Espagne. Ce voyage de l'Escurial paroissoit infaillible, par un usage établi depuis longtemps qui oblige les rois d'Espagne d'y aller tous les ans passer le mois d'octobre, sans en pouvoir revenir que le second jour de novembre, c'est-à-dire après avoir assisté à l'office des morts qui se fait ce jour-là pour les rois enterrés dans le Panthéon. Mais le voyage d'Aranjuez n'étoit qu'une envie particulière de Sa Majesté embarrassante pour les ministres qui ne trouvoient point de fonds pour en faire la dépense. Ils parurent néanmoins en faire les préparatifs, ils en flattèrent le Roi, et tandis qu'ils l'amusoient par ces apparences, ils surent faire naître des difficultés qui rompirent insensiblement le voyage, tantôt à cause des méchants chemins, tantôt pour le mauvais air de ce lieu après les pluies qui étoient survenues. Ils l'envoyèrent reconnoître par des médecins affidés, ils allèrent même jusqu'à faire partir quelques mulets pour porter des équipages par avance et ne rompirent le voyage tout à fait qu'un jour avant la résolution qu'on avoit prise pour le départ. Jusqu'à ce moment, le Roi crut y aller, pendant que tout Madrid savoit dix jours auparavant qu'il n'iroit point et que les ministres l'avoient dit à leurs amis.

La Reine, après les réflexions que lui firent faire sur ce procédé quelques personnes attachées à ses intérêts, ne put s'empêcher d'en parler au Roi et de lui faire remarquer la manière dont ses ministres le traitoient, que s'il y avoit des raisons véritables pour ne point faire ce voyage, on devoit les lui dire et non pas le mener comme un enfant et chercher à le tromper si grossièrement. Ce discours de la Reine, qui fut su de quelques courtisans, donna un peu à penser aux ministres, et fit juger qu'elle pourroit peut-être dans la suite prendre quelque autorité. Ce fut apparemment la raison qui détermina les ministres au voyage de l'Escurial, que, sans cette appréhension, ils auroient bien pu rompre comme celui d'Aranjuez. Ils cherchèrent par toutes sortes de moyens à ramasser l'argent nécessaire pour le faire; ils vendirent un gouvernement aux Indes quarante mille écus et deux charges de *contador* major vingt-cinq mille, ils prirent tout l'argent échu des entrées et des douanes de Madrid destiné pour le payement des franchises des ambassadeurs et des rentes de la ville, et se servirent de la moitié d'un fonds de cent mille écus destiné pour payer l'équipage des galions dont le départ fut retardé par cette raison.

Enfin le 7ᵉ octobre, Leurs Majestés partirent pour l'Escurial ; le premier ministre et le secrétaire *del despacho universal* les suivirent, le grand maître d'hôtel avec deux maîtres d'hôtel ordinaires, quatre gentilshommes de la chambre, deux desquels faisoient encore la fonction, l'un, de grand veneur, et l'autre, de premier écuyer. L'Amirante de Castille ne suivit que quinze jours après, pour sa charge de grand écuyer. La Reine mena toutes ses dames et seulement six femmes de chambre, le marquis d'Astorga, son grand maître d'hôtel, et le marquis de Villa Maina, son premier écuyer. Le duc d'Ossone, grand écuyer, demeura à Madrid. Elle se servit à l'Escurial de la liberté que le Roi lui avoit donnée de monter à cheval[1], c'est-à-dire pour aller au-devant de lui quand il revenoit de la chasse et pour faire quelques promenades dans les allées de la prairie qui est au-dessus de l'Escurial ; mais, soit par l'agitation de cet exercice dont elle avoit perdu l'habitude depuis un an, ou par le changement d'air, elle se trouva mal peu de jours après être arrivée, elle eut un vomissement et quelques ressentiments de fièvre : ce fut néanmoins une indisposition sans suite qui ne l'empêcha pas de reprendre

---

1. Un peu trop, suivant madame de Villars : « On dit qu'il s'est passé plusieurs petites affaires ; si j'avois été là, nous n'aurions pas été d'accord, car je l'aurois suppliée de n'abuser pas de la permission qu'on lui donnoit de monter à cheval, et de ne s'en servir que rarement. » (*Lettres de madame de Villars*, p. 151 ; lettre du 31 octobre 1680.)

peu de jours après le plaisir de la promenade.

Le Roi se donnoit entièrement à la chasse. Il en fit une entre autres à la manière d'Allemagne où il se trouva grand nombre de daims, de cerfs dans les toiles, et on en tua plus de deux cents. Ces chasses étoient assez solitaires, le Roi n'y menoit ordinairement que le grand veneur et le premier écuyer. A celle dont je viens de parler, il n'y eut, outre ces deux grands officiers, que le premier ministre et l'ambassadeur d'Allemagne. La Reine, qui auroit pu s'y trouver si elle l'avoit voulu, préféra le plaisir de la promenade à celui de voir tuer à coups de fusil tant de bêtes enfermées [1].

Au milieu de ces divertissements de l'Escurial, il parut quelque froideur entre la Reine et le premier ministre. Elle avoit demandé au Roi la disposition d'un certain gouvernement aux Indes. Il le lui avoit accordé d'abord, mais le premier ministre lui ayant remontré que ce gouvernement se pouvoit vendre dix à douze mille pistoles que Sa Majesté pouvoit employer à ses dépenses pressantes, le don n'eut point lieu, et le premier ministre en fut brouillé avec la Reine, qui s'étoit laissée engager à cette demande par une de ses femmes de chambre françoises, à qui l'on offroit de l'argent pour ce gouvernement. La Reine l'avoit demandé au Roi sans en rien dire au duc de Medina et sans se souvenir que l'ambassadrice de France l'avoit tant de fois avertie de ne demander que des

---

1. Sur ces chasses dans les toiles, voir les *Notes*.

choses qui pussent réussir afin de ne point commettre son crédit.

Elle auroit eu plus de sujet d'être mal satisfaite du premier ministre dans l'affaire de la connétable Colonna[1], qui fut enlevée alors de Madrid sur un ordre du Roi et menée prisonnière au château de Ségovie, contre la parole expresse que le ministre avoit donnée à la Reine, par la duchesse sa femme, qu'on ne feroit rien contre la Connétable tant que la Cour seroit à l'Escurial. Cette dame, nièce du cardinal Mazarin, avoit relevé la maison Colonna par les grands biens qu'elle avoit tirés de la fortune de son oncle. Elle avoit demeuré à Rome plusieurs années avec son mari dans toute la liberté de France; elle pouvoit être la femme d'Italie la plus heureuse, si son inquiétude naturelle et peut-être quelque souvenir de France un peu trop vif pour son repos lui eussent permis d'en jouir. Elle abandonna d'elle-même ce bonheur, s'enfuit de Rome, s'embarqua avec la duchesse Mazarin[2] sa sœur, passa en France où n'ayant pas eu la liberté de venir à la Cour, elle alla

1. Marie Mancini, nièce de Mazarin, née à Rome en 1640, mariée le 11 avril 1661, au Louvre, à Lorenzo Onofrio Colonna, grand connétable de Naples, morte, dit-on, à Madrid en mai 1715. Sur sa vie, il faut lire les *Véritables Mémoires de Marie Mancini*, réimprimés par Georges d'Heylli, Paris, 1881, in-12, ouvrage où ont été résumées les recherches de MM. Amédée Renée et de Chantelauze. D'après J. Yañez (*Memorias para la historia de don Felipe III*, Madrid, 1723, p. 65), les mémoires de la Connétable furent traduits, à sa prière, en espagnol, par Pedro Pablo Billet et imprimés à Saragosse en 1677.

2. Hortense Mancini, nièce du cardinal Mazarin, née vers

à celle de Savoie qu'elle quitta peu après pour passer en Flandre. Elle y fut arrêtée d'abord, mais ensuite elle s'embarqua pour venir en Espagne et demeura à Madrid avec assez de liberté dans les commencements; depuis, elle fut obligée d'entrer dans un couvent à condition que, si elle en sortoit, le Roi la remettroit entre les mains de son mari. Elle ne se souvint point assez de cette loi, et la curiosité de voir l'entrée de la Reine la fit sortir du couvent[1] pour aller chez la marquise de Los Balbases, sœur de son mari[2]. Le marquis de Los Balbases la garda quelque temps, jusqu'à ce qu'il eut un ordre du Roi pour la conduire à un couvent à la campagne à quatre lieues de Madrid[3]. Cependant le connétable Colonna, qui, depuis quelques années, étoit vice-roi d'Aragon, vint à la cour d'Espagne avec ses enfants. Il fit revenir d'abord sa femme dans un couvent de Madrid et peu après elle vint demeurer chez lui, c'est-à-dire dans la même maison, sans aucun commerce ensemble. Elle fut quelque temps en cet état avec la liberté de faire des visites, elle alloit même chez la Reine; mais comme le Connétable parla d'aller

1643, mariée le 1ᵉʳ mars 1661 à Armand-Charles de la Porte, duc de la Meilleraye, qui devint duc de Mazarin par le testament du Cardinal, morte en Angleterre le 2 juillet 1699.

1. « La connétable Colonna est sortie du couvent de Saint-Dominique et va demeurer avec la marquise de Los Balbases, sœur du connétable Colonna, son mari. » (*Gazette*; nouvelles de Madrid du 23 janvier 1680.)

2. Ana Colonna, sœur du Connétable, mariée en 1653 au marquis de Los Balbases.

3. Cela eut lieu dans les premiers jours de février 1680. (*Gazette*; nouvelles de Madrid du 7 février 1680.)

en Italie et de l'emmener avec lui, la crainte des suites de ce retour lui fit souhaiter de demeurer à Madrid dans un couvent, ainsi qu'elle le témoigna quand elle reçut ordre du Roi de s'expliquer sur ce sujet. Pour régler les prétentions opposées du mari et de la femme, on fit une junte du Confesseur du Roi, de l'Inquisiteur général et de don Melchior Navarra qui décidèrent qu'on la mettroit prisonnière dans le château de Ségovie. Le marquis de Los Balbases avoit tenté l'année précédente d'avoir un ordre pour l'y conduire, mais le Connétable de Castille et l'Amirante s'y étoient opposés, et alors le premier ministre n'y prenoit pas intérêt comme en cette dernière occasion.

Dans l'appréhension de ce jugement, la Connétable avoit fait demander la protection de la Reine, qui tira parole du duc de Medina Celi qu'on n'exécuteroit rien contre elle tant que la Cour seroit à l'Escurial. Cependant, huit jours après qu'elle y fut, un conseiller du Conseil royal, accompagné d'officiers de justice et soutenu du connétable Colonna et du marquis de Los Balbases, avec nombre de gens armés, vint à onze heures du soir rompre la porte de l'appartement de la Connétable, et, après de grandes violences, l'emmenèrent prisonnière pendant la nuit au château de Ségovie[1].

Il parut extraordinaire qu'on traitât ainsi

---

1. « La connétable Colonna a été conduite à l'alcazar de Ségovie, par ordre du Roi, sur ce qu'elle n'a pas voulu suivre le Connétable son mari. » (*Gazette*; nouvelles de Madrid du 31 octobre 1680.)

une femme de qualité qu'on n'accusoit d'aucun crime, qui étoit dans la maison de son mari et qui ne demandoit que d'être enfermée dans un couvent pour le reste de sa vie. Après la parole qu'on avoit donnée à la Reine, il étoit étrange d'employer le nom et l'autorité du Roi pour maltraiter une femme et satisfaire l'animosité particulière de Los Balbases, car on étoit persuadé que lui seul avoit engagé le Connétable à cette violence, qui depuis longtemps laissoit sa femme en repos et auroit apparemment consenti qu'elle demeurât à Madrid dans un couvent comme auparavant ; c'étoit Los Balbases qui avoit sollicité contre elle les ordres du Roi, c'est-à-dire du premier ministre, dont la fille en même temps alloit épouser le fils aîné du Connétable[1]. Rien ne paroissoit plus mal assemblé que le mariage de ce fils et le traitement qu'on faisoit à la mère, qui, par ses grands biens, avoit sauvé la ruine de la maison et dont les alliances relevoient ses enfants par la proximité de plusieurs grands princes.

Le bruit de cette affaire particulière finit bientôt par celui que fit à la cour d'Espagne la nouvelle, venue de Flandre, que six vaisseaux de l'électeur de Brandebourg avoient enlevé à la vue d'Ostende un grand vaisseau du roi d'Espagne prêt à faire voile pour Cadix chargé de la valeur de plus de trois cent mille

---

1. Filippo Colonna, prince de Palliano, fils aîné de Lorenzo Onufrio et grand connétable de Naples après son père, épousa, en 1681, Dª Lorenza de La Cerda, fille de Medinaceli.

écus en marchandises[1]. On se souvint d'abord de la manière dont l'envoyé de Brandebourg étoit sorti de Madrid; on jugea bien que cette représaille en étoit une suite, et qu'après tant d'instances inutiles l'Électeur n'avoit point trouvé d'autres voies, pour être payé, que de se faire à lui-même la justice qu'on lui avoit refusée à Madrid avec des circonstances si offensantes. Il étoit difficile de ne pas convenir de la justice de son ressentiment, surtout après la manière dont il s'étoit sacrifié pour la maison d'Autriche dans la dernière guerre.

Cet exemple réveilla les appréhensions, que l'on avoit eues depuis un temps, du voyage du comte d'Estrées[2] aux Indes occidentales, avec quelques vaisseaux. On publia d'abord qu'il avoit pillé Portobello, mais on sut peu après que cette hostilité avoit été faite par des aventuriers de diverses nations conduits par un capitaine anglois; ainsi cette terreur se réduisit à craindre quelque descente dans l'île de Santo Domingo ou dans celle de la Marguerite.

Cette imagination se joignit à une nouvelle véritable de l'entrée des Portugais dans la rivière de la Plata, où ils avoient occupé l'île

---

1. « On fut fort allarmé la semaine passée par six vaisseaux de guerre de l'Electeur de Brandebourg, qui ayant enveloppé à nostre rade, en plein midi, un des vaisseaux du roi d'Espagne, nommé le *Charles Second*, basti depuis peu, l'emmenèrent sans qu'il fût possible de le secourir. » (*Gazette*; nouvelles d'Ostende du 27 septembre 1680.)

2. Jean, comte d'Estrées, né à Soleure (Suisse) le 3 novembre 1624, vice-amiral du Ponant en 1669, maréchal de France en 1681, mort le 19 mai 1707.

de Saint Gabriel, à la vue de Buenos-Ayres[1]. Ils se trouvoient en état de s'y maintenir par la proximité de leurs côtes du Brésil et par la disposition de la rivière même, qui, se rétrécissant en cet endroit, est plus facile à commander et donne plus les moyens d'en troubler la navigation et le commerce. On sut d'ailleurs que l'escadre des vaisseaux de Brandebourg devoit passer aux Indes. Toutes ces idées jointes ensemble paroissoient donner de l'inquiétude à la cour d'Espagne, mais on ne voyoit point qu'elle se donnât de mouvement pour en prévenir les suites.

Elle étoit demeurée dans son repos ordinaire sur les démêlés de la frontière de Biscaye, depuis les premières agitations que lui avoit causées la marche de quelques régiments françois à Bayonne; on avoit seulement envoyé de Madrid un commissaire qui étoit depuis plusieurs mois sur les lieux sans rien terminer. L'entrée de la rivière de Bidassoa étoit toujours fermée par des brigantins françois, qui empêchoient les habitants de Fontarabia de continuer leurs violences, et même de sortir pour la pêche, jusqu'à ce que les prétentions fussent réglées entre les deux frontières; et pendant que les Espagnols demeuroient sans vouloir rien finir, il arriva que les brigantins, ayant paru se retirer, revinrent incontinent et enlevèrent des barques

---

1. Des nouvelles de Lisbonne du 21 septembre 1680 annoncent le débarquement de quatre cents hommes dans les îles Saint-Gabriel et les mesures prises par D. Joseph Garro, gouverneur de Buenos-Aires, pour secourir ces îles. (*Gazette.*)

biscayennes, qui s'étoient mises à la pêche, dont ils menèrent plusieurs prisonniers à Bayonne.

On en fit à Madrid un grand sujet de plaintes, mais le Roi fit dire aux ministres d'Espagne que, pour retirer leurs prisonniers et délivrer la rivière de ces brigantins, il falloit déterminer actuellement les difficultés qui avoient causé les désordres précédents ou convenir qu'en attendant le règlement, on suivroit par provision celui qu'avoient fait les commissaires de France après la paix de 1660.

Deux jours après le départ du Roi pour l'Escurial, c'est-à-dire le 9 octobre, tout Madrid fut effrayé par un tremblement de terre qui l'ébranla sur les sept heures du matin à diverses reprises, sans néanmoins rien renverser[1], mais à la même heure ce tremblement se fit sentir à plus de cent lieues de pays, à Séville, à Cordoue, à Jaën, et en d'autres endroits où les églises et les maisons furent endommagées. Le plus grand désordre fut à Malaga où plus de douze cents maisons furent renversées, le reste ébranlées et rendues inhabitables, grand nombre de personnes

1. Un extraordinaire de la *Gazette*, du 20 novembre 1680, rend compte de ce tremblement de terre. Madame de Villars en parle aussi dans une de ses lettres datée du 10 octobre : « Permettez-moi, Madame, de vous parler avant toutes choses d'une petite bagatelle qui arriva hier à sept heures du matin. Ce n'est qu'un violent tremblement de terre qui dura la longueur d'un *Miserere*. M. de Villars dans son lit et moi dans le mien les sentîmes remuer. Il se leva », etc. (*Lettres de madame de Villars*, p. 147.)

blessées ou accablées, plusieurs villages des environs entièrement ruinés [1].

Ce malheur avoit été précédé de grands débordements d'eau, qui, durant plus d'un mois, avoient ravagé plusieurs villes de l'Espagne, désolées d'ailleurs par la peste. Depuis deux ans, ces fléaux, joints d'ailleurs à la pauvreté et au désordre du gouvernement et des affaires, remplissoient l'Espagne d'idées funestes pour le présent et de nouvelles terreurs de maux à venir.

Pendant le voyage de l'Escurial, on commença à croire dans le monde qu'il y avoit quelque mésintelligence entre la Reine mère et le premier ministre; mais, depuis que la Cour fut de retour à Madrid, on ne douta plus de leur désunion, lorsque l'on vit durant plusieurs mois que le duc de Medina Celi n'avoit été qu'une fois chez elle. Comme on ne voyoit point de cause apparente de cet éloignement, on fit divers jugements. Quelques-uns crurent que la Reine mère, suivie d'un nombre de personnes considérables de sa dépendance, exigeoit pour eux presque toutes les grâces et les emplois, et que le premier ministre, ne la trouvant ni nécessaire ni à craindre auprès du Roi, ne s'étoit point embarrassé de se brouiller avec elle, pour se tirer de la contrainte où le mettoient ses demandes continuelles.

D'autres pensoient au contraire que c'étoit

---

[1]. Une relation du tremblement de terre qui se fit sentir à Malaga le 9 octobre 1680 est citée dans Gallardo, *Ensayo de una biblioteca española*, t. I, col. 918.

la Reine mère qui avoit rompu avec lui, mal satisfaite de ce que, depuis qu'il étoit premier ministre, elle ne pouvoit être payée de ses revenus ni rien faire pour personne, pendant que toutes les grâces et les bienfaits du Roi se partageoient entre les parents et les domestiques de ce ministre.

Ceux qui croyoient pénétrer davantage étoient persuadés que le duc de Medina Celi suivoit entièrement les vues et les impressions de don Jerónimo d'Eguya; mais d'autres remarquoient que cet homme, depuis qu'il étoit devenu secrétaire d'État, avoit sous divers ministres si souvent changé de parti et avoit même quelquefois balancé à l'égard du duc de Medina Celi, avant et depuis son ministère. Ils croyoient qu'il étoit de l'intérêt de ce duc de mettre un autre secrétaire d'État en sa place, et lorsqu'à l'Escurial le Roi menaça un jour Eguya, que, s'il n'étoit plus ponctuel à venir travailler avec lui aux heures marquées, il dépêcheroit avec Vibanco[1], secrétaire de sa chambre, qui étoit en quelque faveur auprès de Sa Majesté, on crut d'abord que ce contretemps auroit des suites et qu'il avoit été ménagé par le premier ministre. Mais par un mystère assez difficile à démêler, le duc de Medina Celi, à ce qu'on prétend, raccommoda Eguya avec le Roi, et ce fut le commencement d'une nouvelle liaison entre le premier ministre et le secrétaire d'État,

---

1. D. Sebastian de Vibanco, chevalier de Saint-Jacques et valet de chambre du Roi, remplissait alors la charge de *Secretario de la secretaria de cámara de la estampilla*.

par laquelle ce dernier se trouva dans la suite avoir en effet tout le pouvoir dont l'autre n'avoit que le nom et les apparences.

Dans cette situation, Eguya comprenant que l'union des reines et du duc de Medina Celi ne lui laisseroit point le pouvoir entier qu'il lui convenoit d'avoir sur l'esprit de ce ministre, il chercha à lui faire entendre que la correspondance avec la Reine mère, qui d'elle-même lui étoit entièrement inutile, lui seroit toujours à charge par ce grand nombre de personnes attachées à elle, pour lesquelles elle exigeoit sans cesse de lui quelque chose ; qu'en s'éloignant d'elle, il éviteroit cet embarras ; qu'il n'y avoit rien à craindre, que c'étoit une personne foible et sans ressentiment, qu'on pourroit entièrement ruiner dans l'esprit du Roi le peu de confiance qui lui restoit pour elle ; qu'ainsi le Roi lui tomberoit tout entier entre les mains ; qu'autrement il ne pouvoit s'assurer d'être le maître ni des résolutions, ni des grâces, ni des moindres mouvements du Roi, toujours exposé aux impressions que sa mère lui donneroit, ou par elle-même, ou pour l'intérêt des siens. Par ces idées qu'Eguya donnoit au premier ministre de ne dépendre de personne, il se le rendit en effet tellement dépendant que l'on peut dire que tout ce qui se fit dans la suite fut l'ouvrage d'Eguya, revêtu du nom et de l'autorité du duc de Medina Celi.

On vit alors donner des pensions au duc d'Albe, comblé d'ailleurs de charges et de bienfaits du Roi sans l'avoir jamais servi, et au duc de Villa Hermosa, qui revenoit chargé des dépouilles de Flandre et des plaintes des peuples qu'il avoit ruinés. Le marquis de Astorga, qui depuis peu d'années avoit épuisé le royaume de Naples, et qu'à son retour de cette vice-royauté l'on avoit fait grand maître de la maison de la Reine, avoit encore eu depuis la charge de capitaine général de l'artillerie d'Espagne. Tous ces gens ne pouvoient avoir d'autre mérite que de s'être fait remarquer dans tous les partis opposés à la Reine mère, et pendant que les domestiques de la maison du Roi désertoient faute de subsistance, on vit le premier ministre donner de grosses pensions à ses petits domestiques et aux femmes de chambre de la duchesse, sa femme, sur le *bolsillo*[1] et sur les fonds réservés pour la maison du Roi.

Cette conduite parut indigne au public et fut sensible à tous ceux qui avoient conservé de l'attachement pour la Reine mère, mais toute la Cour s'éleva contre le mariage que fit alors le duc de Medina Celi de don Agustin de Guzman avec la fille unique du duc de Montalto[2]. Elle n'avoit alors que quinze ans, elle étoit bien faite et la plus riche héritière d'Espagne par les biens de son père et par les

---

1. La cassette particulière, dont la dépense annuelle se montait à 750,000 ducats. (Alonso Nuñez de Castro, *Solo Madrid es corte*, éd. de 1675, p. 219.)

2. D. Agustin de Guzman, qui fut marquis de La Algava et d'Ardales après la mort de son frère D. Pedro-Andrés, tué à Oran le 9 mars 1681, épousa en novembre 1680 Dᵃ Catalina, fille unique de D. Fernando de Moncada d'Aragon, huitième duc de Montalto et de Bivona, conseiller d'État en

successions qui la regardoient du comte d'Oropesa et du marquis de Los Velez[1]. Don Agustin étoit un arrière-cadet de la maison de Guzman, qui n'avoit de bien ni de mérite que d'être allié au duc de Medina Celi et de s'être depuis un temps attaché à faire la cour à la duchesse. Ce fut le fondement d'un mariage si inégal dans lequel le duc de Montalto fut généralement blâmé d'avoir sacrifié sa fille, et le premier ministre n'y eut point d'autre avantage que de faire voir sa dépendance pour les volontés de sa femme, pendant qu'il s'attiroit le chagrin du public et l'aversion des deux familles d'Oropesa et de Los Velez, que l'alliance et l'amitié lui avoient tenues fort unies jusqu'alors.

Le comte d'Oropesa avoit de la probité et autant de mérite qu'on en peut attendre d'un homme encore jeune, qui a de l'esprit, sans avoir eu d'emploi. On assure qu'à la mort de don Juan, il étoit l'homme de la Cour le

---

1691, président du conseil des Indes en 1693 et du conseil d'Aragon en 1695, mort le 11 novembre 1713. — D. Agustin de Guzman mourut le 15 octobre 1681.

1. Montalto avait épousé, en 1667, Dª Maria-Teresa Fajardo, sœur et héritière du sixième marquis de Los Velez. Quant à Oropesa, sa parenté avec Montalto tenait à ceci : D. Pedro Fajardo, cinquième marquis de Los Velez, père du sixième marquis et de la femme de Montalto, avait épousé Dª Maria-Engracia de Toledo, sœur de D. Eduardo-Fernando, septième comte d'Oropesa. Le huitième comte d'Oropesa était donc cousin germain du sixième marquis de Los Velez et, par alliance, de Montalto ; il était oncle à la mode de Bretagne de la fille unique de celui-ci, et comme il n'eut d'enfants qu'en 1685, cette nièce était, en 1680, son héritière présomptive.

plus agréable au Roi, le plus en état de prétendre au poste de favori, s'il n'avoit mieux aimé l'employer à y faire entrer le duc de Medina Celi, comme son meilleur ami, qui de cette manière lui devoit la plus grande partie de son élévation. Cependant le duc fit le mariage de sa nièce et de son héritière sans sa participation, il le cacha même à la marquise de Los Velez, grand'mère de la fille, et le fit subitement célébrer, sans attendre le consentement du marquis de Los Velez, viceroi de Naples, son beau-frère.

Ce fut à peu près dans ce temps qu'il parut de l'inquiétude et même du mouvement parmi quelques personnes considérables de la Cour contre le premier ministre. Son incapacité et la dépendance qu'on lui voyoit en tout pour don Jerónimo d'Eguya, également haï et mésestimé de tout le monde, le désordre des affaires qui se ruinoient tous les jours visiblement entre leurs mains, la misère publique sans soulagement étoient des prétextes suffisants pour se plaindre ou pour souhaiter à l'État un meilleur gouvernement.

L'Amirante de Castille, le comte de Monterey, le duc de Veraguas, le duc de Pastrana, don Gaspar[1] et don Joseph de Silva, ses deux frères, le prince d'Astillano et le marquis de

---

1. D. Gaspar-Melchor-Baltasar de Silva, frère du duc de Pastrana, né le 11 janvier 1653, fut huitième comte de Galve après la mort de son oncle D. Diego-Francisco en 1686, et vice-roi du Mexique de 1688 à 1697. Il mourut à bord du vaisseau qui le ramenait en Espagne, le 11 mars 1697.

Mancera furent les principaux qui parurent s'intéresser au bien public et souhaiter plus fortement le rétablissement des choses, ou en changeant tout à fait le ministère, ou en y ajoutant une junte de gouvernement capable de le rectifier. Il y eut entre eux sur ce sujet des entretiens secrets et des conférences où il se fit beaucoup de propositions. Chacun d'eux, sous les apparences du bien public, alloit à ses fins particulières, et quoiqu'ils eussent un intérêt commun dans le changement qu'ils envisageoient, leur conduite étoit aussi différente que les raisons qui les engageoient chacun à le souhaiter en particulier.

L'Amirante, toujours pauvre dans de grands biens par le déréglement de sa conduite, quoique sans avoir jamais servi dans aucun emploi du gouvernement, se vit placé au Conseil d'État et grand écuyer du Roi; cependant il souhaitoit de voir un ministre qui lui fût plus utile. Il se souvenoit de celui de Valenzuela, sous lequel il avoit pillé impunément, et cherchoit à voir entrer en la place du duc de Medina Celi quelque autre ministre qui pût lui avoir obligation d'avoir agi pour l'y faire monter. Dans cette envie, il jetoit les yeux sur le comte d'Oropesa qu'il croyoit mal satisfait du premier ministre, jugeant que ce lui seroit peut-être une vengeance agréable que de prétendre à le déposséder et qu'il pourroit y réussir plus facilement qu'un autre, par la considération que le Roi lui avoit toujours conservée : ce fut sur cette vue que l'Amirante fonda son projet, pour lequel il n'avoit point de mesures solides qui pussent le flatter d'aucune espérance de succès.

Le comte de Monterey avoit des raisons de mécontentement beaucoup plus fondées. Il se voyoit le seul gouverneur de Flandre exclu du Conseil d'État, pendant que le duc de Villa Hermosa venoit y prendre place qui avoit été sous lui en Flandre plusieurs années et n'en avoit eu le gouvernement que lorsque lui l'avoit quitté. Il voyoit don Jerónimo d'Eguya, son ennemi particulier, maître absolu des affaires qui l'avoit tellement perdu dans l'esprit du Roi que la Reine lui parlant un jour en faveur du comte, il répondit qu'il étoit bien heureux qu'on ne lui eût pas fait perdre la tête. Il partageoit encore le mauvais traitement du marquis de Liche, son frère, que l'on faisoit demeurer par force ambassadeur à Rome où il ruinoit ses affaires et sa santé. Sa femme[1] s'étoit depuis peu jetée aux pieds du Roi pour demander qu'il pût seulement revenir à quelques-unes de ses terres sans approcher la Cour; presque tout le Conseil d'État avoit opiné en sa faveur, mais on ne laissa pas de lui envoyer un nouvel ordre de demeurer à Rome et l'on prit soin de renouveler dans l'esprit du Roi les impressions

---

[1]. Liche se maria premièrement avec Dª Antonia-Maria de la Cerda, fille de D. Juan-Luis de la Cerda, sixième duc de Medinaceli, « la plus belle femme d'Espagne », au dire de Bertaut (*Journal du voyage d'Espagne*, Paris, 1669, p. 288), et qui mourut le 16 janvier 1670. En 1671, Liche épousa Dª Teresa Enriquez de Cabrera, fille de l'Almirante D. Gaspar.

qu'on lui avoit données depuis longtemps, qui le lui faisoient regarder comme le plus dangereux homme de son État.

Le comte de Monterey avoit de l'esprit, de l'ambition, et, quoiqu'il n'eût que quarante ans, il s'étoit trouvé chargé de plus grandes affaires qu'aucun Espagnol de son rang. Vigilant, actif, aimant la gloire, agréable et engageant dans ses manières et capable de former un parti dans une Cour où il eût trouvé des gens de quelque solidité et de quelque confiance, il souhaitoit de voir dans le ministère un changement qui lui donnât moyen d'entrer dans le Conseil d'État et de s'avancer par son mérite aux grands postes qu'il voyoit remplir à tant de personnes qui n'en avoient point. Mais comme il savoit qu'il étoit devenu suspect et que même depuis un temps il étoit suivi par des espions partout où il alloit, il se ménageoit plus que personne et vivoit fort retiré. Il y avoit peu qu'il s'étoit raccommodé avec le premier ministre, s'étoit expliqué avec lui sur ses intérêts et lui avoit fait entendre combien il lui étoit sensible de se voir privé de l'entrée du Conseil d'État pendant qu'on la donnoit au duc de Villa Hermosa. Le premier ministre lui avoit répondu honnêtement, suivant sa coutume, et lui avoit donné des espérances dont il paroissoit content; il alloit souvent lui faire sa cour et sembloit n'avoir rien à craindre d'un homme avec lequel il étoit tous les jours en commerce.

Le duc de Pastrana, son beau-frère, n'avoit pas sujet comme lui de se plaindre de la

Cour, mais l'espérance de trouver ses avantages dans un changement et le moyen de s'élever aux charges où il n'avoit encore pu parvenir, l'engagea parmi les mécontents; don Gaspard et don Joseph de Silva, ses frères, le suivirent dans cet engagement. Le dernier étoit gendre du marquis de Mancera[1] et fort près du Roi par sa charge de premier écuyer. Cependant ces trois frères fondaient leurs intrigues sur don Sébastian Vibanco, secrétaire de la chambre, auquel ils s'étoient ouverts comme à un homme sûr, quoiqu'en effet il fut entièrement au duc de Medina Celi.

Le duc de Veraguas, de la maison de Portugal, jeune et capable d'emploi, ne trouvoit point de justice à la Cour, après la manière sans exemple dont on l'avoit dépouillé de la vice-royauté de Valence. Il s'en plaignoit hautement et présentoit des mémoriaux pour demander des juges, suivant l'usage de la cour d'Espagne, et qu'on lui fît son procès s'il l'avoit mérité, sinon qu'on le rétablît dans un poste où il n'avoit fait d'autre faute que de bien servir le Roi. Il trouvoit toutes choses tellement contraires à sa prétention que, se voyant sans espérance de ce côté-là, il entra en liaison avec les mécontents pour chercher un meilleur traitement dans le gouvernement nouveau dont ils se flattoient.

---

1. D. José de Silva avait épousé en 1675 Dª Maria-Luisa de Toledo, fille unique du marquis de Mancera, qui fut créée, en 1672, marquise de Melgar de Fernamental.

Parmi ceux qui avoient de l'attachement pour la Reine mère, le marquis de Mancera, son grand maître d'hôtel, étoit un des plus considérables, homme d'un âge et d'une expérience à pouvoir avec justice entrer dans le ministère. Il souhaitoit ce changement comme les autres, et surtout qu'on établît une junte de gouvernement, dans laquelle il espéroit entrer; mais, pour arriver à ses fins, il tenoit une conduite couverte, qui ne le commettoit point, et, sans paroître lui-même en rien, il faisoit agir le marquis de Grana, son beau-frère [1], ambassadeur d'Allemagne, qui pouvoit faire des pas sûrs sous les apparences du bien public.

Ce marquis avoit un véritable intérêt à voir établir un meilleur gouvernement qui tirât l'Espagne de son accablement et la mît en état de soutenir les intérêts de la maison d'Autriche; autrement, il lui étoit inutile de prendre des mesures et de faire des partis pour l'Empereur avec les Espagnols, incapables par l'état présent de leurs affaires de fournir au moindre engagement : que s'il avoit pu faire réussir une junte de gouvernement, dans lequel le marquis de Mancera fût entré, il satisfaisoit l'ambition de son beau-frère et en même temps il se mettoit en état, par un ministre habile et tout à lui, de se

---

1. Mancera avait épousé en 1655 Eléonore-Marie de Carretto, fille de François de Carretto, marquis de Grana, ambassadeur de l'Empereur en Espagne, mort à Madrid le 9 novembre 1651, et sœur d'Othon-Henri, marquis de Grana, dont il est ici parlé. Cette Eléonore mourut au Mexique le 22 avril 1674.

rendre maître des résolutions et d'établir des moyens solides pour les exécuter.

Comme le marquis de Grana pouvoit dans cette vue se couvrir de l'intérêt de l'État, il agit ouvertement avec le premier ministre pour tâcher à l'y faire entrer, et, lui représentant l'extrémité où étoient réduites les affaires d'Espagne et la ruine inévitable qu'on en devoit craindre, si l'on n'y remédioit promptement, il chercha à lui en insinuer les moyens et surtout à lui faire comprendre son intérêt propre, et, pour son soulagement, qu'il n'étoit pas possible qu'il pût lui seul satisfaire au travail immense de remédier à tous les maux d'un État accablé dans toutes ses parties; qu'on avoit vu, dans des temps moins pressants et moins malheureux, don Louis de Haro et d'autres grands ministres se faire soulager par des juntes qui, dans leur dépendance et sous leurs ordres, entroient dans le détail des affaires, en facilitoient les résolutions et en avançoient l'exécution avec cette diligence qui est l'âme des grands desseins; que dans une monarchie si étendue que celle d'Espagne et si déréglée depuis tant de temps il ne pouvoit agir seul en tout et qu'il étoit au-dessus de la condition humaine qu'en cette situation l'on pût ni tout voir ni tout faire par soi-même, sans se servir des lumières et du secours des ministres habiles qu'il pouvoit choisir également capables pour le conseil et pour l'exécution.

Le duc de Medina Celi se seroit peut-être laissé persuader à un discours si spécieux et aux raisons d'un génie aussi supérieur au sien que l'étoit celui du marquis de Grana, mais il dépendoit d'un homme qui l'empêchoit de rien écouter. Don Jerónimo d'Eguya lui faisoit voir que dans l'établissement d'une junte il perdoit toute son autorité, qu'il ne seroit plus maître ni de la résolution des affaires ni de la disposition des grâces ; que la junte, destinée en apparence pour le soulager, n'auroit en effet d'autre application que de partager son pouvoir, et qu'ainsi revêtu seulement du vain titre de premier ministre, il demeureroit toujours responsable du succès des affaires dont il ne décideroit point, inutile d'ailleurs pour lui et pour les siens et sans faire ni bien ni mal à personne. Ces considérations l'emportèrent dans l'esprit du duc, et toutes les raisons du marquis de Grana et la ruine évidente des affaires ne purent l'obliger à souffrir l'établissement qu'on lui proposoit.

D'autre côté, les mécontents étoient dans de grands mouvements, dans lesquels il se trouvoit beaucoup plus de souhaits et d'envie de réussir que de vues certaines et de moyens d'y arriver. Il n'y avoit point entre eux de véritable confiance, point de liaisons solides ; gens la plupart sans suite dans leurs desseins sans autre ambition que de la vanité, sans fidélité dans leurs engagements, et sans moyens de rien entreprendre.

L'Amirante, qui s'étoit engagé assez légèrement, vit bientôt que le succès n'étoit pas aussi facile ni aussi prompt qu'il se l'étoit imaginé pour l'établissement d'un nouveau ministère. Il craignoit même de ne point entrer dans la junte si l'on en faisoit une, mais peut-être que le marquis de Liche, son gendre, pourroit venir y prendre sa place, l'homme du monde qu'il redoutoit et haïssoit le plus. Il quitta le parti avec la même facilité qu'il y étoit entré, et, pour se mettre à couvert des suites, on prétend qu'il alla tout découvrir au Roi et au premier ministre.

Cette dénonciation fut suivie de près de l'exil du comte de Monterey, qui se croyoit alors bien raccommodé avec le premier ministre. Il le voyoit souvent et sembloit n'en avoir rien à craindre ; cependant le 14ᵉ de janvier au soir, le Président de Castille lui ayant mandé qu'ils se pussent voir au Palais, parce que les présidents de Castille ne visitent personne, le comte de Monterey, qui avoit à le solliciter sur quelques affaires de justice, alla le voir et fut surpris d'apprendre de lui qu'il avoit reçu ordre du Roi, par un billet de don Jerónimo d'Eguya, de lui déclarer qu'il eût à sortir de la Cour et de se retirer à quelqu'une de ses terres. Le Comte témoigna qu'il étoit prêt à obéir, mais qu'étant Grand d'Espagne, il ne pouvoit le faire que sur un ordre signé du Roi même. Il se retira ensuite chez lui et fit tenir son équipage prêt pour partir. Le lendemain il reçut l'ordre signé du Roi. On lui donna trois jours pour se disposer à son voyage, après lesquels il s'en alla à Salamanca. Le monde fut surpris de cette disgrâce[1], la

---

1. La marquise de Villars écrit à la date du 23 janvier

première qui fût arrivée à un homme de ce rang depuis le ministère du duc de Medina Celi, que beaucoup de gens ne croyoient si hardi pour une résolution de cette nature, et l'on ne douta point que don Jerónimo d'Eguya n'en fût l'auteur; mais, quelque considérable que parût le comte de Monterey, il y avoit peut-être moins de risque à le maltraiter qu'un autre de moindre mérite. Tout le monde lui étoit contraire parce que tout le monde le craignoit; il se trouvoit exposé à l'envie des courtisans, la plupart gens indignes qui n'appréhendoient rien tant que de lui voir du pouvoir, persuadés qu'il en useroit avec hauteur. On l'avoit également fait haïr et craindre du Roi et de la Reine mère, à qui il avoit manqué du temps de don Juan après de grandes obligations; ainsi ne pouvoit-elle que lui garder un grand ressentiment, et, à dire le vrai, je ne sais si on pouvoit s'assurer de trouver en lui autant de probité que d'autres qualités dignes du gouvernement.

Le duc de Pastrana, son beau-frère, n'attendit pas que la disgrâce vînt jusqu'à lui, et, soit qu'il eût été découvert par Vibanco, ou qu'il crût de l'être, il prévint les suites dans une dénonciation semblable à celle qu'avoit faite l'Amirante; il découvrit ce qu'il y avoit eu de plus particulier dans les liaisons de la

---

1681 : « Le comte de Monterey a été exilé de cette cour, il y a quatre ou cinq jours. On ne dit point pourquoi. Je ne le puis comprendre, si ce n'est qu'il est le plus honnête homme du monde et le plus propre à bien servir son roi. » (*Lettres de madame de Villars*, p. 161.)

dernière cabale avec ses parents et ses amis, et, sous un ministre également foible et méprisé, il fit voir jusqu'où peut aller la bassesse d'un grand seigneur quand il a moins d'esprit et d'honneur que d'orgueil et d'intérêt. Ses deux frères suivirent son exemple, et tous trois parurent dans la suite les plus passionnés partisans du premier ministre.

Le prince d'Astillano, qui avoit eu part à cette intrigue, n'en eut point à la disgrâce dont elle fut suivie pour quelques-uns, soit que l'on méprisât le mécontentement d'un homme paresseux ou inappliqué, comme il étoit, ou que peut-être on le crût déjà assez puni par la perte de sa charge de président du Conseil de Flandre, que le comte de Monterey avoit obtenue peu auparavant à son préjudice.

L'Amirante, pour se disculper dans le monde, répandit qu'il n'avoit point été de lui-même trouver le Roi, mais que le Roi, averti d'ailleurs des moindres particularités de ce qui se passoit, l'avoit envoyé querir et l'avoit pressé de manière qu'il s'étoit trouvé contraint d'avouer ce qui le regardoit, que, cependant, il avoit sauvé ses amis autant qu'il avoit pu et que l'affaire le permettoit. Le duc de Pastrana nioit de même que sa confession eût été volontaire, et vouloit faire comprendre que s'étant confié à don Sébastian Vibanco, que son poste de secrétaire de la chambre et quelques faveurs approchoient du Roi, Vibanco l'avoit découvert et mis hors d'état de pouvoir rien nier; mais on étoit persuadé que s'ils avoient eu l'un et l'autre plus d'honneur et moins de crainte, ils auroient pu se soutenir et ne point sacrifier leurs amis.

Comme le marquis de Mancera n'avoit point paru dans toute cette affaire où l'ambassadeur d'Allemagne agissoit pour lui, il en évita la disgrâce, lui qui auroit pu dans le succès espérer autant d'avantages qu'un autre. On ne vit point le Connétable s'intéresser à tout ce mouvement, quoique plus ambitieux et peut-être plus mal content que personne ; il jugea bien que l'intrigue n'avoit pas assez de fondement pour en espérer de bonnes suites, et, si elle avoit pu réussir pour le rétablissement d'une junte, il se tenoit assuré d'être le premier homme qui y entreroit sans avoir besoin de le briguer.

Le duc de Veraguas continuoit toujours à vouloir se justifier de son affaire de Valence. Il avoit demandé des juges, et, comme il fut renvoyé au Conseil d'Aragon, il y présenta un mémoire en termes assez forts, où faisant paroître l'innocence de sa conduite et l'injustice de sa révocation, il demandoit à être rétabli dans sa vice-royauté. Ce mémorial acheva de le perdre ; de sorte qu'au commencement du mois de février, il reçut un ordre pareil à celui du comte de Monterey de s'en aller à ses terres d'Andalousie. On lui donna huit jours pour se préparer à son départ, mais il ne put obtenir d'aller dans une autre province où il n'y eût point de peste. Cet exemple parut rigoureux contre un homme qui ne demandoit qu'à se justifier, dans un pays où l'on voit, tous les jours, des vice-rois dignes de perdre la tête justifiés et même récompensés par un usage qui semble être passé en une manière de loi. Mais on avoit tellement prévenu le Roi sur cette affaire que la Reine lui demandant s'il étoit vrai que le duc de Veraguas fût exilé, il répondit que oui et qu'on chasseroit de même tous ceux qui en parleroient.

Peu auparavant le duc d'Ossone étoit tombé dans une disgrâce qui n'avoit rien de commun avec les précédentes et dans laquelle personne ne le plaignoit, parce qu'il se l'attira par la même conduite qui lui a fait des affaires dans tous les états où il s'est trouvé. Il négligeoit beaucoup sa charge de grand écuyer de la Reine, et n'avoit seulement pas daigné la suivre à l'Escurial, de sorte qu'au retour le Roi le fit avertir qu'il eût à servir avec plus de soin; depuis il lui fit déclarer par un billet du secrétaire d'État que, s'il ne servoit mieux, on disposeroit de sa charge en faveur d'un autre. Peu de jours après cet avertissement, il y eut une grande comédie au Palais, où le Roi défendit qu'on se mît sur le théâtre. Le duc d'Ossone, qui en étoit averti comme le reste de la cour, eut la hardiesse de s'y placer comme pour braver la défense, mais, au sortir, il reçut un ordre de n'entrer plus au Palais ni au Conseil d'État. Deux mois après, il fut rétabli dans toutes ses fonctions à la prière de la Reine.

Lorsque le premier ministre rompit avec la Reine mère, il paroissoit assez le maître de la personne et des sentiments du Roi, qu'il tenoit enveloppé par un confesseur tout à lui et par don Jerónimo d'Eguya, les seuls qui pouvoient voir ce prince dans tous les moments et avoient un empire absolu sur son esprit. Les officiers, qui approchoient sa personne, suivoient cette dépendance, et si quelques-uns des gentilshommes de la chambre, qui servent chacun leur jour, étoient dans des intérêts contraires, ils n'osoient parler, peur de se perdre.

Dans cette situation, il étoit facile de donner des impressions au Roi; l'on eut moyen de lui renouveler les anciennes aversions contre la Reine mère, attribuant aux suites de sa régence les désordres de l'État, et comme il est ordinaire de ne point aimer ceux qu'on a outragés, on le faisoit entrer dans ce sentiment en lui persuadant qu'elle ne pouvoit oublier ce qu'elle avoit eu à souffrir du temps de don Juan, sous le nom et sous les ordres du Roi. Cette princesse, naturellement peu ambitieuse, rebutée d'ailleurs du génie malhonnête de son fils, ne pouvant compter sur celui de la Reine où elle ne trouvoit que de la bagatelle et de l'enfance, aima mieux abandonner les choses que de s'exposer à de nouveaux embarras, dans un temps où tout paroissoit sans remède; ainsi il parut que, dans la suite, elle ne pensoit plus qu'à vivre retirée dans son palais, d'où elle ne sortoit que pour rendre des visites d'honnêteté au Roi et à la Reine, sans se mêler d'aucune affaire.

Pour tenir le Roi de tous côtés, il restoit

au premier ministre d'avoir la Reine dans ses intérêts ou au moins de la séparer de la Reine mère. Dans cette vue, on aigrissoit le Roi sur beaucoup de petites choses dans lesquelles cette jeune princesse, faute d'une application assez exacte à s'observer elle-même et les autres, pouvoit donner lieu aux impressions que l'on vouloit faire prendre au Roi contre elle. En même temps on tâchoit à la prévenir elle-même contre la Reine mère; on l'alarmoit sur ses desseins, qu'elle continuoit toujours dans l'espérance de faire réussir un jour le mariage d'Allemagne, que, pour y parvenir, elle travailloit sourdement à la faire haïr du Roi, son mari, à faire croire qu'elle n'auroit point d'enfants. On lui en faisoit envisager les suites, le peu de sûreté de sa personne si jamais on vouloit mettre une reine en sa place, que le moindre malheur seroit de passer le reste de sa vie dans un couvent. C'étoient des avis particuliers qu'on lui faisoit donner en confidence, surtout par Quentin, sa nourrice, esprit faux et intéressé, capable de tout pour se rendre nécessaire, bigotte en apparence et qui dans le particulier flattoit la Reine dans toutes ses fausses vues de retourner en France et dans certaines idées tendres dont le souvenir ne servoit qu'à dérégler son esprit et sa conduite.

Il sembloit que, depuis que la duchesse d'Alburquerque étoit entrée au Palais, la Reine avoit dû compter sur l'attachement du premier ministre, et que lui avoit dû être assuré de l'affection de Sa Majesté; cependant elle l'avoit toujours trouvé contraire à tout ce qu'elle souhaitoit, jusqu'aux moindres choses, c'est-à-dire que le Roi, accordant d'abord ce qu'elle demandoit, n'avoit pas plutôt vu le ministre qu'il changeoit de volonté. La Reine n'étoit point assez appliquée pour en avoir un vrai ressentiment ni chercher les moyens de le faire sentir. De son côté, elle gardoit quelquefois assez peu de mesures avec le duc, parlant au Roi en faveur des personnes que le ministre n'aimoit point, sans s'apercevoir que sa recommandation, inutile pour ceux qu'elle appuyoit, ne servoit qu'à la commettre avec le premier ministre, auquel le Roi en rendoit compte d'abord; de sorte que de part et d'autre la correspondance étoit mal établie, et la Reine se trouvoit avec peu de pouvoir auprès du Roi et sans autorité avec le ministre.

On le vit néanmoins, peu avant l'exil du comte de Monterey, faire une démarche qui sembloit tendre à persuader à la Reine son attachement pour elle. Il fit dire à son confesseur, par celui du marquis d'Astorga et par un autre moine encore, qu'il n'avoit point de plus forte passion que de donner à Sa Majesté des marques de son obéissance en tout ce qu'elle lui feroit l'honneur de lui commander, priant le confesseur de l'en assurer et qu'il attendoit ses ordres pour y obéir.

Ces religieux insinuèrent en même temps au confesseur que, pendant que le duc de Médina Celi étoit entièrement dévoué aux volontés de la Reine, il voyoit avec déplaisir que Sa Majesté s'attachoit à distinguer, par de bons traitements et des marques de faveur, entre les dames qui l'approchoient celles qui lui étoient le plus contraires, marquant particulièrement la comtesse de Monterey[1], la marquise de Liche, la duchesse d'Ossone[2], et même l'ambassadrice de France. Qu'il auroit lieu de souhaiter, non seulement que cette distinction ne se fît point, mais que ces dames n'approchassent point Sa Majesté, faisant entendre en même temps que toutes les dames ne devoient pas indifféremment avoir la liberté d'entrer chez la Reine, sans le choix et la permission de la Camarera major. C'étoit une tentative pour tâcher à rendre maîtresse absolue de l'appartement et de la personne de la Reine cette duchesse, qui depuis la désunion de la Reine mère et du premier ministre s'étoit entièrement donnée au dernier. Il étoit aisé de juger que ce dessein étoit le sujet de l'ambassade que l'on faisoit au confesseur plutôt que l'envie de donner à la Reine de véritables marques d'obéissance.

Le duc de Medina Celi pouvoit bien avoir quelques aversions pour ces dames espagnoles à cause de son opposition avec leurs maris, mais pour l'ambassadrice de France, qui

---

1. Dª Inés-Francisca de Zuñiga y Fonseca, septième comtesse de Monterey, mariée à D. Juan-Domingo Mendez de Haro, deuxième fils de D. Luis de Haro. Elle mourut à Madrid le 10 mai 1710.

2. Le duc d'Osuna épousa en premières noces, en 1645, Dª Feliz de Sandoval, duchesse d'Uceda, morte à Milan le 7 octobre 1671, et, en secondes noces, Dª Ana-Antonia de Benavides, marquise de Fromesta et de Caracena.

n'avoit rien à démêler avec lui, il sembloit que c'étoit sans raison qu'il se déclaroit contre elle. Il devoit se souvenir que personne n'avoit plus contribué qu'elle et son mari à mettre d'abord la Reine en liaison avec lui et à s'y maintenir dans la suite autant qu'il leur avoit été possible.

Mais la rupture de ce ministre avec la Reine mère avoit entièrement changé ce plan dans son esprit, et comme il étoit persuadé que l'Ambassadrice avoit formé et soutenoit toujours la correspondance entre les deux Reines, l'intérêt qu'il se faisoit de séparer la jeune Reine d'avec sa belle-mère, lui faisoit voir avec aversion une personne qui entretenoit leur union. Il regardoit l'Ambassadeur de la même manière, et, pour les éloigner tous deux autant qu'il pourroit, il aigrissoit le Roi contre eux par des suppositions continuelles.

Ce n'étoit pas seulement à l'égard de l'Ambassadeur qu'il en usoit de cette manière, mais, soit par sa propre défiance, ou par le conseil d'Eguya qui l'éloignoit de tout le monde pour le gouverner seul, tous les courtisans lui étoient suspects, sans excepter ses plus proches, et il les représentoit sans cesse au Roi comme autant d'ennemis.

Il l'avoit tellement prévenu sur le sujet de l'ambassadeur de France, qu'un jour il dit à la Reine qu'il lui soulevoit toute sa cour et qu'il aimeroit mieux une guerre ouverte avec la France qu'un ministre comme lui dans Madrid, joignant à ce discours les marques de l'aversion qu'on lui inspiroit encore contre l'Ambassadrice, comme si elle avoit donné à la Reine des conseils dangereux, quoique le duc fût assuré qu'elle ne lui inspiroit que de la confiance pour lui et un véritable attachement pour le Roi. La Reine rendit compte de ce discours du Roi à l'Ambassadrice qui jugea à propos de s'abstenir durant quelques jours d'aller au Palais.

Elle ne trouvoit cette disposition bizarre que dans l'esprit du premier ministre et dans celui du Roi qu'il prévenoit. Dans le reste du Palais, parmi le grand nombre de personnes différentes par le rang et par le génie, les manières et la conduite de la marquise de Villars étoient estimées et agréables ; on connoissoit qu'elle ne donnoit à la Reine que des vues utiles pour sa conduite et pour son repos, et les dames qui étoient plus près de sa personne voyoient bien qu'avec beaucoup de respect et de complaisance l'Ambassadrice ne laissoit pas d'insinuer à la Reine avec soin tout ce qui pouvoit contribuer à sa bonne conduite à l'égard du Roi et du reste de la cour.

Mais cette princesse jeune, belle, pleine d'esprit et de vivacité, étoit dans un âge et d'un génie peu disposé à entrer dans les vues et l'application qui auroient été nécessaires pour sa conduite. Son inclination pour le plaisir et la liberté, les souvenirs de France et de ce qu'elle y avoit laissé lui rendoient l'Espagne insupportable. La captivité du Palais, l'ennui d'une oisiveté sans divertissement, les manières basses et grossières du Roi, les désagréments de sa personne, son humeur bourrue qu'elle-même augmentoit souvent par son peu de complaisance, tout cela nourrissoit son aversion et son chagrin. Elle ne s'intéressoit à rien, ne vouloit prendre aucune mesure pour le présent ni pour l'avenir, et renonçant à tout ce qu'elle pouvoit avoir en Espagne, elle ne se consoloit que dans l'imagination de retourner en France. Elle s'entretenoit dans cette espérance par des prédictions et des chimères qui seules faisoient son occupation et son plaisir. Tout le reste la désoloit, elle ne souffroit qu'avec ennui les dames qui la venoient voir. Elle ne leur disoit rien la plupart du temps, les quittoit souvent et ne trouvoit de plaisir qu'avec quelques dames ou quelques femmes de chambre françoises confidentes de ses imaginations avec lesquelles elle passoit presque tout le jour aux fenêtres du Palais qui donnent sur la place à voir passer des François et en appeler quelques-uns contre toutes les règles du Palais et la bienséance de son rang et de son sexe.

La Camarera major ni les autres dames n'osoient la contredire sur ce point de peur de s'attirer son chagrin. Ses femmes de chambre qui trouvoient la commodité de faire l'amour par les fenêtres où elles étoient avec elle l'attachoient encore plus à cette conduite. L'Ambassadrice lui en représentoit quelquefois les conséquences, mais inutilement, et dans les entêtements où elle étoit les meilleurs conseils que l'on pouvoit lui donner ne trouvoient que peu d'entrée. Il pouvoit même y avoir du danger à lui en donner, parce que quand d'elle-même et sans consulter personne elle avoit fait quelque méchant pas, elle ne balançoit point, pour s'en disculper auprès du Roi, de l'attribuer aux conseils de quelqu'un qui ne lui avoit point parlé. On reconnut cette conduite en plusieurs occasions et particulièrement lorsqu'ayant demandé au Roi de pouvoir faire un certain nombre de chevaliers de l'ordre de Saint-Jacques et, depuis encore, le rétablissement du comte d'Averne[1], un des Siciliens de la révolte, le Roi, poussé par les ministres, la pressa de lui dire qui l'avoit portée à faire ces demandes : elle lui dit que c'étoit l'ambassadrice de France. Cependant il étoit vrai qu'elle n'avoit demandé ce don qu'afin d'en tirer de l'argent pour elle et pour Quentin sa nourrice qui l'y avoit engagée contre tout ce que l'Ambassadeur et l'Ambassadrice lui avoient représenté pour l'en empêcher et lui faire voir les conséquences qui rendoient cette demande odieuse.

Le peu de sûreté qu'il y avoit dans l'esprit de la Reine rendoit le commerce avec elle délicat et embarrassant, et sans doute que cette facilité à sacrifier l'Ambassadrice auprès du Roi, pour sauver ou ses femmes ou elle-même dans les embarras où son peu de conduite la mettoit, pouvoit contribuer à autoriser dans l'esprit du Roi les impressions que le premier ministre et don Jerónimo d'Eguya lui donnoient contre l'Ambassadeur, auquel ils attribuoient tout ce qui arrivoit de mal,

---

1. Voir les *Notes*.

tous les mouvements et toutes les intrigues de la cour, ou supposés ou véritables, pendant qu'en effet il demeuroit dans sa maison retiré, solitaire, hors d'état de voir personne n'y d'entrer en aucun commerce avec les gens de la Cour, fort éloignés de le vouloir recevoir, ou par l'aversion répandue contre la France, ou par la crainte de se rendre suspects aux ministres.

Il est vrai que l'Amirante, le comte de Monterey, le duc de Veraguas, le prince d'Astillano, lorsqu'ils furent mécontents, souhaitoient de le voir en secret et en temps différents, dans la pensée qu'ils pourroient par son moyen trouver auprès de la Reine quelque appui pour leurs intérêts; mais il demeura ferme à ne vouloir se mêler d'aucune chose qui pût regarder le gouvernement. A dire le vrai, il devoit moins que personne chercher à changer le ministre, assez peu avantageux à l'Espagne pour être agréable à la France, dans l'antipathie qu'on attribue aux deux grandes nations.

Depuis un an que le duc de Medina Celi étoit à la tête de la monarchie sous un roi jeune qui lui laissoit la disposition de tout, on ne voyoit encore aucun fruit de ses soins pour le bien de l'État, aucune réforme de ce qui en causoit les maux, aucun établissement capable d'y remettre l'ordre et d'y redonner de la force. Il suffisoit de ne point remédier à ces maux pour les voir augmenter; mais il sembloit qu'on y en vouloit encore ajouter de nouveaux.

Peu de jours avant que le premier ministre fût revêtu de ce grand titre, on avoit publié le rabais de la monnoie de cuivre, comme je l'ai dejà dit; c'étoit un remède nécessaire, mais il fut appliqué d'une manière qui le rendit pire que le mal. Par ce premier changement, les monnoies d'or et d'argent étant réduites à la moitié de leur valeur précédente, il en sortit hors du royaume pour de très grandes sommes, dont les étrangers tirèrent des profits considérables, surtout les Portugois qui y trouvoient presque le tiers à gagner et tiroient d'ailleurs des sommes prodigieuses d'Espagne, et par le commerce du bétail qu'ils faisoient passer en Castille à beaucoup meilleur marché que celui que l'on nourrissoit en Galice, et par celui de leur sucre des Indes, qu'ils donnoient plus beau et à meilleur marché que celui qui se fait dans l'Espagne même, de sorte que les Portugais en épuisant l'Espagne d'argent gagnoient doublement et sur le prix des marchandises et sur la différence de la valeur des monnoies qui valoit plus en Portugal qu'en Espagne.

Le commerce des laines de Ségovie, le seul presque dont les Espagnols tirent encore quelque argent, diminua considérablement par le rabais de la monnoie qui en fit doubler le prix, de sorte que les étrangers ne vouloient plus en acheter à moins que les Espagnols ne les diminuassent à proportion. Les côtes d'Espagne, qui ne peuvent se passer des blés étrangers, et de plusieurs autres marchandises de dehors nécessaires à la vie, ressentoient au double la cherté par le désavantage des payements en or et en argent.

Mais le décri entier de la monnoie de vellon, qui se fit quelques mois après, depuis le ministère du duc de Medina Celi, acheva la ruine que le rabais avoit commencée. On prétend qu'il y en avoit en Espagne pour quinze millions d'écus, et comme le Roi ne satisfit point à la promesse qu'il avoit faite, en la décriant, de la retirer des particuliers pour le prix de la valeur du métal, ces grandes sommes qui étoient en commerce par tout le royaume devinrent une masse inutile, entièrement perdue pour le Roi et pour ses sujets. Les administrateurs et les fermiers des deniers publics, qui n'avoient presque dans leurs caisses que de cette monnoie, se trouvèrent insolvables et ceux des particuliers furent réduits au même état. Ainsi le Roi et les sujets furent également privés de leurs revenus, et, par une dépendance nécessaire, tout le royaume sans argent. On vit des banquiers manquer de fonds et de crédit pour satisfaire aux lettres de change, les marchands hors d'état de payer leurs dettes ni de faire payer ce qui leur étoit dû; il fallut donner aux corps entiers des marchands des lettres de répit pour quatre mois d'abord et les continuer ensuite, sans qu'ils pussent néanmoins se rétablir, parce que l'argent manquant toujours, le commerce demeuroit également interrompu. Les étrangers trouvoient de nouveaux profits dans ce nouvel accablement de l'Espagne. Ils achetoient le vellon décrié, à bas prix, et l'envoyoient à Gênes, en Angleterre et en d'autres lieux où ils négocioient avec avantage ce métal d'un alliage d'argent assez considérable.

Pendant que les étrangers emportoient nécessairement ce métal hors du royaume, on délibéroit à Madrid durant sept ou huit mois ce que l'on en feroit. Il se présentoit des traitants pour entreprendre d'en séparer l'alliage d'argent. On fut longtemps à conclure avec eux ; enfin l'on refusa le parti de celui qui l'offroit plus avantageux avec cent mille écus d'avance, et l'on traita avec celui qui en offroit le moins, qui ne promettoit point d'avance et avoit déjà fait banqueroute. La raison d'une préférence si peu régulière fut que ce banquier [1] devoit beaucoup à don Pedro d'Aragon, qui ne pouvoit en être payé qu'en lui procurant quelque ressource extraordinaire, et don Pedro d'Aragon étoit du Conseil, oncle et gendre du premier ministre : c'étoit plus qu'il n'en falloit pour être le maître de sacrifier les avantages du Roi à son intérêt particulier. Cependant tout ce traité n'eut point de succès, la séparation de l'alliage ne se put bien faire, et quand elle auroit réussi, ç'auroit été trop tard, la plus grande partie de la monnoie de cuivre avoit déjà passé aux pays étrangers et fait

1. « Dom Filippo Vinzani, habile chimiste, qui vint ici de Naples avec Dom Pedro d'Aragon, a été commis par le Roi pour examiner la monnaie décriée depuis quelques mois, afin de séparer le bon argent du cuivre. On dit que Sa Majesté Catholique en tirera six millions de pièces de huit. » (*Gazette*; nouvelles de Madrid du 24 novembre 1680; cf. madame d'Aulnoy, *Mémoires de la cour d'Espagne*, p. 322 et 359.)

perdre plusieurs millions à l'Espagne par la méchante conduite de ses ministres.

On voyoit alors, dans un même temps, deux choses fort opposées : une disette d'argent extraordinaire, avec une extrême cherté de vivres et de marchandises; l'une et l'autre allèrent si loin que l'on vit bientôt à Madrid un grand nombre de personnes engager d'abord et ensuite vendre leurs meubles pour subsister, et ce fut aux étrangers un nouveau moyen de dépouiller les Espagnols, que la nécessité obligeoit à se défaire de leurs vaisselles d'argent, des pierreries et de ce qu'ils avoient de plus précieux pour beaucoup moins qu'il ne valoit. Toutes ces richesses sortirent du royaume, sans qu'on y apportât aucun remède.

Parmi tant de déréglements qui épuisoient l'Espagne, on ne pensa à remédier qu'aux moindres, et l'on y remédia mal. Comme les Espagnols n'ont presque de manufactures que pour les grosses étoffes de soie ou enrichies d'or et d'argent, et que tout ce que le luxe et particulièrement la vanité recherchent le plus vient des pays étrangers, qui par ce commerce font encore de grands profits sur les Espagnols, les ministres, pour en arrêter le cours, se servirent du prétexte de régler le prix de toutes les marchandises qui depuis un an étoient enchéries de moitié. Ils publièrent, sous de très rigoureuses peines, ce qu'ils appellent *pragmatique*[1]; c'étoit une espèce de

---

1. La pragmatique sur le tarif général (*tasa general*) est

tarif qui donnoit le prix fixe à toutes choses, et, à l'égard des marchandises de soie, d'or et d'argent qui venoient des pays étrangers, ce règlement les mettoit à plus bas prix qu'elles n'étoient dans le pays même, d'où on les faisoit venir.

Ils crurent par là en abolir l'usage, mais comme il ne s'en fait point d'autres en Espagne dont on puisse se servir en la place de celles-là, qu'on ne pouvoit s'en passer, que d'ailleurs beaucoup de choses nécessaires à la vie manquoient à Madrid, parce qu'au prix où on les avoit mises, les marchands ne pouvoient y en apporter qu'avec perte, la pragmatique fut peu exécutée, et ce règlement que les plus habiles ministres d'Espagne avoient concerté durant plus de six mois, qu'ils avoient publié comme le remède de tous les maux de la monarchie, ne servit qu'à interrompre le commerce, à incommoder plusieurs particuliers et à décrier le gouvernement.

Madrid partageoit les maux de tout le royaume, mais il sentoit encore ses incommodités particulières. Cette ville, qui par sa situation et le génie de ses habitants n'a de commerce que celui qui peut l'épuiser, est plus chargée que ville du monde de droits d'entrée et d'impositions, tant ordinaires qu'extraordinaires, si mal administrés que, des grandes sommes qu'on en tire, peu de chose tourne au profit du Roi et de la ville. Depuis

---

du 27 novembre 1680 (*Nueva Recopilacion*, livre III, tit. 15, loi 10).

quarante ans, elle a fourni à ses rois en différents prêts plus de 30 millions de livres, pour l'intérêt desquels, à 8 pour 100, l'on a donné à la Maison de ville des rentes sur divers droits dont l'administration est si mal réglée qu'encore que, depuis quelque temps, ces rentes aient été réduites à 5 pour 100, elles ne se payent plus, et les particuliers qui ont fourni ces grandes sommes à la ville, perdent en même temps les intérêts et le principal de leur argent. La raison de cette ruine est la malversation des corrégidors et des régidors, tellement autorisée par l'impunité, que les régidors sont devenus perpétuels, qu'au lieu de quatre il y en a quarante et que leurs charges se vendent jusqu'à cinquante mille écus.

Après de grandes remontrances et de longues délibérations sur ce désordre, on établit pour y remédier une junte dont le président fut Don Lope de Los Rios, ministre d'une probité reconnue et d'une longue expérience dans les affaires de police, de finance et du gouvernement intérieur du Royaume[1]. Il entreprit

1. « Le Roi a nommé Dom Lope de Los Rios, Dom Andrea Villaran et deux autres officiers pour faire rendre compte aux régidors de leur administration. On les accuse d'avoir profité d'une somme de 800,000 ducats sur la dépense de l'entrée de la Reine et de la construction du pont neuf de Tolède, qui fut ces jours passés renversé par les eaux du Mançanarez. On a aussi ôté à ces régidors l'administration des impôts sur le vin, sur la chair et sur le charbon, etc. » (*Gazette*; nouvelles de Madrid du 24 novembre 1680.) Madame d'Aulnoy donne les noms des deux autres membres de la junte chargée de faire rendre gorge aux régidors : Don Francisco Carrillo et Don José Benavides. (*Mémoires de la cour d'Espagne*, p. 316.) — D. Lope de Los Rios, fils de

avec zèle une réforme si nécessaire, mais sa capacité et ses bonnes intentions devinrent inutiles par les oppositions secrètes de divers ministres, intéressés à fomenter cette ruine publique dont ils tiroient sous main des profits considérables.

Ce n'étoit pas les seules raisons qui contribuoient à la pauvreté de Madrid et de toute l'Espagne. Dans un temps où la flotte et les galions de l'année dernière avoient apporté des Indes près de 30 millions d'or, on sait que, de ces grands trésors des Indes, plus des deux tiers passent d'abord aux pays étrangers, sans entrer en Espagne, pour le retour des marchandises que diverses compagnies et plusieurs particuliers envoient aux Indes pour leur compte, sous le nom des Espagnols, qui leur aident encore publiquement à frauder le droit du cinquième qui est dû au Roi de tout l'argent qui vient des Indes.

Mais un commerce plus obscur, aussi profitable à la France qu'il est devenu nécessaire à l'Espagne depuis longtemps, est encore une des causes plus essentielles de son épuisement. Comme le pays est extrêmement dépeuplé, et que le peu d'habitants qui y reste, ou par fainéantise, ou par vanité, néglige la fatigue de toutes les occupations basses ou pénibles, un grand nombre de pauvres François se trouvent répandus partout, dont le travail et l'industrie

---

D. Martin, sixième seigneur de Torre-Blanca, fut président de la chancellerie de Grenade, inspecteur et gouverneur du Conseil des finances, conseiller de Castille; il mourut en 1681.

fournissent à ce que négligent les Espagnols. Comme ils en ont la peine, ils en tirent le profit, et, quelque petit qu'il paroisse par le peu que gagne chacun d'eux en particulier, il monte à des sommes prodigieuses par leur grand nombre. On en a compté, dans les dernières années, jusqu'à soixante-dix mille. Chacun d'eux, sans se domicilier en Espagne, y demeure seulement autant de temps qu'il faut pour en tirer de l'argent; d'autres succèdent à ceux qui se retirent, et ce peuple ambulant, composé de gens qui entrent sans cesse en Espagne et en sortent de même, ne laisse pas de remplir toujours à peu près ce grand nombre dont le pays ne se peut passer.

Il est difficile de savoir précisément les sommes qu'ils en tirent, mais quand chacun d'eux, l'un portant l'autre, n'envoyeroit hors d'Espagne, chaque année, que dix pistoles, ce seroit 7 à 8 millions de livres. Il est certain que les plus misérable d'entre eux n'en emportent pas moins, et que plusieurs en tirent davantage. Des provinces entières de France, qui d'elles-mêmes ont peu de commerce, s'enrichissent de celui-là, d'autant plus considérable que ceux qui le font tirent ces grands profits de l'Espagne, sans y porter d'autres fonds que leur industrie et leur travail.

Ceux qui n'ont point vu l'Espagne en cet état auront de la peine à le comprendre. Le peu d'argent qui reste après tant de manières de le consumer est encore partagé entre un nombre infini d'officiers et de ministres employés dans les conseils et dans les affaires de justice, de police et de finances, qui, sans s'enrichir, ruinent le Roi à un point que souvent la subsistance nécessaire manque dans sa maison. On vit, au commencement de l'année 1681, toutes les livrées de son écurie désertées, après qu'il leur étoit dû plus de deux ans de ce qu'on leur doit donner chaque jour pour vivre. Les rations que l'on donne à toutes les personnes du Palais, jusqu'aux femmes de la Reine, manquèrent aussi, et la table des gentilshommes de la chambre, l'unique qu'entretienne le Roi, fut un temps sans être servie, et l'on ne trouvoit point d'argent pour les moindres dépenses.

Sur les frontières du royaume, le peu de troupes qui restoient ne vivoient qu'à peine sur celle d'Estramadura, d'autant plus importante que les Portugais y ont plusieurs bonnes places et peuvent en peu de temps faire marcher dix ou douze mille hommes. Les places espagnoles ruinées et sans réparation depuis longtemps n'étoient gardées que par deux régiments d'infanterie, foibles et peu complets, la cavalerie, presque toute démontée, souvent sans fourrage, et tous depuis trois ans n'avoient touché qu'un mois de paye.

Les frontières de Navarre et de Biscaye n'étoient guère mieux gardées, et l'on vit, à la fin de l'année 1680, les gouverneurs de Saint-Sébastien et de Fontarabie venir à la cour représenter qu'eux et leurs garnisons périssoient de misère, si l'on pouvoit appeler garnison le peu qui restoit de soldats vieux ou mariés dans ces deux places, d'où tous ceux qui étoient jeunes ou libres avoient déserté. Après plusieurs mois de sollicitations, ces gouverneurs furent renvoyés avec des promesses qui n'eurent point de succès.

Pour assurer la Navarre contre les bruits répandus alors de quelques desseins de la France de ce côté-là, on nomma vice-roi, en la place du comte de Fuensalida, le grand-prieur de Castille, Don Iñigo de Velandia, vieux gentilhomme qui avoit servi autrefois avec réputation de valeur. Il refusa d'abord cet emploi, remontrant l'impossibilité de soutenir cette province sans troupes, sans argent, sans fortifications. On lui promit tout, et on leva six ou sept cents hommes dans la Castille que l'on envoya à Pamplona.

Quoique les troupes de Catalogne soient payées de l'argent de la province, il étoit administré avec si peu d'ordre qu'elles manquoient de subsistance.

De Flandres, le prince de Parme demandoit sans cesse des fonds pour se mettre en état de soutenir ce qui y restoit aux Espagnols, en cas de rupture avec la France, qui souvent paroissoit mal satisfaite d'eux.

Pour fournir à tant de besoins, on chercha les moyens de remettre de l'argent où il étoit nécessaire. On publia même que les traités en étoient faits, qu'on remettroit en Flandre cent mille écus par mois, quarante mille écus en Navarre et soixante mille en Catalogne; mais, hors ce dernier traité, qui eut quelque suite parce que la province donnoit les fonds, les deux autres furent sans effet, et la nécessité étoit alors si grande que le Roi voulant faire le voyage d'Aranjuez après Pâques de l'année 1681, ce fut une assez grande affaire de trouver cent cinquante mille écus qui sont réglés sur l'état de sa maison, pour la dépense de ce voyage[1]; de sorte qu'étant arrivés alors quelques mouvements du côté du Portugal, qui firent penser à y envoyer des troupes, lorsque le ministre dit au Roi qu'il leur falloit donner de l'argent, il répondit d'abord que surtout on ne donnât pas l'argent de son voyage d'Aranjuez, persuadé que, si l'on en disposoit, il n'en trouveroit plus d'autre.

On avoit eu nouvelle, depuis quelque temps, que l'électeur de Brandebourg s'étoit approprié le vaisseau enlevé par représailles aux Espagnols devant Ostende, avec tous les effets dont il étoit chargé. Il leur avoit d'abord donné un terme de trois mois pour le retirer en satisfaisant aux sommes qui lui étoient dues. Pendant ce temps, l'ambassadeur de Hollande qui étoit à Madrid et l'envoyé d'Angleterre négocièrent inutilement pour trouver quelque ajustement à cette affaire. L'électeur de Brandebourg ne voulut point rendre le vaisseau sans être payé de huit cent mille écus qu'on lui devoit; ainsi sa prise lui demeura, et les Espagnols, pour leur honneur, publièrent qu'ils n'avoient voulu entrer en aucune négociation qu'auparavant le vaisseau ne leur eût été restitué.

Ils avoient terminé avec le Roi Très Chrétien

---

1. D'après Nuñez de Castro, le voyage d'Aranjuez calculé

la difficulté sur le titre de duc de Bourgogne, en convenant que le roi d'Espagne ne le prendroit point dans les actes qu'il exerceroit par écrit avec la France[1]. Les pouvoirs des commissaires pour les limites en Flandre furent réformés sur ce pied, mais comme, dans la suite, ceux de France tardèrent à se rendre à Courtray pour travailler à cette dépendance du traité de paix de Nimègue, les Espagnols en prirent ombrage et firent des plaintes à l'ambassadeur de France à Madrid. Ils se plaignirent encore d'une prétendue descente du comte d'Estrée dans les Indes, marquant, dans les mémoires qu'ils en donnèrent, qu'il s'étoit emparé du port de Gouyra[2]; mais ce fait se trouva supposé, et l'on sut peu après que le vice-amiral avoit paru sur les côtes de l'Amérique espagnole avec toute la régularité qu'on doit observer dans la paix.

Les Espagnols, qui n'y sont pas si exacts, commencèrent en Flandre à redresser les fortifications de Bouvines, qui par le traité de Nimègue devoient demeurer rasées. Le Roi en fit faire des plaintes au prince de Parme,

---

à un mois coûtait 170,000 ducats; celui du Pardo (vingt-six jours), 150,000; celui de l'Escurial (vingt jours), 120,000. (*Solo Madrid es corte*, édit. de 1675, p. 217.)

1. « Le président Simon, l'un des commissaires du roy d'Espagne aux conférences de Courtray pour le règlement des limites, a rapporté au duc de Villa-Hermosa que les commissaires du Roy Très Chrétien étaient satisfaits du nouveau plein pouvoir que Sa Majesté Catholique a envoyé sans y prendre le titre de duc de Bourgogne. » (*Gazette*; nouvelles de Bruxelles du 14 octobre 1680.)

2. La Guayra, port du Venezuela.

gouverneur des Pays-Bas, et, sur ce qu'elles n'eurent point d'effet, il commanda des troupes pour le 1ᵉʳ de mars qui devoient entrer en Flandre et faire justice de cette infraction. La crainte de leur marche fit faire aux Espagnols ce que la raison et l'équité n'avoient pu obtenir d'eux, et ils abandonnèrent cette entreprise.

Vers le 15ᵉ de mars de cette année, ils reçurent une nouvelle désagréable du côté d'Afrique, d'où ils surent par la voie de Carthagène que le marquis d'Algava[1], gouverneur d'Oran, étant sorti de sa place avec cent cinquante chevaux et trois cents hommes de pied pour charger quelques Mores qui étoient venus faire des prisonniers dans les villages des environs, avoit donné imprudemment dans une embuscade où il avoit été tué et presque tous ses gens pris et taillés en pièces. On avoit nommé quelque temps auparavant, pour lui succéder, le comte de Cifuentes[2], qui sortoit du gouvernement de Malaga; mais, sur quelques prétentions qu'il eut d'être remboursé de certaines dépenses qu'il avoit faites pour le service du Roi dans ce gouvernement, il fut révoqué de celui d'Oran auquel il étoit destiné,

---

1. D. Pedro-Andrés de Guzman, cinquième marquis de La Algava et d'Ardales, comte de Teba, tué par les Mores le 9 mars 1681. En 1677, il était premier écuyer du Roi et fut destitué par don Juan, qui le nomma gouverneur d'Oran.

2. D. Pedro-Feliz-José de Silva, douzième comte de Cifuentes, grand *alferez* de Castille, général de la côte du royaume de Grenade en 1676, vice-roi de Valence en 1683, mort en avril 1697.

et le comte de La Monclova[1] nommé pour y aller en sa place, et, sur la nouvelle de la mort du marquis d'Algava, on le fit partir pour s'y rendre incessamment.

La cour d'Espagne, accoutumée à mépriser les maux éloignés, se consola facilement de cette perte, mais en même temps elle tomba dans un grand embarras par les nouvelles de Portugal, qu'apportèrent coup sur coup différents courriers de l'abbé Masserati[2], envoyé d'Espagne à Lisbonne. Il mandoit que les Portugais venoient d'avoir avis, par un vaisseau, que le 6e d'août de l'année précédente, le gouverneur de Buenos-Ayres, ayant joint à sa garnison un grand nombre d'Indiens ramassés, avoit surpris le fort commencé depuis peu par les Portugais dans l'île de Saint-Gabriel, située à sept lieues de Buenos-Ayres, dans la rivière de La Plata; qu'il avoit taillé en pièces trois cents hommes qui le gardoient, emmené prisonnier le gouverneur et ce qu'il y avoit d'habitants; que, sur cette nouvelle, le Prince Régent avoit fait marcher quatre cents chevaux avec les quatre vieux régiments d'infanterie de Lisbonne et commandé les milices du royaume;

---

1. D. Gaspar Portocarrero de La Vega, deuxième comte de La Monclova, fut, après son gouvernement d'Oran, général de l'escadre de l'Océan et membre du Conseil de guerre. Il mourut à Madrid en mai 1693.

2. Cet abbé Macerati, dont le nom est aussi écrit Massarati ou Mazarati, mourut à Lisbonne en juin 1681, après sept années de résidence à la cour de Portugal, et fut remplacé comme chargé d'affaires à Lisbonne par D. José de Haro, du Conseil des Indes et *fiscal* du tribunal des alcaldes de *casa y corte*.

que ces troupes avoient leur rendez-vous à Elvas et qu'on travailloit à des magasins pour leur subsistance, qu'enfin tout se disposoit à une rupture, ajoutant, par son dernier courrier, que le prince de Portugal lui avoit refusé l'audience.

Pendant que les Portugais sembloient prendre si brusquement le parti de la guerre, ils ne donnoient à leur envoyé à Madrid aucun ordre sur une conjoncture si importante, comme s'ils eussent voulu surprendre les Espagnols dans leur pays, de la même manière que ceux-ci les avoient surpris dans les Indes. Les ministres de Madrid, étonnés d'un mouvement si prompt, cherchèrent d'abord à l'arrêter, en faisant agir l'envoyé d'Angleterre auprès de celui de Portugal et lui dire que le roi de la Grande-Bretagne ayant été le médiateur de la paix entre l'Espagne et les Portugois[1], ces derniers ne pouvoient la rompre par aucune voie de fait que de son aveu, qu'autrement, de garant de la paix et d'allié qu'il étoit, il deviendroit leur ennemi, lui faisant considérer encore que, par l'alliance faite depuis peu entre l'Espagne et l'Angleterre, le Roi, son maître, étoit engagé à se déclarer contre tous les ennemis de l'Espagne.

L'envoyé de Portugal répondit à celui d'Angleterre en des termes qui durent lui faire connoître combien il étoit sorti de son caractère, en lui tenant le discours de son chef et

1. Le traité de paix entre l'Espagne et le Portugal, signé à Lisbonne le 13 février 1668, eut pour médiateur le roi d'Angleterre Charles II.

sans un ordre exprès du roi d'Angleterre, dont il paroissoit en cette rencontre moins l'agent que celui des Espagnols. Il ajouta à cette réponse une protestation par écrit contre la prétention de l'envoyé d'Angleterre, déclarant qu'il ne pouvoit par aucun droit empêcher celui qu'avoit le prince, son maître, d'agir par les armes contre les Espagnols, qui les premiers avoient rompu la paix.

Jusqu'alors il étoit dans l'incertitude du parti qu'on prenoit sur cette affaire en Portugal, d'où il n'avoit point eu encore de nouvelles. Il en reçut, peu de jours après, avec ordre de demander aux Espagnols une satisfaction entière dans le terme de quinze jours, au bout desquels, s'ils ne la donnoient, on la chercheroit par les armes. Pour cette satisfaction, le Portugal demandoit que le roi d'Espagne fît châtier le gouverneur de Buenos-Ayres, qu'on remît en liberté celui du fort de Saint-Gabriel, qu'on rendît les prisonniers, le canon, les munitions prises dans le fort, où tout seroit rapporté; que, s'il avoit été démoli, l'on en rendît la place et, en cas que les prisonniers eussent été envoyés en Espagne, on reçût la nouvelle garnison que le Portugal y enverroit et que, des ordres que le roi d'Espagne enverroit pour cette satisfaction, il en donnât un double, afin que le prince de Portugal le pût envoyer ainsi qu'il jugeroit à propos.

Les délibérations du Conseil de Madrid furent grandes durant trois jours sur une demande si pressante. Elles se terminèrent enfin à donner un écrit en forme de manifeste contenant tout ce qui s'étoit passé depuis un an entre les deux couronnes touchant l'île de Saint-Gabriel et toutes les preuves que l'envoyé d'Espagne avoit données à Lisbonne, pour justifier qu'elle appartient incontestablement aux Espagnols par la division faite entre eux et les Portugais, en vertu de la bulle du pape Alexandre VI[1], et par cent quatre-vingt-six ans de possession qui l'avoient suivie. Ils y énonçoient ensuite la déclaration et la menace de l'envoyé de Portugal, si l'on ne satisfaisoit pas son maître dans vingt jours, et finissoient par la réponse du roi d'Espagne, qui ne consistoit qu'à assurer que Sa Majesté Catholique avoit un extrême désir de conserver la paix et la bonne correspondance des deux couronnes, qu'il l'avoit toujours entretenue avec soin et qu'il continueroit avec la même application à la maintenir.

Ce papier fut envoyé aux ministres des princes étrangers qui étoient à Madrid, avertissant ceux du nord qu'ils pourroient l'envoyer à leurs maîtres par un exprès qu'on dépêcheroit pour joindre l'ordinaire de Flandre. Peu d'heures après, l'on envoya chez les ministres reprendre ce papier pour y corriger quelques choses, et le lendemain on le leur rendit avec cette différence qu'on y avoit sup-

___

1. La bulle ou plutôt les bulles du 3 mai et du 4 mai 1493 qui établissaient le mode de répartition du nouveau monde entre les Espagnols et les Portugais. Voy. O. Peschel, *Die Theilung der Erde unter Papst Alexander VI und Julius II*, Leipzig, 1871.

primé la menace de guerre de l'envoyé de Portugal, et l'on y ajoutoit que le roi d'Espagne enverroit incessamment à Lisbonne un ambassadeur pour traiter l'accommodement de ce démêlé. La résolution paraissoit plus honnête et, pour en couvrir la foiblesse, on voulut, quelques jours après, ajouter encore au papier qu'elle avoit été prise à l'instance qu'en avoit fait le Nonce de la part du Pape; mais le Nonce déclara qu'il n'en étoit rien et qu'il ne pouvoit avoir eu d'ordre de Rome sur une affaire qui n'avoit paru que depuis quelques jours.

Le duc de Giovinazzo fut nommé pour cette ambassade et n'eut que deux jours pour se disposer à partir. Sitôt qu'il fut arrivé à Lisbonne[1], il eut audience du Prince Régent, qui lui donna pour commissaires le duc de Cadaval[2] et le marquis de Fronteyra[3]. Il leur parla d'abord comme un homme qui ne vient que pour faire des plaintes et demander satis-

___

1. Le 6 avril 1681, d'après la *Gazette* (nouvelles de Lisvelles du 14 avril 1681); le 9, d'après Villars (Aff. étr., Corr. d'Espagne, vol. LXVI, fol. 74 v°).

2. D. Nuno Alvares Pereira de Mello, premier duc de Cadaval, quatrième marquis de Ferreira, cinquième comte de Tentugal, né le 4 novembre 1638, conseiller d'État et de guerre des rois Alphonse VI, Pierre II et Jean V, président de *Desembargo do Paço*, grand maître d'hôtel des reines Marie-Françoise, Marie-Sophie et Marie-Anne d'Autriche, ambassadeur extraordinaire en Savoie, en 1682, pour le mariage de l'infante Isabelle, mort le 29 janvier 1727.

3. D. João Mascarenhas, premier marquis de Fronteira, deuxième comte da Torre, conseiller d'État en 1679, grand prieur do Crato dans l'ordre de Saint-Jean, mort le 16 septembre 1681.

faction, mais on ne lui répondit qu'en demandant de nouveau celle que l'envoyé de Portugal avoit déjà prétendue à Madrid. Après quelques jours de négociations inutiles, il fut obligé de l'accorder. Pour en avoir la ratification, il envoya un courrier à Madrid. On s'y plaignit de lui comme d'un homme qui avoit trahi l'honneur et les intérêts de l'État en concluant un accommodement honteux, au delà de ses instructions et de ses pouvoirs. Pendant ces plaintes en l'air, qu'on donnoit seulement à une vaine réputation, l'on ne différa pas un moment à lui envoyer la ratification, et personne ne douta qu'il n'eût emporté de Madrid les ordres et les pouvoirs sur lesquels il avoit conclu si promptement une affaire qu'on ratifioit si volontiers [1].

Ainsi, on vit l'Espagne, qui venoit de déclarer par toute l'Europe que l'île de Saint-Gabriel lui appartenoit, la rendre un mois après aux Portugais qui l'avoient prise et faire toutes les satisfactions, comme si eux-mêmes eussent été les usurpateurs, et toute l'Europe, attentive à un démêlé où la rup-

[1]. Le traité fut signé à Lisbonne le 7 mai 1681, ratifié par le Prince Régent le 13 juin et par le roi d'Espagne le 25 mai de la même année. En vertu de l'article 13 de ce traité, des commissaires espagnols et portugais furent nommés en août 1681 pour délimiter les territoires disputés. Ils ne purent pas s'entendre. (Voy. A. de Abreu, *Coleccion de los tratados de paz*, etc., t. XI, p. 437 et 456.) Les Portugais publièrent de leur côté une *Noticia e iustificaçam do titulo e boa fee com que se obrou a nova colonia do Sacramento*, etc. Lisbonne, 1681. Voy. Bibl. nat. Fonds port., Ms n° 25, fol. 321.

ture paroissoit inévitable, fut surprise de le voir finir en un instant d'une manière si peu attendue.

Il y eut alors en Espagne quelques changements dans les gouvernements; celui de Malaga et le commandement de la côte de Grenade, que quittoit le comte de Cifuentes, fut donné au comte de Palma[1], neveu du cardinal Porto Carrero, et le comte de Fuensalida, laissant la vice-royauté de Navarre au grand prieur de Castille, passa à celle de Galice, et le duc de Hijar fut nommé vice-roi d'Aragon, après le connétable Colonna, qui depuis quelque temps était à Madrid occupé de deux grandes affaires : celle du mariage de son fils aîné avec la fille du duc de Medina Celi, et celle de réduire sa femme à un état fixe qui pût les mettre tous deux en repos.

Elle étoit depuis quelques mois prisonnière au château de Ségovie, où la solitude, les incommodités du lieu, l'indigne traitement de ceux qui la gardoient pouvoient la jeter dans des résolutions extrêmes. Il sembloit que la Reine fût engagée de la retirer de cet état où on l'avoit mise contre la parole donnée à Sa Majesté. Elle chargea son confesseur d'agir auprès du connétable Colonna pour obtenir de lui que sa femme pût sortir de prison pour aller

---

1. D. Luis-Antonio-Tomas Portocarrero, neveu du cardinal, cinquième comte de Palma et septième marquis de Montesclaros, né le 7 mars 1649, gouverneur de la côte de Grenade en 1681, vice-roi de Galice en 1692, vice-roi de Catalogne en 1701, conseiller d'État en 1702, mort à Burgos en 1723.

en Italie ou demeurer à Madrid dans un couvent. Sa négociation dura quelque temps, par le chagrin qui se trouvoit entre les deux parties et l'éloignement de leurs intentions; mais, enfin, la Connétable ne trouvant point d'autres moyens de sortir de la prison, elle convint de demeurer à Madrid pour entrer dans le couvent de la Conception de l'ordre de Saint-Jérome [1], et d'y prendre l'habit de novice en arrivant, le Connétable s'obligeant, de son côté, à se lier par des vœux à l'ordre de Malte. Elle prit l'habit et en même temps la résolution de ne faire jamais profession, quoique le Connétable eût fait venir de Rome une dispense qui lui permettoit de le faire avant la fin de l'année de son noviciat; mais la voyant dans des sentiments entièrement opposés, il termina le mariage de son fils aîné avec la fille du premier ministre, et trois jours après il partit pour l'Italie, emmenant ses enfants avec sa belle-fille et laissant sa femme dans le couvent, incertaine de sa condition, misérablement logée, avec peu de moyens pour vivre pour une femme de sa qualité et dans un état digne de compassion, s'il n'avoit pas été le fruit de la méchante conduite qu'elle avoit fait paroître à tout le monde depuis plusieurs années.

---

1. Le couvent appelé la *Concepcion Gerónima*, fondé en 1501 par la savante Beatriz Galindo, dite *la Latine*, première dame d'honneur d'Isabelle la Catholique. — La Connétable arriva à Madrid, de Ségovie où elle était prisonnière, le 15 février 1681 (*Gazette*; nouvelles de Madrid du 23 février 1681; cf. *Lettres de madame de Villars*, p. 165).

Le marquis de Villars avoit quelque temps auparavant reçu permission du Roi de finir son ambassade et d'en avertir les ministres de Madrid, avec ordre néanmoins d'y attendre le successeur qu'on lui nommeroit. Il y avoit près d'un an qu'il sollicitoit son congé. Les excessives dépenses auxquelles la cherté de Madrid l'engageoit lui en avoit fourni une raison évidente ; c'étoit celle dont il s'étoit servi pour presser le Roi de lui permettre de se retirer, et, dès l'année précédente, il lui avoit demandé permission d'envoyer en France la marquise, sa femme, pour vivre à quelqu'une de ses terres et diminuer ainsi sa dépense. Il cachoit une autre raison qui n'étoit pas moins pressante que celle-là : c'étoit l'esprit et la conduite de la Reine que lui ni l'ambassadrice ne pouvoient redresser et dont les suites auroient pu néanmoins retomber sur eux comme les seules personnes dont elle devoit suivre les conseils ; mais elle ne les écoutoit point et, par un génie assez extraordinaire, elle ne laissoit pas, pour se disculper, de leur attribuer le retour de ses fautes, soit à Madrid ou même à la cour de France. Ils ne pouvoient en éviter les suites dangereuses qu'en se retirant. Le Roi n'y avoit point consenti d'abord ; mais, depuis, le marquis de la Fuente, ambassadeur d'Espagne, ayant insinué que celui de France à Madrid et l'ambassadrice sa femme étoient entrés dans des intrigues qui avoient troublé la maison royale, et ayant fait connoître que le roi d'Espagne souhaitoit leur rappel, le Roi, instruit du véritable sujet de cette plainte qui ne venoit que des intérêts particuliers de quelques ministres entièrement opposés à ceux de la maison royale, ne laissa pas de rappeler le marquis de Villars, en lui marquant qu'il étoit satisfait de sa conduite. Il demeura encore plusieurs mois à Madrid, attendant qu'on lui donnât un successeur, et cependant l'ambassadrice revint en France[1].

Durant l'automne précédent, le Roi avoit souhaité d'aller à Aranjuez; il ne l'avoit pu, faute d'argent, mais au commencement d'avril 1681, il y passa cinq semaines avec la Reine, suivant l'étiquette, c'est-à-dire suivant une coutume établie depuis Philippe II et passée en une espèce de loi qui règle tous les pas du roi d'Espagne le long de l'année, les chapelles, les processions, les chasses, les promenades, les changements d'habits et d'appartements et mille choses de moindre conséquence, à plus forte raison les voyages et le séjour qu'on y doit faire. Les plus grands de ces voyages sont celui de l'Escurial, au mois d'octobre, et celui d'Aranjuez, au mois d'avril, chacun de sept lieues. Lorsque Leurs Majestés allèrent au dernier, on vit, durant le chemin, des seigneurs de la cour déguisés en valets, le visage à demi couvert d'un bonnet à l'angloise, suivre les carrosses des filles d'honneur de la Reine pour galantiser leurs maîtresses qui étoient de ce nombre.

1. La marquise de Villars partit dans la seconde quinzaine de mai 1681; son mari demeura à Madrid jusqu'à l'arrivée de son successeur le comte de La Vauguyon et quitta la cour d'Espagne au commencement de janvier 1682.

Le Roi, depuis quelque temps, l'avoit défendu plusieurs fois, particulièrement aux gens mariés, ce qu'on appelle à Madrid *los galanteos de palacio*[1], c'est-à-dire l'attachement pour les filles du Palais, sans prétention de les épouser ; mais, malgré cette défense, l'on voyoit des premiers seigneurs de la cour, mariés, âgés et quelques-uns grands-pères, ruiner leurs maisons par ces amours bizarres, qui leur attiroient tout ce que la jalousie de leurs femmes et la division domestique pouvoient avoir de plus fâcheux.

Cette galanterie du Palais semble moins un plaisir qu'une maladie répandue parmi les courtisans. Le commerce en est fort imaginaire. Il consiste à s'aller montrer dans une place devant le Palais, et là, dedans un carrosse, parler par signes à une maîtresse qui répond de même d'une fenêtre fort haute. Les moments les plus heureux se trouvent dans quelques jours de cérémonies publiques, où l'on peut aborder sa dame et lui parler devant tout le monde. Il a toujours été permis de servir ainsi les filles d'honneur de la Reine que l'on recherchoit en mariage ; mais, dans le règne présent, les filles de la Reine ont des galants mariés, en reçoivent des présents d'habits et des pierreries, des régals continuels, des plats qu'ils leur font servir, et quelques-unes ont été jusqu'à prendre des sommes considérables de ces amants. Au voyage d'Aranjuez, les ducs de Montalto et de Medina

1. Voir les *Notes*.

Sidonia, tous deux mariés, portèrent leurs galanteries encore plus loin, car, n'ayant point de charges à la cour qui pussent leur donner prétexte d'y demeurer, ils y tinrent toujours deux gentilshommes avec des équipages, des cuisiniers, de la vaisselle d'argent et tout ce qui pouvoit contribuer à régaler leurs maîtresses et les servir.

Peu de jours avant le départ pour Aranjuez, il arriva sur ce sujet une affaire qui fit bien voir jusqu'où pouvoit aller l'insolence des courtisans et la foiblesse du Roi. Le jour du Jeudi saint que la Reine sert les pauvres, on avoit, suivant la coutume, laissé entrer quelques femmes plus curieuses de voir la Reine que la cérémonie. Comme le nombre s'en augmentoit, le Grand maître d'hôtel fit défense d'en laisser entrer davantage. Le comte de Baños[1] vint peu après à la porte et voulut faire entrer des femmes qu'il y rencontra. L'huissier l'en voulut empêcher, suivant l'ordre qu'il en avoit, mais le comte, l'ayant repoussé, fit passer les femmes de force. Il trouva auprès de la Reine une de ses filles d'honneur dont il étoit l'amant, et sans respect du lieu ni de Sa Majesté, qui étoit présente, il commença avec cette fille une conversation libre jusqu'à l'ef-

---

1. D. Pedro de La Cerda y de Leiva, troisième comte de Baños, marquis de Ladrada et de Leiva, fils de D. Juan de La Cerda, cinquième marquis de Ladrada, et de Dª María Isabel de Leiva, deuxième comtesse de Baños. Il eut la charge de premier écuyer du Roi, en 1682, après la mort de D. José de Silva, fut créé Grand en 1691 et mourut en septembre 1705.

fronterie. Le guardadamas[1] voulut le faire retirer, mais il en reçut des injures, et sur ce qu'il insista encore à le presser de se retirer, le comte mit la main sur son poignard, le menaçant de lui en donner dans le corps. Le guardadamas, ne pouvant se faire obéir, alla se plaindre au Grand maître qui en fit une consulte au Roi pleine de considérations capables de le porter à faire justice de cette insolence ; mais le comte de Baños étoit proche parent du premier ministre et n'en eut pas seulement une réprimande.

Telle étoit la disposition de la cour d'Espagne au mois de mai de l'année 1681. Le Roi, depuis six mois, étoit entré dans sa vingtième année, aussi peu avancé d'esprit et de connoissance que s'il eût encore été enfant. Il n'avoit pas même la force d'avoir des passions. Les plaisirs et exercices lui étoient indifférents ; s'il alloit à la chasse, c'étoit presque toujours en carrosse. Son aversion pour les dames alloit jusqu'à dire que, si quel-

---

1. Écuyer qui marchait à la portière des carrosses où montaient les dames de la Reine et qui dans l'intérieur du Palais était chargé d'un service de surveillance. (Madame d'Aulnoy, *Voyage d'Espagne*, p. 351.) Cette charge exista aussi à la cour de Vienne : dans l'état de la maison de l'impératrice Élisabeth-Christine, femme de Charles VI, figurent encore quatre *guarde-dames*. (Voy. la *Allerneueste Relation vom Römisch-Kayserl. Hof.* Hanovre, 1732, p. 199 et 201.)

qu'un lui parloit jamais d'une maîtresse, il le poignarderoit. Presque toute sa vie se passoit dans le Palais sans occupation, sans plaisir, sans conversation, mêlée seulement de certaines dévotions d'habitude, moins semblables à la piété qu'à la superstition et peu différentes du reste de son oisiveté. Il n'avoit d'ordinaire près de lui que le gentilhomme de la chambre qui étoit de jour, quelque valet de chambre et deux nains avec lesquels il jouoit, et souvent pour rien. Il ne les quittoit que pour passer de temps en temps dans l'appartement de la Reine d'où il sortoit incontinent. Vers le commencement de l'année 1681, il prit la coutume de se coucher à sept heures du soir et de souper seul dans son lit, faisant fermer son appartement, de manière que la Reine même n'y entroit qu'après avoir longtemps frappé à la porte. Il l'aimoit cependant et auroit été dans une entière dépendance d'elle, si elle avoit eu quelque application à lui plaire et à le gouverner. Mais elle paroissoit pour lui sans amitié comme sans estime et le plus souvent avec peu de complaisance et de ménagement, hors dans les moments qu'elle en vouloit obtenir quelque grâce. Son indifférence étoit générale pour tout le reste de la cour, n'ayant ni bonté effective ni même d'honnêteté apparente pour les personnes qui l'approchoient, éloignée de faire du bien, autant par faute de volonté que de crédit, peu libérale, insensible au service comme à l'injure, capable de brouiller tout le monde par son indiscrétion,

entêtée de deux ou trois femmes de chambre
confidentes de ses souhaits et de ses vues,
comme elle l'étoit de leurs amours, sacrifiant
tout le reste pour elles. On en vit une marque lorsque, dans un jour de cérémonie,
elle voulut, contre toutes les règles du Palais
et de la bienséance, que ses femmes de chambre portassent certains voiles commes les filles
d'honneur. Ce caprice lui attira le chagrin et
les plaintes des plus grandes maisons de la
cour offensées du mépris qu'elle faisoit de leurs
filles.

On lui voyoit d'ailleurs peu de piété, peu
de modestie et de retenue, et tout le jour, attachée aux fenêtres du Palais si étroitement
défendues aux reines et aux princesses d'Espagne, elle étoit à parler des doigts et quelquefois même tout haut avec de misérables
François qui paroissoient autant ses amants
que ceux de ses femmes de chambre. Il est
certain que, selon le génie et les manières
d'Espagne, sa conduite auroit dû lui faire
craindre des suites fâcheuses, si le Roi et le
gouvernement n'eussent été également foibles.
Elle ne ménageoit point le premier ministre,
mais comme elle étoit sans pouvoir, il se con-
tentoit de la mépriser sans tirer avantage de
son peu de conduite ni lui faire plus de mal
qu'elle s'en faisoit elle-même.

La Reine mère la connoissoit bien et après
avoir fait toutes les démarches pour entrer
avec elle en une véritable confiance dont les
liaisons auroient pu leur donner tout pouvoir
sur l'esprit du Roi et sur les ministres, elle

n'y trouva que de l'indifférence et de la légèreté; de sorte que, voyant ses soins inutiles, elle fut obligée d'abandonner toutes les vues qu'elle avoit formées pour le bien de la maison royale et de l'État et ne songea plus qu'à donner le reste de sa vie au repos et à la piété. Princesse vertueuse, honnête, juste, libérale, peut-être trop bonne et trop facile, moins sensible et moins sévère qu'il ne convient aux personnes de son rang.

Le génie du premier ministre n'étoit guère plus élevé que celui du Roi. Il avoit quelque facilité pour les compliments et pour le dehors des affaires; hors cette apparence, on le trouvoit jusque dans les moindres affaires incapable d'agir de lui-même et sans discernement pour profiter des lumières d'autrui. Il n'en tiroit que de don Gerónimo d'Eguia qui le gouvernoit aussi absolument que s'il en eût été capable. L'un et l'autre gouvernoient le Roi par le Confesseur et par Vibanco qui dans son poste de valet de chambre étoit un petit favori.

La Camarera major, toujours unie avec le premier ministre, lui rendoit compte de la Reine auprès de laquelle elle se maintenoit par une grande complaisance à lui laisser faire tout ce qu'elle vouloit. Cette liberté excessive fut un malheur pour la Reine qui s'abandonna sans contrainte à une conduite dangereuse, et l'on eut lieu de douter par les suites si la sévérité dure de la duchesse de Terranova ne lui eût point été plus utile que la faible tolérance de la duchesse d'Alburquerque.

Le duc de Medina Celi se conservoit dans le ministère par une conduite toute singulière. Il sembloit que la faiblesse et l'incapacité qui précipitent d'ordinaire les favoris servoient à le soutenir. Il laissoit aux conseils la disposition des affaires, aux tribunaux le cours libre de leurs injustices; il ne recherchoit point les malversations passées et ne s'y opposoit point pour l'avenir. Les grands et les personnes de qualité vivoient dans leur indolence ordinaire et dans le mépris des lois et de leur maître, la licence et l'impunité étoient générales et, hors le peuple qui se trouvoit accablé, presque tout le monde s'accommodoit d'un gouvernement où tout le monde étoit le maître.

NOTES

NOTES

Page 3. *Valenzuela*. — D. Fernando de Valenzuela, fils d'un gentilhomme de Ronda en Andalousie, naquit à Naples en janvier 1636. Devenu page du duc de l'Infantado, qui fut ambassadeur à Rome et vice-roi de Sicile, D. Fernando revint avec son maître à Madrid, où il épousa une dame de Marie-Anne, appelée Maria de Ucedo. Ce mariage lui valut les bonnes grâces de la Reine, qui le nomma écuyer de sa maison. En 1671, il eut la charge de conducteur des ambassadeurs et un habit de Saint-Jacques; en 1674, une place au Conseil des Indes et la surintendance des travaux de l'Alcazar. Quand don Juan vint inopinément à Madrid, en novembre 1675, à l'instigation du jeune Roi, Marie-Anne, pour sauver son favori, le nomma ambassadeur à Venise. Don Juan parti, Valenzuela, qui n'alla pas remplir son ambassade, reçut de nouvelles faveurs : le titre de marquis de Villa-Sierra (20 novembre 1675), la charge de grand écuyer de la Reine (décembre 1675), puis celle de capitaine général de la côte de Grenade (mars 1676). Quelque temps après, en octobre 1676, le Roi ou le *ballestero mayor* l'ayant par mégarde légèrement blessé à la chasse, Marie-Anne répara cette maladresse en élevant son favori à la dignité de Grand (2 novembre 1676). D. Fernando fut alors véritablement *valido* ou premier ministre jusqu'à l'arrivée de don Juan (janvier 1677), qui le fit arrêter et exiler aux Philippines. Autorisé en 1689 à se rendre au Mexique, il y mourut le 7 janvier 1692. La charge de grand écuyer de la Reine douairière demeura vacante jusqu'à sa mort. Des jugements très différents ont été naturellement portés sur ce personnage. W. Godolphin loue son caractère et raille les Grands, qui, tout en courbant l'échine devant le ministre, ne voulaient pas reconnaître dans le nouveau marquis de Villa-Sierra un de leurs pairs. (*Hispania illustrata*, p. 245 et 269). Un portrait de Valenzuela, reproduit à l'eau-forte par Maura, orne le tome LXVII de la *Coleccion de documentos inéditos para la historia de España*, qui est en grande partie consacré à l'histoire de ce célèbre favori. Ce portrait serait-il celui qu'on dit avoir été peint par Carreño? Il y a quelques renseignements sur Valenzuela et sa famille dans la dédicace de *Solo Madrid es corte*, par Alonso Nuñez de Castro, éd. de Madrid, 1675, dans l'*Ensayo de una bibl. española* de Gallardo, t. IV, col. 857, dans la *Revista de archivos, bibliotecas y museos*, t. V, p. 138 et 189, et dans Gachard, *Les bibliothèques de Madrid et de l'Escurial*, Bruxelles, 1875, p. 352 et suiv.

Page 13. *Medinaceli*. — D. Juan-Tomas-Lorenzo de La Cerda, Enriquez de Ribera y Portocarrero, huitième duc de Medinaceli, grand chambellan (*sumiller de corps*) dès la fin de l'année 1674, conseiller d'État en novembre 1675, président du Conseil des Indes en février 1679. Premier ministre de Charles II à partir du 22 février 1680 jusqu'au mois d'avril 1685, le Roi lui donna encore, en novembre 1683, la charge de grand écuyer. Exilé pendant deux ans à Guadalajara après sa chute du ministère, il eut, à la fin de 1687, la permission de revenir à la Cour, à la condition qu'il renoncerait à ses trois charges de président des Indes, de grand chambellan et de grand écuyer, ce qu'il fit. Il mourut le 20 février 1691. Il avait épousé doña Catalina-Antonia d'Aragon, fille et héritière de D. Luis-Ramon d'Aragon, sixième duc de Segorbe et septième duc de Cardona, dont il eut deux fils et neuf filles (Ortiz de Zuñiga, *Anales eclesiasticos y seculares de Sevilla*, éd. de 1796, t. V, p. 229). Sur les mariages que firent huit de ses filles, voir Yañez, *Memorias para la historia de Felipe III*, Madrid, 1723, p. 60, et J.-G. Imhof, *Recherches des Grands d'Espagne*, Amsterdam, 1707, p. 65. Pendant son exil à Guadalajara, en 1686, Medinaceli fut visité par le duc de Holstein et le comte de Mérode-Westerloo : « Il nous envoya complimenter, ce qui fut suivi d'un régal où plus de cinquante bassins d'argent portés par des pages et gentilshommes étoient remplis de toutes sortes de confitures les plus exquises, de fruits et de gibier, sans oublier les vins. Nous allâmes le voir au château ; il étoit incommodé, nous fit des excuses pour lui et pour madame la duchesse, qui étoit aveugle et pour cette raison ne pouvoit sortir. Il nous engagea à nous reposer un jour ou deux, et ce fut pour nous donner le lendemain un combat de taureaux, et le jour suivant *una fiesta de cañas por todos los cavalleros* de la ville, qui parurent fort bien vêtus et montés sur des chevaux d'une beauté parfaite et dressés à leur manière. » (*Mémoires du feld-maréchal comte de Mérode-Westerloo*, Bruxelles, 1840, t. I, p. 29.)

Page 13. *Le Connétable.*—D. Iñigo-Melchior Fernandez de Velasco, septième duc de Frias et connétable de Castille, né à Madrid le 16 avril 1629, général de la cavalerie en Catalogne, vice-roi de Galice, gouverneur des Pays-Bas à la place de don Juan, de 1668 à 1670, président du Conseil des Ordres en 1671 et du Conseil de Flandre en 1675, puis nommé grand maître de la maison du Roi (*mayordomo mayor*) en 1676. Il avait été appelé au Conseil d'État en septembre 1669 et mourut le 27 septembre 1696. Ce connétable épousa en secondes noces doña Maria-Teresa de Benavides, veuve de D. Luis-Ramon d'Aragon, duc de Cardona, dont il n'eut qu'une fille, qui fut mariée en 1694 au sixième duc d'Osuna. D'autre part, on lui connaît deux fils naturels, dont l'un, D. Francisco de Velasco, fut gouverneur de Ceuta, puis viceroi de Catalogne en 1696 (Saint-Simon, éd. de Boislisle, t. IV, p. 148). Il y a dans Galeazzo Gualdo Priorato, *Historia di Leopoldo* (Vienne, 1674), un portrait du connétable D. Iñigo. Aux Pays-Bas, sinon en Espagne, le connétable de Castille ne passait pas pour un homme fort actif : « Lorsqu'on se hasardoit de parler d'affaires à ce gouverneur, il disoit qu'on vouloit le tuer. Il passoit son temps à jouer du clavessin, sans autre compagnie que ses nains et ses favoris. » (*Mémoires historiques et politiques des Pays-Bas autrichiens*, Paris, 1784, t. I, p. 104.)

Page 13. *L'Almirante de Castille.* — D. Juan-Gaspar Enriquez de Cabrera, sixième duc de Medina de Rioseco et almirante de Castille, né à Madrid le 24 juin 1625, fut grand écuyer de Charles II ; il entra au Conseil d'État en 1669 et mourut le 25 septembre 1691. Il avait des goûts littéraires, et l'on a conservé de lui un recueil intitulé *Fragmentos del ocio*, où figurent des poésies, des règles pour combattre les taureaux et deux discours politiques (*Catálogo de la biblioteca de Salvá*, n° 619). Il forma une belle collection de tableaux et protégea des artistes, notamment le peintre Juan de Alfaro (J. A. Cean Bermudez, *Diccionario de las bellas artes en España*, t. I, p. 15). Son jardin, attenant à sa maison du Prado, où se réunissait une société choisie et où venaient parfois le Roi et les Reines (*Gazette;* nouvelles de Madrid du 12 décembre 1680, et Mme d'Aulnoy, *Mémoires de la cour d'Espagne*, p. 322), était une des curiosités de Madrid. Gourville le visita en 1670 : « L'amirante de Castille... a aussi une petite maison vers le Prado-Viejo et près du Buen-Retiro, où il y a une très grande quantité de tableaux anciens et modernes des plus célèbres peintres qui ayent été. Son jardin a peu d'étendue; mais on y voit de très belles statues qu'on a fait venir d'Italie et qu'on laisse ruiner. Il y a aussi beaucoup de petits jets d'eau. C'est la mode d'Espagne. » (*Voyages faits en divers temps, en Espagne, en Portugal, etc.*, Amsterdam, 1699, p. 49.) La belle Marie Mancini habita pendant deux mois cette maison de l'Almirante, en 1676, lors de son premier séjour à Madrid (*Véritables Mémoires de Marie Mancini*, éd. G. d'Heylli; Paris, 1881, p. 129). En 1683, l'Almirante fonda à côté de sa maison un couvent de religieuses franciscaines, connu sous le nom de Religieuses de l'Almirante ou de saint Pascal, qu'il enrichit d'un grand nombre de tableaux de sa collection.

Page 15. *Liche.* — D. Gaspar Mendez de Haro, fils aîné du célèbre ministre D. Luis de Haro, naquit à Madrid le 1er juin 1629, fut septième marquis del Carpio, troisième marquis de Liche (ou mieux *Heliche*) et troisième comte-duc d'Olivarès. Fait prisonnier, en 1663, pendant la guerre avec le Portugal, il demeura comme otage plusieurs années à Lisbonne et fut chargé, en qualité de plénipotentiaire, d'y négocier la paix en 1668. Nommé ambassadeur à Rome en 1672, il ne prit possession de ce poste qu'en 1677. Nommé conseiller d'État en cette année 1677, il ne fut pas pour cela rappelé de son ambassade, quoiqu'il fît tout au monde pour quitter une cour qui lui déplaisait et où il se sentait, non sans raison, exilé (voy. des lettres confidentielles, écrites par lui de Rome peu de temps après la mort de don Juan, dans les *Documentos escogidos del archivo de la casa de Alba*; Madrid, 1891, p. 498). En 1683, il passa directement de Rome à Naples, dont il eut la vice-royauté; il mourut dans cette charge, à Naples, le

16 novembre 1687. D. Gaspar, après la mort de son père (novembre 1661), prit le titre de marquis del Carpio ; mais il est souvent appelé, comme ici, marquis de Liche dans des documents postérieurs à l'année 1661. Le marquis avait épousé en secondes noces, en 1671, doña Teresa Enriquez de Cabrera, fille de l'Almirante D. Juan-Gaspar. Ce fut Liche qui hérita de la belle bibliothèque du comte-duc d'Olivares, que le conseiller François Bertaut, en 1660, estimait « plus curieuse et plus pleine de manuscrits que pas une qu'il y ait en Europe » (*Journal du voyage d'Espagne*; Paris, 1669, p. 170), et dont on peut aujourd'hui apprécier la richesse, grâce aux notes insérées dans l'*Ensayo de una biblioteca española* de Gallardo, t. IV, col. 1479. Liche signait : *D. Gaspar de Haro y Guzman*. C'est ainsi du moins qu'est signé l'original du traité de 1668 entre l'Espagne et le Portugal qui est muni aussi du sceau du marquis où l'on distingue les loups des Haro et les chaudières des Guzman (Arch. nat., K 1614, n° 8).

Page 15. *Pastrana*. — D. Gregorio-Maria de Silva, Sandoval y Mendoza, cinquième duc de Pastrana et, par sa mère, doña Catalina de Sandoval y Mendoza, neuvième duc de l'Infantado, né le 24 avril 1649, fut nommé, en juillet 1679, ambassadeur extraordinaire en France pour porter à Mademoiselle les présents de mariage. Pourvu, en décembre 1687, de la charge de grand chambellan, il entra au Conseil d'État en 1691, reçut la Toison d'or en mai 1693 et mourut le 1ᵉʳ septembre de la même année, sans un sou de dettes, ce qui passa pour fort extraordinaire (lord Mahon, *Spain under Charles the Second*, 2ᵉ éd.; Londres, 1844, p. 54). Le duc de Pastrana avait épousé doña Maria Mendez de Haro, sœur de Liche et de Monterey. A Paris, au dire de Mlle de Montpensier, Pastrana fut des moins gracieux : « Les Espagnols ne pardonnent rien. M. et Mme de Los

Balbazès étoient fort bonnes gens; mais il y avoit un grand d'Espagne qui vint après, qui s'appeloit le duc de Pastrane, qui dit force choses mal à propos, et qui ont contribué à son malheur et à sa tragique fin (le malheur et la fin de Marie-Louise). J'ai ouï dire à des dames qui étoient auprès de lui au bal que l'on ne lui sut jamais faire louer la Reine, qui étoit fort belle et qui dansoit à merveille. Il dit en Espagne, à ce qu'on a su, qu'il n'y avoit pas une seule femme en France qui valût quelque chose. Il en trouva quelques-unes d'assez bonne volonté, à ce que l'on dit dans ce temps-là; mais il falloit l'être beaucoup pour qu'il pût plaire, car il paroissoit assez mal fait. Il donna beaucoup de parfums et de pastilles à Fontainebleau, à ce que j'ai entendu dire. » (*Mémoires de Mlle de Montpensier*, éd. Chéruel, t. IV, p. 404.) — Ce fut, non la femme de D. Gregorio (comme il a été dit à tort p. 177, note 2), mais bien sa mère, Dª Catalina de Sandoval, dont on parla pour la charge de camarera. Cette duchesse douairière de l'Infantado, mariée en 1630 à D. Rodrigo de Silva, quatrième duc de Pastrana, mourut en juillet 1686.

Page 16. *Aragon.* — D. Pedro d'Aragon, fils cadet de D. Enrique d'Aragon, duc de Segorbe et de Cardona, qui mourut le 22 juillet 1640. Il porta d'abord le titre de marquis de Povar, fut nommé, en 1640, capitaine de la Garde allemande et prit part à la guerre de Catalogne, au cours de laquelle il fut fait prisonnier et interné en France de 1642 à 1644. Racheté en 1646, il reprit ses fonctions de capitaine de la Garde allemande et fut nommé gouverneur du prince héritier don Baltasar, mort le 9 octobre 1646. Exilé au mois de novembre suivant pour avoir, dit-on, débauché le prince et par là causé sa mort (*Voyage d'Espagne* des Hollandais, Cologne, 1667, p. 44), il rentra en grâce avant la mort de Philippe IV, puisqu'il accompagna ce roi à la frontière de France en 1660. De 1666 à 1672, il eut la vice-royauté de Naples pendant laquelle il alla à Rome faire une ambassade d'obédience. Il fut appelé au Conseil d'État en 1674. Sa femme, la duchesse de Feria, étant morte en 1674, D. Pedro se remaria, au mois de juillet 1680, avec sa petite-nièce, fille de Medinaceli, Dª Ana-Catalina de La Cerda, « jeune femme très belle », dit un ambassadeur marocain qui la vit à Madrid (H. Sauvaire, *Voyage en Espagne d'un ambassadeur marocain (1690-1691)*, Paris, 1884, p. 156). D. Pedro d'Aragon mourut le 1ᵉʳ septembre 1690, sans postérité. Son portrait et la relation de sa vice-royauté de Naples se trouvent dans Parrino, *Teatro eroico e politico de' governi de' vicere di Napoli*, Naples, 1694, t. III, p. 182 et suiv.

Page 16. *Astorga*. — D. Antonio-Pedro Gomez Davila Alvarez Osorio y Toledo, quatrième marquis de Velada et de San Roman, dixième marquis d'Astorga et comte de Trastamara, fut vice-roi de Valence, ambassadeur à Rome, où il portait le titre de marquis de San Roman, conseiller d'État en 1669, vice-roi de Naples de 1672 à 1675 et enfin nommé grand maître de la maison de la Reine, le 22 janvier 1679. Il mourut le 27 février 1689. A Rome, il prit la vie gaiement : « L'ambassadeur du roi d'Espagne, qui se pique de cavalier galant, a représenté plusieurs fois sur le grand théâtre de Rome le personnage d'un des vieillards de Suzanne. Il ne s'employe qu'à faire l'amour et il a du temps de reste pour jouir de toutes ses douceurs, car le Conseil de Madrid ne l'occupe pas beaucoup. Cette passion le domine si fort qu'il a fait un sérail de son palais où l'on voit les plus belles femmes qu'il a pu trouver en Espagne, et, pour réveiller quelquefois son appétit, il y a introduit aussi plusieurs Romaines qui lui sont d'un grand secours. Cet ambassadeur n'a d'espagnol que l'habillement et les lunettes. Dans les commencements qu'il arriva à Rome, sa magnificence et sa galanterie parurent avec tant d'éclat qu'elles donnèrent à parler à toute la Cour et attirèrent l'admiration du peuple ; mais à présent, il n'y aurait personne qui parlerait de lui, si les marchands qu'il a rendus ses créanciers de sommes considérables par ses dépenses excessives ne criaient contre sa négligence à les payer.» (Nodot, *Relation de la cour de Rome*, Paris, 1701, première partie, p. 196.) L'instruction donnée par Charles II au marquis d'Astorga, le 25 septembre 1679, pour son voyage à la frontière à la rencontre de la Reine, se trouve aux Archives nationales (K 1637, n° 63). Ces mêmes archives conservent diverses lettres du marquis touchant sa mission qui sont toutes signées : *El marques marques, conde de Trastamara.* Un très beau portrait d'Astorga, peint par P. Ronche et gravé à Rome par P. Simon, représente le marquis au temps de sa vice-royauté de Naples avec le costume espagnol et les lunettes dont parle Nodot. La relation de son gouvernement de Naples est dans Parrino, *Teatro de' governi de' vicere di Napoli*, t. III, p. 288 et suiv.

Page 16. *Osuna.* — D. Gaspar Tellez Giron, cinquième duc d'Osuna, général de la cavalerie à Milan, en 1655, et pendant la campagne de Portugal de 1659 à 1665, vice-roi de Catalogne en 1667, gouverneur de Milan de 1670 à 1674, conseiller d'État en 1674, président du Conseil des Ordres en 1675, nommé grand écuyer de la future reine en 1677. Il dut se démettre de cette charge en 1683, fut disgracié et exilé de la Cour. Rentré en faveur en 1686, il eut, en 1692, la présidence du Conseil d'Aragon et mourut à Madrid le 2 juin 1694. Cf. Saint-Simon, éd. de Boislisle, t. VIII, p. 208. Très glorieux et hautain, c'était aussi un esprit inquiet, agité et querelleur. Le conseiller Bertaut le vit en 1660 à Ecija, où il fit jouer une comédie devant quelques gentilshommes de la suite du maréchal de Gramont : « Je trouvay un petit homme fort fier, qui nous fit pourtant beaucoup de civilité. » Pendant le souper, « nous nous mismes à parler de beaucoup de choses, entr'autres des maisons d'Espagne... Il envoya querir un *Nobiliario* de Haro pour me prouver qu'il y avoit à redire en beaucoup de maisons d'Espagne, car il est fort glorieux » (*Journal du voyage d'Espagne*, Paris, 1669, p. 154). Sur sa conduite pendant la campagne de Portugal, on peut consulter le livre de D. Serafin Estébanez Calderon, *De la conquista y perdida de Portugal*, Madrid, 1885, 2 vol. in-12, et, sur son gouvernement de Milan, l'écrit intitulé *Il Governo del duca d'Ossuna dello stato di Milano*, Cologne, 1678 (réimprimé à Milan en 1854). Son portrait figure dans l'*Historia di Leopoldo* de Galeazzo Gualdo Priorato.

Page 17. *Terranova.* — Dª Juana d'Aragon y Cortés, cinquième duchesse de Terranova, née à Messine le 12 septembre 1619, de D. Diego d'Aragon, quatrième duc de Terranova, et d'Estefania Cortés de Mendoza, cinquième marquise del Valle. Elle épousa D. Ector Pignatelli, sixième duc de Monteleone, prince de Noja. Devenue veuve, le Roi ou plutôt don Juan la nomma camarera mayor de Marie-Louise, le 22 janvier 1679; elle dut renoncer à ces fonctions le 28 août 1680. En 1691, elle fut nommée camarera mayor de la Reine mère et mourut, dans cette charge, au Buen-Retiro, le 7 mai 1692. Des allusions à la part qu'elle aurait prise au meurtre de D. Carlos d'Aragon peuvent être recueillies dans un pamphet de l'époque dirigé contre don Juan, où on la traite de « dame italienne qui s'entend mieux en carabines et en poignards qu'en dés et en aiguilles ». (*Semanario erudito*, t. XI, p. 20 et 25.) Ce D. Carlos d'Aragon, assassiné en 1674 (comme il a été dit à la p. 86, note 1), était fils de D. Gerónimo d'Aragon et neveu de D. Diego, le père de la camarera. — Le comte de Mérode-Westerloo, qui épousa une des arrière-petites-filles de la duchesse, vante son esprit, ses richesses, et parle de son palais, « des plus magnifiques », où elle se retira après sa disgrâce (*Mémoires du feld-maréchal comte de Mérode-Westerloo*, Bruxelles, 1840, t. I, p. 31).

Page 17. *Alburquerque*. — Dª Juana d'Armendariz y Ribera, marquise de Cadereita, mariée en 1645 à D. Franscico Fernandez de La Cueva, huitième duc d'Alburquerque, remplaça, comme camarera mayor de la Reine, la duchesse de Terranova au mois d'août 1680; elle fut continuée jusqu'à sa mort (15 septembre 1696) dans cette charge auprès des deux femmes de Charles II, Marie-Louise d'Orléans et Marie-Anne de Neubourg. Instruite et lettrée, mais très Espagnole, elle tenait notamment pour les modes castillanes et eut à ce sujet avec Marie-Anne de Neubourg, très friande de toilettes parisiennes, une altercation qui abrégea ses jours; voy. les *Relazioni* des ambassadeurs vénitiens, t. II, p. 625.

Page 18. *Mancera*. — D. Antonio-Sebastian de Toledo, deuxième marquis de Mancera, fut nommé en 1660 ambassadeur en France, mais ne remplit pas cette fonction; il eut en revanche les ambassades de Venise et d'Allemagne (1661-1662), puis la viceroyauté du Mexique qu'il quitta en 1673. Nommé grand maître de la maison de la Reine mère en 1677, il l'accompagna à Tolède, eut ensuite maille à partir avec don Juan, qui l'exila en 1679. Appelé au conseil d'État en 1680, le Roi lui conféra six ans plus tard la Grandesse personnelle et, en 1692, la Grandesse héréditaire. Il joua un rôle assez important dans les premières années du règne de Philippe V et mourut à Madrid le 13 février 1715, âgé de cent huit ans, dit-on. (Cf. Saint-Simon, éd. de Boislisle, t. VII, p. 251 et 262; t. VIII, p. 195.) D'après Stanhope, il n'aurait eu que quatre-vingts ans en 1694 (*Spain under Charles the second*, 2ᵉ éd., Londres, 1844, p. 68).

Page 21. *Stigliano*. — D. Nicolas-Maria de Guzman y Carafa, septième prince de Stigliano et troisième duc de Medina de Las Torres, fils de D. Ramiro Nuñez Felipez de Guzman, deuxième duc de Medina de Las Torres, et de la princesse de Stigliano, Anne Carafa, marié à Dª Maria Alvarez de Toledo, fille du duc d'Albe. Il entra au conseil d'État en 1674 et eut la présidence du Conseil de Flandre du 22 septembre 1676 au 27 juin 1677 (Gachard, *Les bibliothèques de Madrid et de l'Escurial*, Bruxelles, 1875, p. 348). Il fut exilé par don Juan au mois de février 1677. A la suite d'un long procès, il perdit l'héritage des biens du comte-duc d'Olivares, c'est-à-dire quatre-vingt mille ducats de rente qui furent adjugés au marquis de Leganés, duc de San Lucar (*Gazette;* nouvelles de Madrid du 14 juillet 1678). Stigliano mourut le 7 janvier 1689. Les Espagnols prononcent *Astillano* le nom italien *Stigliano;* de là la forme française *Astillane* qu'on trouve dans des documents de l'époque.

Page 22. *Chinchon*. — D. Enrique de Benavides, fils cadet de D. Franscico de Benavides, septième comte de Santisteban del Puerto épousa : 1º Dª Mencia Bazan y Pimentel, deuxième marquise de Bayona, qui fut mère de D. Francisco de Bazan, troisième marquis de Bayona et cinquième de Santa Cruz; 2º Dª Francisca de Castro, Cabrera y Bobadilla, huitième comtesse de Chinchon, qui mourut sans enfants le 24 février 1683, laissant ses biens au prince Savelli, ce qui explique pourquoi le comté de Chinchon passa aux Sforza Cesarini, qui le possédèrent jusqu'en 1738. D. Enrique porta, depuis ce dernier mariage jusqu'à sa mort (27 décembre 1700), le titre de sa seconde femme. Il eut la charge de général des galères de Sicile, de Naples et d'Espagne, entra au Conseil d'État en 1678, fut vice-roi de Navarre en 1684 et créé Grand en 1697. Dans un mémoire présenté au Roi en 1655, Dª Maria-Eugenia de Bazan, quatrième marquise de Santa Cruz, femme de D. Gerónimo Pimentel, premier marquis de Bayona, a énuméré, jusqu'à la date indiquée, les services militaires rendus par son gendre D. Enrique de Benavides (voy. M. Fernandez de Navarrete, *Disertacion sobre la historia de la nautica,* Madrid, 1846, p. 376-379).

Page 22. *Portocarrero.* — D. Luis-Manuel Fernandez Portocarrero, frère de D. Fernando-Luis Fernandez Portocarrero, quatrième comte de Palma, fut cardinal en 1669, membre du Conseil d'État et archevêque de Tolède en 1677, vice-roi de Sicile par intérim de 1677 à 1678, membre de la Junte de gouvernement après la mort de Charles II, régent du royaume, etc. Il mourut le 14 septembre 1709, à l'âge de soixante-quatorze ans. Cf. Saint-Simon, éd. de Boislisle, t. VI, p. 113.

Page 22. *Gonzaga.* — D. Vicenzo Gonzaga, frère de Cesare Gonzaga, duc de Guastalla, fut gouverneur de la Galice, vice-roi de Catalogne de 1664 à 1667, vice-roi de Sicile de 1677 à 1678, conseiller d'État en 1678, gouverneur du Conseil des Indes de 1680 à 1685, et mourut en décembre 1694, à l'âge de quatre-vingt-seize ans.

Page 23. *Los Balbases.* — D. Pablo Spinola Doria, troisième marquis de Los Balbases, duc de Sanseverino et del Sesto, petit-fils du grand homme de guerre Ambrosio Spinola. Né le 24 février 1632, il fut à deux reprises gouverneur de Milan en 1668 et 1669, ambassadeur en Allemagne de 1670 à 1676, puis plénipotentiaire à Nimègue; il avait été appelé au Conseil d'État en 1674. Charles II le nomma, le 17 janvier 1679, ambassadeur extraordinaire en France pour demander la main de Mademoiselle. En 1685, il eut la charge de grand écuyer de Marie-Louise et, en 1692, celle de grand maître de Marie-Anne de Neubourg. Trois ans plus tard, en février 1695, il renonça au monde et prit les ordres. Il mourut à Madrid le 24 décembre 1699. En 1653, il avait épousé Anne Colonna, sœur de Lorenzo-Onofrio, grand connétable de Naples. Riche et avare, les Grands espagnols ne l'aimaient pas et lui reprochaient son origine génoise. Malgré les importantes missions diplomatiques qu'il remplit et les grandes charges dont il fut pourvu, son crédit au Conseil était mince; il dut se contenter d'être sous main le principal banquier de la monarchie aux abois. Un portrait de Los Balbases se trouve dans Galeazzo Gualdo Priorato, *Historia de Leopoldo;* un autre dans la collection du Saint-Esprit (n° 4009), qui fut peint et gravé par H. L. Quiter à l'époque de la signature de la paix de Nimègue.

Page 23. *Ligne.* — Claude-Lamoral Ier du nom, prince de Ligne et d'Amblise, né le 8 octobre 1618, chevalier de la Toison en 1646, général de la cavalerie aux Pays-Bas en 1663, ambassadeur extraordinaire en Angleterre, vice-roi de Sicile en 1670, gouverneur de Milan de 1674 à 1678, conseiller d'État en 1678, mort à Madrid le 21 décembre 1679. Son portrait est dans Galeazzo Gualdo Priorato, *Historia di Leopoldo.* Le prince de Ligne « est homme qui accorde la civilité françoise avec la retenue espagnole. Il a eu des déférences jusques aux bassesses pour toutes les personnes de cette nation-là dans le commencement de son élévation, ce qui l'a fait considérer comme un homme propre à obéir et lui a donné la cavalerie : ce qu'aucun Flamand n'aura plus après lui. Il s'est toujours bien ménagé et a fait sa charge avec réputation pendant les guerres... Il est splendide et économe tout ensemble, d'un génie assez ordinaire et plutost bon que brillant. Il le porte haut par les alliances de Lorraine et de Nassau; et quelque froideur qui paroisse dans son air doux et modeste, il sacrifieroit tout pour soutenir sa gloire. » (*Portraits des personnes de qualité et de considération qui sont attachées au service de S. M. C. aux Pays-Bas*, 1670, dans le *Compte rendu des séances de la Commission royale d'histoire*, Bruxelles, 1869, 3ᵉ série, t. X, p. 333.)

Page 23. *Cerralvo.* — D. Juan-Antonio Pacheco y Osorio, quatrième marquis de Cerralvo, grand écuyer de don Juan, général de l'escadre de Dunkerque, vice-roi de Catalogne en 1675, conseiller d'État en 1678, mort le 29 juillet 1680. « Il a laissé 300,000 écus en argent comptant, et la Couronne gagne à son décès 70,000 piastres qu'elle lui donnoit tous les ans » (*Gazette;* nouvelles de Madrid du 2 août 1680). D'après un pamphlet contre don Juan de l'année 1679, Cerralvo aurait eu aussi une charge au Conseil des Indes (*Semanario erudito*, t. XI, p. 19).

Page 23. *Inquisiteur général.* — D. Diego Sarmiento Valladares, boursier du grand collège de Santa-Cruz de Valladolid, évêque d'Oviedo, puis de Plasencia, fut nommé Inquisiteur général en 1669, alors qu'il remplissait, depuis le mois de mai 1668, les fonctions de gouverneur du Conseil de Castille. Il entra au Conseil d'État en 1680 et mourut le 29 janvier 1695.

Page 23. *Navarra.* — D. Melchor de Navarra y Rocafull, duc de La Palata par sa femme Dª Francisca Toralto y Aragon, fut boursier du grand collège d'Oviedo à Salamanque, conseiller au Conseil d'Italie, puis vice-chancelier du Conseil d'Aragon, et, comme tel, devint membre de la Junte de gouvernement pendant la minorité de Charles II. Partisan très décidé de la Reine mère, il fut fort maltraité par don Juan, qui, au mois de février 1677, le priva de sa charge, le contraignit par décret à porter le nom fort commun de *Navarro* au lieu du nom illustre de *Navarra* et l'exila de la Cour (*Coleccion de doc. inéd.*, t. LXVII, p. 25). Il eut permission d'y revenir en mars 1680 et obtint cette même année les charges de conseiller d'État et de vice-roi du Pérou. Après l'expiration de son temps de gouvernement et sur le point de rentrer en Espagne, il mourut à Portobello (Nouvelle Grenade), le 13 avril 1691. On peut consulter sur Navarra la *Biblioteca de los escritores... de los seis Colegios mayores*, de D. José de Rezabal, Madrid, 1805, p. 227, et J.-A. de Lavalle, *Galeria de retratos de los gobernadores y virreyes del Peru*, n° XXVI, Lima, 1892, où se trouve le portrait de ce vice-roi. D. Melchor de Navarra passait pour un homme d'esprit, et plusieurs de ses bons mots ont été recueillis dans le livre du duc de Frias, intitulé *Deleite de la discrecion*, Madrid, 1749, p. 183, 194, etc.

Page 24. *Alburquerque*. — D. Melchor Fernandez de La Cueva, neuvième duc d'Alburquerque, né en 1625, succéda à son frère aîné D. Francisco, mort le 27 mars 1676. Il fut général de l'escadre de l'Océan en 1674, vice-roi de Valence, conseiller d'État en 1680 et mourut à Madrid, le 21 octobre 1686. Il avait épousé sa nièce Dª Rosalia, fille de son frère D. Francisco et de la Camarera mayor.

Page 24. *Los Velez*. — D. Fernando-Joaquin Fajardo, sixième marquis de Los Velez, gouverneur d'Oran, de mai 1666 à mai 1672, vice-roi de Sardaigne en 1673, et de Naples en 1675, conseiller d'État en 1680, grand écuyer de Marie-Louise en 1683, après

Osuna, gouverneur du Conseil des Indes en 1685, puis président de ce conseil et surintendant des finances en 1687. En septembre 1693, il renonça à la présidence des Indes dont le Roi lui conserva les appointements en lui donnant, en outre, le titre de Connétable des Indes. Il mourut le 2 novembre 1693. Sa longue viceroyauté de Naples (racontée dans Parrino, *Teatro de' governi de' vicere di Napoli*, t. III, p. 433-588), dut lui être assez profitable, si l'on en juge par ce qu'il fit charger en 1681, à destination de l'Espagne, sur deux vaisseaux génois : cent vingt ballots d'une grandeur extraordinaire, la plupart de toiles d'or, d'autres riches étoffes et de glaces de Venise ; cent quarante ballots pour les secrétaires, gentilshommes, etc.; un présent pour le roi d'Espagne consistant en habits de la valeur de plus de quarante mille écus, un carrosse et une chaise faits à Rome sur le dessin du chevalier Bernin, qui coûtèrent vingt mille écus, enfin soixante-dix chevaux (*Gazette*; nouvelles de Naples du 21 et 28 janvier 1681). Toutes ces richesses suffirent à peine à payer les dettes que le marquis, très dépensier, laissa en mourant ; voy. le *Semanario erudito*, t. XIV, p. 121-123, où est racontée et appréciée sa carrière. Le portrait de Los Velez se trouve dans Parrino.

Page 24. *Villahermosa*. — D. Carlos de Gurrea, Aragon y Borja, huitième duc de Villahermosa, capitaine général de la cavalerie en Flandre, gouverneur des Pays-Bas de 1675 à 1680, chevalier de la Toison d'or en 1678, conseiller d'État en 1680, vice-roi de Catalogne de 1688 à 1690, mort à Saragosse le 13 août 1692. En 1685, il avait été nommé une seconde fois gouverneur des Pays-Bas, mais la nomination fut rapportée, et Gastañaga, chargé de l'intérim, eut la charge en propriété. Sur Villahermosa, ses campagnes et son administration en Flandre, voir Gachard, *Les bibliothèques de Madrid et de l'Escurial*,

Bruxelles, 1875, p. 341 et suiv., et *Coleccion de doc. inéditos*, t. XCV, p. 17-44 et 53-78. Lorsque le duc de Holstein et le comte de Mérode-Westerloo, son beau-fils, passèrent par Saragosse en 1686, Villahermosa les vint visiter : « Dès qu'il apprit notre arrivée, il nous envoya un gentilhomme pour nous complimenter ; il vint lui-même un moment après. Comme le gentilhomme le vit venir, il dit aux nôtres de regarder par la fenêtre pour voir l'équipage magnifique qu'un gouverneur des Pays-Bas avoit à Saragosse. Ils y allèrent avec empressement, et ne virent qu'un grand homme assez vieux, avec un manteau de bouracan gris et une calote sur la tête, tenant un grand chaplet à la main, suivi d'un page. Il entra dans la maison, et le gentilhomme ayant dit que c'étoit le duc, l'on vint nous en avertir. Il nous fit mille honnêtetés, nous envoya le lendemain un grand régal de confitures et de vins. » (*Mémoires du feld-maréchal comte de Mérode-Westerloo*, Bruxelles, 1840, t. I, p. 26.)

Page 24. *Oropesa.* — D. Manuel-Joaquin Alvarez de Toledo, huitième comte d'Oropesa, conseiller d'État en 1680, président du Conseil de Castille en 1684, président du Conseil d'Italie et grand d'Espagne en 1690. De 1685 à 1691, il fut premier ministre, sans le titre. Disgracié au mois de juin 1691, il conserva toutefois la propriété de la présidence d'Italie jusqu'en 1698. Rappelé aux affaires en cette même année, il fut nommé une seconde fois président de Castille : une émeute de la populace de Madrid le renversa le 26 avril 1699. Sous Philippe V, il passa au parti de l'Archiduc et mourut à Barcelone, le 23 décembre 1707. Cf. Saint-Simon, éd. de Boislisle, t. VIII, p. 108 et suiv.

Page 31. *Gouverneurs de Castille.* — Pendant l'ambassade de Villars, de 1679 à 1681, le Conseil de Castille n'eut point de présidents, mais seulement deux gouverneurs : 1° D. Juan de La Puente, né à Alaejos (prov. de Valladolid), boursier du grand collège de Santa-Cruz de Valladolid, procureur de l'inquisition de Tolède, président de la chancellerie de Valladolid, chanoine de Tolède, qui fut nommé gouverneur du Conseil de Castille le 2 septembre 1677, dut renoncer à cette charge le 10 avril 1680 et mourut le 1er octobre 1681. Le nom de *Montecillo* lui est donné dans un pamphlet contre don Juan *(Semanario erudito,* t. XI, p. 17). Un autre écrit de l'époque fait allusion à son avidité *(Semanario erudito,* t. V, p. 75); 2° Fr. Juan Asensio, né à Gibraltar, fut religieux de la Merci et général de cet Ordre, évêque de Lugo, d'Avila, puis de Jaen, où il mourut en 1692. Il prit le gouvernement du Conseil le 16 avril 1680, et le quitta le 26 juin 1684.

Page 39. *Monterey*. — D. Juan-Domingo Mendez de Haro, deuxième fils de D. Luis de Haro, né à Madrid le 25 novembre 1640. Par son mariage avec Dª Inés-Francisca de Zuñiga, il devint septième comte de Monterey et baron de Maldeguem en Flandre. Après avoir rempli divers emplois militaires en Flandre, il fut de 1670 à 1675 gouverneur des Pays-Bas, et grand maître de l'artillerie en 1675. En avril 1677, don Juan le fit nommer vice-roi de Catalogne; il laissa prendre Puicerda par le maréchal de Navailles (31 mai 1678), et fut rappelé. En octobre 1678, il eut la présidence du Conseil de Flandre. Disgracié et exilé en janvier 1681, pour avoir cabalé en faveur de son frère le marquis de Liche, il obtint la permission de revenir à la Cour en octobre de la même année, eut, en 1687, la charge de grand veneur *(montero mayor)* et le Conseil d'État en 1693. Il mourut le 2 février 1716, ayant embrassé six ans auparavant l'état ecclésiastique. Cf. Saint-Simon, éd. de Boislisle, t. VIII, p. 209. Une relation de l'année 1670 dépeint en ces termes le comte de Monterey : « Il est bien incliné, aime l'honneur et les honnestes gens autant qu'homme d'Espagne; il a mesme du penchant pour les sciences et les belles-lettres, et, quoiqu'il ne les possède guère, il leur fait pourtant de l'honneur, ayant acheté de mon temps pour quarante mille escus de livres de tous les auteurs connus. Il aime et est souvent parmi les savans et les gens de guerre; et quoique l'on ne l'ait point veu en aucune occasion, il a affecté le nom et la vie de *soldado*... Il est généreux et civil à la façon d'Espagne, c'est-à-dire qu'il fait grosse dépense pour caresser les dames, dont il a enrichi quelques-unes à Bruxelles et à Anvers. Il a de l'inclination pour la Flandre où le désir d'avoir des enfants de sa femme l'a conduit. » (*Compte rendu des séances de la Commission royale d'histoire*, Bruxelles, 1869, 3ᵉ série, t. X, p. 350.) La parenté entre Monterey et Medinaceli dont parle plus haut Villars (p. 154) était assez étroite : le comte était cousin germain de la femme du duc, Luis de Haro ayant épousé Dª Catalina Fernandez de Córdoba, sœur de D. Luis, sixième duc de Segorbe et de Cardona et beau-père de Medinaceli.

Page 57. *Colonna*. — D. Lorenzo-Onofrio Colonna, duc de Tagliacozzo, succéda, en 1659, à son père Marco-Antonio dans la charge de grand connétable du royaume de Naples; il eut la Toison d'or en 1670 et, en 1678, la vice-royauté d'Aragon, dont il ne prit possession que le 18 juin 1679. Il avait épousé, en 1661, Marie Mancini, fille du cardinal Mazarin. Il mourut le 15 avril 1689. Son portrait est dans la collection de Clairambault (Saint-Esprit), sous le n° 2564. Le fils aîné du connétable de Naples, D. Filippo Colonna, épousa, en premières noces, Dª Lorenza de La Cerda, fille de Medinaceli, qui mourut sans enfants le 21 août 1697.

Page 57. *Hijar*. — D. Jaime-Francisco de Silva, Fernandez de Hijar, cinquième duc et seigneur de Hijar, comte de Salinas et de Ribadeo, fut vice-roi d'Aragon, en 1681, à la place du connétable Colonna, chevalier de la Toison d'or en 1687, grand écuyer de la Reine en 1692, et mourut à Madrid le 25 février 1700. Il avait épousé, en secondes noces, Dª Maria-Ana Pignatelli, fille de D. Ector Pignatelli et de Dª Juana d'Aragon, qui mourut à Saragosse en 1681.

Page 57. *Bournonville*. — Alexandre II-Hippolyte-Balthazar de Bournonville, duc et prince de Bournonville, comte de Hennin-Liétard, né le 5 janvier 1616, servit aux Pays-Bas et en Allemagne, fut gentilhomme de la chambre des empereurs Ferdinand III et Léopold Ier, colonel d'un régiment d'infanterie allemande, capitaine d'une compagnie des anciennes bandes d'ordonnance, gouverneur de Valenciennes, puis de l'Artois, et, en 1672, général de l'armée impériale sur le Rhin. En 1676, il vint en Espagne et y servit en qualité de mestre de camp général et de conseiller du Conseil de guerre; l'année suivante, il gouverna les armes en Sicile. En juin 1678, le Roi le nomma vice-roi de Catalogne, et, en juin 1686, il passa en la même qualité en Navarre, où il mourut, à Pampelune, le 20 août 1690. Il avait été créé chevalier de la Toison d'or le 13 février 1673. Voy. sur ce Bournonville une notice biographique assez détaillée dans Pinedo y Salazar, *Historia de la insigne orden del Toyson de oro*, Madrid, 1787, t. I, p. 406-408, puis l'ouvrage généalogique d'Estéban Caselles, intitulé *Doze frutos de la muy antigua y ilustre casa de Bournonville*, Barcelone, 1680, et le *Nobiliaire des Pays-Bas* du baron de Herckenrode (Gand, 1865). « Il mérite assurément une des premières places parmi les gens de condition et de capacité en Flandre », dit la relation déjà citée de l'année 1670; « il a l'esprit vif, prompt, gai et abondant, l'expression forte et éloquente; mais il est de temps en temps un peu violent et eschauffé, et, ce que bien des gens ont remarqué, il a une raillerie spirituelle, mais si libre et quelquefois si piquante, que sa conversation a des espines pour de certaines personnes. Il a fort bien réussi dans les guerres d'Allemagne... Il a d'assez grands biens et peu ou point d'affaires en sa maison, et par-dessus cela il est économe, quoique splendide. » (*Compte rendu des séances de la Commission royale d'histoire*, 3e série, t. X, p. 341.)

Page 57. *Aguilar*. — D. Rodrigo-Manuel Manrique de Lara, deuxième comte de Frigiliana et, par sa femme, dixième comte d'Aguilar, né le 25 mars 1638. Exilé par don Juan au commencement de l'année 1677, il se retira dans ses domaines de la Rioja. En 1680, il fut nommé vice-roi de Valence; en 1683, général de l'escadre de l'Océan, et, en 1687, capitaine général de l'Océan et des côtes d'Andalousie; il entra au Conseil d'État en 1691. Sous Philippe V, il eut le gouvernement du Conseil des Indes de 1710 à 1717, et mourut le 13 septembre de cette dernière année. Cf. Saint-Simon, éd. de Boislisle, t. VIII, p. 206.

Page 57. *Veragua*. — D. Pedro-Manuel Colon de Portugal, septième duc de Veragua et amiral des Indes, né à Madrid, le 25 décembre 1651, fut mestre de camp en Flandre, général de la cavalerie de Milan, créé chevalier de la Toison d'or en 1675, gouverneur de la Galice en 1677, capitaine général des galères d'Espagne en 1679, puis, de 1679 et 1680, vice-roi de Valence, d'où il fut rappelé à la Cour et ensuite exilé jusqu'au mois de novembre 1681. Il eut plus tard, de mai à septembre 1687, le gouvernement d'Oran, de 1696 à 1701 la vice-royauté de Sicile, entra au Conseil d'État en 1699 et fut nommé président du Conseil des Ordres en 1703. Il mourut le

9 septembre 1710. Cf. Saint-Simon, éd. de Boislisle, t. VII, p. 251, et t. VIII, p. 121. Veragua goûtait la poésie. On a de lui une lettre célèbre à Calderon, datée de Valence, le 18 juin 1680, où il demande à ce poète une liste complète de ses comédies, l'incitant à les publier en édition correcte, ainsi que ses *autos sacramentales*. Le duc de Veragua signait : *El Almirante duque;* voy. une lettre de lui datée de Valence, le 31 octobre 1679, aux Archives nationales (K 1666, n° 144), et cf. Saint-Simon, éd. de Boislisle, t. VIII, p. 193.

Page 57. *Velandia.* — D. Iñigo de Velandia, général des armes à Milan en 1678, succéda en 1680 à don Juan d'Autriche comme grand prieur de Castille dans l'ordre de Saint-Jean et fut nommé vice-roi de Navarre en février 1681. Il renonça à cette charge, en 1684, à cause de son grand âge.

Page 57. *Fuensalida.* — D. Antonio de Velasco, Ayala y Cardenas, neuvième comte de Fuensalida, vice-roi de Navarre en 1677, gouverneur de la Galice en février 1681, vice-roi de Sardaigne en mai 1682, gouverneur de Milan de 1686 à 1690, conseiller d'État en novembre 1699, mort le 5 mars 1709. Cf. Saint-Simon, éd. de Boislisle, t. VIII, p. 212.

Page 57. *El Villar.* — D. Baltasar Lopez de Gurrea, Ximenez Cerdan y Antillon, deuxième comte del Villar, gentilhomme de la chambre de don Juan, vice-roi de Majorque de 1678 à 1681. Il mourut en fonction, dans l'île, le 30 janvier 1681 (A. Campaner y Fuertes, *Cronicon mayoricense;* Palma de Mallorca, 1881, p. 433 et 436). Une longue lettre d'El Villar au roi d'Espagne, datée de Majorque le 2 avril 1680 et qui rend compte de la tentative de Valbelle, est conservée aux Archives nationales (K 1647, n° 52).

Page 57. *Ciudadreal.* — D. Francisco de Idiaquez, Butron y Moxica, troisième duc de Ciudadreal, grand arbalétrier du Roi (*ballestero mayor*), né en juin 1620, fut vice-roi de Valence, puis capitaine général de l'Océan et des côtes d'Andalousie, à partir du mois de février 1679. Il mourut à Madrid le 30 septembre 1687. Ciudadreal est la traduction du titre italien de Cività Reale, qui fut concédé par Philippe III, en 1613, à D. Alonso de Idiaquez, grand-père de D. Francisco. Celui-ci signait : *El duque conde de Aramayona, principe de Esquilache* (Arch. nat., K 1646, n° 136). Le titre de prince d'Esquilache (Squillace au royaume de Naples) lui venait de sa femme, Dª Francisca de Borja ; celui de comte d'Aramayona avait été créé en 1606, en faveur de son grand-père, D. Alonso.

Page 57. *Portugal.* — D. Diego de Portugal, gouverneur des armes d'Estremadure en décembre 1680. Il avait été gouverneur d'Oran de mai 1672 à mai 1675, fut nommé capitaine général du Guipuzcoa en février 1679 et assista en cette qualité à la remise officielle de Marie-Louise, sur la Bidassoa, au marquis d'Astorga. Voy. le procès-verbal de la remise dressé par le secrétaire D. Alonso Carnero, le vendredi 3 novembre 1679 (Arch. nat., K 1637, n° 73).

Page 57. *Leganés.* — D. Diego Felipez de Guzman Spinola, troisième marquis de Leganés, puis duc de San Lucar la Mayor à la suite d'un procès gagné en 1696 contre le duc de Medina Sidonia, fut grand commandeur de Léon dans l'ordre de Saint-Jacques, général de la cavalerie, vice-roi de Catalogne de 1684 à 1688, gouverneur de Milan en 1691, général de l'artillerie en 1695. Après l'avènement de Philippe V, il eut une attitude louche et fut, au mois de juin 1705, arrêté et conduit à la forteresse de Pampelune, transféré de là à Bayonne, puis au château Trompette à

Bordeaux, puis à Vincennes, où il mourut le 28 février 1711. Sur les motifs et les circonstances de l'arrestation de Leganés, on peut consulter l'abbé de Vayrac, qui en fut témoin, et qui rapporte que, vers la fin de sa vie, Louis XIV le traita avec quelques égards : « Soit qu'on ne trouvât pas assez de preuves pour avérer son crime, ou que le roi d'Espagne, par un effet de sa clémence, lui voulût faire grâce, il eut la liberté d'aller demeurer au faubourg Saint-Antoine, où il loua une maison qui devint bientôt le rendez-vous des honnêtes gens de Paris. » (*Etat présent de l'Espagne*; Paris, 1718, t. III, p. 139.)

Page 57. *Charny*. — Louis d'Orléans, fils bâtard de Gaston d'Orléans et de Louison Roger, appelé le chevalier, puis le comte de Charny, né à Tours en 1638, servit en Espagne pendant la campagne contre le Portugal, commanda les armes en Estremadure, fut nommé capitaine général de la côte de Grenade en 1684, puis gouverneur d'Oran en juillet 1691, et mourut le 22 juin 1692 (P. Anselme, *Histoire généalogique de la maison de France*, t. I, p. 148; *Mémoires de Mlle de Montpensier*, éd. Chéruel, t. II, p. 275 et suiv.). Le service d'Espagne ne rapporta à ce bâtard d'Orléans ni la fortune ni beaucoup d'agréments. Il mène à Madrid « une vie bien triste », dit Mme de Villars, qui ajoute : « C'est un honnête homme, et, s'il est vrai, comme on n'en doute pas, qu'il ait l'honneur d'être frère de tant de grandes princesses, celles qui sont en état de lui faire du bien devraient bien lui en faire un peu et lui procurer quelques moyens de subsister. » (*Lettres de Mme de Villars*, éd. A. de Courtois, p. 102.) La reine Marie-Louise le protégea, il faut le dire, autant qu'elle put ; elle fit même un jour, en 1687, une scène terrible au Roi, afin d'obtenir pour Charny le gouvernement d'Oran, mais sans succès ; ce gouvernement fut donné à D. Diego de Bracamonte, Charny ne l'eut que plus tard (voy. *Memorias de D. Felix Nieto de Silva;* Madrid, 1888, p. 185).

Page 58. *Las Navas.* — D. Francisco de Benavides, huitième marquis de Las Navas, puis neuvième comte de Santisteban del Puerto, né à Madrid en 1645, capitaine général de la côte de Grenade en 1672, vice-roi de Sardaigne en 1675, vice-roi de Sicile en 1678, vice-roi de Naples en 1687, grand d'Espagne à perpétuité en 1696, grand maître de la reine Marie-Anne de Neubourg et conseiller d'État en 1699. Sous le règne de Philippe V, il fut grand maître de Marie-Louise de Savoie, vice-roi de Navarre, et mourut à Madrid le 22 août 1716. Cf. Saint-Simon, éd. de Boislisle, t. VII, p. 250. Le fils aîné de ce Santisteban, D. Diego de Benavides, troisième marquis de Solera, qui fut tué au combat d'Orbazane en Piémont le 4 octobre 1693, avait épousé Dª Teresa de La Cerda, l'une des filles de Medinaceli.

Page 58. *Egmont.* — Philippe-Louis, comte d'Egmont et de Berlaymont, prince de Gavre, après avoir rempli divers emplois militaires, fut envoyé en 1677 ambassadeur extraordinaire en Angleterre et nommé en 1679 à la vice-royauté de Sardaigne. Il mourut, dans cette charge, à Cagliari, le 16 mars 1682. Il avait été créé chevalier de la Toison d'or en 1670. Le comte d'Egmont, dit la relation de 1670, « porte en son air et en ses idées toute la grandeur passée de ses ancestres; la souveraineté de Gueldre et les biens immenses qui ont esté dans sa maison... tout cela lui donne des sentiments de gloire que les plus libres traitent de vanité. Il est brave sans doute, quoiqu'il lui ait manqué d'occasion de le tesmoigner en public. Il a des pensées relevées et use de termes ampoulez, a grand penchant à la générosité, que le meschant estat de ses affaires ne lui permet point souvent de pratiquer », etc. (*Compte rendu des séances de la Commission d'histoire*, 3ᵉ série, t. X, p. 334.) Un panégyrique de cet Egmont, avec portrait gravé, fut publié à Cagliari par le religieux mercenaire Fulgencio Cocco y Manca (E. Toda y Güell, *Bibliografia española de Cerdeña*, Madrid, 1890, p. 98). Quoique nommé vice-roi en 1679, Egmont ne prit possession de sa charge qu'au mois de juin 1680 : il remplaçait en Sardaigne D. José de Villalpando, troisième marquis d'Osera, qui fut ensuite gouverneur d'Oran (E. Toda, *l. c.*, p. 198, et *Memorias de la R. Academia de la Historia*, t. XI, p. 460).

Page 58. *La Laguna.* — D. Tomas de La Cerda, troisième marquis de La Laguna, frère du duc de Medinaceli, fut capitaine général de la mer Océane et des côtes d'Andalousie, gouverneur de la Galice en 1679, vice-roi du Mexique de 1680 à 1686, grand maître de la reine Marie-Anne de Neubourg en 1689. En même temps qu'il le pourvut de cette dernière charge, le Roi lui conféra la Grandesse personnelle, en échange de quoi La Laguna fit à son souverain un don de 200,000 piastres. Cette Grandesse personnelle fut transformée, trois ans plus tard, en perpétuelle, eu égard à l'illustre ancienneté de la maison de Paredes, dont était héritière doña Maria-Luisa Manrique de Lara, onzième comtesse de Paredes, mariée le 10 novembre 1675 à La Laguna. Celui-ci mourut le 22 avril 1692. Sa veuve fut nommée, le 12 juillet 1694, camarera mayor de la Reine mère.

Page 58. *Prince de Parme.* — Alexandre Farnèse, prince de Parme, frère du duc Ranuce II, né à Parme le 10 janvier 1635. Il fit les campagnes de Catalogne et d'Estremadure et obtint, en 1666, le grade de général de la cavalerie. Il fut vice-roi de Navarre en 1671, de Catalogne en 1676, et gouverneur des Pays-Bas du mois de juin 1680 au mois d'avril 1682. Il prit part ensuite à l'expédition de Morée de

1684, sous le commandement du doge Francesco Morosini. En 1687, le Roi le nomma général de la mer. Il mourut le 18 février 1689. Son portrait est dans Galeazzo Gualdo Priorato, *Historia di Leopoldo Cesare*. Voy. sa biographie dans les *Famiglie celebri italiane* de Litta qui complète et corrige L. de Salazar, *Casa Farnese*, Madrid, 1716, p. 229-232.

Page 58. *Melgar*. — D. Juan-Tomas Enriquez de Cabrera, comte de Melgar, et, après la mort de son père D. Juan-Gaspar, septième duc de Medina de Rioseco et dernier almirante de Castille. Gouverneur de Milan de 1678 à 1685, vice-roi de Catalogne en 1688, conseiller d'État en 1691, grand écuyer en 1695. Après le premier ministère d'Oropesa, il devint, en 1692, grâce à l'appui de la Reine, une manière de premier ministre. Disgracié en 1698, il ne joua qu'un rôle effacé jusqu'à la fin du règne de Charles II. Philippe V l'ayant nommé ambassadeur à Paris en 1702, il feignit de se rendre à son poste, mais en route changea de direction et passa au Portugal, où il se déclara pour l'Archiduc et où il mourut peu d'années après, le 29 juin 1705. Cf. Saint-Simon, éd. de Boislisle, t. VIII, p. 196 et suiv.

Page 58. *Santa Cruz*. — D. Francisco-Diego de Bazan, troisième marquis de Bayona et cinquième marquis de Santa Cruz, fut général des galères de Sicile de 1670 à 1674, vice-roi de Sicile par intérim du mois d'avril au mois de décembre 1674, puis général des galères d'Espagne. Il mourut en octobre 1680. Il était fils de doña Mencia de Bazan, deuxième marquis de Bayona (morte avant sa mère, doña Maria-Eugenia, quatrième marquise de Santa Cruz), et de D. Enrique de Benavides, qui devint comte de Chinchon par sa seconde femme.

Page 62. *Schonenberg*. — Sur les missions diplomatiques en Espagne et en Portugal de ce personnage, M. l'archiviste général du royaume des Pays-Bas a bien voulu nous fournir des renseignements très précis dont voici le résumé. Le 1er février 1678, les États Généraux autorisèrent le Conseil de l'Amirauté à Amsterdam à envoyer en Espagne François Schonenberg, afin de réclamer les sommes dues à l'Amirauté pour l'armement de vaisseaux de guerre qui avaient été envoyés en 1675 dans la Méditerranée. Schonenberg porta, dans cette occasion, le titre de commissaire extraordinaire des Provinces-Unies. Sur l'adresse des lettres que l'Amirauté lui envoya, il est désigné, depuis le commencement de l'année 1680, comme envoyé extraordinaire du prince d'Orange auprès du roi d'Espagne. Après la mort de l'envoyé Batthier (ou Bastier), qui avait succédé à Coenraad van Heemskerck en octobre 1686, Schonenberg fut autorisé par les États Généraux à se charger des affaires des Provinces à la cour d'Espagne. En août 1695, il encourut la disgrâce du roi d'Espagne pour s'être mêlé de la banqueroute des frères Jacques et Charles Mols, marchands hollandais de Bilbao, dont le dernier était son secrétaire; il reçut l'ordre de sortir de la capitale et d'aller résider à Valverde, à deux lieues de Madrid. D'une protestation que les États Généraux adressèrent à ce sujet au roi d'Espagne, le 18 novembre 1695, il résulte que Schonenberg était également revêtu à ce moment du caractère d'envoyé extraordinaire du roi d'Angleterre. Schonenberg demeura néanmoins à Madrid jusqu'au mois de février 1702. A cette date, il eut la permission de prendre sa route par le Portugal, où il résida comme plénipotentiaire des États Généraux. Il mourut à Lisbonne le 13 mars 1717. Peut-être le nom de Schonenberg n'est-il qu'une traduction du nom de Belmonte : en ce cas, François Schonenberg aurait appartenu à une des plus anciennes familles juives portugaises d'Amsterdam. Il est parlé des démêlés de Schonenberg avec la cour d'Espagne dans la correspondance de Stanhope, où figurent aussi deux lettres adressées en 1699 et 1700 par le ministre hollandais au ministre anglais (Lord Mahon, *Spain under Charles the Second*, 2ᵉ éd., p. 83, 196 et 198).

Page 62. *Électeur de Brandebourg.* — En vertu d'un traité signé le 1ᵉʳ juillet 1674, l'Électeur, pour l'appui qu'il s'engageait à prêter à l'Espagne dans la Méditerranée, devait recevoir du Roi Catholique un subside mensuel de trente-deux mille thalers. Le subside, comme on pouvait s'y attendre, n'ayant pas été payé, l'Électeur, à l'occasion de l'avènement de Charles II, en novembre 1675, ordonna à Melchior Ruck, son envoyé, de se rendre auprès du Roi Catholique pour le féliciter et lui réclamer en même temps les sommes dues. Ruck demeura près de quatre ans en Espagne sans rien pouvoir obtenir; il partit enfin au printemps de 1680, après avoir rompu officiellement les relations diplomatiques et déclaré que son maître prendrait désormais des mesures plus efficaces pour se faire justice (Pufendorf, *Rerum Brandenburgicarum*, livr. XIV, 43; XVII, 43, et XVIII, 10). « Les mesures plus efficaces » ne se firent pas attendre longtemps : au mois de septembre suivant, six vaisseaux de l'Électeur s'emparaient en rade d'Ostende d'un vaisseau du roi d'Espagne appelé *Charles Second* et l'emmenèrent, sans qu'il fût possible de le secourir (*Gazette*; nouvelles d'Ostende du 27 septembre 1680). Le vaisseau fut conduit au port de Pillau et vendu avec son chargement.

Page 64. *Don Juan.* — D. Juan-José de Austria, fils naturel de Philippe IV et de la comédienne Maria Calderon, né à Madrid le 7 avril 1629. Élevé à Ocaña par le Jésuite Jean-Charles Della Faille, professeur de mathématiques au Collège impérial de Madrid et comosgraphe du Conseil des Indes, il fut déclaré bâtard royal en avril 1642 et nommé l'année suivante grand prieur de Castille et Léon dans l'ordre de Saint-Jean. Le Roi lui forma une maison, lui donna le traitement de *Sérénité* et lui enjoignit de traiter les Grands et leurs fils aînés de *Seigneurie*, les nobles titrés de *Grâce* (*Merced*), les gentilshommes non titrés de *El* (ce que les Espagnols appelaient le traitement *impersonnel*), et les autres personnes de *Vos* (*Memorial histórico*, t. XVI, p. 343, et *Semanario erudito*, t. XXXIII, p. 38), ce qui n'empêchait pas les familiers du prince de lui donner de l'Altesse. En décembre 1643, Philippe IV déclara son fils gouverneur des Pays-Bas; mais la France ayant refusé un passeport au prince, le marquis de Castel Rodrigo eut la lieutenance générale de ce gouvernement. Nommé Prince de la mer en 1645, il vint en 1647 avec une escadre à Naples pour pacifier cette ville qui s'était soulevée et remplit pendant quelques mois par intérim l'office de vice-roi après le départ du duc d'Arcos (janvier 1648); puis il passa en Sicile, dont il exerça la vice-royauté de 1648 à 1651. Appelé au Conseil d'État en 1650, don Juan fut ensuite général de l'armée de Catalogne, assiégea Barcelone, qu'il prit le 13 octobre 1652, et prêta serment, comme vice-roi, le 8 février suivant, de respecter les privilèges du Principat. Le 4 mars 1656, le Roi le nomma de nouveau gouverneur des Pays-Bas, et cette fois il put remplir ces fonctions, qu'il garda jusqu'en 1659. Pour rentrer en Espagne, il passa par la France et s'arrêta quelques jours à Paris, où le vit mademoiselle de Montpensier, qui le décrit en ces termes : « C'est un fort petit homme, assez bien fait, mais un peu gros. Il étoit habillé de gris, avec un justaucorps de velours noir à la françoise. Les justaucorps couvrent les défauts de la taille; ainsi on n'en peut rien dire; une assez belle tête; les cheveux noirs; quelque chose d'assez noble et d'assez agréable dans le visage. » (*Mémoires de mademoiselle de Mont-*

pensier, éd. Chéruel, t. III, p. 362.) En 1661, don Juan est fait généralissime de l'armée qui doit envahir le Portugal ; il se distingue peu pendant cette campagne et abandonne son commandement à la fin de l'année 1664. Après la mort de Philippe IV (17 septembre 1665), le rôle politique de don Juan devient beaucoup plus important. Il commence par prendre possession, le 16 juin 1667, de la place de conseiller d'État qui lui avait été donnée déjà en 1650 (M. Danvila, *El poder civil en España,* Madrid, 1886, t. VI, p. 456), et son intervention dans les affaires indispose la Reine régente, qui veut, en 1668, le renvoyer aux Pays-Bas dont il est resté gouverneur propriétaire ; mais don Juan tergiverse et s'excuse, il préfère rester en Espagne pour peser sur le gouvernement de la Junte. Cette conduite louche motive l'exil du bâtard dans son prieuré de Consuegra (décret du 3 août 1668). A Consuegra, et ensuite en Aragon et en Catalogne, où il se rend et où il attire les mécontents, don Juan conspire et entreprend de renverser le confesseur Nithard. Grâce à une campagne épistolaire adroitement menée, grâce à l'agitation que ses partisans créent à Madrid, Nithard est renvoyé (décret du 25 février 1669). Don Juan triomphe et s'approche de Madrid ; mais la Reine régente, pour se défaire de lui et l'empêcher d'agir sur l'esprit du jeune roi, le nomme vice-roi d'Aragon et vicaire général des royaumes dépendant de cette couronne (décret du 4 juin 1669). En 1675, la révolte de Messine fournit à la Régente et à la Junte un prétexte pour éloigner encore davantage don Juan : il est nommé vice-roi de Sicile. Feignant d'obéir aux ordres de la Cour, il se rend, en effet, au petit port de Vinaroz, d'où il donne à entendre qu'il est prêt à s'embarquer ; mais, secrètement, il intrigue à Madrid, et ses partisans, aidés du confesseur du Roi, obtiennent de celui-ci le rappel du bâtard, qui, mandé par une lettre royale, apparaît soudainement au Buen Retiro le 6 novembre 1675, jour de la proclamation de la majorité de Charles II. Cette fois encore la Reine mère eut raison des menées de ses ennemis, et, forte de l'ascendant qu'elle exerçait sur son fils, l'obligea à renvoyer immédiatement don Juan en Aragon. Le règne de Valenzuela et la fortune scandaleuse de ce parvenu furent plus utiles à la cause de don Juan que les conspirations de ses propres partisans. Le Roi, devenu majeur et décidé à faire acte de souverain, rappelle son frère le 27 décembre 1676 et lui confie la direction des affaires de la monarchie. Don Juan fait son entrée à Madrid le 23 janvier 1677 et prend en main le gouvernement. Il relègue la Reine mère à Tolède et exile ses partisans, se venge assez mesquinement de ceux qui lui ont été hostiles, notamment de quelques Jésuites, mécontente le peuple en ne tenant pas les promesses qu'il avait faites de soulager ses maux, et s'aliène la France en réclamant imprudemment ce traitement d'Altesse qui ne lui avait même pas été concédé par son père. Usé par le chagrin et la non-réussite de ses projets et de ses espérances, il meurt à Madrid, le 17 septembre 1679, entre minuit et une heure du matin, après vingt-quatre jours de maladie. Il laissa au moins trois filles naturelles, qui furent toutes trois religieuses (Florez, *Reinas católicas*, p. 944, et *Mémoires* de Jules Chifflet dans *Mémoires et documents inédits pour servir à l'histoire de la Franche-Comté*, Besançon, 1868, t. VII, p. 76).

Indépendamment de la notice biographique qui se trouve dans Alvarez y Baena, *Hijos de Madrid*, t. III, p. 240-244, il faut consulter, à propos de don Juan d'Autriche, les ouvrages suivants : sur ses campagnes d'Italie, et sa vice-royauté de Naples, *Coleccion de doc. inéditos*, t. XIII, p. 407-424; Parrino, *Teatro de' vicere di Napoli*, t. II, p. 394-411, et le duc de Rivas, *Sublevacion de Nápoles*, éd. de Madrid, 1881, p. 223 et suiv. ; sur sa vice-royauté de Sicile, V. Auria, *Historia cronologica delli signori vicere di Sicilia,* Palermo, 1697, p. 115-118; sur les affaires de Catalogne, Fr. Fabro Bremundan, *Historia de los hechos de D. Juan de Austria en el principado de Cataluña;* Saragosse, 1673; sur les affaires des Pays-Bas, les documents analysés par Gachard dans *Les bibliothèques de Madrid et de l'Escurial,* Bruxelles, 1875, et C. de Vendegies, *Biographie et fragments inédits extraits des manuscrits du baron de Vuoerden,* Paris, 1870, p. 69 et suiv.; sur la conduite du bâtard pendant la Régence et pendant son ministère, le *Semanario erudito,* t. IV, V, X et XI, la *Coleccion de doc. inéditos,* t. LXVII, l'écrit intitulé *Novedades sucedidas desde el dia seis de noviembre de 1675,* la *Revista de archivos, bibliotecas y museos,* t. V, p. 119, 138, 169 et 189, et divers pamphlets que nous avons cités plus haut. M. A. de Courtois a fait connaître une relation de la dernière maladie de don Juan dans les notes qui accompagnent son édition des *Lettres de madame de Villars,* p. 205-210.

Il existe de don Juan un assez grand nombre de portraits. Les plus remarquables sont une belle eau-forte de Ribera datée de 1648 et qui représente le prince à cheval, un portrait de David Téniers, fait en 1656, et deux belles gravures de Nanteuil et de Larmessin.

Page 72. *Humanes.* — D. Baltasar de Eraso y Toledo, deuxième comte de Humanes, né à Madrid, le 23 avril 1623, fut *asistente* de Séville de 1666 à 1669, ambassadeur au Portugal de 1672 à 1673, nommé ambassadeur en Allemagne en mars 1677 (peut-être ne remplit-il pas cette fonction), président du Conseil des Finances en juin 1677, capitaine des Gardes vieilles de Castille en novembre 1677, vice-roi de Valence en octobre 1678, une seconde fois président du Conseil des Finances, à partir du mois de septembre 1685 jusqu'à sa mort (29 janvier 1687). Il fut question en 1678 de lui ôter la présidence des Finances à cause d'une querelle qu'il avait eue avec Osuna.

Page 72. *Mondéjar*. — D. Gaspar Ibañez de Segovia, seigneur de Corpa et, par sa femme Dª Maria-Gregoria de Mendoza, neuvième marquis de Mondéjar, comte de Tendilla, etc., né à Madrid le 5 juin 1628, prit parti contre don Juan et fut, en juillet 1678, interné par ordre du prince au château de Santorcaz, à vingt lieues de Madrid; il devait même être exilé à Oran, quand des amis intervinrent et purent obtenir qu'on le confinerait dans un couvent près de Malaga (*Hispania illustrata*, p. 412). Cet exil prit fin au mois d'octobre 1679, le marquis rentra en grâce et fut fait Grand d'Espagne le 26 février 1681; il mourut à Mondéjar (province de Guadalajara), le 1er septembre 1708. Des couplets satiriques contre don Juan qu'on lui imputa et qui motivèrent son exil (voy. *Coleccion de doc. inéditos*, t. LXVII, p. 38, et Gallardo, *Ensayo de una biblioteca española*, t. IV, col. 1255) ont été publiés dans les *Mémoires* de madame d'Aulnoy (p. 452), qui les attribue à l'Almirante de Castille. Mondéjar est surtout connu par ses travaux d'érudition historique, dont la liste se trouve dans Nicolas Antonio. Il avait chez lui à Madrid des réunions littéraires, où Claude-François Pellot, fils du premier président du parlement de Normandie, fut reçu en 1680 (E. O'Reilly, *Mémoires sur la vie publique et privée de Claude Pellot*, Rouen, 1882, t. II, p. 523), et il entretenait avec Baluze une correspondance assez suivie dont les pièces se trouvent à la Bibliothèque nationale (Collection Baluze, n° 354, Nouv. acq. lat. 2337), et à la Biblioteca nacional de Madrid sous la cote Ee 93. L'inventaire, fait en 1708-1709, des manuscrits que possédait le marquis figure dans ce dernier dépôt sous la cote V 199.

Page 77. *Confesseurs.* — Voici la liste aussi complète qu'il a été possible de la dresser des confesseurs d'État de Charles II : Fr. Pedro Alvarez Montenegro, nommé le 21 novembre 1668, exilé en novembre 1675. — Fr. Tomas Carbonel, né à Madrid le 6 janvier 1621, prédicateur du Roi en 1672, nommé confesseur le 16 novembre 1675. — Fr. Gabriel Ramirez de Arellano, nommé confesseur en août 1676, exilé en avril 1677. — Fr. Juan Martinez, confesseur pendant le voyage du Roi en Aragon (avril-juin 1677). — Fr. Pedro Alvarez Montenegro, confesseur pour la seconde fois, mort en mai 1679. — Fr. Francisco Reluz, nommé confesseur en juin 1679. — Fr. Carlos Bayona, nommé en août 1680; mort dans sa charge le 10 mars 1682. — Fr. Tomas Carbonel, pour la seconde fois confesseur, en mars 1682. Dans l'intervalle, il avait été nommé évêque de Siguenza, en septembre 1677; il mourut le 5 avril 1692. — Fr. Pedro Matilla, nommé confesseur en décembre 1686. — Fr. Froilan Diaz, nommé confesseur en mars 1698. — Fr. Nicolas Torres-Padmota, nommé confesseur en mai 1700. — Tous ces confesseurs appartenaient, suivant l'usage, à l'Ordre de Saint-Dominique. Une liste, sans mention de dates, des confesseurs d'État de Charles II, qui se trouve dans les papiers du P. Léonard (Arch. Nat. L 945, n° 3), inscrit après Fr. Gabriel Ramirez de Arellano le nom de Fr. Pedro Montés, et la *Gazette* confirme cette indication : « Le Père Pierre Montés, de l'Ordre de Saint-Dominique, confesseur du Roi, mourut icy, le 10ᵉ de ce mois. » (Nouvelles de Madrid du 16 mai 1679.) Nous n'avons pas rencontré ce nom dans d'autres documents.

Quant à la Reine mère, elle eut pour confesseur, après Nithard, le P. Mateo de Moya, Jésuite, qui mourut à Madrid le 23 février 1684, puis le P. Vazquez, de la même compagnie.

Page 80. *Olivares.* — D. Gaspar de Guzman,

fils cadet de D. Enrique de Guzman, deuxième comte d'Olivares, naquit à Rome en 1587, son père étant alors ambassadeur de Philippe II auprès du Pape. Il fut destiné à l'Église et envoyé à Salamanque par son père, qui le confia à un de ses parents (voy. à ce sujet de très curieuses instructions de D. Enrique de Guzman, dans V. de la Fuente, *Historia de las universidades en España*, Madrid, 1885, t. II, p. 429); mais la mort de son frère aîné, D. Géronimo, le rendit héritier des titres et biens paternels. Marié en 1607 à sa cousine Dª Inés de Zuñiga y Velasco, dame de la reine Marguerite, femme de Philippe III, D. Gaspar eut accès à la Cour et devint bientôt gentilhomme du prince qui fut Philippe IV. Peu de jours après l'avènement de ce roi, Olivares reçut, comme première récompense, la Grandesse (avril 1621) et ne tarda pas à remplir auprès de Philippe IV l'emploi de *valido* ou premier ministre, qu'il sut conserver pendant plus de vingt ans. Outre les charges de conseiller d'État, de grand chambellan, de grand écuyer et de grand chancelier des Indes qu'il obtint coup sur coup et dut à l'extraordinaire ascendant qu'il exerçait sur le jeune souverain, Olivares fut encore, en 1625, créé duc de San Lucar en Andalousie, ce qui lui fit prendre ce titre de *comte-duc*, sous lequel il est connu dans l'histoire. Sa fortune sombra lors des désastres causés à la monarchie par la révolte des Catalans et des Portugais. Il quitta le pouvoir le 17 janvier 1643 et fut exilé à Toro, où il mourut le 22 juillet 1645.

Page 80. *Julien*. — Julian de Valcarcel, fils, à ce qu'on croit, du comte-duc d'Olivares et d'Isabel Anversa, maîtresse de D. Francisco Valcarcel, alcalde de *casa y corte*. C'est la version généralement admise, mais il convient d'observer que l'auteur bien informé d'une histoire de Philippe IV est sur ce point beaucoup moins explicite (*Coleccion de doc.*

inéd., t. LXXXVI, p. 4 et suiv.). Quoi qu'il en soit, le comte-duc reconnut ce Julian en novembre 1641, lui donna le nom de D. Enrique Felipez de Guzman et le constitua héritier du comté d'Olivares et du duché de San Lucar ; il fit ensuite annuler le mariage que Julian avait contracté pendant ses années de vagabondage avec une femme galante appelée Leonor de Unzueta et le maria, le 28 mai 1642, avec Dª Juana Fernandez de Velasco, fille du connétable de Castille. Cette scandaleuse alliance, imposée par le ministre à l'une des premières maisons d'Espagne, émut beaucoup le monde de la Cour, et les nouvellistes s'en donnèrent à cœur joie. On chansonna le pusillanime Connétable : « *Soy la casa de Velasco Que de nada hago asco;* je suis la maison de Velasco ; rien ne me dégoûte, » disait un pasquin fixé sur la porte de son palais. On chansonna aussi, et vigoureusement, le nouveau don Enrique de Guzman, « hier Guzman de Alfarache », on le compara au comte Julien qui perdit l'Espagne, etc. Au moment de son mariage, don Enrique fut créé marquis de Mairena. Il ne jouit pas longtemps de cette extraordinaire fortune. Peu de mois après la chute d'Olivares, et pour donner satisfaction à l'opinion publique très surexcitée contre le bâtard de l'ancien favori (voy. *Coleccion de doc. inéd.*, t. XCV, p. 104, et *Cartas de Maria de Agreda á Felipe IV*, publ. par D. Francisco Silvela, Madrid, 1885, t. I, p. 6), D. Enrique, qui se trouvait à Saragosse avec le Roi, en novembre 1643, reçut l'ordre de se retirer et de ne point entrer à Madrid, ce qui équivalait à un congé définitif. Dès lors le marquis de Mairena vécut obscurément ; il mourut en 1646. Un seul fils qu'il eut de Dª Juana de Velasco et qui porta le nom de D. Gaspar Felipez de Guzman mourut en bas âge, le 28 février 1648. Voy. J. Yañez, *Memorias para la historia de Felipe III*, Madrid, 1723, p. 106 à 113 ; *Semanario erudito*, t. XXXII, p. 235, 267 ; t. XXXIII, p. 73, 100 et 104 ; *Memo-*

rial histórico, t. XVI, p. 210, 230, 237, 240, 290, 304, 389 ; t. XVII, p. 358 ; et *Coleccion de doc. inéditos*, t. LXXXVI, p. 4 et suiv., 135, 148 et 157. Sur le portrait de Julien, par Velazquez, qui se trouve maintenant en Angleterre, après avoir appartenu à la collection Altamira, voy. Carl Justi, *Diego Velazquez und sein Jahrhundert*, Bonn, 1888, t. II, p. 122.

Page 100. *La Quentin*. — Sur le procès intenté à la dame Quentin et à son mari, accusés, à ce qu'il semble, sans aucun fondement, d'avoir tenté d'empoisonner le roi d'Espagne, voici quelques relations contemporaines qui expliquent un peu cette mystérieuse affaire :

« 1*er juillet* 1685... En Espagne, il y avoit un grand mouvement sur ce qu'un François, mécontent de la reine d'Espagne et jaloux de la faveur de la Cantin, nourrice de la reine, l'avoit accusée d'avoir voulu empoisonner le Roi, et y mêloit même le nom de la Reine... On mande que le roi d'Espagne n'a pas soupçonné un moment la Reine sa femme ; mais les ministres ne laissent pas de l'inquiéter fort : apparemment cette affaire aura des suites. Cette Cantin avoit épousé un nommé Viremont, autrefois capitaine de grenadiers dans nos troupes, qui avoit été obligé de sortir du royaume pour s'être battu durant le siège de Limbourg, je crois en 1675 ; et ce Viremont avoit pension de la Reine pour avoir soin de ses chevaux de chasse qu'elle aime fort. L'accusateur s'appelle La Veillanne et avoit été page de M. de Villars pendant son ambassade. — 14 *août* 1685... Un courrier d'Espagne apporta la nouvelle que la dame Cantin, nourrice de la Reine, avoit eu la question, et que ceux qui l'avoient aussement accusée avoient été plutôt récompensés que punis. — 18 *août* 1685... On sut que la Cantin, nourrice de la reine d'Espagne, étoit déjà arrivée à Bayonne ; elle n'a pas les bras cassés, mais elle est

encore fort navrée de la question qu'elle a eue. »
(*Journal* de Dangeau, t. I, p. 202, 206 et 208.)

« 8 *août* 1675... L'on est présentement assez bien informé de l'affaire qui est arrivé en Espagne. Vilane, qui étoit auprès de la Reine ce que l'on appelle ici « écuyer cavalcadour » et qui avoit épousé la Potière, provençale, furent chassés de la cour. Il perdit son emploi pour plusieurs friponneries qu'il avoit commises dans l'exercice de sa charge, et Viremont, Normand, qui avoit épousé la Quantin, nourrice de la Reine, fut mis en sa place, qui, ensuite, vint en France amener des chevaux d'Espagne au Roi, qui, selon sa coutume, lui fit de fort beaux présents, mais qui ne voulut point lui accorder sa grâce pour un combat qu'il avoit eu autrefois en France. Vilane enragé de tout ce qu'il voyoit, et qui s'étoit retiré à Valence par le conseil de sa femme, complotèrent ensemble d'accuser Viremont et sa femme d'avoir voulu empoisonner Sa Majesté Catholique, y comprenant même la Reine. Il en écrivit à l'amirante de Castille et lui donna ce bel avis, sur lequel Viremont et tous les autres accusés furent arrêtés. La chose s'étant répandue dans Madrid, les François furent maltraités, et l'on fut contraint, de peur de désordre, d'envoyer des gardes à la porte de l'ambassadeur de France. La Reine, qui ne vouloit pas qu'il restât le moindre soupçon contre elle, demanda que Vilane et sa femme fussent aussi arrêtés, s'agissant d'un crime de lèse-majesté au premier chef. L'on a appris depuis que le procès étoit bien instruit, et que Vilane et sa femme ont expié par le garot le crime de leur fausse accusation. — 11 *août* 1685... Ça été au gouverneur de la place en Aragon que Vilane et sa femme, en se retirant en France, déclarèrent le dessein que l'on avoit d'empoisonner Sa Majesté Catholique. Ce gouverneur leur dit que, comme c'étoit une affaire capitale, il étoit nécessaire de signer leur déclaration. Ce qu'étant fait, il les arrêta et les envoya à Madrid, où, le bruit s'étant répandu, le peuple s'émut, et il y eut d'abord deux François, un Italien et deux Portugais habillés en François qui furent assassinés, et l'ambassadeur de France n'osa aller au palais que dans le carrosse du Roi. Il y a aussi eu du désordre dans les provinces et quelques François maltraités. La femme auroit été étranglée, sans qu'elle a déclaré qu'elle étoit grosse. Mais ceux qui ont commencé le désordre contre les François ont été condamnés aux mines du Pérou. — 19 *août* 1685... Les affaires de la cour de Madrid sont bien sur un autre pied que l'on n'avoit dit jusqu'à présent, puisque non seulement Évailane n'a pas été exécuté, mais que sa calomnie a été assez puissante pour que l'on ait donné la question aux femmes de chambre de la Reine qui sont Françoises, et entre autres à la Quantin, qui a été sa nourrice, et avec tant de fureur qu'elle en a les bras cassés. Deux François l'ont aussi eue, mais ils n'ont rien avoué de tout ce qu'on prétendoit savoir d'eux. Le conseil d'Espagne a dessein d'envelopper la Reine dans ces accusations par la crainte qu'il a de son grand crédit auprès de Sa Majesté Catholique, et ce prince n'a pas la force de résister aux ministres, lesquels proposent de donner des commissaires à la Reine. Elle a écrit ici à Madame, et lui mande qu'elle n'a plus aucun François auprès d'elle, ni personne à qui elle se puisse fier; qu'elle est dans l'appréhension d'être empoisonnée, ce qui fait qu'elle n'ose manger de tout ce qu'on lui présente, ce qui la met dans la dernière foiblesse. Il est vrai qu'elle ne veut manger qu'avec le Roi, et les choses dont le Roi a déjà mangé. On ajoute qu'on veut donner des récompenses à Évailane, et qu'on le veut envoyer avec emploi dans les Canaries. On ne veut point permettre à l'ambassadeur de France de parler à la Reine; cependant il ne laisse pas d'agir aussi fortement qu'il peut. L'ambassadeur de Venise pensa être assommé parce qu'on le prit pour celui de France. Quand le Roi est avec la reine, les ministres ont le plus grand tort du monde;

mais quand il retourne à son conseil, ils lui font changer de sentiment. Les choses ne peuvent pas longtemps rester en cet état. Cela empêche qu'on ne travaille aux autres affaires que nous avons avec l'Espagne, tant pour ce qui regarde Fontarabie que pour la flotte et les intérêts des marchands françois. Cette flotte est encore plus riche que l'on n'avoit dit : il y a pour 15 millions de piastres. Elle est arrivée le 23 juillet. — 22 *août* 1685... La reine d'Espagne n'est pas encore remise des frayeurs qu'elle a qu'on ne l'empoisonne. L'on dit qu'il y a quelques seigneurs du conseil qui sont entrés dans ses intérêts, entre autres l'amirante de Castille et le comte de la Rospeda (Oropesa). La Reine mère l'est allée voir. La bienséance a voulu qu'elle l'ait bien reçue. L'on croit que la Quantin doit présentement être arrivée à Bayonne, avec quatorze autres François. On publie en Espagne que cette femme a par trois diverses fois fait faire de fausses couches à la Reine, à quoi il n'y a point d'apparence, puisque c'est le plus grand avantage que pourroit avoir sa maîtresse que d'avoir des enfants. Le Roi a envoyé plusieurs courriers sur cette affaire au marquis de Feuquières pour témoigner combien les intérêts de la Reine lui sont chers et faire connoître que cela pourroit attirer la guerre dans le milieu de l'Espagne. Il avoit demandé qu'on eût à lui envoyer copie de tous les actes du procès : à quoi on a répondu qu'ils avoient été brûlés, ce qui est une défaite fort grossière. Par la dernière lettre que le roi d'Espagne a écrite à Monsieur, il lui témoigne beaucoup de déplaisir de tout ce qui s'est passé, et l'assure qu'il n'avoit eu aucune connoissance que la question eût été donnée à la Quantin : ce qui est assez apparent. — 25 *août* 1685... Le roi d'Espagne a écrit à Monsieur qu'il ne falloit pas trouver étrange s'il avoit congédié des domestiques qui ne lui plaisoient point, et qui par des différends qu'ils avoient ensemble, troubloient le repos de sa maison ; qu'il n'y avoit rien à dire d'ailleurs à leur conduite, sans parler de toutes les choses qui se sont passées, et qui ont tant fait de bruit à Madrid. On ne peut pas encore savoir ce qui aura été répondu à M. de Feuquières, lequel a reçu ordre du Roi de demander qu'on donne la question à Évillane, afin de savoir la vérité de son accusation, puisqu'il y va de plusieurs crimes capitaux qui regardent les deux rois, et de déclarer de la part du Roi son maître que, s'il n'étoit satisfait sur ce chef et qu'il arrive accident à la Reine sa nièce, qu'il en tirera raison par les armes. On sait comme on a promis de grands emplois à Évillane; mais on saura trouver les moyens en Espagne pour qu'il n'en jouisse pas longtemps. La Quantin et les autres François doivent arriver ici en peu de jours. — 29 *août* 1685... Il n'est resté que quatre François auprès de la reine d'Espagne : son confesseur, un apothicaire, une femme qui sait accommoder à manger, et une petite-fille nièce de la Quantin; et sont revenus jusqu'à dix-huit François, auxquels on a tout ôté, et on les a pensé assommer à coups de pierres par les chemins. La frayeur qu'a eue la reine d'Espagne de toutes les procédures qui ont été faites, qu'elle a cru qu'on en vouloit à sa vie, est présentement un peu remise, d'autant plus que plusieurs seigneurs du Conseil se sont déclarés pour elle, et apparemment que ce parti-là se fortifiera. On dit aussi qu'Évillane et sa femme ont été chassés. — 1er *septembre* 1685... Tout paroît assez calme à la cour de Madrid, et ceux qui sont cause de toutes les fâcheuses affaires qui sont arrivées n'ont osé pousser les choses plus loin, plusieurs seigneurs ayant pris le parti de la Reine. On ne lui a pas ôté ses chevaux, avec lesquels elle va à la chasse, quoique quelques-uns l'eussent proposé sous prétexte que cela l'empêchoit de devenir grosse. Monterey fut assez osé de lui demander si le Roi étoit véritablement son mari; à quoi elle ne lui fit d'autre réponse que de lui commander de sortir de sa chambre. — 29 *décem-*

bre 1685... Monsieur a donné un appartement dans le Palais Royal à la Quentin, qui depuis quelque temps est venue de Bordeaux, laquelle a été inutilement aux eaux pour les cruelles tortures qu'on lui a fait souffrir en Espagne, dont elle sera estropiée toute sa vie sans espérance de jamais marcher ni porter ses mains à sa bouche. Ses crimes étoient d'être trop aimée de Leurs Majestés Catholiques, sans qu'ils aient eu connoissance des maux qu'on lui a fait souffrir. Monsieur lui fait rendre tous les bons traitements qu'il peut. — 25 *mai* 1686... Quoique ce qui est arrivé ci-devant à la Quentin soit une affaire passée, il est pourtant à propos de savoir que c'est le comte de Mansfeld, et la comtesse sa femme, ambassadeur de l'Empereur à Madrid, qui, pour complaire à la Reine mère, avoit suscité cette accusation contre cette femme. Ils furent cause des tourments qu'elle a soufferts pour faire déplaisir à la jeune reine, qui en a été si outrée, aussi bien que le Roi, qu'on leur a défendu le Palais, à moins que ce ne soit pour affaire de l'ambassade; et c'est la raison pour laquelle le Roi Catholique n'a point fait ce comte gouverneur des Pays-Bas, comme il en avoit dessein. »

(Extraits des mss. du P. Léonard, Bibl. nat., fonds fr. 10,265, fol. 53, 54, 56-60, 95 v° et 137, communiqués par M. de Boislisle.)

Après avoir entendu ces témoignages qui sont favorables à la Quentin et à la Reine sa protectrice, il conviendrait d'entendre aussi ceux des Espagnols. Dans ses lettres à l'ambassadeur Ronquillo, le duc de Montalto, ennemi déclaré de Marie-Louise, traite avec mépris et violence la canaille française qui entourait la Reine et captait sa confiance; il célèbre bruyamment le départ des *Cantinos* (la Quentin et son mari); quant au poison, il n'en parle qu'en termes vagues et qui auraient sans doute été plus précis, s'il avait vraiment ajouté foi à l'accusation (*Coleccion de doc. inéditos*, t. LXXIX, p. 310-326).

Page 135. *Marcos Diaz.* — « Marcos Dias, pourvoyeur de la maison du Roi, qui alla y a cinq ou six jours, avec quelques gens d'affaires, trouver le duc de Medina Celi pour lui proposer un moyen d'augmenter les revenus du Roi en soulageant le peuple, continue à faire les mesmes propositions. Il offre au Roi une somme considérable et s'engage à payer par avance une année du revenu de toutes les fermes que la ville tient du Roi, de les augmenter considérablement, de diminuer de la moitié le prix de toutes les denrées et de payer les cinq pour cent que la ville donne pour le Roi aux particuliers qui lui ont presté de l'argent dans les grandes nécessitez, et comme nonobstant tout cela il espère y gaigner beaucoup, il offre de donner au Roi la moitié du profit et de faire connoistre par le détail tout ce qu'il retirera des fermes. Le duc de Medina Celi a trouvé ses propositions fort raisonnables, et depuis que la chose a été publique, le peuple en a témoigné beaucoup de joie et les eschevins ont offert de faire au Roi le mesme parti. Mais le duc de Medina Celi veut tousjours traiter avec lui, et ayant sceu que, ces jours passez, il avoit trouvé sur sa table un billet par lequel on le menaçoit de le tuer s'il continuoit à faire les mesmes propositions, il lui conseilla de se tenir sur ses gardes et de sortir mesme de la ville pendant qu'on examinoit son affaire. Marcos Dias alla à Alcala d'où il revint quelque temps après : mais il rencontra en chemin des gens masquez qui lui donnèrent plusieurs coups avec des petits sacs pleins de sable, ce qui lui fit jetter beaucoup de sang par la bouche. D'autres disent qu'il a esté empoisonné. Dès qu'il fut arrivé, le peuple s'assembla en grand nombre devant la porte de sa maison pour sçavoir la vérité de la chose, et l'on eut beaucoup de peine à les apaiser. » (*Gazette*; nouvelles de Madrid du 4 avril 1680.) — « Marcos Dias est mort des coups qu'il avoit reçeus en revenant d'Alcala. On croit mesme qu'il a esté aussi empoisonné. » (*Ibid.*; nouvelles du 17 avril 1680.)

Page 151. *Villaumbrosa*. — Pedro Nuñez de Guzman, marquis de Montealegre et de Quintana, comte de Villaumbrosa et de Castronuevo, fut *asistente* de Séville de 1653 à 1662, conseiller du Conseil de Castille, gouverneur du Conseil des finances en mars 1668, gouverneur du Conseil de Castille le 27 novembre 1669 et, comme tel, membre de la junte du gouvernement pendant la minorité de Charles II, enfin conseiller d'État en 1674. Contraint par don Juan de se démettre du gouvernement de Castille le 21 juillet 1677, il mourut un an environ après cette disgrâce, le 29 novembre 1678. Le comte de Villaumbrosa était un amateur éclairé de livres et de manuscrits, et sa bibliothèque jouissait à la fin du dix-septième siècle d'une grande renommée qu'elle devait à la valeur exceptionnelle des ouvrages historiques qui s'y trouvaient réunis. Nous pouvons juger de sa richesse d'après de nombreuses indications disséminées dans la *Bibliotheca nova* et la *Bibliotheca vetus* de Nicolas Antonio, et surtout d'après le précieux catalogue que le comte fit publier de son vivant : *Museo o biblioteca selecta de el Excelentisimo Señor Don Pedro Nuñez de Guzman, marques de Montealegre y de Quintana, conde de Villaumbrosa y de Castronuevo, etc. Escrita por el licenciado Don Joseph Maldonado y Pardo, abogado de los Reales Consejos. Dedicala al mismo Excelentisimo Señor. Año 1677. En Madrid. Por Julian de Paredes;* petit in-folio de 8 ff. prél. et de 210 ff. chiffrés. Peu de temps après la mort du comte, sa veuve fit faire un inventaire avec estimation de cette bibliothèque que le marquis de Villars adressa, le 5 septembre 1680, à Baluze, en même temps qu'il écrivait à Colbert une lettre où se lit ce passage : « J'envoy à Monsieur Baluse, votre bibliothécaire, un mémoire de manuscrits de la bibliothèque du feu comte de Villaumbrosa, président de Castille, pour voir s'il y trouvera quelque chose digne d'entrer dans la vostre. Le mal est que la taxe que l'on y a mis, qui est de 70,000 réaux de villon, de laquelle on rabat ordinairement le tiers ou la moitié, ne faisoit que 600 pistolles avant la diminution de la monoye et présentement vallent prest de 1500 pistolles. » (Bibl. nat. Collection Baluze, vol. 212, fol. 315.) L'inventaire envoyé à Baluze est intitulé : « Memoria de los libros manuscriptos que se hallan en el estudio de la Excelentisima Señora Condeza de Villaumbrosa », et forme un cahier de onze feuillets où les manuscrits sont distribués par format en vingt-deux lots et décrits, en général, d'une façon plus sommaire que dans le *Museo;* il se termine par cette attestation : « Digo yo Adrian Oyen Brochusano, mercader de libros, que he tasado los libros manuscritos en esta memoria contenidos en onze fojas y 22 numeros en setenta y siete mil (non pas 70,000, comme dit Villars) reales de bellon, y por verdad lo firmé en Madrid a 30 de agosto de 1680 años. Adrian Oyen. » La bibliothèque Villaumbrosienne ne fut pas acquise par Colbert; ses richesses ont été dispersées et se trouvent un peu partout.

Page 153. *Présidents et gouverneurs du Conseil des finances.* — La liste des présidents et gouverneurs du Conseil des finances depuis la mort de Philippe IV jusqu'à la fin de la dynastie autrichienne demanderait à être redressée; celle que donne Garma dans le tome IV du *Teatro universal de España* est incomplète et erronée. Voici, provisoirement, une liste rectifiée autant que possible : Comte de Villaumbrosa, gouverneur, de mars 1668 à novembre 1669. — D. Lope de Los Rios y Guzman, gouverneur, de 1669 à 1677. — D. Gonzalo de Córdoba, frère du marquis de Torralba, ancien président de la Contratacion de Séville, président, de février à juin 1677. — Comte de Humanes, président, de juin 1677 à 1678. — D. Antonio Monsalve, gouverneur, d'octobre 1678 à 1680. — D. Carlos de Herrera Ramirez de Arellano, ancien *asistente* de Séville de 1673 à 1678, gouverneur, d'avril

1680 à 168... — D. Francisco del Corral, gouverneur, de 168... à 1685. — Comte de Humanes, pour la seconde fois président, de septembre 1685 à janvier 1687. — D. Pedro de Oreitia, ancien président de la Contratacion, gouverneur, de janvier à mai 1687 (en même temps le marquis de Loz Velez est nommé surintendant des finances). — D. Ginés Perez de Meca, gouverneur, de mai 1687 à mars 1691. A partir de cette date, la liste de Garma semble exacte. — En ce qui concerne D. Lope de Los Rios, nous devons faire observer que Salazar y Castro (*Catálogo de los señores de la casa de Fernanuñez*, Madrid, 1682, p. 158) dit qu'il fut président (ou gouverneur) du Conseil à deux reprises; peut-être de 1669 à 1677 fut-il remplacé par un autre, puis renommé.

Page 165. *Disciplinants*. — Depuis Antoine de Lalaing, qui, dans sa relation du voyage de Philippe le Beau en Espagne (1502), note que le vendredi saint « ne voidt-on que gens aller par la ville tout nudz qui se battent de verges celuy jour » (Gachard, *Collection des voyages des souverains des Pays-Bas*, t. I, p. 171), il n'est pas un voyageur étranger qui n'ait été étonné par les pratiques curieuses des disciplinants ou flagellants espagnols, et n'ait jugé à propos de dire son mot à ce sujet. La plupart, même des prêtres ou des religieux, tels que Muret ou le Père Capucin François de Tours, blâment ou raillent ces exercices de contrition, parce qu'une sorte de galanterie raffinée s'y mêlait le plus souvent; le flagellant pensant moins à expier ses péchés qu'à se faire admirer par de beaux yeux et plaindre par des cœurs sensibles (Muret, *Lettres écrites de Madrid en 1666 et 1667*; Paris, 1879, p. 65, et P. François de Tours, *Voyage d'Espagne et de Portugal de 1698 à 1700*, Ms. de la Bibl. de Rouen; collection Montbret, n° 771). Les Espagnols, de leur côté, ne se font pas faute de parler sur un ton assez plaisant du *disciplinante galan* qui s'écorche vif devant sa belle. Ainsi, l'auteur de la *Picara Justina* nous a laissé une fort amusante description d'un flagellant perdu d'amour qui, pour gagner les bonnes grâces de la rusée Justine, étale sa peau blanche, danse et se fouette avec frénésie jusqu'à ce que des torrents de sang l'inondent (*Picara Justina*, éd. de Barcelone, 1605, fol. 261 v°). Quevedo se rit de ce genre de mortification; il trouve toutefois que la flagellation a du bon... « pour les gens apoplectiques, qui font ainsi l'économie du barbier » (*Poesias*, éd. Janer, n° 498). Mme d'Aulnoy ne pouvait omettre ce trait des mœurs espagnoles; elle le décrit avec beaucoup d'exactitude et de vivacité : « C'est une chose bien désagréable de voir les disciplinants. Le premier que je rencontrai pensa me faire évanouir. Je ne m'attendais point à ce beau spectacle qui n'est capable que d'effrayer; car, enfin, figurez-vous un homme qui s'approche de si près qu'il vous couvre toute de son sang : c'est là un de leurs tours de galanterie. Il y a des règles pour se donner la discipline de bonne grâce, et les maîtres en enseignent l'art comme on montre à danser et à faire des armes. Ils ont une espèce de jupe de toile de batiste fort fine qui descend jusque sur le soulier; elle est plissée à petits plis et si prodigieusement ample qu'ils y emploient jusqu'à cinquante aunes de toile. » Voilà un détail de costume très exact et qui trouve sa confirmation dans une comédie de Lope de Vega : « Y quando salis haciendo La pava con anchas naguas, *Imitando en rueda y ruedo Disciplinante galan* » (voy. *La boba para los otros*, acte Ier, sc. XIV). — « Ils portent sur la tête », continue Mme d'Aulnoy, « un bonnet trois fois plus haut qu'un pain de sucre et fait de même; il est couvert de toile de Hollande; il tombe de ce bonnet un grand morceau de toile qui couvre tout le visage et le devant du corps; il y a deux petits trous par lesquels ils voient; ils ont derrière leur camisole deux grands trous sur leurs épaules; ils portent des gants et des souliers blancs, et beaucoup de rubans qui attachent les manches de la camisole et qui pendent sans être noués. Ils en mettent aussi un à leur discipline ; c'est d'ordinaire leur maîtresse qui les honore de cette faveur. Il faut, pour s'attirer l'admiration publique, ne point gesticuler des bras, mais seulement que ce soit du poignet et de la main ; que les coups se donnent sans précipitation, et le sang qui en sort ne doit point gâter leurs habits. Ils se font des écorchures effroyables sur les épaules, d'où coulent deux ruisseaux de sang ; ils marchent à pas comptés dans les rues ; ils vont devant les fenêtres de leurs maîtresses, où ils se fustigent avec une merveilleuse patience. La dame regarde cette jolie scène au travers des jalousies de sa chambre, et, par quelque signe, elle l'encourage à s'écorcher tout vif, et elle lui fait comprendre le gré qu'elle lui sait de cette sotte galanterie. Quand ils rencontrent une femme bien faite, ils se frappent d'une certaine manière qui fait ruisseler le sang sur elle. C'est là une fort grande honnêteté, et la dame reconnaissante les en remercie. Quand ils ont commencé de se donner la discipline, ils sont obligés, pour la conservation de leur santé, de la prendre tous les ans, et, s'ils y manquent, ils tombent malades. Ils ont aussi de petites aiguilles dans des éponges, et ils s'en piquent les épaules et les côtés avec autant d'acharnement que s'ils ne se faisaient point de mal. Mais voici bien autre chose : c'est que, le soir, les personnes de la Cour vont aussi faire cette promenade. Ce sont, d'ordinaire, de jeunes fous qui font avertir tous leurs amis du dessein qu'ils ont. Aussitôt, on va les trouver, fort bien armés. Le marquis (*sic*) de Villahermosa en a été cette année, et le duc de Vejar a été l'autre. Ce duc sortit de la maison sur les neuf heures du soir ; il avait cent flambeaux de cire blanche que l'on portait deux à deux devant lui. Il était précédé de soixante de ses amis et suivi de cent autres qui avaient tous leurs pages et leurs laquais. Cela faisait une fort belle procession. On sait quand il doit y avoir des gens de cette qualité. Toutes les dames sont aux fenêtres avec des tapis sur des balcons et des flambeaux attachés aux côtés, pour mieux voir et pour être mieux vues. Le chevalier de la discipline passe avec son escorte et salue la bonne compagnie ; mais ce qui fait souvent le fracas, c'est que l'autre disciplinant, qui se pique de bravoure et de bon air, passe par la même rue avec grand monde. Cela est arrivé de cette manière à ceux que je viens de vous nommer. Chacun d'eux voulut avoir le haut du pavé, et aucun ne le voulut céder. Les valets qui tenaient les flambeaux se les portèrent au visage et se grillèrent la barbe et les cheveux. Les amis de l'un tirèrent l'épée contre les amis de l'autre. Nos deux héros, qui n'avaient point d'autres armes que cet instrument de pénitence, se cherchèrent ; et, s'étant trouvés, ils commencèrent entre eux un combat singulier. Après avoir usé leurs disciplines sur les oreilles l'un de l'autre et couvert la terre de petits bouts de corde dont elles étaient faites, ils s'entre-donnèrent des coups de poing, comme auraient pu faire deux crocheteurs. » (*Voyage d'Espagne,* éd. de Mme B. Carrey, p. 304-307.) Au dix-huitième siècle, la fièvre religieuse et galante se calme, les disciplinants se recrutent de plus en plus dans les couches basses de la société, et, comme pour les combats de taureaux, l'amateur fait ici aussi place au *professionnel.*

« Autrefois, ces flagellans étoient des gens condamnés par leurs confesseurs pour de grands crimes à cette expiation cruelle ; aujourd'hui, ce sont des gens gagés et de la canaille. Le matin de la procession, le patient se fait frotter les reins avec une préparation dans laquelle il entre du verre pilé qui lui attendrit la peau et s'introduit dans les petits vaisseaux sanguins qui touchent immédiatement la peau et lui donnent de la sensibilité. Quand cette partie est bien échauffée et préparée, il commence sa promenade après s'être précautionné d'une large boisson. Il se donne sur ces parties de petits coups avec une lanière armée de nœuds et de pointes qui fait jaillir le sang sans douleur. Plus il marche, plus il s'échauffe et plus il redouble de force ; les vaisseaux sanguins fournissent sans aucune sensibilité pour le patient, qui parvient, sans en rien sentir, à se mettre dans un état qui fait pitié et horreur. On a soin de teindre de sang son linceul et de le faire boire de temps en temps. Il finit sa caravane dans l'endroit d'où il est parti. Un autre onguent adoucit les parties qui ont souffert. Le vin et la fatigue opèrent ; il va se coucher, dort bien, et le lendemain il n'y paroît pas. » (*État d'Espagne en* 1765 ; Ms. de la Bibliothèque Mazarine, n° 1910, p. 119.)

Page 188. *Juifs*. — Expulsés à la fin du quinzième siècle, les Juifs d'Espagne ne revinrent jamais en nombre et en masse dans leur pays d'origine ; mais ils y revinrent parfois isolément, et ce serait une erreur de croire qu'il n'y eut pas en Espagne, au dix-septième siècle, de vrais Juifs, de Juifs *publics*. Sous les règnes de Philippe IV et de Charles II surtout, les crises financières de la monarchie attirèrent de Portugal, des Pays-Bas et de la côte d'Afrique un certain nombre de Juifs d'origine espagnole ou portugaise, qui, en dissimulant plus ou moins leur religion, obtinrent de pouvoir s'établir à la cour du Roi Catholique et disputèrent aux Génois l'avantage de servir de banquiers au trésor espagnol en déconfiture. Les allées et venues de divers Juifs, au temps déjà du ministère d'Olivares, sont notées et blâmées dans les relations contemporaines : « On dit sérieusement, écrit un Père Jésuite, que les Juifs rentrent en Espagne : le certain, c'est qu'ils entrent chez le Roi, lui parlent et lui donnent des placets. J'en ai vu un avec sa toque blanche à la porte de la chambre du Roi ; cela m'a fait de la peine. » (*Memorial histórico*, t. XIII, p. 85, à la date du 4 août 1634). Quatre ans plus tard, un autre auteur fait entendre ses lamentations : « Évitons les nouveautés et gouvernons comme ont gouverné nos pères... Je dis cela parce que j'ai entendu raconter que les Juifs d'Oran et ceux qui habitent plus avant dans l'intérieur de l'Afrique ont ici des agents pour demander qu'on leur permette de s'établir aux alentours de Madrid et qu'on leur donne des terres et des habitations, afin d'y vivre, eux et leur famille, en pleine liberté et conformément à leur religion. On les inscrirait au rôle des contribuables et ils payeraient beaucoup de millions pour cette permission. Personne ne doute qu'il n'en est pas un de ceux qui vivent en Portugal ou ailleurs qui ne s'empresserait de venir demeurer ici. Hélas ! et qu'adviendra-t-il des familles nobles de Castille? Jadis, beaucoup périclitèrent à cause de ces Juifs ; que feraient-elles dans la détresse présente? » (*Coleccion de doc. inéd.*, t. LXXVII, p. 380.) A tort ou à raison, Olivares fut vivement accusé d'avoir traité avec les Juifs de Salonique et de leur avoir proposé, moyennant finances, l'abolition du décret d'expulsion de 1492 (J. Amador de los Rios, *Historia de los Judios de España y Portugal*, Madrid, 1876, t. III, p. 547, et Quevedo, *Obras*, éd. Fernandez Guerra, t. I, p. 414). On crut aussi, en 1640, découvrir une grande conspiration des Juifs ou judaïsants d'Amérique avec leurs coreligionnaires d'Espagne, ceux de Hollande et du Levant, pour favoriser les entreprises des ennemis de l'Espagne (*Semanario erudito*, t. XXXI, p. 123, et J.-T. Medina, *Historia del tribunal del santo oficio de la Inquisicion de Lima*, Santiago, 1887, t. II, ch. XVIII). Sous Charles II, les gros Juifs prêteurs continuèrent d'être tolérés à Madrid pendant que, d'autre part, l'on expulsait officiellement d'autres Juifs du dernier territoire espagnol qu'ils occupassent encore, de la colonie militaire d'Oran, où ils vivaient en communauté depuis la conquête. Cette expulsion fut réclamée en mars 1667 par le marquis de Los Velez, gouverneur d'Oran, qui montra quelle honte c'était pour l'Espagne de tolérer cette juiverie en pays musulman, « à la vue des Arabes infidèles, qui s'étonnent que les descendants de ces gens qui ont crucifié Notre Seigneur soient admis parmi nous, disant, pour notre confusion, que, si les Juifs avaient fait avec leur Mahomet ce qu'ils ont fait avec notre Christ, ils les poursuivraient dans le monde entier pour venger cette mort ». La Reine régente accueillit cette demande et décréta, le 31 octobre 1668, l'expulsion des Juifs d'Oran, qui eut lieu effectivement en avril 1669. A la place de la synagogue du préside, qu'il fit détruire, le marquis de Los Velez éleva une église sous le vocable du Christ de la Patience, qui put être livrée au culte dès l'année 1670. Les Juifs, chassés d'Oran, se retirèrent d'abord à Livourne, d'où ils adressèrent en Espagne de nombreux exemplaires d'une protestation contre le décret qui les bannissait du refuge qu'ils avaient occupé pendant deux siècles. Voy. marquis de Tavalosos, *Histoire des établissements des Espagnols en Afrique*, Bibl. nat. Ms. esp. n° 34, fol. 53; J. Amador de Los Rios, *liv. cit.*, t. III, p. 518; A. de Castro, *Costumbres de los Españoles en el siglo XVII*; Madrid, 1881, p. 70, et surtout *Memorias de la R. Academia de la Historia*, t. XI, p. 424-434, où se trouvent les pièces officielles concernant l'expulsion des Juifs d'Oran.

Page 191. *La Fuente.*—D. Gaspar de Teves, Tello de Guzman, né vers 1608, de D. Melchor de Teves, *alcalde de corte*, et de Dª Mariana Tello de Guzman, dame de Lerena et de l'*alcaldia mayor* de Séville. Son grand-père paternel, D. Gaspar de Teves, fut grand écuyer de Marie de Portugal, première femme de Philippe II, et de la princesse Dª Juana, sœur de ce dernier roi. En 1623, D. Gaspar II eut la charge de gentilhomme de la bouche, et quelques années après celle d'*acemilero mayor* (grand muletier ou officier préposé aux bêtes de somme, transports, etc., de la Cour). Dans une lettre datée du 15 mars 1635, un Jésuite déclare que D. Gaspar, tenu jusqu'alors pour fils légitime de D. Melchor de Teves, serait en réalité un bâtard du comte-duc d'Olivares, et qu'il vient d'être reconnu par celui-ci; il ajoute que D. Gaspar a vingt-sept ans, possède déjà un titre (celui de marquis de La Fuente, qui lui fut donné en 1633), et que le comte-duc vient de lui faire conférer les charges de *sumiller de corps* et de président du conseil d'Italie que possédait son gendre, le duc de Medina de Las Torres (*Memorial histórico*, t. XIII, p. 380). Ces dernières allégations en tout cas sont manifestement controuvées, le premier marquis de La Fuente n'ayant jamais eu ni la grande charge de *sumiller de corps* ni celle de président d'Italie : le Jésuite a confondu *sumiller* avec *acemilero*, comme l'ambassadeur vénitien, Domenico Zane, qui, parlant du même personnage, met aussi *somiglier* à la place d'*acemilero maggiore* (*Relazioni*, t. II, p. 268). Quant à la naissance de D. Gaspar et à ses rapports avec Olivares, rien n'est venu jusqu'ici confirmer le bruit peut-être calomnieux enregistré par le Jésuite. Quoi qu'il en soit, La Fuente fit une fortune assez rapide. De 1635 à 1655, il remplit diverses missions diplomatiques en Italie et en Allemagne, et alla en dernier lieu remplacer le marquis de Castel Rodrigo à Vienne, où il demeura jusqu'à la fin de l'année 1660. Le 28 mai 1661, le Roi le nomma ambassadeur extraordinaire en France, à la place de Fuensaldaña; mais avant de se rendre auprès de Louis XIV, il fut chargé de représenter l'Espagne avec Peñaranda à la diète de Francfort pour l'élection de l'Empereur. Ayant fait son entrée publique à Paris le 23 mars 1662, il eut le lendemain sa première audience, où il présenta les excuses de son maître au sujet de l'incident de Londres (affaire Watteville) et reconnut la préséance des ambassadeurs de France dans les termes qui ont été indiqués plus haut (p. 191, note 1). La Fuente demeura en France jusqu'après la mort de Philippe IV et fut accrédité à nouveau auprès de Louis XIV, en qualité d'ambassadeur extraordinaire, par la Reine régente, le 23 septembre 1665 : quelques mois auparavant (mars 1665), il avait été, quoique absent et en reconnaissance de ses services, pourvu d'une charge de conseiller des Indes. Rappelé de son ambassade au commencement de l'année 1667, La Fuente prit son audience de congé le 18 mars, mais il resta encore plusieurs mois en France jusqu'à la rupture complète des relations diplomatiques et ne fut échangé sur la Bidassoa avec l'archevêque d'Embrun qu'à la fin du mois d'août. Il partait regretté et accompagné des témoignages d'estime de Louis XIV, qui, à la date du 18 mars 1667, écrivait à la Reine régente que La Fuente « nous a donné sujet de concevoir une estime si particulière de sa suffisance et de sa sagesse, que nous n'oserions presque espérer qu'il puisse en venir icy un pareil de quelque court que ce soit » (Aff. Étr. Corr. d'Espagne, vol. LV, fol. 187). Revenu à Madrid, il exerça ses charges de conseiller des Indes et de conseiller d'État (cette dernière lui avait été donnée au mois de janvier 1666), et s'occupa particulièrement au conseil des affaires de France qu'il connaissait bien. Affilié au parti de Peñaranda qui dans les premières années de la Régence ne fut pas le plus influent, La Fuente perdit peu à peu son crédit. « Il est mesestimé au dela de tout ce que vous en croyez », écrit Bonsy à Lionne à la date du 10 avril 1670, « et les affaires en reçoivent du préjudice. Il n'est pas si recognoissant qu'il veut persuader, quoy qu'il doive tout ce qu'il est à la France, à ce que tout le monde dit. » (Aff. Étr. Corr. d'Espagne, vol. LVIII, fol. 208 v°.) La Fuente mourut au mois de juin 1673. C'était un homme intelligent, délié, de relations faciles et causeur amusant. Lionne l'aimait beaucoup : « Vous trouverez ce ministre, écrit-il à l'archevêque d'Embrun, un fort galant homme, fin et adroit, parlant beaucoup, mais agréablement et avec grande vivacité, *y siempre vaya de cuento,* en ayant à revendre sur toute sorte de matières, les débitant plaisamment et en riant le premier. » (Aff. Étr. Corr. d'Espagne, vol. LV, fol. 242.) De son côté, La Fuente ne gardait pas rancune à Lionne d'avoir été si souvent battu et joué par lui ; il se plaisait à lui écrire sur un ton familier et à lui rappeler le temps de l'ambassade de France. Un jour, il écrit à Lionne : « Je me porte bien et n'ai point usé d'autre remède que de renoncer à être ambassadeur, car bien que je le fusse en un lieu où l'on me comblait d'honneurs et où j'avais l'avantage de vous faire enrager, je me félicite de ne plus exercer ce vilain métier. » (Aff. Étr. Corr. d'Espagne, vol. LVI, fol. 76.) Et trois ans plus tard : « L'archevêque de Toulouse (Bonsy) a eu beau dépenser toutes les fleurs de sa rhétorique pour me persuader que je vous dois beaucoup ; il n'y a pas réussi. Vous reconnaîtrez tout ce que j'ai appris depuis que je suis ici, puisque je ne me suis pas laissé tromper... Enfin, je me console en pensant que dans l'autre monde vous peinerez plus que moi, car là-bas à chacun sera assignée la place qu'il mérite. » (*Ibid.,* vol. LVIII, fol. 216.) Outre son titre de marquis de La Fuente, D. Gaspar de Teves en portait encore un autre, celui de comte de Benazuza qu'il reçut nous ne saurions dire en quelle année. Il signait ses lettres officielles : *El conde de Benazuza, Marqués de la Fuente.* Cette remarque a son utilité, car nos historiens ont altéré le nom de La Fuente : la plupart le nomment *Las Fuentes,* ou *La Fuentes,* et Voltaire, dans le *Siècle de Louis XIV,* « comte de Fuentes », ce qui est une plus grosse erreur, attendu que ce dernier titre fut porté dans la seconde moitié du dix-septième siècle par des personnages qu'il est très essentiel de ne pas confondre avec l'ambassadeur. — D'utiles et curieux renseignements sur La Fuente ont été donnés récemment par M. Léon Lecestre dans un article de la *Revue des questions historiques* (juillet 1892), intitulé : *La mission de Gourville en Espagne* (1670).

Page 211. *Chasse à la manière d'Allemagne.* — La chasse royale dans les toiles, ce que les Espagnols appelaient *real monteria en tela cerrada*, fut apportée d'Allemagne par Charles-Quint. On garnissait un espace considérable, de deux lieues de tour environ, d'une ceinture de bandes de toile reliées les unes aux autres et soutenues par des piquets fichés en terre; il fallait jusqu'à vingt chars chargés de toile de Flandre pour établir cette enceinte. « Avec ce que coûte la toile d'une de ces chasses, dit Quevedo, on pourrait secourir une place assiégée. » L'enceinte ou *tela* était ouverte d'un côté par une porte de deux cents pas de large par où pénétrait le gibier, qu'on poussait ensuite dans une seconde enceinte plus petite (*contratela*), où il tombait sous les coups des chasseurs. Velazquez a peint plusieurs de ces *telas reales*. Voy. C. Justi, *Diego Velazquez*, t. I, p. 378.

Page 244. *Le comte d'Averne.* — Il s'agit évidemment de Giacomo d'Averna (ou Avarna), chef sicilien, insurgé contre l'Espagne, qu'un historien de nos jours nomme le Roland des révolutions de Messine (G. Galatti, *La rivoluzione e l'assedio di Messina*, 1674-78, Messina, 1879, p. 80). Ce gentilhomme passa avec plusieurs autres au service de la France, fut relégué à Angoulême, reçut en 1688 du Roi une pension de deux mille livres et un régiment de dragons, et mourut à l'ennemi, au combat de Witzloch, en juin 1694. On l'appelait en France le comte d'Averne (*Journal* de Dangeau, t. I, p. 103; t. II, p. 130 et 196; t. IV, p. 255; t. V, p. 35).

Page 269. *Galanteos de Palacio.* — On pourrait écrire un livre sur les particularités et l'étiquette des « galanteries du Palais », le *dar lugar* des dames à leurs cavaliers, la « couverture » de ceux-ci, le parler avec les doigts dans la Chapelle, en un mot, la jurisprudence de cet amour palatin espagnol. Nos diplomates ont consigné dans leurs relations ou leurs dépêches beaucoup de remarques touchant ces usages qu'il leur importait de connaître dans le détail. Lorsque le duc du Maine vint à Madrid en 1612 pour le mariage de Louis XIII et d'Anne d'Autriche, « on le fist parler à une des dames du palais, nommée doña Caterina de La Cerda, la plus galante de toutes, qui est ce qu'on appelle en Espagne *avoir lugar,* qu'on envoye demander aux dames par les menins, qui sont de jeunes enfants des plus grandes maisons, nourris auprès des reines, et qu'elles peuvent donner ou refuser à qui il leur plaist ; et ceux à qui elles le donnent se couvrent, bien qu'ils ne soyent pas grands, le Roy le permettant ainsy en faveur des dames, qui ont plus de privilèges en ceste cour qu'en toute autre du monde ». (*Mémoires* de Fontenay-Mareuil, collection de Michaud et Poujoulat, p. 53 ; cf. L. Cabrera de Córdoba, *Relaciones de la corte de España*, Madrid, 1857, p. 484.) Bassompierre, en 1621, est reçu au couvent des Déchaussées royales par la Reine, qui lui dit que des dames du palais désiraient fort lui parler, et qu'il devait pour les satisfaire « demander *lougar* ». Quelques jours après, il obtient du Roi, par une faveur extraordinaire, de parler à ces dames « sans demander ny prendre *lougar* et en foule, et seule à seule ». (*Mémoires*, éd. du marquis de Chantérac, t. II, p. 264 et 271.) Les dames de la Reine jouissaient de divers privilèges. Elles avaient droit au titre de *Señoria*, et il était de règle d'employer à leur égard la formule impersonnelle *la Señora*, au lieu de *mi Señora* (*Dignidad de las damas de la Reyna*, opuscule imprimé en 1670 et dédié à la comtesse de Villaumbrosa, D. Maria Niño). D'autre part, elles traitaient les personnes de distinction de *Vos*, et cette formule, qui d'homme à homme eût passé pour offensante, était dans leur bouche considérée comme une faveur ; la remplaçaient-elles par une autre, on devait alors se tenir pour sérieusement mortifié. (Duc de Frias, *Deleite de la discrecion*, Madrid, 1749, p. 136.) Comme on l'a vu, en octroyant le *lugar*, elles donnaient du même coup à leurs soupirants le droit de se couvrir, elles créaient pour ainsi dire des Grands d'amour : « Devant la Reyne, écrit Bertaut, non seulement tous les grands se couvrent, mais tous les hommes de qualité, pourveu qu'ils entretiennent quelque dame, auprès de laquelle ils peuvent estre deux et trois dans les jours et dans les heures qu'on la voit, ce qu'ils appellent *dar lugar*, les dames ayant sur ceux qui se donnent à elles le mesme droit que le Roy sur ses sujets, qui est de les faire couvrir. Et come cela n'arrive pas souvent, il s'y en trouve beaucoup ces jours-là, et ils excusent cette incivilité en disant qu'ils sont *embebecidos*, c'est-à-dire si éperdus ou si attentifs à considérer cette dame qu'ils ne songent pas qu'ils sont devant la Reyne. » (*Journal du voyage d'Espagne*, Paris, 1669, p. 291 ; cf. madame d'Aulnoy, *Voyage d'Espagne*, p. 530.) Cette couverture d'un ordre particulier est attestée par des documents espagnols : « Aquel dia *tomaron lugar* con las Damas algunos cavalleros mientras comio Su Magestad, *y mientras estan en el galanteo estan cubiertos, aunque no sean Grandes*. » (Relation de l'étiquette de la fête du Roi, fin du dix-septième siècle.) En dehors de certains jours où le *galanteo* était permis, les pauvres *damas* menaient une existence assez monotone et triste, surtout quand il leur arrivait d'avoir pour gouvernante une camarera mayor tyrannique et une guarda mayor tracassière. Au temps du dévot Philippe III et sous le gouvernement de la comtesse de Lemos, les dames du Palais furent plus rigoureusement surveillées et cloîtrées qu'elles ne l'auraient été dans un couvent. (L. Cabrera de Córdoba, *Relaciones de la corte de España*, p. 456.) Philippe IV leur laissa plus de liberté ;

peut-être en abusèrent-elles, car il fallut de temps à autre ramener le *galanteo* aux formes prescrites : « Une pragmatique qui vient de paraître », disent des Nouvelles à la main de l'année 1638, « défend, sous graves peines, aux gentilshommes de galantiser les dames au Palais autrement qu'en public et prohibe complètement les travestissements dont ils pourraient user à cet effet. » (*Memorial histórico,* t. XV, p. 97.) Sous Charles II, toute discipline se relâchant, les jeunes seigneurs, et même des hommes mariés, se livrèrent de plus en plus à cet aimable jeu d'amour : les filles de la Reine étaient assiégées de galants, qui, grâce au langage secret des doigts, communiquaient avec elles en toute occasion et sous les yeux même des gardiens du sérail. Le Roi essayait de sévir, mais sans succès. Après Villars, qui atteste le développement du *galanteo,* tous nos ambassadeurs notent de temps à autre de nouveaux accès de la même maladie.

« L'on a fait au Palais un nouveau règlement contre les galands qu'il ne sera plus libre à aucun d'y parler des doits avec les dames qu'il ne se soit par avance déclaré aux parens sur le sacrement, et par conséquent tous les hommes mariés se voyent par là exclus d'y avoir aucun commerce de galanterie. » (La Vauguyon au Roi, 23 juillet 1682 ; Aff. Étr., Corr. d'Espagne, vol. LXVIII, fol. 167.) Et plus tard : « Le duc de Linarez a esté banni de la Cour pour avoir galantisé et parlé des doigts dans la chapelle du Palais, ce qui se fesoit pourtant assez comunément. Cette sentence a esté suivie d'un décret bien rigoureux pour les dames défendant generalement *todos los galanteos en Palacio.* » (Le Vasseur au Roi, 25 mars 1688 ; Aff. Étr., Corr. d'Espagne, vol. LXXIV, fol. 88 v°.) Le décret en question ne fut sans doute pas plus exécuté que tant d'autres ; toutefois le *galanteo de Palacio* et le langage des doigts, « langage qu'aucun galant homme ne pouvoit ignorer sans passer pour rustre », dit le comte de Mérode-Westerloo (*Mé-*

moires, t. I, p. 199), faiblissent certainement vers la fin du siècle, ils disparaissent avec la nouvelle cour des Bourbons pour faire place à d'autres usages. Produit d'une conception de l'amour que répandirent en Espagne les romans bretons et les *Amadis*, cette forme particulière de galanterie fleurit pendant deux siècles à la grande satisfaction des filles nobles, qui, par la cour assidue qu'elles se faisaient faire, rachetaient un peu les ennuis du Palais et rachetaient par avance les ennuis plus grands encore de leur futur esclavage de femmes mariées et de mères. C'est bien ce que l'une d'elles dit un jour au bon Antoine de Lalaing qui s'étonnait de la voir mener de front plusieurs intrigues et coqueter avec trois amants : « Nous prendons nóstre plaisir, en tampz que sommes à maryer, à les traictier en celle sorte; car, quandt nous sommes mariées, on nous enferme en chambre et en chasteau. Ainsy est-on bien vengié du bon tampz que nous avons eult à maryer. » (Gachard, *Voyages des souverains des Pays-Bas*, t. I, p. 180.)

TABLE ALPHABÉTIQUE

DES

NOMS DE PERSONNES

ET

DES MATIÈRES

Nota. — Les chiffres accompagnés d'un * renvoient aux passages du texte, ou des notes, où sont consignés des renseignements biographiques.

AGUILAR (comte d'), 57, 72, 205, 300 *.
AIRAULT (le R. P.), 104 *, 116, 321.
AITONA (marquis d'), 179 *.
AITONA (marquise d'), 178, 179 *.
ALAGON (Laura d'), 17.
ALBE (duc d'), 20 *, 38, 71, 77, 119, 221.
ALBE (duchesse d'), 177 *.
ALBURQUERQUE (duc d'), 24 *, 154, 200, 294 *.
ALBURQUERQUE (duchesse d'), 17, 176-179, 197, 198, 200, 201, 240, 243, 274, 289 *.
ALFONSO, fils naturel de Philippe IV, 80 *.
ALMIRANTE DE CASTILLE (l'), 13 *, 20, 72, 95, 132, 210, 214, 224, 225, 231, 232, 234, 245, 282 *.

ALVAREZ MONTENEGRO (Pedro), 314 *.
Ambassadeurs et envoyés, 59-62.
ARAGON (Carlos d'), 85, 86 *, 90, 288 *.
ARAGON (Pascual d'), 150 *.
ARAGON (Pedro d'), 16, 21 *, 36, 198, 207, 208, 248, 285 *.
Aranjuez (voyage d'), 162, 208, 209, 256, 268-270.
ASENSIO (Juan), 31 *, 152, 164-166, 232, 297 *.
ASTILLANO ; voy. STIGLIANO.
ASTORGA (marquis d'), 16, 20 *, 84, 87, 94, 95, 98, 132, 161, 190, 210, 222, 239, 286 *.
Auto de fé, 186-188.
Averie (droit d'), 54.
AVERNE (comte d'), 244, 336 *.

Ayudes de coste, 7.
Azafatas, 18.

Bandoliers, 203.
Baños (comte de), 270 *, 271.
Bayona (Carlos), 155, 196, 214, 239, 240, 274, 314 *.
Bayona (marquis de); voy. Chinchon.
Benavides (Antonio), 37 *, 70, 97.
Bidassoa (question de la), 137, 217, 218.
Bolsillo, 26, 222.
Bonsy (Pierre de), 146 *, 334, 335.
Borgomanero (marquis de), 180 *.
Bourgogne (titre de duc de), 181, 257.
Bournonville (duc de), 57, 299 *.
Bouvines (fortifications de), 257.
Bracamonte (Diego de), 17, 61 *, 69, 70, 193, 303.
Brandebourg (Electeur de); voy. Frédéric-Guillaume Ier.
Buen Retiro, 102, 103, 113, 116.

Cadaval (duc de), 263 *.
Calderon (Maria), 80 *.
Camarasa (marquis de), 114 *.
Camarera major (charge de la), 17, 18.
Canales (marquis de); voy. Coloma.
Carbonel (Tomas), 314 *.
Cardona (duc de), 170, 207, 298.
Carrosses à Madrid, 4.
Casal, 136.
Casapalma (comte de), 114 *.
Castillo; voy. El Castillo.
Cea (Fernando de), 115.
Cerralvo (marquis de), 23 *, 293 *.
Charlemont, 127-129.
Charles II, roi d'Espagne, 11 *.
— Son portrait physique, 11, 171; — son humeur, 8, 13, 108, 143, 157, 158, 173, 271; — ses occupations, 116, 161-163, 211, 271; — son ignorance des affaires, 107; — sa haine pour sa gouvernante, 178, 179; — son projet de mariage avec Marie-Antoinette d'Autriche, 65; — jure la paix de Nimègue, 70; — gouverné par don Juan, 73; — recouvre son indépendance, 77, 78; — fait revenir la Reine mère, 61, 82; — épouse Marie-Louise d'Orléans, 84-100; — sa conduite avec la Reine, 102, 103, 200, 201, 272; — craint son confesseur, 194, 195; — déteste les Français, 143, 157-160.
Charny (comte de), 57, 303 *.
Chasse à la façon d'Allemagne, 211, 336.
Chasse au loup, 162, 163.
Chevaux de la Reine, 101, 160, 321.
Cheze ou Chieze, 62 *.
Chinchon (comte de), 22 *, 203, 290 *, 306.
Christiern V, roi de Danemark, 63.
Cifuentes (comte de), 258 *, 265.
Ciudadreal (duc de), 57, 302 *.
Clérembault (maréchale de), 87 *-89, 101.
Cogolludo (marquis de), 77 *.
Cogolludo (marquise de), 77.
Coloma (Pedro), 27 *, 70, 138.
Colonna (Filippo), 215 *, 265, 266, 298.
Colonna (la connétable), 212 *-215, 265, 266, 283, 298.
Colonna (le connétable), 57, 168, 169, 213-215, 265, 266, 298 *.
Comédies espagnoles, 161.
Confesseurs de Charles II, 314.

TABLE ALPHABÉTIQUE.

CONNÉTABLE DE CASTILLE (le), 13 *, 20, 70, 78, 94, 99, 107-109 *-113, 118-121, 132, 169, 170, 183, 190, 214, 235, 270, 271, 281 *.
Conseil d'Aragon, 36-37.
Conseil de Castille, 30-33, 296.
Conseil de la Chambre de Castille, 33.
Conseil de la Cruzade, 37-38.
Conseil d'Etat, 19-28.
Conseil des finances, 40-45, 325.
Conseil de Flandre, 39.
Conseil de Guerre, 29-30.
Conseil des Indes, 45-49.
Conseil de l'Inquisition, 34-35.
Conseil d'Italie, 38-39.
Conseil des Ordres, 35-36.
Consulte, 26.
Contaduria mayor de cuentas, 44-45.
CONTI (prince de), 81 *.
Contratacion (maison de la), 45, 47, 48, 53.
CORDOBA (Beatriz de), 17.
CORDOBA (Gonzalo de), 325 *.
CORNARO (Federico), 59 *, 129, 130.
CORRAL; voy. EL CORRAL.
Corsaires majorquins, 138.
CORTÈS (Fernando), 85 *.
Courtrai (conférences de), 257.

Dames d'honneur, 17, 18.
DE GUBERNATIS (Jérôme-Marcel), 61 *, 150, 190.
Despacho universal, 25, 26.
DIAZ (Froilan), 314 *.
DIAZ (Marcos), 134-136, 323.
Dinant, 128.
DIONIS ou DONIS (Ventura), 188-189.
Disciplinants, 165, 326.
DONIS; voy. DIONIS.

EFFIAT (marquis d'), 101 *.
EFFIAT (marquise d'), 101 *.
EGMONT (comte d'), 58, 304 *.

EGUIA (Geronimo d'), 25 *, 26, 65, 97, 107, 111-113, 119, 126, 127, 147, 153, 155, 156, 171, 173, 176, 177, 193-196, 210, 220, 221, 224, 226, 231-233, 237, 241, 274.
EL CASTILLO (Francisco d'), 184.
EL CASTILLO (Juan d'), 57.
EL CORRAL (Franscico d'), 325 *.
Electeur; voy. FRÉDÉRIC-GUILLAUME Ier.
ELISABETH DE FRANCE, reine d'Espagne, 66 *.
EL VILLAR (comte d'), 57, 138, 139, 301 *.
Emeute des cordonniers à Madrid, 163-164.
Engagistes, 5, 7, 8.
Escurial (voyage de l'), 162, 208-211, 268.
ESTRÉES (comte d'), 216 *, 257.

FALCES (marquis de), 15 *.
Familiers du Saint-Office, 35.
Femmes françaises de la Reine, 90, 160, 178, 211, 243, 272, 273, 321.
FERNANDEZ DEL CAMPO (Pedro), 25 *, 111, 155.
FEUQUIÈRES (marquis de), 320, 321.
Filles d'honneur, 17, 18, 268, 269, 273, 337.
Flotte (la), 50, 54.
FOYOS PEREIRA (Mendo de), 61 *, 260, 261.
Français en Espagne, 6, 252, 253.
FRÉDÉRIC-GUILLAUME Ier, électeur de Brandebourg, 63 *, 149, 215, 216, 256, 308.
FRONTEIRA (marquis de), 263 *.
FUENSALIDA (comte de), 57, 265, 301 *.

Galanteries du Palais, 268-270, 336.

Galions, 50-54.
GALVE (comte de), 69 *, 224 *.
Garde allemande, 16.
Garde espagnole, 16.
Garde flamande, 15.
Génois en Espagne, 6.
Gentilshommes de la Chambre, 14.
GIOVINAZZO (duc de), 148 *, 189, 190, 263, 264.
GJOE (Marc), 60 *.
GODOLPHIN (William), 60 *.
GONZAGA (Vincenzo), 22 *, 45, 84, 137, 138, 168, 291 *.
GOODRICKE (Henri), 61 *, 260, 261.
GRANA (marquis de), 58, 59 *, 117, 171, 172, 182, 192-194, 211, 229-231, 235.
GRANA (marquise de), 172 *.
GRANCEY (Mlle de), 87 *, 89, 101.
Grandes charges, 12-15.
GRILLO (Domenico), 189.
Guarda damas, 270, 271.
Guarda major, 17, 18.
GUBERNATIS; voy. DE GUBERNATIS.
GUZMAN (Agustin de), 222 *-224.

HARCOURT (prince d'), 86 *, 93, 97-101.
HARCOURT (princesse d'), 86 *, 89, 97, 101.
HARO (José de), 259.
HARO (Luis de), 130 *, 230, 298.
HEEMSKERCK (Coenraad van), 61 *, 307.
HERRERA RAMIREZ DE ARELLANO (Carlos), 40 *, 152, 153, 325 *.
HIJAR (duc d'), 57, 200, 265, 299 *.
HIJAR (duchesse de), 299 *.
HUMANES (comte d'), 72, 85, 312 *, 325 *, 326 *.

IDIAQUEZ ISASI (Juan de), 69 *.
Indes occidentales, 46-56.

INFANTADO (duchesse de l'), 177, 178, 284, 285 *.
Inondations, 219.
Inquisiteur général (charge de l'), 34-35.
Inquisition, 34, 35, 56, 186-188.

Jésuites, 72.
JUAN (don), fils naturel de Philippe IV, 63-67, 70-86, 89-92, 111, 120, 124, 131, 133, 147, 151-153, 169, 178, 183, 308 *.
Juifs, 6, 56, 187-189, 330.
JULIAN, fils naturel d'Olivares, 80, 315 *.
Junte, 132.

LA ALGAVA (cinquième et sixième marquis de), 222 *, 258 *.
LA CERDA (Ana-Catalina), 207, 286.
LA CERDA (Antonia de), 175, 190, 191.
LA CERDA (Lorenza), 215 *, 265, 266, 298 *.
LA FUENTE (premier marquis de), 191, 332 *.
LA FUENTE (deuxième marquis de), 148 *, 267.
La Guayra, 257.
Laines, 5, 246.
LA LAGUNA (marquis de), 58, 171, 305 *.
LA MONCLOVA (comte de), 259 *.
LA PUENTE (Juan de), 31, 120, 122, 132, 133, 150-152, 297 *.
Las Huelgas (monastère de), 99.
LAS NAVAS (marquis de), 58, 205, 206, 304 *.
LA VAUGUYON (comte de), 268.
LEGANÉS (marquis de), 57, 302 *.
LEIVA (Antonio de), 165 *.
LÉOPOLD Ier, empereur, 63.
LICHE (marquis de), 15, 23 *,

TABLE ALPHABÉTIQUE. 345

58, 206-208, 226, 232, 283 *.
LICHE (marquises de), 226 *, 240, 284.
LIGNE (prince de), 23 *, 292 *.
Ligue entre l'Espagne, l'Angleterre, l'Empire et les États Généraux, 181.
LIONNE (Hugues de), 334, 335.
LIRA (Manuel de), 27 *, 119.
Lorraine (duc de), 182 *.
LOS ARCOS (comte de), 16 *.
LOS BALBASES (marquis de), 23 *, 67, 68, 86, 99, 138, 145, 168, 169, 172, 182, 213-215, 291 *.
LOS BALBASES (marquise de), 213 *, 292.
LOS RIOS (Lope de), 251 *, 252, 325, 326.
LOS VELEZ (marquis de), 24 *, 57, 154, 223 *, 224, 294 *, 326, 331, 332.
LOS VELEZ (marquise de), 176 *-179, 197, 224.

MACERATI (l'abbé), 259 *.
Madrid, 2-4, 10, 163, 250-252.
Maison de la Reine, 16-18.
Maison de la Reine mère, 18.
Maison du Roi, 12-16.
Majordomes, 14.
Malversations, 9, 135, 166, 251, 252.
MANCERA (marquis de), 18, 24 *, 72, 110, 154, 225, 228, 229 *, 235, 289 *.
MANCINI (Marie); voy. COLONNA (la connétable).
MARIE-ANNE, reine mère d'Espagne, 12 *, 71-78, 81-83, 91, 92, 102, 104, 106, 110-113, 116-120, 153-156, 161, 174, 175, 178, 185, 197, 198, 200-202, 219-222, 236-238, 273, 274.
MARIE-ANTOINETTE d'Autriche, 65 *.
MARIE-LOUISE, reine d'Espagne, 12 *; — son portrait physique, 11 ; — son caractère et ses penchants, 11, 106, 113, 116, 156, 173, 242, 243, 272, 273 ; — son éducation, 88, 89 ; — son mariage avec Charles II, 66-68, 76, 81, 84-100 ; — son entrée à Madrid, 113-115 ; — ses occupations, 161, 210, 273 ; — ses relations avec la Reine mère, 91-93, 96, 105, 116, 175, 238 ; — victime de la Terranova, 102-104, 156-159, 173, 197-199 ; — regrette la France et s'ennuie, 105, 106, 116, 161 ; — vit trop avec ses femmes françaises, 243, 272, 273 ; — manque d'ascendant sur le Roi, 272 ; — agit en faveur des privilèges de l'ambassadeur de France, 143 ; — intercède en faveur de la connétable Colonna, 265 ; — n'écoute pas les conseils de Villars et le dessert, 267 ; — mêlée à l'accusation portée, en 1685, contre la Quentin, 317.
MARIE-THÉRÈSE, reine de France, 117 *.
Marine, 58-59.
Mariquita, 52.
MARTINEZ (Juan), 314 *.
MASSARATI ; voy. MACERATI.
MASSERATI ; voy. MACERATI.
MATILLA (Pedro), 314 *.
MAZARATI ; voy. MACERATI.
MAZARIN (duchesse), 212 *.
Médecin de la Reine, 160, 161.
MEDINACELI (duc de), 8, 12 *, 13, 20, 45, 70, 77, 78, 94, 107, 108 *-112, 119-121, 126-135, 144, 149, 153, 155, 162, 165-178, 190-194, 206-214, 219-223, 230, 236-240, 245-247, 274, 275, 280 *.
MEDINACELI (duchesse de), 24, 108, 170, 176 *, 212, 222, 281 *.
MEDINA DE LAS TORRES (duc de), 36 *, 80, 290.

MEDINA SIDONIA (duc de), 114*, 115, 269.
MELGAR (comte de), 58, 306*.
MELGAR (marquis de), 15*, 94, 162, 224, 228*, 234, 270.
MELGAR (marquise de), 228*.
MELLINI (cardinal Savo), 59*, 120-122, 129, 130, 132, 133, 150, 263.
Menines, 17, 18.
Mexique, 52, 53, 55.
Millions (impôt des), 43.
Misère publique, 134-136, 163, 164, 166, 167, 171, 185, 246-254.
MONCADA (Catalina de), 222, 223.
MONDÉJAR (marquis de), 72, 313*.
MONDÉJAR (marquise de), 15.
Monnaie (altération de la), 123-126, 134, 135, 167, 185, 246-248.
MONSALVE (Antonio de), 152, 325*.
MONSERRATE (Francisco de), 189*.
MONTALTO (duc de), 222*, 223, 269, 322.
MONTALVO (comte de), 16*.
MONTELEONE (ducs de), 85, 199*, 288*.
MONTENEGRO; voy. ALVAREZ MONTENEGRO.
MONTEREY (comte de), 39, 73, 153, 154, 206, 224, 226, 227, 232-234, 245, 297*, 321.
MONTEREY (comtesse de), 240*, 297*.
MONTEROL ou MONTERON (Franscisco), 72.
MONTES (Pedro), 314*.
Montesa (Ordre de), 37.
MORTARA (marquise de), 17*.
Moscoso (Cristobal de), 115.
MOYA (Mateo de), 314*.

Nains du Roi, 116, 161, 272.
NAVARRA (Melchor), 23*, 58, 110, 154, 202, 203, 214, 293*.
NEIDHART (R. P. Eberhard), 71*.
NEUBOURG (duc de), 182.
Nimègue (paix de), 63, 70, 128, 129, 169, 180, 257.
NITHARD; voy. NEIDHART.

OLIVARES (comte-duc d'), 80, 314*, 333.
OÑATE (comtesse d'), 114*.
Oran, 258, 259, 331, 332.
Ordres militaires, 35, 36.
OREITIA (Pedro d'), 326*.
ORGAZ (comtesse d'), 17*.
OROPESA (comte d'), 24*, 78, 154, 223*-225, 296*.
OSSONE; voy. OSUNA.
OSUNA (duc d'), 16, 22*, 72, 77, 84, 85, 93, 94, 210, 236, 287*.
OSUNA (duchesses d'), 240*.

PALAFOX (Jaïme de), 205*, 206.
Palais du Roi à Madrid, 3.
PALMA (comte de), 265*.
Pamphlets contre don Juan, 72, 74.
PARME (prince de), 58, 182-184, 189, 201, 255, 257, 305*.
PASTRANE (duc de), 15, 68, 224, 227, 228, 233, 234, 284*.
PASTRANE (duchesse de), 177*, 284.
Patache de la Marguerite, 54.
Patriarche des Indes; voy. BENAVIDES.
Pays-Bas (gouvernement des), 182-184.
PEREZ DE MECA (Ginés), 326*.
Pérou (argent du), 51-55.
Peste en Andalousie, 162, 186, 219.
PHILIPPE IV, 80.
PHILIPPE, duc d'Orléans, 66*, 88, 89, 143, 320.
Philippines (îles), 49-50.

TABLE ALPHABÉTIQUE.

PIGNATELLI (Juana), 199.
PONCE DE LEON (Luis), 177 *.
Portobello (foire de), 52.
PORTOCARRERO (Luis de), cardinal, 22 *, 70, 110, 291 *.
PORTUGAL (Diego de), 57, 302 *.
Portugal (infante de), 67 *, 190, 192.
Portugal (régent de), 67, 259, 263.
Potosi (mines de), 54.
Préséance des ambassadeurs de France, 180, 191, 333.
Président de Castille, 30-32.
Privilèges et franchises des ambassadeurs d'Espagne à Rome, 207.
Privilèges et franchises des ambassadeurs de France en Espagne, 122, 140-148.
PUERTOLLANO (comte de), 17 *.
Puicerda (prise de), 73.

QUENTIN (Nicolle), 100 *, 238, 244, 317 *.

RAMIREZ DE ARELLANO; voy. HERRERA RAMIREZ DE ARELLANO.
RAMIREZ DE ARELLANO (Gabriel), 314 *.
RAMOS DEL MANZANO (Francisco), 151 *.
RELUZ (Francisco), 77 *, 113, 119, 127, 132, 155, 156, 194-196, 314 *.
Revenus de l'Espagne, 7-8.
RIBADAVIA (comte de), 114 *.
RIBEIRO DE MACEDO (Duarte), 61 *, 192.
RIQUELME (Diego), 166, 167 *.
ROCABERTI (Juan Tomas), archevêque de Valence, 204 *, 205.
RONQUILLO (Pedro), 182, 322.
Rubis (salle du), au Palais, 129.
RUCK (Melchior), 62 *, 121, 149, 308 *.

Saint-Gabriel (île de), 216, 259-264.
Saluts sur mer, 180.
Sambenito, 187.
SANTA CRUZ (marquis de), 58, 203, 306 *.
Santa Fé (royaume de), 52, 55.
SARMIENTO (Diego), 23 *, 34, 78, 110, 154, 187, 214, 293 *.
Savoie (duchesse de), 189 *.
Savoie (traitement du ministre de), 189-192.
SCHONENBERG (François), 62 *, 306 *.
Secrétaires d'Etat, 25-27.
SESA (ducs de), 35 *, 115 *.
Séville (décadence de), 7.
SILVA (Gaspar de), 224 *, 228, 234.
SILVA (José de), voy. MELGAR (marquis de).
Solis (maison de), 192.
SPINOLA (Ambrosio), 169 *.
STIGLIANO (prince de), 21 *, 72, 153, 154, 202, 224, 234, 245, 290 *.
STIGLIANO (princesse de), 77, 290 *.
Sumiller de corps (charge du), 12.

TALARA (comte de), 94 *.
TAMARIT (marquis de); voy. MONSERRATE.
Tarif général, 249-250.
Taureaux (fête de), 114-115.
TERRANOVA (duchesse de), 17, 84-91, 95-98, 101-106, 113, 116, 118, 119, 127, 155-160, 173-179, 194-200, 274, 288 *.
Tolède (pont de), à Madrid, 3, 251.
TORRES-PADMOTA (Nicolas), 314 *.
Tremblements de terre, 218.
Tribunal des millions, 43.
Tribunal des oidors, 44.
Troupes, 58, 254, 255.
TURSI (duc de), 25.

Uceda (palais d'), 82.
UGENA (marquis d'), 17, 135 *, 140, 141, 153, 166.

URBINA (Francisco d'), 68.

VALBELLE (Jean-Baptiste de), 138 *, 139.
VALDUEZA (marquise de), 18 *.
VALENZUELA (Fernando de), 3, 18, 71, 111, 225, 279 *.
VAZQUEZ (le R P.), 314.
VELANDIA (Iñigo de), 57, 265, 301 *.
VELASCO (Francisco de), 282 *.
VELASCO (Iñigo de), 170 *.
VENTIMIGLIA (Girolamo), 92 *, 93, 106.
VERAGUA (duc de), 57, 203-205, 224, 228, 235, 245, 300 *.
VIBANCO (Sebastian de), 220 *, 228, 234, 274.
Vice-rois, 9, 57-58.
VILLAHERMOSA (duc de), 24 *, 58, 127, 129, 154, 181, 182, 222, 226, 227, 295 *.
VILLAMAINA (marquis de), 16 *, 210.
VILLAR; voy. EL VILLAR.
VILLARS (marquis de), — ses missions en Espagne, 1, 2, 59, 63, 75; — ses rapports avec don Juan, 64, 65, 75, 76; — son entrée à Madrid, 68-69; — assiste au jurement de la paix, 70; — visite la Reine-mère à Tolède, 75; — on cherche à le brouiller avec la Reine, 91, 92, 158; — conseils qu'il donne à la Reine, 95, 96; — assiste à la cérémonie du mariage 97-99; — ses relations avec la Reine, 103, 106; — avec la Reine mère, 118; — proteste contre les infractions au traité de paix et la violation de ses privilèges, 122, 140-148; — traitement qu'il réclame de Medinaceli, 130; — est haï par le Roi, 143, 158, 159, 241; — sa brouille avec Medinaceli, 241-244; — grands qui sollicitent son appui, 245; — desservi par la Reine, 244; — reçoit l'ordre de quitter Madrid, 267.
VILLARS (marquise de), 103 *, 104, 106, 116, 118, 157-161, 173-177, 197, 240-244, 267, 268.
VILLAUMBROSA (comte de), 151, 324 *, 325 *.
VILLAUMBROSA (comtesse de), 324, 325, 337.
VILLAVERDE (comtesse de), 177.
VILLAVICENCIO (Juan de), 17.
VINZANI (Filippo), 248.
VIREMONT, (le sr), 100, 317, 318.

ADDITIONS ET CORRECTIONS

P. 12, note 1. Au sujet des portraits de Marie-Louise, il faut encore consulter V. Carderera, *Catálogo y descripcion sumaria de retratos antiguos*, Madrid, 1877, p. 51-55.

P. 18, note 3. *Fabrique de Toledo*, lire *Fadrique de Toledo*.

P. 87, note 2. *Le Bouthilier de Chavigny*, lire *Bouthilier de Chavigny*.

P. 189. *Giovinazoz*, lire *Giovinazzo*.

P. 205. Sur D. Jaime de Palafox, voir, en outre, Latassa, *Bibliotecas antigua y nueva de escritores aragoneses*, édit. de 1885, t. II, p. 454.

P. 212. Marie Mancini mourut, non pas à Madrid, mais à Pise, au mois de mai 1715 : « On a reçu avis de Pise par un exprès de la mort de Mme la connétable Colonna, nièce du feu cardinal Mazarini, par une attaque d'apoplexie. L'archevêque de Pise, qui l'a assistée, a fait mettre le scellé sur tous ses meubles et effets. Elle demeurait au monastère du Saint-Sépulcre. La maison Colonna est déchargée par sa mort de la rente annuelle de 12,000 écus qu'elle lui payoit et qui, depuis quelque temps, avoit été réduite à 6,000 écus » (*Gazette d'Amsterdam*; nouvelles de Rome du 18 mai 1715.)

P. 293. *Navarra*. Ce personnage naquit à Torrelacárcel, dans la province de Teruel, en 1626. (Latassa, *Bibl. de escrit. aragoneses*, t. II, 391.)

P. 295. *Villahermosa*. Quelques détails intéressants sur cet ancien gouverneur des Pays-Bas sont rapportés par Latassa (*Bibl. de escrit. aragoneses*, t. I, p. 125), qui le fait mourir le 14 août 1692.

P. 308. *Don Juan*. Il existe une biographie de ce fils naturel de Philippe IV par son confesseur : *Noticia de la vida interior y elogio de las virtudes del Ser^{mo} Sr. Don Juan de Austria... que dejo escrita el Il^{mo} Sr. D. Miguel Lorenzo de Frias, meritisimo obispo de Jaca*. Pamplona, 1767, 4° (Latassa, *Bibl. de escrit. aragoneses*, t. I, p. 4 et 542).

PARIS

TYPOGRAPHIE DE E. PLON, NOURRIT ET Cie

Rue Garancière, 8.

www.ingramcontent.com/pod-product-compliance
Lightning Source LLC
Chambersburg PA
CBHW050902230426
43666CB00010B/1986